市场滥用犯罪与刑事合规

Criminal Market Abuse and Compliance

谢杰　钱列阳　著

法律出版社
LAW PRESS · CHINA

作者简介

谢 杰

上海交通大学凯原法学院副教授，法学博士、博士后；兼任上海汉盛律师事务所律师，上海国际经济贸易仲裁委员会（上海国际仲裁中心）仲裁员，上海期货交易所监察委员会委员，上海市法学会刑法学研究会理事，上海市律师协会刑法与刑事辩护业务研究委员会委员，广州仲裁委员会仲裁员等；主要研究方向为证券期货及衍生品监管、金融刑法、法律经济学等。

曾在 International Journal of Law, Crime and Justice、《法学》等境外 CSSCI 期刊、国内法学、经济学 CSSCI 来源期刊发表英文、中文论文 30 余篇；多篇论文被《人大复印资料》全文转载。在最高人民法院《刑事审判参考》及最高人民检察院《刑事司法指南》《人民检察》《检察日报》等发表法律实务论文 200 余篇；独著、合著 Financial Market Crime: A Legal & Economic Analysis、Criminal Regulation of Capital Market: Theory & Practice、《操纵资本市场犯罪刑法规制研究》、《资本市场刑法》、《中国刑法的规范解释》、《财经犯罪刑法理论与实务》、《证券期货犯罪刑法理论与实务》等英文、中文专著 20 余部。

代理与辩护的金融市场重大案件：沪港通市场操纵第一案，某基金管理公司尾市操纵第一案，某私募基金实际控制人内幕交易案（获利 1.9 亿元），某上市公司与某证券公司标的额 6 亿元保荐、承销合同仲裁案，某香港公司与某深圳公司标的 5 亿元港币清盘诉讼（香港高等法院），某开曼公司与某香港公司标的额 7 亿元股权转让仲裁案（香港国际仲裁中心），某上市公司实际控制人操纵证券市场案，某集团公司实际控制人内幕交易案（交易金额 10 亿元），某上市公司欺诈发行、违规信息披露案，某上市公司创业板退市第一案，某证券服务机构虚假陈述案，某网贷实际控制人 600 亿元集资诈骗案等。

作 者 简 介

钱列阳

北京紫华律师事务所创始人、主任，律师

北京大学法学院，硕士学位

擅长领域：刑事辩护

曾承办：“中国私募第一人”徐翔操纵证券市场案
原铁道部部长刘志军受贿、滥用职权案
刘晓庆涉税案
原华润集团董事长宋某受贿案
原南京市委书记王某贪污受贿案
厦门远华公司走私案
e租宝张某集资诈骗案
原浙江省副省长卢某受贿案
原天津开发区主任皮某受贿案
中国对外保险公司总裁唐某受贿案
宏源证券公司周某职务侵占案
海通证券杨某职务侵占案
河北农信社张某职务侵占案
华泰证券涂某职务侵占案等多起在国内外有重大社会影响案件

现 任：中国证券投资基金业协会法律专业委员会委员
中华全国律师协会刑事业务委员会委员

中国行为法学会司法分会副会长

中国行为法学会常务理事

中国法学会刑事诉讼专业委员会委员

中国侨联法律顾问委员会委员

北京市人大常委会立法咨询专家委员

北京市法学会诉讼法学研究会副会长

北京市检察机关特约监督员

北京市人民检察院刑事诉讼监督专业委员会常务理事

北京市高级人民法院特邀监督员、专家咨询委员会委员

北京市法学会刑法学研究会常务理事、副秘书长

中国检察学研究会刑事诉讼监督专业委员会常务理事

北京市公安局法律专家咨询委员会委员

兼　任：北京大学法学院法律硕士研究生兼职导师

中国人民大学律师学院客座教授、兼职导师

中国人民大学律师学院刑事辩护法律实务教研室主任

清华大学法学院法律硕士专业学位研究生联合导师

中华女子学院法律系荣誉教授

中国政法大学刑事司法学院兼职指导教师

中国政法大学刑事司法研究中心研究员

中国人民公安大学客座教授

清华大学法学院中国司法研究中心兼职研究员

北京联合大学应用文理学院客座教授、硕士研究生导师

烟台大学法学院兼职教授

西南政法大学客座教授

中国青年政治学院兼职法律硕士导师

浙江省图书馆“文澜”讲堂客座教授

北京大学法学院“列阳奖学金”捐赠人

北京大学“北大法律人基金”捐赠人

中国政法大学蔡定剑宪法学教育基金捐赠人

吉林大学研究生校外合作导师

吉林大学法正刑事辩护研究中心研究员

社会荣誉：

2002年荣获北京市司法局“北京市律师刑事辩护工作突出贡献奖”

2003年荣获“中国律师界十大新闻人物”

2005年荣获“中国律师·风云榜”十大风云律师奖

2006年被北京市律师协会评为“2005年度最佳专业委员会主任”

2007年被北京市律师协会评为“2006年度最佳专业委员会主任”

2008年荣获“中国力量·第七届中国时代十大卓越人物”

2010年荣获“第三届北京市政法系统优秀人才奖”

2011年荣获“第四届刑辩论坛暨2011刑事辩护高峰会优秀刑事辩护律师”称号

2011年荣获“百强律师”称号

2015年荣获ALB“中国十五佳诉讼律师”等荣誉称号

2018年荣获CCTV财经论坛“纪念改革开放四十周年·2018财经年度卓越人物奖”

已出版专著：

大律师之精彩刑辩系列之一《道与术》

《三思而行——钱律师与青年刑辩律师的交谈》

紫华金融犯罪法律丛书《证券期货犯罪十六讲》

《金融犯罪的辩护逻辑》

本书系国家社科基金一般项目“中国金融市场刑法保护研究”（项目批准号:19BFX097）阶段性成果。

目　录
CONTENTS

第一章

市场滥用犯罪导论：法律解释与刑事合规的跨学科解析

一、市场滥用犯罪概述

金融犯罪不仅是促生与催化金融市场欺诈与非理性繁荣、危机与阶段性崩溃的主要诱因，而且是金融市场固有风险与市场参与者认知偏见的必然产物，同时也是严重损害金融市场效率、引发金融市场系统性风险、撼动国家金融安全的不确定因素。

然而，并非所有发生于金融市场，或者以金融市场中的金融商品或投资者为行为对象的犯罪都可以归属于金融犯罪类型。只有严重侵犯资本市场发行与交易机制的犯罪类型才属于金融刑法的规制对象。同时，资本市场系中长期资金融通与投资平台的基础定位及其与期货、衍生品市场的联动关系决定了，刑法界定金融市场中的特定行为对象应当注重限定性与关联性。限定性意味着相关金融犯罪行为必须针对金融市场中的特定产品而实施；关联性意味着金融市场中的商品，比如证券产品，并不局限于狭义的证券，应当包括以证券为基础的期货（期权）以及其他以证券为基础的衍生工具（远期、互换等）。并非所有发生于金融市场的犯罪都具有相同的本质特征；相反，不同的金融市场犯罪，其金融机理是迥异的。例如，发生于直接金融市场的犯罪行为，例如欺诈发行、违规信息披露、市场操纵、内幕交易等，其金融犯罪的内在机理聚焦于市场机制的滥用；发生于间接金融市场的犯罪行为，例如非法吸收公众存款、集资诈骗等，其金融犯罪的内在机理聚焦于对于金融信用中介垄断权的损害。本书研究的对象——市场滥用犯罪，其核心在于对于金融市场发行与交易机制的滥用，具体包括虚假陈述、内线交易以及市场操纵三种犯罪类型，属于分别针对金融市场发行与交易中的信息披露机制、金融市场信息价值实现机制、金融市场价格形成机制的滥用。

金融市场的高效与稳定运行、资源公正分配以及可持续发展，对于全球金融市场的繁荣与实体经济的增长具有重要影响。金融刑法的规范建构与适用，具有保障资本市场的运作机制与正常监管，维护金融市场与经济基础稳定的制度价值。金融市场具有高速技术创新、发展变革迅猛、覆盖范围广泛的特点，客观上决定了金融市场法律规范具有调适性且趋于多元化。对于具有最后手段性与规范谦抑性的金融刑法保障措施而言，为了有效且适度地规制金融犯罪，金融刑法在规范建构与司法适用上，具有区别于普通刑法以及经济刑法中其他规范的重要特征。例如，犯罪行为类型复杂、多层授权立法、多重兜底条款、前置性金融行政法律法规调整频繁、金融刑事立法相对密集等。

市场滥用犯罪的刑事立法、刑事司法以及市场参与者的刑事合规实务，最为充分地体现了金融领域法律解释与合规实践的复杂性与发展性特征。尽管中国金融市场的发展以及相关法律规范保障，相对于境外发达地区的金融市场操作与法律实践，在规模、阶段、速度、水平等方面存在较大差异，但是，基于金融市场在信息披露、信息价值、价格形成等市场价值及其配套法律规则层面具有国际化标准的特征：一方面，境外金融刑事立法关于保护法益、犯罪类型、构成特征、核心罪名刑法适用等问题，对于中国金融刑法具有重大的理论与实践价值。另一方面，有关市场滥用犯罪方面的中国刑事立法、刑事司法、刑事合规等实务探索，相对于其他领域的法律制度建设与法治实务运作而言，具有相当的领先性、前瞻性。在比较、批判、互动的过程中，理性吸收境外市场滥用犯罪刑事法治优质的逻辑思辨与实用的实践内核，有助于深度思考中国金融法治的规范建构与优化、刑事司法适用、刑法理论升华以及市场参与者刑事合规体系的建立健全等问题。

二、市场滥用犯罪的逻辑起点：概念统筹与法益保护

市场滥用犯罪中的市场主要就是指资本市场，即证券融资或中长期（一年期以上）资金借贷市场。[①] 资本市场区别于短期债券、外汇、商品期货等其他类型金融市场的关键特征在于，公司或者主权实体基于融资需要在资本市场发行并供投资者交易的股票、债券等证券产品是一种中长期资金需求与供给关系的体现。[②] 资本市场向公司或者主权实体提供融资平台，使其在承担融资成本的前提下，通过证券发行实现资金获取的目的；资本市场向市场参与者提供投资平台，使其在承担市场价格变动风险的前提下，通过证券交易实现盈利或者规避风险。因此，资本市场实际上是作为金融商品类型之一的证券商品与市场资金之间的资源优化配置机制。市场滥用犯罪的金融本质就是通过不正当的方式滥用市场竞争机制，从而排除、限制竞争，扭曲资本市场优化资源配置的功能。

在公司、证券、基金、银行、保险、信托等经济与金融法律规范中，存在大量危害资本市场融资与投资机制的刑事罚则。有的国家和地区主要是通过分散立法的方式，基于上述前置性金融行政法律法规中的刑事法则，规制市场滥用犯罪。例如，德国金融刑法规范中有相当部分表现为相关资本市场法（主要是《证券交易法》）的刑事罚则，只有少部分规定于《德国刑法典》证券犯罪以及其他侵犯资本市场投资秩序犯罪的刑法法条之中。同样，由于美国联邦层面没有刑法典，而市场滥用犯罪基本上都属于州际犯罪，属于联邦法律管辖，所以虚假陈述、市场操纵、内幕交易等市场滥用犯罪，都规定在联邦《证券法》《证券交易法》等法律的刑事罚则之中。可见，由于市场滥用犯罪在刑法的层面具有明显的二次违法性特征，即行政违法性与刑事违法性，所以，在实体法律规则层面，市场滥用违法行为，主要规定于金融行政立法文本中，比如《证券法》中的禁止行为部分；市场滥用犯罪行为，主要规定于金融刑事立法文本，比如境外国家和地区的《证券法》的刑

① Steven M. Sheffrin, *Economics: Principles in Action*, Pearson Prentice Hall, 2003, p. 283.

② Creifeld, Rechtswöterbuch, 20. Auflage, Verlag C. H. Beck, 1992, S. 636.

事罚则中，也可以是在统一的刑法典中将《证券法》中相关禁止性行为整体纳入并配置在刑罚的刑事法律条文中。

规制市场滥用违法行为的法律，称为资本市场法。资本市场法并非一部特定的法律文本，而是对规范资本市场运行相关法律法规的总称。美国以及欧盟其他国家在法律理论层面也会使用资本市场法的概念，但主要还是在公司法、证券法、金融法等范畴下建构规范文本、适用法律规则以及研究资本市场法律制度。从德国资本市场的立法实践来看，德国《证券交易法》是资本市场法律规范体系中最基础且最重要的法律，对资本市场上证券产品发行、交易以及与此相关的金融服务、投资者权益问题进行了全面的规定。在中国法律规范体系中，从理论上分析，目前资本市场法对应的法律法规主要是《证券法》和《期货交易管理条例》。

规制市场滥用犯罪行为的法律，称为资本市场刑法，这是对刑罚措施规制与震慑金融犯罪行为的刑法规范总称。根据德国刑法理论，资本市场刑法覆盖所有直接或间接与资本市场以及资本市场行为相关的刑事实体规范。①可见，资本市场刑法同样并非一部法典或者一项特定的法律文本，而是刑法规范保障体系；资本市场刑法原理并非一种单一化的概念界限，而是从刑法的角度对资本市场进行的法律理论观察。从中国《刑法》规范文本的角度分析，资本市场刑法主要包括规制资本市场虚假陈述的犯罪行为（《刑法修正案（十一）》修改后的欺诈发行证券罪，违规披露、不披露重要信息罪，操纵证券、期货市场罪，以及本轮刑法没有修正的内幕交易、泄露内幕信息罪，利用未公开信息交易罪等）。

市场滥用犯罪、资本市场刑法是理论与实践中的一个非常年轻却发展迅速的概念。随着 2008 年全球金融危机、2010 年欧债危机、2011 年欧元动荡、2013 年比特币等去中心化金融工具开始在更广范围兴起，2015 年中国资本市场异常波动、2016 年中美贸易摩擦升级、2020 年新冠肺炎疫情暴发、2021 年全球主权货币超发等一系列金融市场系统性风险的爆发与稳定性基础的动摇，严重危害金融市场可持续发展的资本市场违法犯罪行为受到各国刑法理

① Park，Kapitalmarktstrafrecht，2. Auflage，Nomos Verlagsges. Mbh Co，2008，S. 2.

论与实务的高度关注。在金融风险频繁触发的时代背景下，金融犯罪成为法律实践中热点与难点集中的犯罪类型，资本市场刑法相应地成为一个重点研究领域，市场滥用犯罪成为监管与刑事司法的重点方向，市场滥用刑事合规成为市场参与者关注的重要法律问题。

市场滥用犯罪、资本市场刑法概念整合的实践价值在于将所有保护资本市场的刑法规范进行系统性分析，其目的是更加清晰地阐释与说明刑法规定的这一类犯罪所预期保护的社会利益的内容，从而针对资本市场的运行机制与监管特点配置具有效率的刑法规范或者进行符合资本市场经济规律的刑法适用。对于市场参与者而言，更为重要的是建构与健全刑事合规体系，从而在强监管、零容忍的政策背景下，对于经营中的刑事风险进行有效的控制。

理论上一般认为，资本市场刑法最重要的目的在于保护投资者权益与资本市场的健全性，健全的资本市场显然服务于投资者权益保障。[①] 对于资本市场投资者权益保护的具体内涵，在金融刑法理论上，主要有“投资者财产权论”、“投资者市场信赖论”以及“投资者信息平等论”三种观点。

“投资者财产权论”认为，资本市场刑法在宏观上或抽象上保护的是一种超个体法益，但是，将这种抽象解释具体化到市场滥用犯罪的每个刑法规范本身，实际上是聚焦于投资者财产权益的个体法益。[②] 上市公司的高级管理人员以及其他与上市公司具有关联的主体，以牺牲外部投资者利益为代价进行大规模的市场操纵与内线交易，这种犯罪行为对投资者购买相关证券所形成的财产权益造成极大的损害风险。尤其是在全球资本市场吸引各种类型的保险资金与养老基金参与投资的背景下，市场滥用犯罪行为对民生将产生严重威胁。资本市场刑法对此进行震慑和规制，是对投资者财产权益真实且具体的制度保障。

“投资者市场信赖论”认为，资本市场刑法并非直接且简单地保护投资者的财产权益，而是实质性地保护投资者对资本市场机制的信赖。[③] 资本市场刑法通过刑罚强制措施惩治与震慑内线交易、市场操纵等滥用资本市场机

① Schmitz，Derstrafrechtliche Schutz des Kapitalmarkts，ZStW 115（2003），S. 508.

② Park，Kapitalmarktstrafrecht und Anlegerschutz，NStZ 2007，S. 370.

③ Park，Kapitalmarktstrafrecht und Anlegerschutz，NStZ 2007，S. 370.

制的犯罪行为，从而促使投资者始终相信资本市场能够在分配公正与公平的基础上实现优化资源配置的市场机制。这种观点实际上是信赖保护理论在资本市场刑法中的具体化展开。资本市场赖以存在与发展的基础在于证券产品发行后的资金融通与证券产品投资与交易过程中的资金增值。资金持有者或者投资者由于对不受法律控制的证券犯罪的担忧而对资本市场丧失信任，便会将资本资源转移至其他市场，这不仅会撼动资本市场的基础，而且会可能出现的资本盲目配置而造成资源使用低效与浪费。故资本市场刑法旨在维护投资者对市场效率与公平的信赖。

“投资者信息平等论”认为，资本市场刑法保护的重点在于保障投资者得以在公开、平等、正确、完整的信息披露与传播机制下对证券产品的购买与交易作出决策，防止上市公司内部人以及资本市场上具有信息优势的人员基于信息失衡损害投资者利益。[①] 资本市场信息是对证券商品供求关系以及市场参与者态度等各种事实的表达或认知，是理性投资者参与资本市场交易的基础。虚假陈述、内线交易、市场操纵等市场滥用犯罪行为基本上都是基于行为主体的信息优势而实施完成的，故金融刑法保障外部投资者的信息平等权，能够在很大程度上反映投资者权益保护的实然内涵。

应当认识到，深度分析与精准确定资本刑法的法益，不仅是对其立法价值的理论追问，更有利于立法与司法实务部门从宏观上把握市场滥用犯罪的实质。以批判性的视角分析刑法理论中有关资本市场法益的论辩，其有益之处在于能够较为全面地阐述资本市场中需要刑法规范予以强化保护的有效竞争机制与各种合法权益，其不足之处在于未能明确把握资本市场刑法保护的根本价值，也没有合理确定与这种价值紧密关联的各种法律权益与规范秩序在法益保护序列中的位阶。

笔者认为，资本市场刑法保护的法益是社会资金与金融商品之间资源优化配置的市场机制，投资者财产权、市场信赖、信息公平等实际上都是资本市场刑法中规定的某种特定犯罪所侵害的刑法侧重保护的社会利益，这些市场滥用犯罪个罪层面侵害的具体法益构成了完整的资本市场刑法的整体法益。

---

① Park，Kapitalmarktstrafrecht und Anlegerschutz，NStZ 2007，S. 370.

市场的建构与发展都指向资源优化配置的价值追求。资本市场作为市场类型之一，显然不能脱离市场的本质特征。公平、公正、公开的资本与证券商品之间的交易，能够为实体经济发展筹措大规模资金，市场资本自由流动的实际效果反映金融资产的供求关系，实现价格发现功能，指导投资者进行理性配置资产。理论上，一个没有市场滥用犯罪、秩序井然的资本市场能够最大限度地降低交易成本且最大程度地发挥资本市场体系融资、配置资源、服务实体经济等功能。但是，金融实践中始终存在内线交易与市场操纵等市场滥用犯罪。从经济学的视角分析，内线交易等犯罪增加了证券发行者筹集资本与各类市场主体参与融资与投资竞争的成本，扰乱了金融交易机制，从而阻碍了实体经济的增长。① 资本市场刑法就是要恢复这种受到市场滥用犯罪破坏的资本与证券商品之间资源优化配置的市场机制，保障资本市场本身的健康与完整。资本市场资源优化配置是充分竞争的结果，资本市场刑法应当通过刑法的最终手段性保障有效监管框架下市场竞争的资源分配，公正对待处于不同竞争水平的融资者与投资者。

以中国《刑法修正案（七）》增设的证券犯罪类型——利用未公开信息交易罪为例，证券公司、基金公司等金融机构在资本市场中扮演着金融服务者、交易参与者等多重角色，由于这些金融机构具有信息优势，因此刑法禁止金融机构从业人员利用职务获取对金融交易价格具有重大影响的未公开信息，有针对性地提前于外部市场的投资者买卖相关证券。利用未公开信息交易的刑事违法性形式上表现为这种行为使投资者蒙受了财产损失、动摇了资本市场的诚信基础、体现出信息失衡下的市场资源滥用等；但从实质上分析，利用未公开信息交易犯罪的危害本质在于，各类社会资本不是通过充分且公平的价格竞争方式获取或出售证券商品，而是破坏资本市场竞争，即具有资源优势的市场参与者事先建仓，通过滥用外部投资者的资金扭曲证券商品价格，先于市场资本平仓获利。

再以《刑法修正案（十一）》修改后的《刑法》第182条操纵证券、期

---

① Utpal Bhattacharya & Hazem Daouk, The World Price of Insider Trading, The Journal of Finance, Vol. LVII, No. 1, 2002.

货市场罪为例，刑法虽然禁止单独或者合谋集中资金优势、持股优势或者利用信息优势联合或者连续买卖，操纵证券交易价格或者证券交易量的行为，但并不干涉资本市场中的资金、持股、信息优势以及利用资源优势从事连续交易的行为。只要资本市场参与者没有人为制造相关证券的价量水平，无论竞争过程中投资者产生多少损失或者竞争双方实力如何悬殊，资金、持股、信息等优势只是资本市场中资金与证券商品等资源持有者之间充分竞争的起始状态或者终了结果，并非刑法规制的对象。因此，资本市场刑法保护的市场机制归根到底是竞争的效率性与公平性。

包括投资者权益保护、金融行业秩序、从业人员诚信等价值，实际上都是资本市场效率发挥与有序竞争机制保障下所表现出现的不同层次的效果，而非金融刑法作为一个整体发挥其保障功能的作用对象，更不能将上述价值之一内化为资本市场刑法规范的一元化追求；否则，就会偏离资本市场的基础，从而在法律制度层面不合理地增加融资合规成本与阻碍投资竞争效率。

资本市场存在与发展的正当性基础在于通过合理控制风险使得市场参与者获取利润，其前提显然在于认可投资风险。这意味着金融刑法应当对风险具有较强的容忍度，不应当以积极介入的理念管控资本市场风险或者个别性风险。资本市场刑法只有设定其许可的投资风险边界，才能实现对资本市场系统性与制度性风险的防范与惩治，规制通过不正当手段规避资本市场风险获取巨额利润的行为，维护市场价格形成与发现机制的有效性，同时为市场参与者提供刑事合规的指引。当然，应当强调的是，资本市场刑法整体保护资本市场运行机制的立法价值并不排斥其中的部分犯罪类型重点规制损害投资者权益的市场滥用犯罪行为。这实际上是由资本市场刑法保护法益的层次性所决定的——刑法规范中的个罪或类罪完全可以侧重或全部以投资者权益为保护法益。例如，德国刑法中的虚假陈述罪以及中国刑法中的欺诈发行证券罪、违规披露、不披露重要信息罪等，都是以禁止证券欺诈犯罪行为为基础建构刑法规范，其保护法益明确地体现为投资者权益。

三、市场滥用犯罪的规范框架：行为类型与构成特征

德国刑法理论与实践通常将资本市场中的犯罪行为划分为两大部分：一

是资本市场法刑事罚则规定的犯罪类型；二是《德国刑法典》规定的与资本市场相关的犯罪类型。[①] 前者主要包括德国《证券交易法》规定的金融工具发行与交易过程中的虚假陈述、内线交易以及市场操纵等犯罪。[②] 后者主要包括《德国刑法典》第263条普通欺诈罪、[③] 第264a条资本投资欺诈罪、[④] 第265b条信用欺诈罪、[⑤] 第266条背信罪、[⑥] 第283条破产罪[⑦]等与证券或者证券发行人（上市公司）直接或间接关联的犯罪。尽管资本投资欺诈罪与信用欺诈罪的罪名在各国刑法中极少出现，但这两项罪名所规制的犯罪行为却是各国刑法所普遍关注的。根据《德国刑法典》的相关规定，在证券发行、承销以及公司增资扩股过程中，在招股说明书等文件中进行失实的利好陈述或隐瞒利空事实，或者虚构与证券价值关联的资产，影响证券投资决策的，构成资本投资欺诈罪，处三年以下监禁或罚金。在信贷、票据等任何形式的融资信用授予、展期、条款修改等过程中实施下列行为的，构成信用欺诈罪，处三年以下监禁或罚金：（1）提交失实或不完整的资产负债表、资产评估报告等文件；（2）在信用申请中就特定的商业项目进行失实或不完整的书面陈述；明知财务状况恶化而不在信用申请文件或者书面陈述予以说明。可见，德国刑法中的资本投资欺诈罪相当于有关欺诈发行证券的犯罪；信用欺诈罪相当于有关贷款、票据欺诈的犯罪。

中国刑法规定了相当数量的证券期货犯罪，刑法理论上主要也是使用证券期货犯罪的概念。[⑧⑨] 从刑法理论上看，中国学者关于证券期货犯罪或者金融犯罪的类型化解释主要有以下四种观点："广义论"认为，证券期货犯罪是严重破坏证券期货管理秩序的犯罪，包括危害证券期货发行、交易、管理秩序的犯罪以及与证券期货有关的（金融）诈骗犯罪、非法经营犯罪、职务

---

① Park，Kapitalmarktstrafrecht，2. Auflage，Nomos Verlagsges. Mbh Co，2008.

② WpHG § 38 Strafvorschriften.

③ StGB § 263 Betrug.

④ StGB § 264 a Kapitalanlagebetrug.

⑤ StGB § 265 b Kreditbetrug.

⑥ StGB § 266 Untreue.

⑦ StGB § 283 Bankrott.

⑧ 刘宪权：《证券期货犯罪理论与实务》，商务印书馆2005年版，第1页。

⑨ 王晨：《证券期货犯罪的认定与处罚》，知识产权出版社2008年版，第22~23页。

犯罪等。“广义论”的实质内容与德国金融刑法理论的主流观点是一致的。“修正的广义论”认为，金融犯罪是违反资本市场法律且严重破坏资本市场秩序的犯罪，包括资本市场发行环节犯罪、交易环节犯罪、管理环节犯罪、公司犯罪、贪污贿赂犯罪以及财产犯罪。[①]“修正的广义论”用金融犯罪的理论性概念替换证券期货犯罪的规范性表述，在金融犯罪类型界定层面与“广义论”不存在实质性差异，故“修正的广义论”与德国金融刑法理论的主流观点具有完全一致性。“狭义论”认为，证券期货犯罪是与证券期货投资紧密关联的犯罪，包括欺诈发行股票、债券罪，违规披露、不披露重要信息罪，背信损害上市公司利益罪，背信运用受托财产罪等与证券期货投资直接关联的犯罪以及内幕交易罪，操纵证券、期货市场罪等完全属于证券期货投资领域的犯罪。[②]“严格的狭义论”认为，证券期货犯罪只能是完全发生在证券期货市场上的犯罪类型，故只有内幕交易、泄露内幕交易罪，利用未公开信息交易罪，编造并传播证券、期货虚假信息罪，诱骗投资者买卖证券、期货合约罪，操纵证券、期货市场罪5种犯罪，才属于证券期货犯罪。[③]“严格的狭义论”以“整体性”标准界定证券期货犯罪类型，将违规信息披露、欺诈发行证券、伪造、变造证券、滥用证券管理职权等部分涉及公司管理或其他金融监管的犯罪严格排除在证券期货犯罪类型之外。

由于德国《证券交易法》将金融工具界定为证券（股票、债券）、期货、期权、互换等金融资产或者金融衍生品，[④] 故德国刑法所规定的犯罪类型与中国刑法中的证券期货犯罪以及与证券期货具有一定关联的犯罪大部分是相同的，[⑤] 只是具体理论阐释上，德国刑法理论对于将与资本市场直接或间接关联的犯罪集中在资本市场刑法项下进行分析，形成了相对一致的看法，而中国刑法理论尚未形成相对统一的认识。

---

① 刘建：《资本市场安全与刑法规制》，中国人民公安大学出版社2009年版，第126~127页。

② 最高人民检察院法律政策研究室、中国证券监督管理委员会法律部编著：《证券期货犯罪司法认定指南》，中国人民公安大学出版社2009年版，第1页。

③ 刘宪权：《金融犯罪刑法学专论》，北京大学出版社2010年版，第337页。

④ WpHG § 2 Begriffsbestimmungen.

⑤ 由于我国金融市场衍生品交易的发展与创新相对落后，相关金融法律法规尚未对金融衍生品进行系统性法律监管，导致刑法远未达到设置金融衍生品犯罪的立法条件。

笔者认为，德国金融刑法理论与中国证券期货犯罪理论对于犯罪类型的把握均存在结构性缺陷，导致刑法解释理论模糊了刑法保护的重点以及现有犯罪法律规范的关系，从而严重阻碍了金融刑法立法完善与刑事司法精准化的理论驱动。

德国金融刑法原理与中国证券期货犯罪理论中的“广义论”“修正的广义论”“狭义论”基本的缺陷在于将普通欺诈犯罪、金融诈骗犯罪、背信犯罪、破产犯罪等并非（主要）侵犯资本市场机制的犯罪纳入金融刑法范畴进行解释。正如上文所述，资本市场就是资金与证券商品之间进行资源优化配置的机制，而证券发行与交易（资金配置与流动）又是资本市场功能实现的具体执行。欺诈、背信等犯罪行为是传统经济刑法领域中主要侵犯他人合法产权的犯罪类型，并不涉及或主要涉及对证券发行与交易机制的危害。在上述刑法理论中，即便是犯罪类型范围最小的“狭义论”，也同样陷入了将犯罪行为对象或者犯罪涉及的因素为证券这一表象性特征作为金融犯罪类型化解释标准的误区——本质根源在于忽略了资本市场的现实作用。

从资本市场主要作用的角度进行分析，资本市场就是发行市场与交易市场的基本组合，发行市场承担证券产品发行者按照法律规定和发行程序向投资者首次出售或者增发出售全新证券的功能；交易市场承担投资者向其他投资者转让证券或证券等金融产品在投资者之间不断买卖的功能。[①] 资本市场刑法是对发行与交易机制的保障，故市场滥用犯罪类型只能限定在侵犯金融商品发行与交易机制的范围之内，脱离资本市场基本价值的犯罪类型解释理论将会造成法益保护失焦，从而影响资本市场刑事立法完善的科学性以及市场滥用犯罪在司法实践中实质解释的准确性。当然，中国证券期货犯罪理论中“严格的狭义论”则存在过度收窄的问题。尽管违规披露、不披露重要信息罪，欺诈发行股票，债券罪以及擅自发行股票、债券罪部分涉及非上市公司管理制度等问题，但这些罪名都是规制证券发行与交易环节中的信息披露、逃避监管等行为的犯罪类型，并且在美国、欧盟等全球重要资本市场法律规范框架下均属于虚假陈述犯罪，理应纳入资本市场刑法所规定的市场滥用犯

① B. J. Foley, Capital Markets, London: Macmillan, 1991, p. 6.

罪类型之中。

同时，德国金融刑法与中国证券期货犯罪在刑事立法实践上共同存在的根本缺陷在于，两者都将严重侵害证券、期货以及衍生品市场机制的犯罪行为集中在完全相同的犯罪构成内进行刑法评价——德国《证券交易法》将证券、期货、期权以及相关衍生品整合为金融工具，并在刑事罚则中将针对这些金融工具的犯罪行为统一规定为金融刑法项下的虚假陈述、内线交易、市场操纵等犯罪；中国刑法尽管在部分犯罪的罪名上区分证券犯罪与期货犯罪（例如操纵证券、期货市场罪），但两者除了行为对象不同之外，其他构成要件则完全相同。

笔者认为，不区分证券犯罪、期货犯罪以及衍生品犯罪的独立性特征而将其整体纳入市场滥用犯罪的规范体系，或者在完全相同的犯罪构成要件中仅根据行为对象差异而简单区分证券犯罪与期货犯罪的罪名，深刻地体现出资本市场刑事立法科学性阙如，其实践结果便是司法适用的简单化、机械化，最终导致金融刑法规制能力的不足。

德国金融刑法与中国证券期货犯罪立法实践未能针对证券、期货以及其他衍生品的特点分别配置各种金融犯罪类型的构成要件，其根本原因在于未能精确把握金融市场的基本结构和证券、期货、衍生品等各类细分市场及其各自的金融产品功能。正如前文所述，以融资与投资是否具有中长期性为标准，金融市场可以分为资本市场（中长期资金市场）与货币市场（短期资金市场）。资本市场刑法就是保护中长期资金优化与各种证券类商品之间资源优化配置市场机制的具有最高强制力的法律规范。证券市场、期货市场、衍生品市场则是以可供交易的金融商品类型为标准对金融市场进行的市场细分。因此，在逻辑上，显然不能将针对证券、期货以及衍生品市场的犯罪全部纳入资本市场刑法规范体系，在技术上，更不能对同种犯罪类型但行为对象存在证券、期货、衍生品之别的犯罪规定实质相同的犯罪构成。

市场滥用犯罪刑法规范将证券、期货、衍生品等犯罪混同于一个整体概念进行规制，客观上将部分完全不具有侵害资本市场机制因素的犯罪进行错误归类与定位，影响了资本市场刑法规范结构的科学性与金融犯罪刑法规制的针对性。例如，商品期货（期权）、外汇期货（期权）以及与此相关的所有金融衍生品市场完全不具有资本市场的属性，与证券发行与交易完全无关，根本不具有中长期融资与投资的市场作用，而是承担对冲商品、外汇等现货价格风险与价格发现功能。侵犯商品、外汇期货及其衍生品市场机制的犯罪行为，其社会危害性集中体现为扰乱正常的风险对冲与价格发现机制。因此，商品、外汇期货及相关衍生品市场犯罪应当具有独立的规范逻辑与解释方法。

刑法规范将证券、期货、衍生品等犯罪的构成要件进行实质上的等同化处理，实际上过度低估了针对不同金融商品实施金融犯罪的差异性，客观上造成了刑法规制的严重偏向，并且会导致对跨越不同类型金融市场实施犯罪行为的法律监管空白。

严重侵害证券、期货或衍生品市场机制的犯罪行为存在显著的区别，单一性的虚假陈述、内线交易或市场操纵的犯罪构成难以对其进行有效规制。中国 1997 年《刑法》只规定了证券犯罪，1999 年《刑法修正案》仅仅是直接在内幕交易、市场操纵等犯罪构成中加入了期货犯罪的形式，完全没有针对期货犯罪在行为实质上的特殊性制定充分且完整的立法对策。2021 年《刑法修正案（十一）》将欺诈发行股票、债券罪修改为欺诈发行证券罪，根据 2020 年《证券法》重构了刑法上的证券概念，但并未明确不同证券产品在刑法上的特点与适用法律的具体规则差异。并且，中国刑法时至今日没有对金融衍生品市场中的内线交易、市场操纵犯罪进行立法思考。德国刑法将证券、期货以及衍生品统一规定为金融工具，与其说是金融犯罪行为对象的规范整合，不如说是忽略金融市场结构性差异的简单叠加。

可见，无论是处于发展过程中的中国金融市场法律规范，还是处于相对成熟阶段的德国金融市场法律规则，都没有能够在刑法层面深刻分析证券、期货、衍生品犯罪的本质差异。事实上，正是金融市场类型与金融产品属性的不同，决定了证券、期货、衍生品犯罪的行为模式在具有共性的同时更存在实质性区别。以市场操纵犯罪为例——洗售、相对委托、连续买卖、“抢帽子”交易、虚假申报、开市（尾市）交易操纵等都是证券、期货市场以及部分场内集中交易的衍生品市场共有的操纵犯罪行为模式，但刑法不应当局限于这些共有的操纵行为类型而对证券市场操纵与期货市场操纵的犯罪构成进行等同化处理。商品期货市场中就存在囤积（corner）、轧空（squeeze）等完全区别于证券市场操纵的典型行为方式，这些期货市场操纵违法犯罪行为的核心在于利用商品期货市场中特有的现货与期货市场的价格关系以及交割、保证金交易等制度谋取现货市场控制下期货仓位的巨额利润。同时，基于商品期货交易所对于投机仓位的持仓数量限制以及套期保值交易的审批性监管，证券市场中常见的洗售、相对委托、连续买卖等并非商品期货市场中的基础或典型的操纵犯罪类型。所以，将完全基于证券市场违法犯罪行为分析而形成的犯罪构成不加修正地适用于侵犯商品期货等市场机制犯罪的刑法评价，完全脱离了刑法所保护的市场本身的逻辑与现实。

同时还应当看到，证券、期货、衍生品市场及其各类金融商品之间存在高度的关联性，行为人完全可以利用不同金融市场及其金融产品之间的价格影响关系进行跨市场犯罪。中国刑法在形式上区分证券犯罪与期货犯罪的罪名，在实质上又以证券犯罪为基础对所有金融犯罪构成进行等同化处理从而忽略了期货市场的特殊性，不仅与德国金融刑法存在相同的偏向性规制问题（期货犯罪惩防法律依据不足），而且会出现对跨市场犯罪（尤其是市场操纵）法律监管的紊乱与失效。例如，JSYH 系同时在中国 A 股与 H 股上市的股票，同时属于香港市场新华富时中国 25 指数期货合约的成分股。行为人在 A 股市场针对 JSYH 股票进行连续交易造成价格波动，基于 A 股与 H 股市场的关联度，JSYH 的 H 股价格波动继而引起新华富时中国 25 指数期货合约波动。行为人通过事先建构的中国 25 指数期货合约仓位在股指期货价格波动中谋取巨额利润。可见，行为人连续交易影响股价的行为发生在 A 股市场，H 股市场相关股票价格波动作为中继，行为人最终在相关股指期货市场谋取利润，整个行为过程涉及 2 个证券市场与 1 个股指期货市场。由于中国刑法在形式上将市场操纵犯罪分为操纵证券市场罪与操纵期货市场罪两个罪名，而上例中的影响股价行为发生在证券市场，股指期货波动结果出现在期货市场，证券市场影响行为与期货市场谋利结果分离，导致中国刑法既不能将之评价为操纵证券市场犯罪，也不能评价为操纵期货市场。加之中国刑法没有明确规定影响证券市场行为与控制期货市场结果之间可以合并构成所谓的操纵证券、期货市场罪，故中国刑法实际上根本无法规制跨市场操纵犯罪。

产生上述问题的症结仍然在于刑事立法理论与实践对于资本市场概念以及金融产品互动关系存在模糊的认识。证券是资本市场的基础商品，但这并不排斥一系列基于证券而建构的证券期货、证券期权、证券互换等产品成为资本市场衍生商品的现实性。发达资本市场早已成熟操作且在中国曾经试行、正在运作或者逐步探索的国债期货、股票权证、股指期货、股权互换等在证券这一基础金融资产之上的证券衍生商品，充分体现了资本市场与期货市场、衍生品市场的关联性。资本市场法律规范一方面应当深刻认识资本市场与其他金融市场之间的差异，另一方面必须把握基础金融资产与衍生资产之间依托与被依托的关系，灵活地建构以证券为核心的基础性资本市场与衍生性资本市场法律监管体系。对于资本市场刑事立法而言，在建构金融犯罪的过程中，既不能概括地将犯罪行为对象统一设定为所谓的金融工具，也不能机械地将其简单区分为证券、期货等，而是应当细致地将金融犯罪行为对象规定为证券、以证券为基础的期货（期权）以及其他以证券为基础的衍生工具（远期、互换等）。

结合我国现行《刑法》的规定来看，市场滥用犯罪包括三种犯罪类型——虚假陈述、内线交易、市场操纵。其中，虚假陈述犯罪类型具体包括：欺诈发行证券罪（《刑法》第160条），违规披露、不披露重要信息罪（《刑法》第161条），擅自发行股票、公司、企业债券罪（《刑法》第179条），编造并传播证券、期货交易虚假信息罪，诱骗投资者买卖证券、期货合约罪（《刑法》第181条）；内线交易犯罪类型具体包括：内幕交易、泄露内幕信息罪，利用未公开信息交易罪（《刑法》第180条）；市场操纵犯罪类型具体包括：操纵证券、期货市场罪（《刑法》第182条）。此外，我国刑法规定的上述虚假陈述、内线交易、市场操纵犯罪实际上是证券犯罪与期货犯罪的简单叠加，即不区分商品、证券、外汇、利率等不同基础资产的本质性差异而将所有针对期货合约的犯罪均纳入期货犯罪体系并直接规定在相关证券犯罪之后；并且，我国刑法长期没有对衍生品犯罪进行任何规制。因此，在刑事司法规则上逐渐针对期货及其衍生品市场滥用行为设置针对性的规则设计，应当成为今后金融刑法规范对金融犯罪类型进行完善的重要方向。

明确了刑法规定的市场滥用犯罪类型范围，可以进一步通过考察这些犯罪在构成上的特征，明确在刑事立法、司法适用、刑事合规上需要选择与阐释的重要问题。

四、资本市场刑事合规：市场滥用犯罪的风险控制与规范遵从

刑事合规是近年来理论与实务中的重要且热点概念。但资本市场刑事合规的理论与实务并未形成相对完整的探索与构造——这也是本书意图着重解决的方面。合规（Compliance）文义上具有合乎规定的内涵，当然，合规、刑事合规的实践含义主要源于美国的语境与法律实务。笔者认为，至少在资本市场中，刑事合规是指资本市场参与者对于市场滥用犯罪问题的风险控制与规范遵从。具体包括：（1）事前风控，即在市场参与者发生市场滥用犯罪行为之前，从法律规范自我解释、应用，并持续与监管机构进行法律理解沟通的角度，防范与控制市场滥用犯罪风险。（2）事中监控，即通过在管理、交易等经营、行为流程中设置风险控制机制，对市场参与者的行为进行实时监督、管理介入，中断正在进行的市场滥用犯罪行为，或者及时控制风险的进一步扩大。（3）事后遵从，即在发生市场滥用犯罪之后，积极与监管机构、司法机关进行沟通，通过行政和解、刑事和解等一系列法律规定的程序机制，使得市场参与者获得相对较轻的法律处置，从而最大限度地保障市场参与者的合规经营。

在上述刑事合规内容中，第三部分的合规程序（compliance programs）显然是时下我国司法与资本市场实践中最为关注的焦点问题。合规程序来源于美国联邦司法实践——根据美国《联邦量刑指南》第八章第二部分的规定，合规程序是公司为了监管、预防、控制经济犯罪所专门设计的内部犯罪风险控制机制，是公司治理极为重要的一部分内容。① 美国联邦检察官非常重视在暂缓起诉程序中贯彻《联邦量刑指南》的建议性规定，强制认罪公司雇用联邦行政人员担任内部监管职务，协助公司保证合规程序的正常运转，降低公司经济犯罪的案发可能。近年来，美国司法实践暂缓起诉程序中附加

① 2004 Federal Sentencing Guidelines，Chapter 8-Part B，Remedying Harm From Criminal Conduct，and Effective Compliance and Ethics Program.

的强制性内部监管机制强化了联邦行政人员在公司内部的监管权限，使其有权在联邦检察官的指导下评估、建议、修改公司治理的规章、解雇违纪违法职员、直接以公司名义雇用审计人员、律师在公司内部针对审计、法律问题进行尽职调查。该项权利甚至可以延伸至暂缓起诉考察期限截止之后。

因此，资本市场刑事合规中的内部监管机制，非常有利于快速提高公司治理效率，特别是控制市场滥用犯罪风险，并且实质性降低犯罪公司的刑事责任风险。联邦监管人员不仅能够成为认罪公司财务上的监管者，而且可以深入公司内部管理流程全方位执行经济犯罪预防计划。不容忽视的问题是，检察机关要求建立的强制性内部监管机制所耗费的高管理成本在一定程度上对认罪公司造成了经济压力。大型的涉案公司仅监管费用一项平均高达600万美元每年。① 以联邦检察机构为主导的监管人员以治理专员的身份介入公司事务亦存在正当性疑虑。因此，节省管理成本、明确法律监管与内部治理界限是美国联邦检察官在适用强制监管程序时不断思索的疑难问题，同样也是我国探索建构市场滥用犯罪刑事合规机制所要重点关注的问题。

五、市场滥用犯罪刑法理论研究与法律实务：问题导向与创新方向

随着全球资本市场的不断发展、创新与完善，市场滥用犯罪不断出现一些新情况、新问题，此类案件经常会出现刑法适用上的障碍、困惑及难题。如何准确认定市场滥用犯罪案件，如何完善市场滥用犯罪立法与司法解释，如何建构健全的刑事合规体系，理论界、实务界、金融市场等不同层面存在较大的困惑与争议。

因此，从刑法原理出发，结合资本市场特点与金融理论，不仅对与市场滥用犯罪定罪量刑有关的基本问题进行全面且深入的探讨和分析，而且就刑法规定的虚假陈述犯罪、内幕交易犯罪、市场操纵犯罪等在刑法理论、司法实务、刑事合规中出现的全新问题、热点问题、难点问题、重点问题提出对

① Vikramaditya Khanna & Timothy Dickson. The Corporate Monitor：The New Corporte Czar [J]. 105 Michigan Law Review 1713 (2007).

策，对于深度解析、公正惩治、有效预防市场滥用犯罪的理论探索与法律实践具有极其重要的价值。

在以德国、日本为代表的大陆刑法理论研究体系中，对于市场滥用犯罪的研究主要集中于纯理论层面的探讨、较为形式化的法条解释或者常规实务问题，例如，对于市场滥用犯罪（或者内幕交易、市场操纵等个罪）保护法益的探讨、针对德国《证券交易法》、日本《金融商品交易法》等法律中有关证券犯罪刑事罚则的规范解释、传统证券犯罪行为类型的实务分析问题等。真正涉及市场滥用犯罪刑法理论难题的研究（比如，市场操纵犯罪的实质内涵、行为机理等）比较少见；真正涉及市场滥用犯罪最突出、全新的法律适用难题（例如，市场操纵行为与金融商品交易价格之间的因果关系、金融市场技术创新带来的高频交易操纵等全新犯罪类型把握等）的实务性研究更为罕见。同时，在个罪研究层面，大陆刑法对内幕交易犯罪的研究数量较多，但市场操纵犯罪研究至今没有取得非常重要的理论突破。

在以美国、英国为代表的英美刑法理论研究体系中，尽管对于内幕交易、市场操纵等金融犯罪行为进行了相当深入的研究，并且大部分具有跨学科研究的特点（例如，证券犯罪的刑法经济学分析，运用金融经济学模型研究证券犯罪中的疑难问题等），但也存在不少理论缺憾。例如，美国并没有形成固定的金融刑法规范与理论逻辑，相关市场滥用犯罪刑法理论大多集中于个别典型判例的分析，加之各个联邦巡回上诉法院采取的各种司法实务判断标准迥异且美国联邦最高法院对绝大多数争议尚未提出法院意见，造成市场滥用犯罪实务标准混乱且理论分析零散，缺乏能够整体覆盖且具有解决实践问题的基础性理论。

我国近 10 年来对于证券期货犯罪的刑法学研究日益深入，一系列刑法学专著、论文对证券期货犯罪问题进行了全面的研究，但也存在一定缺陷。

其一，缺乏资本市场概念与金融专业知识的支撑。市场滥用犯罪是根植于资本市场的犯罪行为，因此市场滥用犯罪刑法研究首先必须以资本市场及其金融机制为基础、围绕资本市场的特征展开与市场滥用犯罪有关的问题研究，但由于目前的刑法学研究普遍忽视对于资本市场概念的关注，使得相关法律适用规则建议、立法建言等脱离市场实际。同时，由于刑法学理论研究与实务人员普遍缺乏金融专业知识的支撑，造成刑法原理与金融原理的脱节，同样也造成市场滥用刑事合规工作没有明确的法律解释规则的支撑，从而缺少明确的合规方向。

其二，个罪研究的结构性缺陷。内幕交易犯罪是传统证券期货犯罪刑法理论研究的重点领域，相关刑法学专著、博士论文都进行了集中研究，但操纵证券、期货市场犯罪、虚假陈述犯罪的系统研究仍然比较少见。这主要是因为虚假陈述、市场操纵犯罪的行为机理相对内幕交易而言，研究者、实务者比较陌生，需要依托的金融专业知识也具有一定的区别，需要更多的金融市场反操纵实践经验或者实务素材，以及上市公司的信息披露监管与流程经验，而这些正是目前刑法理论研究阙如的地方。

通过上述分析可见，本书专门对市场滥用犯罪、资本市场刑法的概念予以展开，期待对于推动金融刑法理论发展具有理论意义，对于立法、司法、刑事合规实务的完善具有实践价值。

本书秉持高度的问题意识。市场滥用犯罪问题的选择与刑法核心概念的布局都围绕着理论与实务中亟须深入研究的问题展开。突出刑法理论与实务中的争议性问题，不仅提出理论分歧与实务操作差异，更是纵深性地提出资本市场刑法观念冲撞与现实断裂的根源性争议。在刑法解释与反思中，不仅对基本问题进行理论与实务结合的阐释与论证，更强调通过衍生问题的反思深化对争议问题提出不同分析视角。对于当前理论与实务中分析较多的市场滥用犯罪基本问题，本书不做赘述，而是直奔欺诈发行、违规信息披露、内幕交易、利用未公开信息交易、市场操纵等市场滥用犯罪的重大疑难问题，通过理论阐释有效解决实务中的疑难问题——市场滥用犯罪的实质是什么？市场滥用犯罪行为在金融市场实务中是怎样操作的？法律规范如何评价市场滥用犯罪内含的经济机制、金融行为与市场心理？应当以怎样的理论架构划分市场滥用犯罪行为类型，并准确分析不同类型在法律规制体系中的基本定位？如何区分犯罪行为、行政违法或者侵权行为、过度市场投机行为、一般市场投机行为以及推动资本市场迅猛发展的竞争优势与创新机遇的正当交易策略应用？法律制度是否应当以刑罚方式控制最为严重的资本市场侵害行为？如果金融刑法制度介入是理性的，如何富有效率地执行金融犯罪的惩治任务并有效发挥预防功能？如何在刑事司法、行政制裁以及民事诉讼体系中协调刑罚震慑、行政监管及资本市场参与者平等法律对抗或通过市场交易机制公平竞争的边界？法律规范与司法规则如何根据金融市场、互联网、交易技术等外部条件的变化调整有效规制市场滥用违法犯罪的制度安排？虚假陈述、内线交易、市场操纵等滥用行为的金融本质与法律实质是什么？在《刑法修正案（十一）》明确调整相关犯罪构成要件及其刑罚配置的情况下，如何精确建构司法解释？市场参与者如何针对既有的法律框架建构与健全有效的刑事合规体系？

本书的理论与实践价值体现为，以上述问题意识为导向，通过理论性与实践性兼备的制度设计与安排，尝试回答这些困扰金融市场与制度规范的难题。

本书针对市场滥用犯罪理论与实务中面临的重大难题与热点问题，充分运用资本市场、证券（期货、衍生品）法、刑法原理深入分析资本市场刑法中的重要概念、争议问题、疑难判例、最新动向等，以期为理论界、实务界以及市场人士提供一种解决刑法理论、实践疑难问题、刑事合规难题的分析视角。本书提出的一系列立法、司法、合规应对意见，有利于推进与保障资本市场的公平竞争机制，合理控制刑法介入资本市场规范调控的度，有助于促进实务部门通过合法且合理的运用刑法、金融法等法律规范，实现资本市场违法犯罪惩治与防控的理念转换、规则丰富、技术更新，确保刑法规制实践与资本市场现实需要互相契合。

本书重点挖掘市场滥用犯罪最新、疑难且具有特色的法律问题，以便为实践部门提供一个可供参考的司法适用规则标准。同时，本书对各种类型市场滥用犯罪的实质、构成、认定等问题进行深度探讨，归纳当前刑事立法以及司法规则层面存在的缺陷，提出了金融犯罪刑事立法、司法解释、刑事合规的完善思路。

作为金融市场犯罪中危害最为严重、稽查认定难度最高、刑法规制最为疑难的市场滥用犯罪，有效惩治与预防本类犯罪是提升金融市场整体效率的关键，也是零容忍时代的必然要求。对于市场参与者而言，只有控制好资本市场中的违法犯罪风险，做好刑事合规，才能更好地融入资本市场机制，实现金融助力于实体经济的功能。同时，也只有高效防控市场滥用犯罪风险，才能保护市场参与者的创新动力，维系中国资本市场参与国际竞争的发展模式。这也是本书对于资本市场参与者的价值。

当然，以资本市场视角为导向，以市场滥用犯罪为核心与起点，以金融刑法原理为依托与基础，以法律与金融分析方法为工具，对市场滥用犯罪的风险控制与资本市场刑法保护问题进行研究，是一种全新的尝试，本书只是一种初步的探索，显然还需要对该问题进行不断地深入分析。

第二章

市场滥用犯罪法律与金融分析：刑法解释与刑事合规的实用工具

无论是资本市场执法、司法、立法还是合规体系建设，都需要对市场滥用犯罪的行为实质与运作机理进行研究，而法律与金融跨学科分析方法是其共通的认知工具。基于金融原理与资本市场的现实特点提出对市场滥用犯罪的监管政策、法律适用规则与制度的优化建议，同时在市场滥用犯罪实证分析的基础上充分结合中国资本市场的实际情况，综合运用法律与金融分析方法，有助于确保市场滥用犯罪的法律解释观点契合真实的金融市场制度保护需求，助力于刑事合规工作实现保障市场参与者权益、维护市场参与者稳定的目标。

第一节 法律与金融

法律与金融分析方法的实质是将法律与金融这两门不同的学科及其研究方法整合在统一的逻辑框架下，针对跨越法律与金融的行为或者现象进行纵深性与跨学科的解释。① 法律与金融分析的方法论应用基础是法律与金融在理论研究与实践探索领域存在明确的客观交集：其一，法律规范以及相关制度设计对于金融市场、金融行为、金融实务、金融参与者具有活动规范的效力与经济效益上的影响；其二，经济、金融理论与实践的分析框架、范式、标准等能够对法律制度作用于金融领域的效用进行客观的评价与解释。

一、思维路径

市场滥用犯罪的法律与金融分析就是动态运用两种思维路径分析同时构成法律问题与金融问题的市场滥用犯罪行为或者现象。②

---

① 在方法论上更为通俗与流行的表述是法律与经济分析、法律经济学、法经济学等。法律与经济分析方法、制度经济学最早源于1960年代罗纳德·科斯的著名论文《社会成本问题》。Ronald H. Coase, *The Problem of Social Cost*, 3 The Journal of Law and Economics 1（1960）. 科斯经典论文的核心启示在于，真实的社会并非一个交易成本很小的环境；在各种不同的现实条件下，当事人之间的交易成本存在很大的差异。交易成本的客观存在与发现，为理论研究提供了富有意义的思维方法。首先，交易成本包括协商、信任、还价等不同形式，这些交易成本通常会很高。这就为产权的界定提供了非常重要的切入点。其次，公平并非不重要，但在特定情形下，无论立法者采取何种模式建构制度，对于公平都不会产生实质性影响，但对于效率的影响却极为可观。在这种条件下，提升效率的考量就成为分析制度的核心指标。最后，制度设计必须考量每一种不同的产权界定规范下可能造成的结果，评估各种规范建构之后的利弊，然后才能进行最符合效率的取舍。在不同制度设计方案所对应的"均衡"中，应当选择相对公平、资源配置效率更高的方案。在科斯提出交易成本、引领法律与经济分析方法之后，法律与经济学原理在公法与私法领域进行了广泛且深入的发展。1991年，罗纳德·科斯、圭多·卡拉布雷斯（Guido Calabresi）、亨利·曼勒以及理查德·波斯纳4人在美国法律经济学会创始会议上被授予法律经济学科奠基人的称号。本书所使用的法律与金融分析方法与概念，实际上是法律与经济分析这一宽泛概念统筹下的子概念或者特定化之后的狭义范畴，即在广义经济、经济学概念之下的金融、金融学与法律、法学的实体规范、程序操作与方法论之间的交叉与跨学科解释。

② 本书在使用法律与金融分析方法阐释市场滥用犯罪相关问题的过程中，注意避免以下方法论层面的不合理因素。其一，避免经济学或者金融学原理的泛化使用。法律与经济分析或者法律与金融分析是一种非常有效的思维方式，能够充分揭示制度的理性、决策过程和改革路径，但并不一定适合所有的刑法、民法、宪法等制度问题的分析，应当谨慎地避免法律与经济分析的泛化使用。由于本书分析的对象是市场滥用犯罪，对应的制度安排是资本市场法律规范，因此，金融市场、市场滥用犯罪行为、资本市场法律制度等法律与金融的交叉特点决定了法律与金融分析显然是最为有效、核心、重要的研究方法。市场滥用犯罪法律与金融分析方法的使用，不仅不会存在经济学理论与工具的滥用问题，而且能够有效地填补中国经济刑法研究在方法论上的缺失或者有限性。法律与金融分析有助于突破传统经济刑法研究局限于规范层面的解释与立法完善建议，使用金融原理检验经济刑法解释的合理性，以经济效率为原则分析相关经济刑法规范与措施的有效性。其二，避免经济学分析工具的庸俗化应用。本书重点使用符合资本市场与金融行为特征的金融原理、实践经验、数量金融实证研究报告等现有成果与方法，深度解构市场滥用犯罪，避免以经济分析或者金融分析的名义、不具有实质法律

思维路径一：以资本市场法律制度为框架分析作为金融问题的市场滥用犯罪。资本市场法律是整个经济与金融市场的制度要素。制度安排对于金融市场以及生成于该市场的操纵犯罪行为具有重大的效益性影响。制度是金融市场的运作规则，更是改变金融行为模式的重要因素。市场滥用犯罪法律与金融分析旨在确定当前资本市场法律制度对于保障金融市场免受市场滥用犯罪侵扰是否具有效率，并在此基础上评估何种制度优化方式能够进一步提升市场效率。

思维路径二：以金融理论与实践为工具分析作为法律问题的市场滥用犯罪。金融理论、数量金融实证研究、金融实践操作经验等均是非常有效的分析工具，综合运用金融理论与实践中经典与最新的研究成果，将金融原理、数量分析方法、金融实践经验应用于市场滥用犯罪法律监管理论与实践，有助于对资本市场法律制度做出符合金融实际与金融原理的解释，促进市场滥用犯罪法律监管制度改革沿着优化金融市场效率的方向迈进。

金融市场法律制度的创新与变革能够极大地提升市场的运作效率。从历史解释的角度进行分析，证券市场生成与繁荣的基础在于法律制度逐步界定与确立了公司、股权、股东有限责任等基本要素。更大规模的证券市场与流动性注入及其延续，则需要依靠包括法律制度在内的更为广泛的公共政策设计。由于小规模投资者建构的关系长期固定的小型机构对于解决商业运作的代理成本问题而言更为有效与自然，在没有外部制度刺激的情况下，很难实质性影响庞大的证券市场流动性。以美国为代表的高流动性证券市场是有意识的制度建构与政策创新的产物。[①] 例如，美国设立证券交易委员会（Securities and Exchange Commission，SEC）的目的之一是通过优化监管激励

（接上页）与经济分析价值的方法进行简单化分析（例如，庸俗化的成本效益分析，即罗列制度成本与效益并进行机械对比）。其三，避免故弄玄虚且无实质政策完善价值的数量经济（金融）模型应用。市场滥用犯罪法律监管本质上是通过制度介入优化市场效率、通过经济效益评估改良政策内容的问题，分析方法与框架的建构必须以法律理论研究者与实践操作者能够切实理解为导向，而非以繁复的数量模型，将原本已经十分复杂的金融市场与法律监管问题进一步复杂化。事实上以科斯为代表的制度经济学先驱的经典论著都是以清晰、简洁、明快的分析方法阐释重大、宏观、复杂的制度与经济问题。因此，本书主要以法律理论与实践人员能够理解的方式阐述用以分析市场滥用犯罪问题的金融原理与金融市场实践经验，仅在确实需要论证的部分使用数量金融理论与实证的研究成果与方法。

① Robert J. Shiller, *Macro Markets: Creating Institutions for Managing Society's Largest Economic Risks*, Oxford University Press, 1998, p. 12.

市场流动性，其推出的一系列政策更是如此：极为广泛的信息披露义务与严格的财务标准；卖空交易的报升规则的建构、废止以及重构；[①] 上市公司高管以及内部人证券交易的监管等。期货市场的产生与发展同样源自以法律规则为核心的制度创造。保证金、日内结算合约、交付商品质量中立判断标准等确保商品交易所能够提供合同履行保证的规则创造了商品期货市场对特定商品进行价格发现、提供流动性的功能。现金结算合约促成了金融期货市场的诞生与持续创新，使得期货交易产品超越了可供交付的商品、现实的外汇等金融产品，拓展至理论上的金融指数产品。

所以，制度效率制约着市场效率，制度的内容定义了市场的运作。市场操纵是滋生于金融市场的犯罪行为类型，其复杂的行为结构深刻触及整个金融市场的资金、信息、权力监管的各个层面，市场滥用犯罪法律监管制度的优化对于整个金融市场而言具有极为重要的价值。法律与金融分析中以法律制度解释作为金融问题的市场滥用犯罪，正是着力于通过制度优化提升市场效率的价值实现。

二、理论工具

经济与金融理论、金融市场实践操作规律与经验、数量金融高级模型[②]等是分析市场滥用犯罪以及法律制度介入效果最为有效与最具有针对性的工具。

有效资本市场理论诠释下的资本市场将信息整合入金融商品市场交易价格并将信息作用于价格动态的机理，[③] 有助于深度解释的市场操纵的实质、

---

① 17 CFR 240. 10a－1. 根据该项 SEC 规则规定，报升规则是指卖空交易价格必须高于最新的成交价。该卖空限制最初为 1937 年证券市场崩溃环境下的政策应对之一。2007 年，SEC 基于当时的市场环境以及相关实证研究认为，该项卖空限制实际上已经转化为降低流动性的因素且对于控制市场操纵而言没有实质性效果，故而废除了报升规则。2008 年金融危机之后，SEC 于 2010 年重构了替代性报升规则——特定证券交易价格较前一交易日收盘价格下跌超过 10% 的，直至下一交易日的所有该特定证券卖空交易均适用报升规则限制。

② 本书不对各种金融原理的高级数理分析或者数学演示做深入展开，但数量金融分析文献在相关主题的论证内容中会予以注明。

③ 关于有效资本市场理论的重要论述参见 Eugene F. Fama，*Efficient Capital Markets：A Review of Theory and Empirical Work*，25 Journal of Finance 383（1970）；Eugene F. Fama，*Foundations of Finance*，*Portfolio Decisions and Securities Prices*，Oxford：Philip Allan，1976，p. 139－151；Eugene F. Fama，*Efficient Capital Markets*：II，46 Journal of Finance 1575（1991）.

机理与具体运作模式。派生于有效资本市场理论的资本资产定价模型将持有风险资产的不确定性区分为系统性风险与特定风险，并认为对于理性投资者而言，唯一的市场风险是无法通过多样化的投资进行有效分散的系统性风险。[①] 资本资产定价模型对于反市场滥用犯罪法律监管制度强调系统性风险控制而非专注于特定化风险控制具有重要的指导意义。市场效率与信号效率（市场信息）以及信息系统效率（生成、传递这种信息的机制）密切相关。[②] 针对资本市场信息运作机制与处理策略展开深度分析，有助于更好地解释市场滥用犯罪扭曲市场效率与信息完整性的行为策略。

第二节 有效资本市场

一、有效资本市场假说

根据有效资本市场假说的理解，在一个富有效率的资本市场中，与特定证券交易相关的信息总是能够充分体现在金融商品的市场价格之中。在所有市场信息公开的条件下，当前的金融商品交易价格不存在高估或者低估的问题——价格就是资本市场对该特定金融商品价值所形成的共识。[③] 市场价格快速反映既有信息，并以理性的方式吸收新信息，从而形成新的交易价格。[④] 资本市场完全有效运作的理论前提是市场完全竞争、市场无摩擦、[⑤] 市场参

---

① 关于资本资产定价模型的重要论述参见 Eugene F. Fama & Kenneth R. French，*The Capital Asset Pricing Model：Theory and Evidence*，18 Journal of Economic Perspectives 25（2004）；Craig W. French，*The Treynor Capital Asset Pricing Model*，1 Journal of Investment Management 60（2003）；R. A. Korajczyck，*Asset Pricing and Portfolio Performance*，London：Risk Books，1999.

② William H. Beaver，*Financial Reporting：An Accounting Revolution*，Prentice Hall，1997，p. 106；William H. Beaver，*Market Efficiency*，56 The Accounting Review 23，29（1981）.

③ Ronald J. Gilson & Reiner H. Kraakman，*The Mechanisms of Market Efficiency*，70 Virginia Law Review 549，554（1984）.

④ William T. Allen，*Securities Markets as Social Products：The Pretty Efficient Capital Market Hypothesis*，28 Journal of Corporation Law 551，553（2003）.

⑤ 市场无摩擦的理论状态意味着所有金融商品完美分割且完全适于销售，即自由市场中没有交易成本、交易限制与监管。

与者均为理性的利益最大化追逐者、市场信息无成本且即时性地传递至所有市场参与者。但是，完全有效的资本市场只是理论假设，真实的情况是资本市场存在大量的信息不对称、透明度很低。

从这一表面现象出发，资本市场的系统平衡度与信息有效性①很大程度上取决于内线交易、市场滥用犯罪的控制实效。然而，金融商品价格信息效率越高，滥用资本市场机制的市场滥用犯罪等违法犯罪行为的操作难度就越大。所以，控制市场滥用犯罪最为根本且有效的方式在于完成具有提高市场效率能力的制度安排，而非直接着力于控制特定违法犯罪类型的规范设计。

尽管在经济与金融理论中存在很多争议且自身具有一定的瑕疵，但有效资本市场理论始终是理解资本市场及其定价机制的有效分析工具。同时，源于有效资本市场假说的市场欺诈理论提高了市场操纵等资本市场违法犯罪行为的损害范围界定、因果关系界定等法律规则在司法实务中的便捷性与实用性，提升了法律监管措施震慑资本市场犯罪的实际效率。以市场滥用犯罪因果关系界定规则为例，扭曲资本市场价格形成机制的市场操纵不仅损害了市场效率，而且对投资者利益制造了现实风险或者实际损失。在市场操纵介入因素与投资者损害结果之间，无须证明投资者的决策、交易及其损失结果具体源自市场操纵者的信息传递或交易滥用行为。② 因为当资本市场价格不受市场滥用行为干扰时，投资者交易意向或者实际交易行为是对资产价值评估、未来市场价格预期、投资与消费现实需要等要素的综合权衡。资本市场中的所有参与者都可以根据这种反映资源配置效果的市场价格进一步评估经济决策。涉嫌市场操纵的行为介入资本市场之后造成价格形成机制扭曲的事实得以确认的，可以推定在相应时间范围内从事资本配置行为的投资者所产生的

---

① 信息有效性是指金融商品市场交易价格准确且迅捷地反映与基础资产有关的所有信息的程度。See Virgilijus Sakalauskas & Dalia Kriksciuniene, *Evolution of Information Efficiency in Emerging Markets*, in Emilio Corchado et al. eds., *Soft Computing Models in Industrial and Environmental Applications*, 6th International Conference SOCO 2011, Springer, 2011, p. 368; Elroy Dimson & Massoud Mussavian, *Market Efficiency*, 3 The Current State of Business Disciplines 959, 961 (2000).

② 在排除场外交易存在确定的对应性交易对手的情况下，场内交易过程中形成的金融商品买卖数据无法确认特定投资者的交易行为是基于市场操纵者实施的特定交易行为触发的。同时，在市场操纵者发布虚假或者利益冲突信息的情况下，投资者至多只能在时间上证明其交易行为发生于操纵者的信息发布行为之后，而无法锁定操纵者的信息传递行为是其进行投资决策或者资本配置的原因。

损失应当归责于该涉嫌市场操纵的行为。

二、价格“解码”机制

根据有效资本市场的理论设定，向市场传递全新信息可以通过正式的信息披露方式实现，也可以通过交易与价格“解码”[①] 完成市场信息的传递。交易与价格的“解码”是一种自由与内化的信息传导机制：交易所通过网络平台将基本交易信息（交易量与价格）即时公开；市场参与者通过观察其他交易者的价格行为，推论潜在的私有信息。“解码”机制发挥效率的市场前提是，交易者从事金融商品买卖的目的在于金融消费需求满足与获取预期回报。对于特定投资者群体而言，市场中突然出现或者未在市场预期范围内的金融商品价格变动，意味着其他市场参与者已经获取了全新的信息并据此重新评估了收益预期。这种“解码”机制对于市场操纵者与其他市场参与者具有双重的效果。

一方面，市场操纵者可以利用“解码”机制实现对资本市场或者特定金融商品交易的控制。例如，交易型操纵之所以能够实现对资本市场的控制并从中获取利益，至关重要的市场基础就是“解码”机制。在对交易信息与价格数据进行“解码”的过程中，操纵者之外的其他资本市场参与者会将造成短期交易量释放与价格波动的虚假信息，或者其他操纵者有意释放的信息，解释为基于重大未公开信息而实施的知情交易。“解码”后形成的市场观点会将交易者及其投资决策导入操纵者预期的资本配置模式。交易型操纵正是通过交易行为及其造成的价格变动，经由其他市场参与者对交易与价格的“解码”完成市场操纵行为。再如，信息型操纵是通过传递虚假性、误导性信息或者其他不正当信息传导手段，直接控制其他市场参与者的信息解释意见从而实现市场操纵目的。

另一方面，市场参与者对金融商品市场价格与交易信息进行“解码”，一定程度上蚕食了市场操纵者或者部分重大未公开信息知悉人员排他性获取

---

① Thomas A. Lambert, *Overvalued Equity and The Case For An Asymmetric Insider Trading Regime*, 41 Wake Forest Law Review 1046, 1107 (2006); Ronald J. Gilson & Reinier H. Kraakman, *The Mechanisms of Market Efficiency*, 70 Virginia Law Review 549, 572 (1984).

的信息利益。因为“解码”机制具有第二次信息分配的客观效果。市场操纵者、上市公司高管或者其他知悉内幕信息人员以及基金等机构投资者大规模抛售股票，会导致股票市场价格快速跳水。资本市场中的非知情交易者通过大额资金动向，可以推断大额交易者是否持有尚未披露的重要信息，并据此跟随大额资金制定交易策略，从而导致市场操纵者很难在抵充融资成本、交易成本的金融商品市场价格上完成交易、套现。上述金融原理既能够充分解释各类市场滥用犯罪行为的获利机制，又可以有效揭示特定市场操纵行为在强大的市场运作机制下，其经济上的危害性并非不可控制。

第三节　行为金融

一、行为金融理论

现代金融理论的基本前提是投资行为理性与市场有效，具有信息优势的专业投资者或者信息交易者能够在交易成本较低的市场环境下迅速地观察、发现、分析、锁定、利用资本市场短期错误定价，从事套利交易。这种信息交易使得机构投资者等具有信息优势的交易者能够获取交易利润，同时促进了金融商品市场价格形成全新的平衡，继而更为准确地反映了基础资产的真实价值。

然而，行为金融理论对传统金融理论的基石——投资者理性与市场有效性[①]——提出了直接的质疑与挑战。从1990年代开始，金融理论逐渐开始从金融商品价格、股票分红、收益等问题的计量分析，趋向于以金融市场行为心理为基础的模型开发，行为金融研究日趋兴旺。金融市场见证了许多传

① 传统金融理论（即有效资本市场理论）关于理性与市场有效性的三个基础性假定是：(1) 投资者推定为理性，所以其理性地对金融商品进行估价。(2) 即使部分投资者在某种程度上是非理性的，其交易行为也是随机性的，因此，这种随机性交易互相抵销而不会对市场价格产生有意义的影响。(3) 一部分、在某种程度上呈现出非理性状态的投资者会在资本市场中遇到理性的对冲交易者，后者通过竞争消除前者对市场价格的影响。Andrei Shleifer, *Inefficient Markets: An Introduction to Behavioral Finance*, Oxford University Press, 2002, p. 2.

统金融模型没有敏锐捕捉与深刻分析的市场异常现象，即经济行为主体在选择与判断时，非但不具有完全充分的信息基础，而且不具有完美的理性行为心理。行为金融正是重点从这些异常现象中解释市场主体的认知与情绪对市场波动、资产价格异常、投机性泡沫的本质影响的。

行为金融理论认为，理性人的界定本身就是不切实际的。① 市场信息的成本非常大，市场价格也不可能充分反映市场信息。这意味着投入信息成本的市场参与者无法获得有效的经济补偿与激励，实际上很难基于理性与市场有效性实施金融交易。②

二、非理性

在行为金融实证研究方面，历史性地分析证券价格数据显示，真实的资本市场价格波动幅度高于严格理性条件下的市场预期，这显然证明了市场是由非理性心理而不是理性思考驱动的。③ 行为金融实验证据还表明：投资者做出决策的依据通常都是经验法则④而非对信息的获取、整合

---

① Daniel Kahneman, *Behavioral Economics and Investor Protection*: *Keynote Address*, 44 Loyola University of Chicago Law Journal 1333, 1333 (2013).

② Sanford J. Grossman & Joseph E. Stiglitz, *On the Impossibility of Informationally Efficient Markets*, 70 American Economic Review 393, 405 (1980).

③ Robert J. Shiller, *Do Stock Prices Move Too Much to Be Justified by Subsequent Changes in Dividends*?, 71 American Economic Review 421 (1981).

④ 这里的经验法则是指人们在面对不确定性时为了解决问题或者判断选择而使用的经验程序或者策略，具体包括代表性法则、可用性法则、定锚法则。代表性法则是指人们对事件可能性评估受制于样本信息与全及总体的相似性程度。在做出决策时，人们倾向于尽可能地寻求与过往模式最为匹配的元素，而忽略实际上可以观察到的模式匹配可能性。同理，代表性法则在资本市场中表现为投资者较大程度地受到近期信息的影响，忽略与判断效率匹配性更高的其他定性或者定量信息，追逐其主观认定的趋势，或者对近期价格信号做出过度反应。即使在基础资产价值或者深层因素严重缺乏对应条件的情况下，投资者仍然倾向于将金融商品价格模式与当前引发各界关注的、具有一定持续性的价格趋势进行配对，而事实上其观察到的这些极端现象不可能按照预期的收益回报水平在市场中重复性地发生。可用性法则是指人们在评估特定事件发生的可能性时受制于信息呈现于脑海中容易/困难的程度，这种信息搜索或者回忆偏向，决定了人们判断与选择受到其更为熟悉与敏感的信息、经历、感觉的影响。定锚法则是指人们在评估特定事件发生概率时，通常会先建立一个参照点，然后根据观察的信息在参照点的基础上进行调整。但事实上参照点会制约调整的效率，参考点的确定意味着评估体系的确定，人们通过唤起的记忆建立参考点。在资产定价时，投资者倾向于根据当前信息建立定价参照点，当前信息与资产价值之间的偏差导致预期收益偏离现实。定锚法则深刻凸显了普通投资者信息劣势的本质——非信息交易者的定价误差并非完全源于信息的不充分性。相反，信息过度也是预期收益

与分析；[①]资本市场中的投资者如同所有社会中的行为个体一样，在决策过程中会显示出非常强的行为偏见与非理性。[②]主张资本市场参与者以利益最大化的理性为导向从事相关交易行为的理论，反而显得相当“不理性”。资本市场中的经济行为具有典型的有限理性[③]与认知偏见并非单纯是投资者无知。偏见实际上是整合了人类智能优势与弱点的社会行为，并且这种有限理性与认知偏见是系统性的。[④]正是系统性的人类行为非理性造成了资本市场的错误定价。[⑤]

（接上页）低于现实收益的重要因素。在市场中存在各种各样的信息时，当前信息具有更大的影响力，相应地，当前的市场定价是非信息交易者预期未来价格的重要因素。See Daniel Kahneman & Amos Tversky, *Subjective Probability: A Judgment of Representativeness*, 3 Cognitive Psychology 430 (1972); Amos Tversky & Daniel Kahneman, *Availability: A Heuristic for Judging Frequency and Probability*, 5 Cognitive Psychology 207 (1973); Amos Tversky & Daniel Kahneman, *Judgment under Uncertainty: Heuristics and Biases*, 185 Science (New Series) 1124 (1974); Amos Tversky & Daniel Kahnema, *Advances in Prospect Theory: Cumulative Representation of Uncertainty*, 5 Journal of Risk and Uncertainty 297 (1992); Jørgen Vitting Andersen, *Detecting Anchoring in Financial Markets*, 11 Journal of Behavioral Finance 129 (2010).

① Daniel Kahneman & Amos Tversky, *Choices, Values, and Frames*, Cambridge University Press, 2000, p. 189; Amos Tversky & Daniel Kahneman, *Judgment under Uncertainty: Heuristics and Biases*, 185 Science (New Series) 1124, 1124 - 1126 (1974).

② Daniel Kahneman & Amos Tversky, *Prospect Theory: An Analysis of Decision under Risk*, 47 Econometrica 263 (1979).

③ 有限理性（Bounded Rationality）是行为经济与金融理论最重要的概念之一。有限理性概念的提出起源于行为心理学，并经由诺贝尔经济学奖获得者赫伯特·西蒙解释为经济决策定义因素而延伸至经济学的概念。有限理性是对传统经济理论理性前提假设的矫正以及更符合现实情形的描述。根据有限理性的阐释，人类选择行为往往不仅无法做出效用最大化的决策，而且会基于认知限制、动机限制及其两者之间的互动关系导致选择行为偏离理性。see Daniel Kahneman, *Maps of Bounded Rationality: Psychology for Behavioral Economics*, 93 The American Economic Review 1449 (2003); Gigerenzer & Reinhard Selten, *Bounded Rationality: The Adaptive Toolbox*, MIT Press, 2002; John Conlisk, *Why Bounded Rationality?*, 34 Journal of Economic Literature 669 (1996); Herbert A. Simon, *Bounded Rationality and Organizational Learning*, 2 Organization Science 125 (1991); Herbert A. Simon, *A Mechanism for Social Selection and Successful Altruism*, Science 250 (4988): 1665 (1990); Herbert A. Simon, *Rationality as Process and Product of Thought*, 68 American Economic Review: Papers and Proceedings 1 (1978); Herbert A. Simon, *Models of Man: Social and Rational*, Wiley & Sons, 1957, p. 261 - 271; Herbert A. Simon, *A Behavioral Model of Rational Choice*, 69 Quarterly Journal of Economics 99 (1955).

④ Daniel Kahneman, *Maps of Bounded Rationality: Psychology for Behavioral Economics*, 93 American Economic Review 1449, 1449 (2003).

⑤ Robert J. Shiller, *Irrational Exuberance* (Second Edition), Princeton University Press, 2009, p. 179 - 180.

在行为理论深入金融领域解释市场与经济行为的引领下，法律理论也随之对行为与认知在法律（尤其是刑法）实践中的应用问题进行了深入探索。[①] 行为金融将分析视角从价格与信息转向市场参与者行为，强调从心理维度出发分析金融行为，[②] 综合应用认知心理学与金融经济学的理论与实证调查结果，解释金融市场参与者个体并不以理性为基础的偏见、决策与行为。[③] 搜索全新信息与基础价值在金融投资与投机过程中显得并不重要。[④] 市场剧变与过度波动实际上是非理性投资者对于现有信息流的过度反应。[⑤] 市场充斥着各类利好或者利空信息，乐观或者悲观的投资者都会通过各自的交易行为介入市场推动金融商品交易价格的涨跌。[⑥]

---

① 例如，保罗·罗宾逊教授等从潜在犯罪人是否了解法律规则、在了解法律规则的基础上是否将对法律的理解作为指导其行为的依据、行为情境、社会文化与环境、生理因素如何影响刑法制裁效果等方面出发，在行为科学与社会心理既有研究成果的基础上分析刑法规范以及刑事司法实践是否具有震慑效果以及评估这种震慑效果的应然基础，反思刑事责任的有效性问题。See Paul H. Robinson et al. eds.，*Criminal Law Conversations*，Oxford University Press，2011，p. 105 – 116；Paul H. Robinson & John M. Darley，*Does Criminal Law Deter? A Behavioral Science Investigation*，24 Oxford Journal of Legal Studies 173（2004）；Paul H. Robinson & John M. Darley，*Justice*，*Liability and Blame*：*Community Views and the Criminal Law*，Westview Press，1996. 再如，妮塔·法拉哈尼教授主编的《行为科学对刑法的影响》完整地覆盖了行为科学对于刑事政策、刑事立法、刑事司法乃至刑法理论一系列影响的分析，全面论述了行为科学与刑事法治实践的现实关系以及未来法律与社会背景下可能凸显的政策与道德争议。See Nita A. Farahany eds.，*The Impact of Behavioral Sciences on Criminal Law*，Oxford University Press，2009.

② Richard A. Posner，*The Crisis of Capitalist Democracy*，Harvard University Press，2010，p. 249 – 305.

③ Ronald J. Gilson & Reinier H. Kraakman，*The Mechanisms of Market Efficiency Twenty Years Later*：*The Hindsight Bias*，28 Journal of Corporation Law 715，723（2003）；Daniel Kahneman，Paul Slovic & Amos Tversky，*Judgment Under Uncertainty*：*Heuristics and Biases*，Cambridge University Press，1982，p. 129；Amos Tversky & Daniel Kahneman，*Judgment under Uncertainty*：*Heuristics and Biases*，185 Science（New Series）1124，1124 – 1126（1974）.

④ Lawrence A. Cunningham，*Behavioral Finance and Investor Governance*，59 Washington & Lee Law Review 767（2002）；Lawrence A. Cunningham，*From Random Walks to Chaotic Crashes*：*The Linear Genealogy of the Efficient Capital Market Hypothesis* 62 George Washington Law Review 546（1994）.

⑤ Andrei Shleifer，*Inefficient Markets*：*An Introduction to Behavioral Finance*，Oxford University Press，2002，p. 28 – 53；Andrei Shleifer & Lawrence Summers，*The Noise Trader Approach to Finance*，4 Journal of Economic Perspectives 19（1990）；Lawrence Summers，*Does the Stock Market Rationally Reflect Fundamental Values?*，41 Journal of Finance 591（1986）.

⑥ Lawrence A. Cunningham，*Capital Market Theory*，*Mandatory Disclosure and Price Discovery*，51 Washington & Lee Law Review 843（1994）.

三、混沌与随机

行为金融理论中的特定模型能够有效地应用于与市场滥用犯罪有关的特定法律问题的分析。

以行为金融理论中的混沌原理为例——资本市场中所有的信息都是有意义的，只是无法使用线性轨迹描述或者根据单变量预测特定信息对于金融商品市场交易价格的作用。[①] 信息价值不是一个是否存在的问题，而是能否以及如何被发现与解释的问题。信息与价格之间的动态关系形式上具有随机性，但实质上蕴含着复杂但又确定的模式或者解集。[②] 实践中完全无法在市场信息体系中区分扭曲信息与其他信息单元对价格形成机制的作用，也根本无法精确地量化特定的市场滥用犯罪行为所指向的、信息或者交易行为所内含的、与金融商品供求关系关联的信息对于价格产生的具体影响。混沌原理对于解释以信息控制为中心的市场滥用犯罪行为尤为重要，其能够有效揭示价格操纵并非市场操纵的全部实质内容。[③]

再以行为金融对市场操纵、资产泡沫、金融危机的互动性关系解释为例，投资者的非理性行为造成并维持了金融商品价格与基础资产价值之间的系统性偏离。金融市场中的专业分析人员以及其他机构投资者，会有效利用这种非理性投资者的行为实现自身利益最大化，从而加速或者放大价格泡沫。[④] 市场操纵不仅通过制造虚假的价格信号激发投资者行为体系中固有的非理性因素，而且会受到市场中由非理性投资导致的资产泡沫的影响，更需要借助

---

① Patrick J. Glen, *The Efficient Capital Market Hypothesis, Chaos Theory, and the Insider Filing Requirements of the Securities Exchange Act of* 1934: *The Predictive Power of Form* 4 *Filings*, 11 Fordham Journal of Corporate & Financial Law 85, 100 (2005); Lawrence A. *Cunningham*, *Capital Market Theory, Mandatory Disclosure and Price Discovery*, 51 Washington & Lee Law Review 843, 857 (1994).

② Arno Berger, *Chaos and Chance*: *An Introduction to Stochastic Aspects of Dynamics*, Walter De Gruyter, 2001, p. 1; Thomas Lee Hazen, *The Short-Term/Long-Term Dichotomy and Investment Theory*: *Implications for Securities Market Regulation and for Corporate Law*, 70 North Carolina Law Review 137, 159 (1991).

③ 相关观点的具体内容及其论证，参见本书第一章市场滥用犯罪实质解构部分的详细分析。

④ Richard A. Posner, *Behavioral Finance before Kahneman*, 44 Loyola University of Chicago Law Journal 1341, 1343-1349 (2013).

金融市场投资者的有限理性及其所维持的资产泡沫，在发生系统性危机之前套现从而谋取交易利润。因此，系统性的市场滥用犯罪行为与非理性投资行为的交替与叠加，共同构成了系统性风险与金融危机的成因。行为金融理论关于投机性泡沫与危机的解释有助于引导法律制度将主要监管资源配置于滋生系统性风险的市场滥用犯罪的规制之上。

第四节 市场滥用犯罪法律与金融分析的场景应用

一、综合分析

综合分析有效市场理论与行为金融理论可见，行为金融更多地是以“后现代”的方式对传统有效市场假说的各种基本原理、核心意见、主要方法等提出挑战。但传统有效市场理论与行为金融理论在有针对性地、分配性地应用于市场滥用犯罪法律与金融分析过程中并不存在根本性的抵触。

有效市场理论在宏观层面解释信息市场、信息效率问题时更具合理性，行为金融理论在解释非线性问题与个案阐释时能够提出更有力的论证。资产定价显然会受到人类行为中的系统性偏见与非理性因素影响，但是，比较性地分析，资本市场仍然是目前最为有效且尚无替代性机制的资源配置方式。以持续促进效率定价为导向的资本市场制度相对于其他配置资本资源的机制而言具有显而易见的优势。

关键问题在于如何设计、发挥以及运用资本市场中的有利于提升效率的因素。有效资本市场理论与行为金融理论都着眼于资本市场制度性细节的优化设计，只是前者从理性的视角观察制度失灵，后者从认知局限的视角发现人类行为有限性作用下的经济效应。市场滥用犯罪法律与金融分析能够整合传统与“后现代”金融原理的各自优势，对市场滥用犯罪法律监管制度做出符合金融市场现实的解释，并对法律制度介入金融市场后的效果进行合理的评估。

二、工具选择

无论理论与实务界对法律与经济分析在理论学科、实践应用层面的价值或者合理性持有怎样的保留意见，金融犯罪与金融监管显然是使用法律与金融分析方法最为适宜且最能发挥其强大的解释能力的领域之一。不仅如此，脱离或者基本脱离经济与金融原理，事实上根本无从解释金融犯罪与金融市场监管问题。在市场滥用犯罪法律与金融分析方法的应用结构上，传统资产定价理论与行为金融理论各具针对性。市场操纵者在行为目的上明确的利益驱动性以及市场滥用犯罪在行为结构上的缜密性与复杂性决定了从信息效率与市场有效性的角度解释市场滥用犯罪显得更为有效。

同时，尽管行为金融理论对人类行为的阐释与说明尚具争议性、实验性且未达到内部统一与确定,① 但其毫无疑问地完善了法律与经济理论对真实的金融市场以及相关金融市场违法犯罪行为与监管制度的理解。在分析市场滥用犯罪法律监管制度的功能、发展方向等问题时，合理地使用行为金融原理，有利于在理论上充分地还原真实的资本市场犯罪、市场环境与监管现状并提升政策设计与规范建构的针对性与现实可操作性。

为了在交叉解释经济行为（市场行为）以及法律行为（犯罪行为）的过程中，确保监管政策、法律制度、司法规则的制定者、执行者以及法律理论研究者能够充分理解相关经济概念、金融理论以及资本市场信息与价格的运行机制，需要重点运用金融原理还原市场滥用犯罪的经济行为本质与行为机理，合理解释反市场滥用犯罪法律规范，反思法律理论在既有规范（包括刑法以及证券法、金融监管法规、规章等罚则性与监管性规范在内的所有与市场滥用犯罪相关的法律规范）框架下解释资本市场犯罪的局限性，探索优化资本市场犯罪控制效率的制度安排。法律与金融分析方法在覆盖了市场操纵法律监管制度解释与规范完善问题的同时，还能够阐释传统法律研究框架较难说明的法律制度如何提升市场资源优化配置、有效激励金融市场创新、释放市场经济与投资者（投机者）潜能等问题。

---

① Richard J. Taffler, *The Representativeness Heuristic*, in H. Kent Baker & John R. Nofsinger eds., *Behavioral Finance: Investors, Corporations, and Markets*, Wiley, 2010, p. 264.

第三章

市场滥用犯罪刑事法治展望与刑事合规宏观战略规划

市场滥用犯罪的刑事立法与司法实践是控制资本市场风险与保护投资者利益最为重要且技术难度最高的制度屏障，对于资本市场参与者而言，也是最为严格的行为规制制度安排。由于刑法控制手段具有剥夺资本市场违规违法参与者自由以及处以严厉罚金的最高规范强制力，在前置性金融市场法律法规已经对市场失范行为建构了仓位控制、异常交易实时监控、行政处罚等机制的前提下，资本市场刑事合规必须以前瞻性的视角深度思考如何通过准确的规范理解与合规管理优化，有效地对市场滥用犯罪风险进行控制，从而实现对市场经营行为进行更富有效率的合规管理，并提供刑事法律风险管理保障。

第一节　资本市场刑事合规对于制度安排发展方向的整体把握

资本市场在技术与机制上的不断创新意味着，法律制度对于市场滥用犯罪行为的控制势必须进行发展与变化。市场滥用犯罪惩治与防控机制随之相应调整。资本市场刑事合规相应地就应当对资本市场刑事政策、刑事立法、司法原则等导向性问题予以整体把握。

一、零容忍的政策导向

2020年7月30日，中共中央政治局会议明确提出，要推进资本市场基础制度建设，依法从严打击证券违法活动，促进资本市场平稳健康发展。2020年7月11日，国务院金融稳定发展委员会第三十六次会议研究全面落实对资本市场违法犯罪行为“零容忍”工作要求：一是严厉查处重大违法犯罪案件，加快调查、处罚、移送工作，依法从重从快从严惩处。二是强化民事赔偿和刑事追责力度，要加快新修订的证券法实施细则落地，对典型重大、社会影响恶劣的个案，依法及时启动“集体诉讼”。三是深化退市制度改革，进一步完善退市标准，简化退市程序，强化退市监管力度，严格执行退市制度，形成“有进有出、优胜劣汰”的市场化、常态化退出机制。四是配合立法机关加快刑法修改等工作进度，进一步完善惩戒违法犯罪行为的法律制度，提高刑罚力度。五是完善符合资本市场发展需要、有中国特色的证券执法体制机制，加强行政执法基础制度建设，统一执法标准，规范执法行为，提高执法效率，强化专门的执法力量。六是由证监会会同相关部门建立“打击资本市场违法活动协调工作小组”，形成打击资本市场违法活动合力，共同维护资本市场健康稳定。七是加强舆论引导，多渠道、多平台强化对重点案件的执法宣传，向市场传递“零容忍”的鲜明信号，充分发挥典型案件查处的警示、教育功能，推动形成崇法守信的良好市场生态和文化。因此，资本市场刑事合规需要高度重视上述零容忍的政策导向，以最为严格标准进行刑事法律风险控制与合规管理。

二、谨慎克制的立法导向

对于市场滥用犯罪，社会各界（尤其是金融市场中的中小投资者）希望通过刑事立法、严厉刑罚进行高强度的震慑与处罚。以规范控制为导向的法律理论也认为，资本市场的违法犯罪难以通过市场机制或者自律监管交易解决，如何通过法律以及刑罚控制方式强化管制是一个必须思考的问题。[①] 放任资本市场竞争机制自行解决市场滥用犯罪，显然既不明智也不可行。必须制定明确且具体的法律规范，尽可能针对明显具有违法意图的犯罪行为进行严厉惩罚。[②]

然而，以自由市场为导向的金融与法律理论认为，在充分竞争市场环境下，金融市场自律性监管系统能够催生金融产品的多样化发展，相对于法律监管而言，自律监管措施能够更为精确地反映市场需求，在良性循环中生成更为丰富、更具有效率的市场规则。[③] 相关实证研究亦发现，没有证据表明公权力介入下的资本市场违法犯罪监管措施对市场会产生有利影响，却有非常有力的证据显示，以信息披露与民事诉讼为基础的资本市场法律制度对市场产生了积极影响。[④]

刑法制度介入市场滥用犯罪的法律监管，将刑罚的强制性手段纳入调控资本市场的法律体系之中，显然是必要的。对于以具有资源优势的投资者为主而形成的资本市场而言，由于存在明显的利益冲突，单纯依靠市场竞争机制难以控制资本市场中的市场操纵等侵害行为。[⑤] 同时，由于全球资本市场竞争激烈，各种类型的金融交易机构或者投资者面对行政法律监管制度，完全可以采取转换市场的方式，选择其认为更富效率的交易平台。行政法律监管难以实现充分配置市场监督资源、改进信息不对称状态、降低潜在系统性风险与违法犯罪风险的监管目标。所以，资本市场自发调整或者行政法律规范调整资本市场违法犯罪行为，由于存在利益冲突、执行乏力等固有劣势，无法惩治与防范违法犯罪行为对整个市场带来的风险，最终只能依靠刑法规范对资本市场维持最后的规范保障。

---

① Steve Thel, *$850, 000 in Six Minutes-The Mechanics of Securities Manipulation*, 79 Cornell Law Review 219（1994）.

② Louis Kaplow, *Rules Versus Standards: An Economic Analysis*, 42 Duke Law Journal 557（1992）.

③ R. Ellickson, *Order Without Law*, Harvard University Press, 1991, P. 36.

④ Rafael La Porta, Florencio Lopez-de-Silanes & Andrei Shleifer, *What Works in Securities Laws?*, 61 Journal of Finance 1（2006）.

⑤ Adam C. Pritchard, *Self-Regulation and Securities Markets*, 26 Regulation 32, 36（2003）.

资本市场的投资或者交易是风险较大的一种投资手段与对冲策略，缺乏规范完善的市场，投资风险不仅无法控制，而且会随着监管效率的弱化而不断加强。风险加剧的结果必须导致大中小投资者遭受惨重的损失，极少数机构和行为人获得暴利。所以，市场滥用犯罪在严重侵害资本市场秩序的同时，必然会损害资本市场投资者的合法利益。行政法律对资本市场的监管常常具有不稳定性与阶段性，各国证券行政法律法规都曾出现过过度重视市场发展而忽视投资者保护的情况。例如，因行政法律监管缺失与失控而引发的证券期货以及衍生品市场过度投机成为2008年全球金融危机的导火索。这次全球金融危机充分证明了行政法律对资本市场监管与投资者保护的不稳定。在行政法律监管权限方面，美国《2000年商品期货现代化法》明确禁止SEC与CFTC监管证券期货衍生品市场，仅允许SEC审查证券互换交易中是否存在欺诈行为。然而，SEC无权要求证券互换交易商登记与报告交易数据、披露交易信息等，在缺乏预防性监管措施的情况下，SEC没有充分的监管能力去调查与阻止场外市场中的欺诈行为。[①] 由于《2000年商品期货现代化法》对金融衍生品和证券期货混合工具规定了审查豁免，使场外市场几乎不受行政法律的监管，[②] 导致行政法律根本无法控制资本市场的系统性风险。2010年美国《金融改革法案》设置了系统且广泛的监管框架规制衍生品交易市场——SEC负责对证券互换交易进行监管并对所有与证券有关的互换交易执行反欺诈调查；CFTC监管包括能源、农产品互换在内的所有互换交易以及衍生品结算中心、互换交易数据中心等机构；对于具有期货期权成分的证券互换，SEC与CFTC进行共同监管，SEC有权向CFTC调取与证券互换有关的交易信息与数据。[③] 在监管内容方面，标准化的衍生品应当在受监管的同业中心进行交易、通过中心结算系统执行交易；对交易对手之间自由设计的

① 谢杰：《美国金融改革法案对场外市场反操纵法律的完善及其启示》，载《甘肃警察职业学院学报》2011年第4期。

② 熊玉莲：《美国场外金融衍生品规则演变及监管改革》，载《华东政法大学学报》2011年第2期。

③ 谢杰：《美国金融改革法案对场外市场反操纵法律的完善及其启示》，载《甘肃警察职业学院学报》2011年第4期。

非典型性衍生品规定更高的资本金要求从而促使此类交易尽量向“类标准化”衍生品交易转型；对衍生品交易方、做市商、结算组织、互换托管方等进行全面的注册与合规管理。现阶段资本市场法律监管强调最小化系统风险、降低信息不对称程度、控制机会主义行为等一系列市场监管改革措施。美国、欧盟等发达金融市场以及包括中国在内的新兴金融体系正在向证券、期货、衍生品市场全面化的行政法律监管模式转变。虽然上述一系列措施体现出了法律对于资本市场监管与违法犯罪风险的有效应对，但是，从另一个层面深思，我们完全可以提出深层次的隐忧——行政法律监管始终具有阶段性应对市场风险问题的先在性缺陷，而资本市场违法犯罪行为又是爆发系统性风险的先兆或者触发点。行政法律监管的不稳定性及其易受强力市场参与者影响的特点决定了对于资本市场投资者保护这一价值而言，行政监管措施确实较难进行持之以恒的贯彻与执行。

投资者及其持有的资本是资本市场的基石。但是，投资者涉足资本市场是以获取某项权利和收益为前提的，如果资本市场存在不受控制的非法剥夺投资者合法权益的市场滥用犯罪行为，投资风险相应也就无法控制。相对于灵活性更强的行政法律而言，刑法规范与刑事司法机制对于资本市场投资者保护的价值追求是最为稳固的一种制度安排。所以，不断优化的市场滥用犯罪刑法规制实践，为从事金融商品交易、利用金融工具对冲风险的投资者，提供了稳定且强大的规范与司法保障。

但是，对于市场参与者的刑事合规管理实务而言，在肯定刑法制度介入市场的基础上，还需要看到，刑法具有最后手段性、审慎性以及克制性。刑法介入资本市场监管的节奏具有相对滞后性，介入范围也不宜过宽。刑事制裁措施应该适用于资本市场中最为严重的那一部分犯罪行为。刑法介入资本市场，一旦丧失审慎性原则的限制，保障市场机制的刑法规范本身将成为金融商品交易的不必要成本、阻碍市场发展的负累。刑法规范实际上还是将更为广泛的监管空间留给资本市场竞争机制与行政法律。刑法应当具有最后手段性，只有在行政法律法规无法应对资本市场中的严重侵害行为的情况下，刑法才具有规范介入的正当性基础。①

行政法律对于金融市场违法行为具有处罚权，这种强制力在很大程度上能够保证其规范制定、执行、监督的顺利实现，以及调控资本市场目标的完成。行政监管的机构、人员组成、运行规章具有高度的规范性与效率性，执法行为通过听证等程序保障，能够进一步强化规范指引的公众认同感。相对于行政法律法规对于市场操纵行为的信息掌控而言，刑法规制市场操纵行为实际上具有信息渠道不畅或者受限的问题。信息不仅决定了证券、期货、衍生品交易的效益，而且对法律监管提出了严格要求。在信息对称的情况下，法律监管能够根据资本市场相关金融产品的供求关系进行有针对性的风险评估与规则分配。

然而，刑法控制相对于行政法律法规的监管信息掌控力度明显较弱。由于司法机关的金融专业知识与金融市场实务能力并不比执法机构强，并且刑事司法机构对于资本市场中信息获取的成本与技术投入相对较低，信息传输的畅通性、真实性、灵敏性均不足以应对法律监管的要求。证券、期货以及衍生品市场技术的高速发展与环境的持续演变进一步放大了刑法以及刑事司法人员介入该领域进行规制的信息不对称劣势，从而导致其无法就相关决策或者规范制定开展最基本的效率评估。所以，资本市场刑法制度只能集中精力与资源，针对特别严重且行政法律已经无法控制的市场滥用犯罪行为进行研究与分析，设计、完善具有针对性的刑法条文以规制市场滥用犯罪。在这一意义上，刑事合规实务不应当因噎废食，片面认为刑法规制严格而强调“不能做”，从而忽略资本市场参与者正常的业务开展效率与遏制金融创新空间。

三、协调的立法导向

刑法关于证券期货犯罪的调整，往往具有可预测性，这是由资本市场行

① 刑法介入的最后手段性、审慎性以及克制性并不意味着深入研究市场滥用犯罪行为以及刑事控制规则相对资本市场违法行为行政控制与市场操纵民事侵权诉讼规则研究而言显得相对不重要。相反，市场滥用犯罪刑事控制是逻辑结构最为严密、制度设计最为规范、责任触发机制最为谨慎的规则设计，市场滥用犯罪行为的认定与惩治规则在很大程度上能够直接指导市场操纵违法行政处罚与市场操纵侵权民事诉讼的机制建构与完善。

政立法与刑事立法协调所决定的。这就意味着资本市场刑事合规实务不是突发应对性的，而是具有充分的时间与空间准备的。

刑法是资本市场保护规范体系中极为重要且具有最后保障性的制度安排。刑法制度在介入市场滥用犯罪领域时，必须坚持谦抑性原则。但是，在刑事立法实践中，资本市场保护与刑法谦抑理念并非一直处于理想化的平衡状态，往往会出现多种不平衡、不协调的情况：（1）刑事立法积极介入，通过制定刑法修正案的方式先于证券、期货行政法律增加全新的市场滥用犯罪，或者对原有的市场滥用犯罪构成要件进行“松弛化”处理，从而拓展市场滥用犯罪的规制范围。这虽然不是《刑法修正案（十一）》的全部价值取向，但在相当程度上体现了当前刑事立法的能动性趋势。（2）证券期货行政法律规定的、应当以犯罪追究刑事责任的行为类型，没有在刑法规定中予以体现，市场滥用犯罪刑事立法难以与前置性法律实现协调。（3）刑事执法司法实践能动地调整本应当由市场竞争机制自发解决的市场滥用问题，而在刑事措施应当积极配合行政监管措施的场合，刑事执法司法机制往往又处于缺位状态。上述资本市场制度保护与刑法克制性理念之间的非均衡状态，应当引起资本市场刑事合规实践的高度关注。

资本市场刑事合规机制的建构，应当协调不同法律规范与实施机制的特点，充分把握证券、期货法律法规和刑法的内容以及各自运作体系的特点，对于市场滥用犯罪行为的合规实践，应当坚持沿着以下现实路径进行探索。

其一，优化市场自发调整机制与市场滥用犯罪刑事风险控制之间的动态关系。

2008 年全球金融危机之前已有较多研究者提出了证券、期货以及衍生品市场全面化的法律监管意见与具体方案。[①] 但是，时至今日，证券、期货以及衍生品市场法律理论研究与监管实践仍然没有透彻地分析，以市场化风险控制手段为核心的自律监管与市场滥用犯罪刑法规范控制的比较性优劣及其融合性可能。这就决定了忽视市场创新与风险控制优势，倾向性强化市场滥

① R. Baldwin & M. Cave, *Understanding Regulation: Theory, Strategy and Practice*, Oxford University Press, 1999, p. 65; C. Jordan & P. Hughes, *Which Way for Market Institutions: The Fundamental Question of Self-Regulation*, 4 Berkeley Business Law Journal 205 (2007).

用犯罪刑法规制，只能是陷入自由市场与公权介入之间钟摆式的历史轮回。应当放弃市场机制与刑法控制无法整合，甚至完全对立的思路桎梏。市场机制与刑事风险控制措施完全可能在互动过程中建设性地进行合作，在有机整合市场规则与刑法规范两种体系的基础上，形成有效率的资本市场行为保障。①

金融危机在客观上证明了资本市场及其自律监管经常在制定、执行、监督金融行业规范方面处于激励机制阙如状态的论断。② 在市场失效时，市场机制与自律监管的激励缺失表现得更为明显。排他性地适用自律监管无助于合理控制资本市场中的犯罪风险。证券、期货以及衍生品市场交易参与者的行为本质上都指向利益最大化，而资本市场通过金融创新促进经济发展的社会福祉诉求与市场参与者利益追逐目标之间先在性地存在着对接困难。这就是任何单纯以杠杆性地激发竞争机制与自律监管激励为导向的反市场滥用政策所难以逾越的障碍。类似地，反犯罪化实践试图提高控制市场滥用犯罪行为的效率，也会面临信息获取、专业技术、成本效率评估等刑事法律无法单方面逾越的一系列障碍。

因此，整合资本市场竞争机制与刑法控制优势，并且抵销各自控制资本市场滥用犯罪行为模式的劣势，是克服资本市场法律监管政策实践障碍的一种有益尝试。首先，刑法应当充分地“容忍”资本市场中的风险因素，将资本市场中发生的、符合市场规律的大规模投资损失事件，交给市场自行处理。其次，刑法应当全面地“肯定”资本市场中的充分竞争与优胜劣汰的价值，不能通过积极介入对资本市场投机行为进行打击。再次，刑法应当坚定地“稳固”资本市场的最后法律保护屏障，将严重危及资本市场完整性与严重危害市场运行机制的市场操纵行为纳入规制范围。③ 尽管刑法对资本市场机制的风险“容忍”、价值“肯定”以及制度“稳固”是从刑事立法或者资本

---

① 谢杰：《论融资犯罪金融风险的刑事控制》，载《新疆警官高等专科学校学报》2012 年第 2 期。

② I. Ayres & J. Braithwaite, *Responsive Regulation*: *Transcending the Deregulation Debate*, Oxford University Press, 1992, p. 106.

③ 谢杰：《论融资犯罪金融风险的刑事控制》，载《新疆警官高等专科学校学报》2012 年第 2 期。

市场操纵行为犯罪化的单一角度提出的，但其蕴含着对市场自发性或者自律性保障功能必要性的强调与重视。而资本市场民事诉讼机制实际上是一种应对资本市场侵害行为最富效率且高度市场化的手段。尤其是对于市场资本操纵而言，操纵性信息行为与金融商品价格波动的间接关联性意味着反市场滥用违法犯罪执法与司法机构难以从信息与价格的点对点的中心化线路出发、以可控的执法与司法成本惩治市场资本操纵犯罪行为。在公共资源无法从法律实务层面完成信息操纵行为与所有投资者损失认定的情况下，以资本市场参与者自行支付诉讼成本、资本市场民事法律制度设定高额的市场操纵违法犯罪赔偿经济标准、高经济激励机制下的高水平维权律师为核心的民事诉讼机制，更有助于实现制度震慑功能。

但是，中国市场滥用犯罪刑法控制与资本市场民事诉讼机制之间的关系并未形成刑法规范与市场化手段的良性互动关系。一方面，刑事立法疲于应对市场滥用犯罪，而且具有明显的滞后性；另一方面，以市场操纵为代表的资本市场侵害行为的民事诉讼机制长期处于极度不完整的状态，导致即使相关人员构成市场操纵等严重市场滥用犯罪，也难以通过市场化的手段对犯罪行为造成的投资者的损害进行有效弥补。例如，2011 年 12 月 15 日，北京市第二中级人民法院对中国首起操纵证券市场赔偿纠纷案——18 名投资者诉程某水、刘某泽二人操纵＊ST 钛白（原“中核钛白”，股票代码：002145）民事赔偿案——作出了一审驳回原告诉讼请求的判决。[①] 紧随其后，12 月 16 日，北京市第二中级人民法院以相同的理由，驳回股民王某强诉北京首放投资公司、汪某中操纵证券市场赔偿纠纷案中原告的损害赔偿请求。[②] 我国《证券法》仅就市场操纵民事诉讼机制作出了原则性规定，目前并没有与市场操纵民事赔偿有关的司法解释。在上述民事诉讼中，原告及代理律师均主张参照 2003 年《最高人民法院关于审理证券市场因虚假陈述引发的民事赔偿案件的若干规定》认定操纵证券市场的民事赔偿责任和损失的计算数额。从

---

① 李冰：《首例操纵证券市场案投资者维权遭拒 司法解释不健全或是主因》，载《证券日报》2011 年 12 月 19 日，第 C2 版。

② 何靖：《股民诉“股市黑嘴”民事赔偿案被驳回》，载《人民法院报》2011 年 12 月 17 日，第 3 版。

法理上分析，这显然是缺乏程序性法律依据的。因为虚假陈述明显区别于市场操纵，两者是截然不同的资本市场侵害行为。同时，从侵权责任的实体法律层面进行分析，买卖股票系投资行为，投资本身即存在盈亏风险，股票的涨跌受上市公司的财务、经营状况、所属行业景气程度以及大盘指数等因素影响，投资股票产生的损失，能否认定是由相关操纵行为造成的，这在证券法理论与实践中均未形成共识。直至2019年，上述问题才有了象征性的突破——成都市中级人民法院于2019年12月27日对投服中心提起的全国首单操纵市场民事赔偿支持诉讼——恒康医疗案——一审进行公开宣判，投服中心支持的原告杨某的诉请获得法院支持。

由此可见，中国市场操纵民事诉讼受理、胜诉在法律实践中存在很大的障碍，主要根源在于《证券法》实施之后的民事诉讼救济机制与细化司法裁判规则迟迟没有出台。这种刑事立法机制完整而民事诉讼制度极度欠缺的资本市场违法犯罪控制政策，实际上是本末倒置或者关系错位的。更为顺畅的立法思路应当是：先在民事诉讼立法层面解决市场操纵违法犯罪行为的赔偿问题，在民事赔偿机制无法有效控制侵害行为的情况下，才有必要评估制定刑事规范应对严重违法犯罪行为的价值。通过民事诉讼不断积累的对抗资本市场操纵行为的经验，对于市场滥用犯罪的构成要件配置、证明标准要求等问题同样具有极强的指导意义。所以，只有充分利用市场竞争机制下的市场力量对抗，对刑事立法控制市场滥用犯罪进行必要的积淀，中国资本市场才能实现对资本市场中严重操纵违法犯罪行为的有效监管。①

其二，市场滥用犯罪刑事法律制度应当与证券行政法律规范进行联动立法。

中国的证券、期货、衍生品市场金融创新能力相对不足。在后金融危机时代世界各国和地区的金融中心强化资本市场法律监管的背景下，如果过度强调市场滥用犯罪刑事立法控制而缺乏相对更有效率的行政法律监管，那么中国资本市场显然无法摆脱交易品种单一、流动性不足、国际竞争乏力的局

① 谢杰：《操纵证券市场民事诉讼机制：美国经验与中国选择》，载《金融实务》2012年第2期。

面。融合行政法律监管有效性与市场滥用犯罪刑事立法强制性的联动立法，理应成为中国资本市场重点思考的法律控制模式。证券、期货、衍生品交易跨行业、跨国界、跨领域的特点，决定了在涉及银行、证券、保险、外汇等金融环节以及企业风险管理等多重监管环节，行政监管必然涉及多头监管与协调。[①] 刑事立法与行政法律体系建构必须进行联动性思考，才能防止刑事立法与行政法律之间出现规范漏洞或者矛盾。

市场滥用犯罪刑事立法尽管具有最高强度的“强制性”，但刑事立法本身内含着一定程度的资本市场公共管理目标以及对市场参与者的监督管理。市场滥用犯罪刑事法律与前置性行政法律联动立法存在必然的逻辑联系。刑事立法与行政立法分别内化为强制性法律规范体系内的规范宏观引导与资本市场监管领域具体执行这两个组成要素，有利于促进市场滥用犯罪风险控制与行政监管效率之间的平衡。

对于资本市场中的操纵行为，行政立法的反应显然更快，但在启动行政法律监管应对机制的同时，应当同时触发刑事立法对相同问题的评估。行政法律规范的建构重在针对资本市场中具体类型的操纵行为进行快速应对，在尽量不损害市场效率的前提下解决市场秩序与公平性问题。而市场滥用犯罪刑事立法重在通过强大的刑法规范震慑力，指引资本市场参与者通过遵守行政法律监管规则，实现有限市场资源的优化配置。[②] 与行政立法进行联动思考的市场滥用犯罪刑事立法，能够摆脱单一化的刑法逻辑维度，从而更为关注刑法规范本身的最后保障性价值，更加强调在保证市场参与者正当利益的基础上实现资本市场服务实体经济发展的社会福利价值。市场滥用犯罪的刑事立法应当定位为一种以规范压力为主导的被动型法律，意在促使资本市场通过自律监管、行政法律独有的灵活性与反应性处理不断变化中的市场信息与环境，设计更富有效率的监管规则。所以，市场滥用犯罪刑事立法本身应当具有明确的法律监管竞争的核心内涵，允许监管效率更高的行政法律替代存在扼杀金融创新风险的刑事立法。

---

① 谢杰：《美国金融改革法案对场外市场反操纵法律的完善及其启示》，载《甘肃警察职业学院学报》2011 年第 4 期。

② 谢杰：《论融资犯罪金融风险的刑事控制》，载《新疆警官高等专科学校学报》2012 年第 2 期。

实现市场滥用犯罪刑事立法与行政立法联动的核心在于监管与立法信息流动，实现信息流动的关键又在于培植市场滥用犯罪刑事立法与行政立法之间的对话机制。从中国过去市场滥用犯罪立法实践脉络中可以清晰地看到，刑事立法与行政立法之间极少存在信息流转与对话沟通，刑事立法与行政立法往往根据各自的价值导向与利益诉求解决资本市场中侵害行为的法律应对问题。这种法律规范建构之间相对独立且不成系统的立法路径是造成资本市场刑法与行政法律法规之间规范不一致、不协调的主要原因。如果能够重视资本市场不同规制层次立法之间的信息沟通与对话，刑事立法就能够通过信息沟通平台充分理解证券、期货以及衍生品交易复杂的技术性内容与结构，从而设定更有针对性的刑法介入措施。同时，对话机制能够确保资本市场的市场参与者、行政监管机构正确评价刑事立法，发现并解决意见分歧、深化联动程度以及优化信息共享。这同样是市场滥用犯罪刑事立法在制定之后能够被有效适用与进一步完善的重要基础。

其三，资本市场违法犯罪案件行政处罚与刑事制裁机制应当实现联动运作。

传统证券期货犯罪法律理论提出刑法谦抑性之后，往往将惩治与防控市场滥用犯罪的压力转移至行政监管与行政处罚措施。这不仅弱化了资本市场通过竞争化机制调整市场操纵等资本市场滥用行为的功能，而且忽略了行政监管与行政处罚措施的客观障碍——行政处罚机制得以有效实施的前提是行政监管措施的有效性与有力性，但目前中国资本市场稽查机构的执法资源配置并不足以应对高效查处市场操纵案件的现实压力。[①] 所以，合理的资本市场违法犯罪规制原则是建构行政处罚与刑事制裁机制联动，逐步导向行政刑事并行查处机制，通过刑事措施的力度提升行政处罚效率，通过行政监管机构的专业化水平提升刑事司法适用的准确性。

资本市场刑事司法机制长期以来承担着与各种金融市场犯罪有关的调查、起诉、预防、审判等金融司法职能，并且在法律上配置了各种强有力的刑事

---

① 倪铭娅：《肖钢：把监管重心转到加强稽查执法上来》，载《中国证券报》2013 年 8 月 20 日，第 1 版。

侦查与强制措施，其优势在于司法措施的强制力。资本市场行政监管机构拥有金融专业能力的优势，实际上更有利于打通资本市场行业管理、资本市场违法监管、市场滥用犯罪惩治、违法犯罪预防等各个环节的职能，从而在整体上提升金融风险控制能力。在坚持刑事司法与金融监管分别由司法机关与金融行政机构实质分立运作的架构下，金融司法的专业化水平将长期无法提高，金融监管的效率与力度将长期在低水平范围内震荡。

尽管资本市场刑法与前置性金融监管法律在实体上存在明晰的界限并且应当体现出刑法制度内化的抑制性，但程序运作层面的刑事司法措施与金融行政监管应当全面融合与并行运作。金融司法可以深入地介入行政监管与行政处罚程序，了解金融机构、金融监管、金融市场领域的具体情况，掌握金融机构经营模式及实际运作情形，发现并提出影响金融机构健全经营的个别性或者系统性问题，并通过刑事司法手段支持行政机构查处市场操纵等资本市场违法犯罪案件。资本市场行政监管机构及其办案人员的专业化水平更高，对于当前金融风险防控与金融制度改革的反应更为敏捷。金融监管可以反向介入市场滥用犯罪案件刑事司法程序，提供专业机构的咨询意见。

第二节　市场滥用犯罪刑事风险控制

一、市场滥用刑事合规困境的根源

市场滥用犯罪刑法条文建构与适用的正当性基础应当随着社会经济的发展进行调整。在金融市场竞争不断深化的时代背景下，权力控制的逐渐剥离与金融垄断的逐渐分化，促使市场滥用犯罪刑法规范的建构与解释有必要从单纯的前置性规范维护转向以金融风险控制为核心制定与适用资本市场刑法规范。市场滥用犯罪刑法规范文本的存在价值在于为风险社会中日益深化的金融风险设置必要且具有最强控制力度的保障机制。但是，由于金融风险的“质”始终处于演进状态，“量”一直处于变动状态，市场滥用犯罪刑法的基础理论与司法实践、立法需求等出现一定程度的脱节，形成了较多争议问题或者生成了一系列批判性反思，与此同时还加大了个案罪与非罪、量刑强度等问题的判断难度。造成这一问题的根源就在于，金融风险控制法律思维与规则的缺失，使市场滥用犯罪刑事立法、司法实践无法回答与市场滥用犯罪刑法规制正当性基础与实践理性有关的本质追问。①

以市场滥用犯罪为例，金融风险或者金融市场中的价格剧烈波动本身就是风险社会中固有的类型化风险，行为人通过交易行为或者信息传递行为在制造何种程度的法律所禁止的金融风险时才应当被纳入刑事规范体系进行评价，怎样严重的价格风险才能够作为提升或者处以最高程度刑罚制裁的量化依据？金融商品价格风险或者金融市场中的系统性风险是由金融市场固有风险、过度投机风险、市场操纵违法犯罪风险等不同层次的风险因素叠加而成的，是否应当由金融市场中的操纵行为承担所有金融风险的法律责任，金融监管权力对于因金融商品价格风险或者金融市场系统性风险的制造、放大、爆发而生成的刑事法律责任是否必然（应然）属于完全不具有关联性的不可归责因素？②

受到社会各界、资本市场广泛关注的、大规模市场操纵违法犯罪案件都具有明显的同质性特点——资金运作数量大、流动范围广、交易时间跨度长、操纵行为对资本市场影响深远、金融监管在案发前集体缺位。金融监管事先预防与事中监控功能实质性地退后至事后查处，这意味着以金融风险预防与控制为核心的行政监管、以金融风险评价与认定为核心的刑事司法承担了相同性质的职能。单纯从刑事责任定性与定量的角度分析，金融监管缺位显然不能作为阻却市场滥用犯罪刑事违法性、降低市场滥用犯罪刑事处罚强度的抗辩事由。因为市场滥用犯罪行为违反了法律规定且市场行为人具有犯罪故意，应当承担相应的法律责任，金融监管机构及其工作人员的监管失职、过错、缺位等，与市场滥用犯罪行为本身无关，并不能成为免除市场滥用犯罪

① 谢杰：《论融资犯罪金融风险的刑事控制》，载《新疆警官高等专科学校学报》2012 年第 2 期；谢杰：《融资犯罪反思性审视与规范优化建议》，载刘宪权主编，《刑法学研究（第 9 卷）》，上海人民出版社 2012 年版，第 81 页。

② 谢杰：《论融资犯罪金融风险的刑事控制》，载《新疆警官高等专科学校学报》2012 年第 2 期。

刑事责任的理由。然而，这显然是脱离资本市场侵害行为、监管行为、市场因素与金融风险之间的因果关系，在纯粹刑法规范内部框架下进行形式化理解的结论。如果能够超越形式化理解的桎梏，在重构市场滥用犯罪刑法规范的过程中以金融风险分配为原则建构犯罪类型体系，完全没有理由在立法阶段将金融监管缺位排斥在弱化刑事责任追究的事由之外。[①]

随着资本市场改革的不断深入，市场滥用犯罪刑事立法、司法实践、刑事合规实务等，都应以金融风险控制为核心，渐进地重构刑法规范与司法解释。在刑事立法环节，注重以系统性金融风险评估为导向设置市场滥用犯罪；在刑事司法环节，强调以类型化金融风险判断为导向认定市场滥用犯罪个案或者制定类案司法规则；在刑事合规环节，市场参与者以既定的法律框架遵循发行与交易机制中的行为禁止规定，同时在出现异常行为后，全面配合执法与司法机关的调查。

二、市场滥用犯罪刑事风险的评估

资本市场中由市场行为人制造的金融风险严重侵害了法律所保护的金融安全与投资者权益，应当成为刑法设置市场滥用犯罪保护制度性利益的正当性基础。只有在市场滥用犯罪行为对金融安全与投资者权益足以造成侵害风险的情况下，才能于风险生成之后运用刑法规范进行法律评价。金融风险是对市场滥用犯罪进行归责的前提条件，经由行为构成与不法之间违法类型与被类型化的体系性关系，行为的可罚性实质定位于创设法律禁止的金融风险。[②] 因为刑法规范不仅具有防止风险转化为实际损害的功能，而且还具有控制公众在风险社会中的心理恐慌功能。[③] 如果行为不存在法益侵害风险，即使客观上发生了投资者严重损失的结果，也不应对行为进行刑法规范评价。[④] 故市场滥用犯罪归责的递进式规范评价模式为：

---

① 谢杰：《论融资犯罪金融风险的刑事控制》，载《新疆警官高等专科学校学报》2012 年第 2 期。
② 谢杰：《论融资犯罪金融风险的刑事控制》，载《新疆警官高等专科学校学报》2012 年第 2 期。
③ 谢杰：《“但书”是对抽象危险犯进行适用性限制的唯一根据》，载《法学》2011 年第 7 期。
④ 谢杰：《论融资犯罪金融风险的刑事控制》，载《新疆警官高等专科学校学报》2012 年第 2 期。

行为创制法律禁止的金融风险
⇓
金融风险生成
⇓
金融风险导致危害结果的发生
⇓
金融风险评价

由于法律对于市场滥用犯罪行为类型的规定是形式化与明确化的，需要进行实质分析的是金融风险，对金融风险生成的判断并不是正向证明问题，而是反向排除过程——以市场滥用犯罪行为对法律保护的社会利益与价值具有本质风险为基础，从反面将不属于创制金融风险情形排除之后，可以认定行为创制法律不允许的风险。风险排除事由包括：（1）法律允许的金融风险（市场风险等）；（2）金融风险创制基于事件而非具有刑法意义的行为（技术风险、政治风险等引发的金融市场指数暴跌）；（3）无实质风险（投入大量资本连续拉升股价并持有绝大多数金融商品仓位，但没有引发市场关注从而没有投资者高位接盘等）。金融风险评价的递进式判断模式表现为：

资本市场行为与危害结果之间是否存在关联性
⇓
危害结果的发生是否归属于法律保护的社会利益范围
⇓
危害结果是否最终避免

因此，资本市场行为创制了金融风险且该金融风险实现危害结果的，对于特定市场行为所产生的法益侵害事实才存在满足市场滥用犯罪构成要件进而进行刑法评价的问题。①

现阶段特定的市场操纵行为（例如，连续买入证券，持有相当数量仓位，并且不按照证券法律法规的规定进行持仓报告）被立法者视为对现有法律制度具有侵害危险，本质上是一种“社会治理的政策选择”，② 刑法介入是否具有合理性的问题并不纳入考察的范围。在作为一种可能性结果的金融利

---

① 谢杰：《论融资犯罪金融风险的刑事控制》，载《新疆警官高等专科学校学报》2012年第2期。

② Eva Graul，Abstrakte Gefährdungsdelikte und Präsumtionen im Strafrecht，Berlin，1991，S. 155.

益危险实际发生损害之前，危险本身具有不可预知性；金融危险的可能性转化为实际经济损失之后，操纵行为性质又有可能随着实际后果的扩大化而发生变化。但是，即使时间进度存在变数，资本市场趋向于竞争、利益分化的趋势不容逆转，在这样的金融改革与制度转换背景下，市场滥用犯罪刑事控制原理应当进行同步反思与转变。市场滥用犯罪之所以应当纳入刑法规制的范畴，是因为此类行为对于金融市场安全与投资者权益造成了典型性风险，这种风险并非来源于政策选择或者经验判断，而是基于统计科学的数据基础与行为科学的技术支撑。风险并非与其具有因果关系的事件所引发的结果，而是源于盖然性归责而产生的一种结果，例如，通过精算方式对某种危害行为进行归责。风险本质上是一种混合性情境，是潜在的有害因素。无论是社会传承的认识，还是法律上的拟制，抑或是司法上的推定，风险被规范预防性地予以禁止。① 在金融风险实际转化为现实损害之前，社会经验、科学技术或者法律规范应当对金融风险进行评估、控制。资本市场行政法律规范应当在保证各种类型、优势不同的投资者（投机者）信息充分披露的基础上，对金融风险进行评估与控制，对发生的金融风险进行处置与化解。资本市场刑法只能定位于这种金融风险控制法律制度的保障力量。所以，市场滥用犯罪行为的刑事违法性应当更大程度地建筑于行为人不披露或者违规披露与交易行为相关信息的事实基础之上，控制资本市场中信息披露严重违法行为所创制的金融风险。② 这意味着在市场滥用犯罪刑法规范体系中，市场滥用犯罪规范应当在各种与信息披露有关的犯罪的刑法规范之后适用。

市场滥用犯罪刑事立法与刑事司法应当从不同的分析视角针对不同的金融风险类型建构刑法规范与司法规则：刑事立法应当以资本市场的系统性金融风险为视角，重构市场滥用犯罪刑事控制的原则与具体法律规范；刑事司法应当以资本市场的类型化风险为核心，从实质解释的视角对市场滥用犯罪定罪量刑标准进行阐释。其中，资本市场的系统性金融风险，是指直接或者间接融资行为总和对整个国家的宏观经济运行或者宏观调控效果所创制的负

---

① Jens Zinn, *Introduction*: *The Contribution of Sociology to the Discourse on Risk and Uncertainty*, *in Social Theories of Risk and Uncertainty-An Introduction*, Oxford University Press, 2008, p. 2.

② 谢杰：《论融资犯罪金融风险的刑事控制》，载《新疆警官高等专科学校学报》2012 年第 2 期。

面的不确定影响；资本市场的类型化风险，是指个案或者类案中的融资行为对金融市场中的各个交易方所创制的直接或者间接的负面性不确定影响。[①]

资本市场中的类型化金融风险具有多样性，市场滥用犯罪刑事司法规则应当区分不同性质的金融风险，通过明确具体的解释意见保障引导资本市场公正、公平、公开运作的行政法律规范得到切实执行，控制各种利用实质不平等的信息优势（并非基于交易技术、成本投入等正当竞争而形成的形式不平等）攫取市场资本的市场滥用犯罪风险，以刑罚手段惩治严重损害资本市场参与者信心的犯罪行为。资本市场中的类型化风险主要包括：（1）契约风险。例如，融资者与投资者基于不完备的契约形式从事金融交易，对于契约的内容与执行产生分歧而产生违约、合同无效等各种不确定性。（2）流动性风险。例如，大量持有特定金融商品仓位的投资者或者投机者由于现金流不足而大量抛售金融商品套现，导致市场价格显著下跌。（3）信用风险。例如，行为人基于经营损失、投资失败、严重失职等实体经济市场中的原因导致其丧失资金支付或者控制能力，从而波及整个实体经济与金融市场资金链条上的参与者。（4）道德风险。例如，由于缺乏有效监管，资本市场参与者在信息严重不对称的情况下实施侵害行为，以资本市场一般投资者损失为代价获取利益。[②] 资本市场刑事司法实践应当明确将契约风险与流动性风险排除在市场滥用犯罪刑事责任追究系统之外，公平地评估资本市场中的道德风险并认定市场操纵等犯罪类型。对于综合涵盖民事纠纷、行政违反、刑事犯罪等多种可能性的信用风险，应当杜绝以实际经济损失为基础对行为人进行刑事归责，而应当仅将严重违反信息披露规则的信用风险情形纳入市场滥用犯罪刑事处罚范畴。当然，资本市场作为一种制度性建构，其存在本身就被视为“对个人法益得以具体实现的条件与保证”，[③] 是融资与投资主体之间进

---

① 谢杰：《论融资犯罪金融风险的刑事控制》，载《新疆警官高等专科学校学报》2012 年第 2 期。应当看到，资本市场中的系统性金融风险与类型化金融风险是理论分析框架下的静态类型划分，在实践中是一种动态发展过程，个案或类案中类型化金融风险的积累可能会成为形成系统性金融风险的核心因素。

② 谢杰：《论融资犯罪金融风险的刑事控制》，载《新疆警官高等专科学校学报》2012 年第 2 期；谢杰：《融资犯罪刑法规制路径优化探索》，载《贵州警官职业学院学报》2012 年第 5 期。

③ Urs Kindhäuser, Rationaler Rechtsgüterschutz durch Verletzungs-und Gefährdungsverbote, in Aufgeklärte Kriminalpolitik oder Kampf gegen das Böse?, BD. I, 1998, S. 264.

行金融交易的平台。损害这种金融交易平台的效率就是损害群集法益，有必要通过适当提升刑罚力度的方式控制市场滥用犯罪，使市场滥用犯罪刑罚力度有别于一般经济犯罪。①

第三节 市场滥用犯罪刑事法治优化构想

市场滥用犯罪既是金融资产泡沫与市场非理性繁荣的产物，又是市场泡沫催生与膨胀、金融市场虚假繁荣与市场参与者集体癫狂的成因。资产泡沫与市场滥用犯罪之间的动态关联决定了，市场滥用犯罪法律监管理念应当立足于宏观基点，注重控制资产泡沫与市场中的非理性因素，而非孤立地将市场剧烈波动、投资者重大损失的法律责任完全分配至市场滥用犯罪行为人。在更为具体的立法与司法技术革新层面，中国市场滥用犯罪刑事立法应当在优化规制范围与梳理规范层次的基础上，根据法律制度保护的金融市场创新驱动、发展迅猛、全球资本联动的特点，建构常规化立法评估机制，保证立法评估措施能触发市场滥用犯罪刑法修正；市场滥用犯罪刑事司法解释则应当细分不同金融商品类型，重点根据期货市场交易的跨市场性特征建构具有针对性的期货市场滥用犯罪司法规则。

一、抑制市场非理性

资本市场泡沫对大规模市场操纵策略具有极为重要的影响。行为金融理论明确将非理性心理、趋势追逐、专业交易者需要通过普通投资者承担市场风险从而完成套现等因素，与资产泡沫联系在一起——宏观经济、政治驱动、特定行业的积极市场信号等促使资本市场中的金融资产价格上升。具有信息优势的市场参与者通过做多操作获取价格攀升过程中的交易利润，并且进一步放大市场价格上涨的趋势。不断上升的资产价格吸引了大量普通的、不具有信息优势与分析能力的、预期价格会继续上升的投资者进入市场。普通市

① 谢杰：《论融资犯罪金融风险的刑事控制》，载《新疆警官高等专科学校学报》2012年第2期。

场参与者在配置资本资源时持续受到具有信息优势的市场参与者、对冲交易者的需求刺激，在价格非理性上涨的同时放大了价格风险。当市场过热发展到临界点时，包括市场操纵、内线交易在内的信息优势交易者出售资产进行套现，跟进的普通投资者承受市场价格暴跌之后的损失。①

资本市场系统性泡沫或者相关金融资产的特定性泡沫是市场滥用犯罪最终实现利益的环境性要素。这与一般的经济与金融犯罪存在明显的区别。普通经济与金融犯罪同样以行为人获取经济利益为导向，但在利益实现层面，对于市场环境的要求并不是很高。但是，对于市场滥用犯罪而言，如果整个实体经济与金融市场环境中没有泡沫要素，绝大多数以交易为中心的市场操纵违法犯罪行为只能制造单纯的、形式上的交投繁荣、价格波动、流动性充足，而不能借助于资产泡沫的宏观背景与足够数量的市场资本，进行有效的金融资产高位转让，从而无法通过套现行为获取实质的经济利益。与此同时，市场滥用犯罪在行为过程中现实地推进了金融资产价格的飙升，引发其他市场参与者非理性地介入市场，助长没有实际价值支撑的市场价格。因此，资产泡沫与市场滥用犯罪之间存在复杂的双重反馈与动态联系：资产泡沫诱发了市场操纵行为；市场操纵进一步支撑泡沫市场；持续的金融资产泡沫掩护了市场行为人的抛售与套现行为；资本市场泡沫的破裂导致尚未离场、实施终了的市场操纵违法犯罪案件逐渐曝光。

高度重视且深刻理解金融市场资产泡沫与市场操纵等资本犯罪之间的动态关系，能够有效地指导金融市场违法犯罪立法、执法、司法、预防等监管实践工作，并且有利于对市场滥用犯罪形成与符合金融市场现实的认识。在宏观经济层面控制资产泡沫与整体金融市场防范系统性金融资产泡沫，不仅具有防止市场滥用犯罪行为的效果，而且能够限制、降低现实发生的市场操纵行为从资本市场交易中获取的非法利润。反市场滥用执法与司法机构在认定市场滥用犯罪责任过程中，应当兼顾与关照操纵行为实施时的宏观市场背景，尤其是在判断市场行为人非法收益环节，适度肯定金融资产泡沫、大众

---

① Andrei Shleifer, *Inefficient Markets: An Introduction to Behavioral Finance*, Oxford University Press, 2002, p. 169 – 173.

非理性市场环境、资本市场风险性与利益追逐性对于形成畸高金融商品市场价格与非法市场操纵利益的客观影响，从而在市场操纵责任分配问题上进行更为全面的宏观考量。在金融市场发展进程中出现阶段性集中查处市场滥用犯罪的情况，应当理性地认识反市场滥用犯罪执法与司法实践的有限性与被动性。大规模的市场操纵违法犯罪案件查处，并非完全源于法律监管效率的提升与技术的强化，金融资产泡沫破裂之后的自然结局与收场更有可能是市场滥用犯罪案件被频繁查处的主要宏观经济与金融市场动因。尤其在资产泡沫破裂的市场阶段，更应注重对风险爆发宏观原因的追踪，而非将投资者损失与市场崩溃的责任均推向市场滥用犯罪行为人这一特定的市场参与群体。制度化的防范金融风险、压缩市场泡沫，相对于事后查处市场滥用犯罪案件而言，更有利于解决金融市场系统性问题，并能够自然地产生控制局部性或者个案性市场滥用犯罪行为的实际效果。

资产泡沫与大规模投资者决策错误的金融现象是由市场参与者本身的有限理性所决定的。资本市场非理性繁荣、市场泡沫等只是阻碍资本市场朝着理性方向运行的市场现象而已。市场参与者过度投机与偏离理性、[①] 群集错觉、[②] 集体性癫狂[③]等是造成市场滥用犯罪绵延不绝、金融危机反复轮回的更为根本的主体性动因与心理基础。以集体癫狂为典型代表的有限理性揭示了人类在从事一般社会行为过程中计算技术的有限性与记忆缺陷的严重性，以及在从事市场行为过程中信息接收与处理能力的有限性。[④] 正是这种人类认知上的局限，促使金融市场参与者将经济行为的成功希望诉诸经验上的捷径，最终导致决策失误，甚至是在资产泡沫最为严重的时期、金融风险一触即发

---

① Charles P. Kindleberger, *Manias, Panics and Crashes: A History of Financial Crises* (4th edition), Wiley & Sons, 2000, p. 26.

② Charles Mackay, *Extraordinary Popular Delusions*, Dover Publications, 2003.

③ Charles Mackay, *Memoirs of Extraordinary Popular Delusions and the Madness of Crowds*, Xlibris Corporation, 2000.

④ Barbara Black, *Can Behavioral Economics Inform Our Understanding of Securities Arbitration?*, 12 The Tennessee Journal of Business Law 107, 113 (2011); Herbert A. Simon, *An Empirically-Based Microeconomics*, Cambridge University Press, 2009, p. 18; Anita Bernstein, *Whatever Happened to Law and Economics?*, 64 Maryland Law Review 303, 310 (2005); Christine Jolls, Cass R. Sunstein & Richard Thaler, *A Behavioral Approach to Law and Economics*, 50 Stanford Law Review 1471, 1477 (1998).

导致市场暴跌的前夕出现集体非理性。

市场滥用犯罪的特殊性在于，行为人必须通过交易行为在特定的金融商品市场或者与金融商品市场价格高度关联的市场获取利益，而这种交易行为本身也会作为信息反作用于价格乃至市场整体，并且所有与交易行为有关的数据都是客观留存于公开市场、可供其他市场参与者分析或者“解码”的真实素材。因此，市场滥用犯罪行为属于金融市场参与者能够切实掌握的信息，尤其是对具有强大信息与数据分析能力的机构投资者而言，市场滥用犯罪的隐蔽性并非如同传统法律与经济理论反复强调的那样真实与强大。[①] 市场滥用犯罪之所以没有被市场中的绝大多数专业投资者或者普通参与者知悉，根本原因并不是市场滥用犯罪行为本身具有隐蔽性，而是市场参与者基于有限理性的制约并不追求和处理与最优决策有关的所有信息，而是依赖于具有现状偏见与预期偏见的经验法则，[②] 即根据最近发生的市场繁荣事实以及眼前的利好现状——即使这些现象从长远来看非常不正常或者极其罕见——评估在特定时间发生的概率或者市场风险的程度，并倾向于过度自信与看好市场。[③] 投资者（投机者）在相当一段时间内从资本市场中获取了非常丰厚的投资回报，这种现实性的经历就成为一种全新的且压缩其他投资回报记忆（尤其是损失记忆）的心理体验，[④] 促使投资者（投机者）高估远期持续高额收益的可能性。而支撑这种在整个金融市场泛滥的高额投资回报的经济力量，往往是市场滥用犯罪行为在建构操纵策略过程中所投入的前期和必要成本。市场操纵力量支撑的泡沫与制造的风险，在大多数情况下是显而易见的——

---

① 市场操纵违法犯罪具有隐蔽性基本上是所有传统法律与经济理论长期以来都予以揭示的一种行为特征。参见庞昀曦、孙长宇：《操纵证券市场行为法理性质的探讨》，载《净月学刊》2013 年第 1 期；张屹山、方毅：《中国股市庄家交易操纵的模型与政策分析》，载《管理世界》2007 年第 5 期；贾纬：《操纵市场行为的认定及其民事责任》，载《人民司法》2007 年第 17 期；游士兵、吴圣涛：《中国证券违法犯罪的实证研究》，载《证券市场导报》2001 年第 6 期。

② Amos Tversky & Daniel Kahneman, *Judgment under Uncertainty: Heuristics and Biases*, 185 Science 1124, 1126 (1974).

③ 例如，1990 年代末网络股泡沫引发的股市泡沫时期，市场参与者预期这种市场资产快速增值的模式确定无疑地会持续下去。再如，2008 年美国次贷危机引发的全球金融危机发生之前，市场预期以美国住宅价格上涨为基础的衍生产品高额收益会一直持续下去。

④ John C. Coffee Jr., *Gatekeeper Failure and Reform: The Challenge of Fashioning Relevant Reforms*, 84 Boston University Law Review 301, 325 (2004).

尤其是在泡沫行将破裂之时，尤其对专业投资者而言。然而，交易、投资等经济决策制定者倾向于忽视，甚至无视其本人持有的信息及判断能力等对于实现决策优化具有重要价值的要素，进而选择效仿金融市场中其他参与者的行为，[①] 进行追涨杀跌。此类典型的金融市场中的投资者羊群行为正是认知与心理交互作用下的表现。[②]

尽管市场操纵在经济结构与市场行为表现形式上具有高度复杂性，但市场滥用犯罪行为在金融市场中留下的痕迹与信息，并非难以探测或者无法识别——只是市场参与者的贪婪与人类认知的局限性模糊了显而易见的市场风险。作为市场现象组成部分的操纵行为与市场参与者固有特征的认知偏见，共同创设并承担着金融市场风险——只是泡沫破裂之后的结果表现形式有所不同。部分市场行为人尚未能够从自我编织的风险环境中套现获利便以失败离场，部分市场行为人在市场虚假繁荣的掩护下与投资者（投机者）非理性的相对性交易中获取暴利。所以，作为宏观政策之一的反市场滥用等市场滥用犯罪法律监管制度，不能仅将规范控制对象局限于市场滥用犯罪行为，而是应当在泡沫滋生过程中抑制虚假繁荣、通过制度安排尽可能地调整市场参与者的有限理性与过度自信等，这也应当成为市场监管的重要内容。

二、提升立法技术

无论是以德国《证券交易法》、[③] 日本《金融商品交易法》[④] 为代表的大陆法系的反市场滥用犯罪立法，还是以美国《证券交易法》、[⑤] 英国《金融服

---

① Christophe Chamley, *Rational Herds: Economic Models of Social Learning*, Cambridge University Press, 2004, p. 47 – 49; Stephen M. Bainbridge, *Mandatory Disclosure: A Behavioral Analysis*, 68 University of Cincinnati Law Review 1023, 1038 (2000).

② Michelle Baddeley, *Herding, Social Influence and Economic Decision-making: Socio-psychological and Neuroscientific Analyses*, 365 Philosophical Transactions of the Royal Society Biological Science 281, 282 (2010).

③ Wertpapierhandelsgesetz-WpHG § 38 Strafvorschriften (2).

④ 金融商品取引法（きんゆうしょうひんとりひきほう、昭和23年4月13日法律第25号）第百九十七条の二　次の各号のいずれかに該当する者は、五年以下の懲役若しくは五百万円以下の罰金に処し、又はこれを併科する。

⑤ 18 United Sates Code § 1519.

务与市场法》[①]为代表的英美法系立法实践，都是通过在金融法中设置市场操纵刑事罚则的方式，对资本市场滥用行为进行犯罪化。纵观全球市场滥用犯罪刑事立法，只有欧盟刑事立法试图通过建构专门的市场滥用犯罪刑法规范体系惩治与防范市场滥用犯罪行为。

2003 年欧盟《市场滥用指令》[②]将内幕交易与市场操纵整合为市场滥用的法律概念，在欧盟范围内建构了系统化的反市场滥用法律监管架构。欧盟《市场滥用指令》旨在有效禁止基于内幕信息而实施的关联性金融工具交易、通过传播虚假信息或者使金融工具交易价格处于非正常水平的交易等方式操纵市场等行为，从而提振投资者信心与强化金融市场诚信度。但是，欧盟委员会在评估各成员国实施 2003 年欧盟《市场滥用指令》状况时发现了大量对金融市场完整性与投资者保护具有负面影响的问题，其中比较明显的就是当前欧盟各成员国对于市场滥用犯罪的刑法规制缺乏应有的震慑力与影响力，从而导致《市场滥用指令》执行效率不高。

基于此，欧盟委员会于 2012 年 7 月 25 日发布了《内幕交易与市场操纵刑事制裁指令提案》[③]（以下简称《市场滥用刑事制裁指令提案》），对欧盟金融市场中最为严重的市场滥用犯罪行为规定了统一的犯罪构成实体标准以及最低程度要求的相应刑事制裁措施。欧洲议会于 2014 年 2 月 4 日签署通过了《市场滥用刑事制裁指令提案》。[④]

以欧盟《市场滥用刑事制裁指令提案》为核心的市场滥用犯罪刑法规制法律文件实际上代表了一种特定类型金融犯罪的区域刑事实体法律的一体化进程。金融全球化意味着国际资本市场操作规则的趋同化与金融工具交易价格的高度关联性，包括市场滥用犯罪刑法规制在内的金融法律监管标准正朝

---

① Financial Services and Markets Act 2000 § 118.

② Directive 2003/6/EC of The European Parliament and of The Council of 28 January 2003 on insider dealing and market manipulation（market abuse）.

③ European Commission, Proposal for a Directive of the European Parliament and of the Council on Criminal Sanctions for Insider Dealing and Market Manipulation, COM（2012）421 final, 2001/0295（COD）, Brussels, 25. 7. 2012.

④ Statement by Vice-President Reding and Commissioner Barnier on European Parliament's vote to approve criminal sanctions for market abuse directive, European Commission-MEMO/14/77, Strasbourg, 4 February 2014.

着高度接近、区域性一体化乃至全球一体化的方向发展。而刑法实体规范的高度接近或者一体化在除了国际犯罪之外的其他类型犯罪领域实际上是很难实现的。欧盟市场滥用刑事制裁法律文本在立法技术层面已经发展到了相当高的水平，中国市场滥用犯罪刑事立法有必要积极借鉴其优质内核，在技术上提升市场滥用犯罪刑法规制能力，通过建构更为完善的资本市场刑法保护机制，保障中国资本市场充分参与国际竞争。

（一）强化金融工具发行与交易市场法律保护

欧盟《市场滥用刑事制裁指令提案》等一系列法律文本将市场滥用犯罪刑法规制的范围设定为金融市场，将市场滥用犯罪行为的对象规定为金融工具，这种具有前瞻性的规范设计能够与金融创新高度繁荣的金融市场现实相契合。

市场滥用犯罪刑法规范所保护的法益是金融市场机制的正常运行，而刑法规定的市场滥用犯罪行为对象范围则直接框定了金融市场刑法保护的领域。正是由于较早地认识到了以商品、证券、期货等为基础资产的衍生品交易必将成为金融市场非常重要的组成部分，尤其是以证券、期货为基础标的建构的衍生品，不仅在场外市场交易，而且日益发展为证券、期货交易所重要的交易产品类型，《市场滥用指令》《金融工具市场指引》（MiFID）、《市场滥用刑事制裁指令提案》等欧盟金融市场法律监管文件都将期权、互换、金融价差等衍生品与传统证券、期货产品统一规定为金融工具，整体纳入市场滥用犯罪刑法规制的范围。

反观中国《刑法》规定的操纵证券、期货市场罪等市场滥用犯罪，在犯罪类型上仍然限定为“证券期货”犯罪，在规范保障领域仍然限定于“证券、期货市场”，在行为对象层面仍然针对“证券、期货合约”。同时，根据中国《证券法》第 2 条的规定，证券包括股票、公司债券、政府债券、证券投资基金、证券衍生品等；《期货交易管理条例》第 2 条将期货的范围明确规定为商品、金融期货、期权合约等。可见，中国《刑法》规定的市场滥用犯罪在刑法保护的市场范围上具有相当的局限性：一是机械区分证券与期货，割裂了证券市场与期货市场的关联性。二是模糊衍生品市场的独立性特征，将金融衍生品简单归类为证券、期货衍生品。三是严格限定与概括规定衍生品类型，只是笼统提出了证券衍生品、金融期货、期权合约等衍生交易品种的概念，没有明确规定其内涵与外延。同时，金融互换已经成为当前国际金融市场交易最为活跃的交易品种。例如，截至2010年12月31日，仅美国金融市场中的互换、金融价差等场外衍生品交易量就达到了惊人的601万亿美元。[①] 中国法律并未明确将互换规定为各种金融互换等交易品种规定为衍生品。

中国衍生品市场势必要与全球资本市场接轨，在未来也完全有可能开发出符合中国金融现实需要且能够参与国际市场竞争的衍生品交易产品类型。中国《刑法》规定的市场滥用犯罪有必要借鉴欧盟《市场滥用刑事制裁指令提案》等法律文件对金融工具进行规范定义的合理内核，通过规定具有前瞻性的证券、期货以及金融衍生品等概念，拓展市场滥用犯罪刑法规制的范围。

（二）建构层次化资本市场刑法规范

欧盟市场滥用法律规范在体系上的层次性彰显了欧盟市场滥用犯罪刑事立法水平与刑法规范建构能力，中国资本市场刑法有必要高度重视不同位阶法律规范的文本衔接与功能定位。

欧盟采取拉姆法鲁西立法框架（Lamfalussy Framework）建构反市场滥用违法犯罪的四层次法律规范体系。[②]（1）第一层次为基础法律规定。欧盟通过正式的指令规制市场滥用违法犯罪行为，要求欧盟成员国在制定本国法的过程中遵循最低程度的欧盟立法标准。《市场滥用指令》以及《市场滥用刑事制裁指令提案》就是欧盟反市场滥用违法犯罪规范体系中的第一层次立法，主要解决市场操纵构成要件配置等原则性问题。前者侧重市场滥用违法犯罪的一般法律标准界定，后者集中规定犯罪化特殊标准。[③]（2）第二层次

---

① Dan Awrey, *The Dynamics of OTC Derivatives Regulation: Bridging The Public-Private Divide*, 11 European Business Organization Law Review 115 (2010).

② 关于拉姆法鲁西立法框架以及欧盟反市场滥用各层级指令更为详细的论述，参见谢杰：《操纵资本市场犯罪刑法规制研究》，上海人民出版社2013年版，第51~60页。

③ 以市场操纵构成要件配置为例，《市场滥用指令》第1条第2款规定市场滥用行为的构成要件应当具有灵活性与适应性，保证其能够将全新的行为类型纳入市场操纵范畴进行评价。而《市场滥用刑事制裁指令提案》采用行为模式严格限定的方式将市场滥用犯罪明确规定为四种类型，不能通过开放性解释将资本市场中的新型市场操纵行为直接评价为犯罪。因此，《市场滥用指令》与《市场滥用刑事制裁指令提案》在市场操纵、内幕交易行为界定上显然存在一般与特别的逻辑关系，这就意味着市场滥用违法与犯罪之间在行为类型上并不完全相同。

为指令实施意见。基于具体阐释与反市场滥用欧盟指令的需要，欧盟委员会连续制定《〈市场滥用指令〉有关内幕信息与市场操纵定义的实施意见》、[①]《公平发布投资建议与利益冲突信息披露的实施意见》、[②]《回购程序与金融工具安定的实施意见》、[③]《允许的市场运作、与衍生品有关的内幕信息定义、管理层交易以及可以交易披露的实施意见》[④] 等有关市场滥用违法犯罪的第二位阶立法，就市场操纵行为的具体界定、市场投资意见发布与利益冲突披露、股份回购与安定操作等不具有市场操纵行为性质的许可操作行为等问题进行了更为细致的规范阐释。(3) 第三层次为监管纲要。欧洲证券监管机构委员会连续制定《市场滥用指令监管纲要及相关信息（一）》、[⑤]《市场滥用指令监管纲要及相关信息（二）》[⑥] 以及《市场滥用指令监管纲要及相关信息（三）》，[⑦] 规定了与市场操纵等有关的异常交易报告、市场操纵构成要素、排除市场操纵性质的公认或允许的市场运作等具体问题。（4）第四层次为执行。主要是欧盟委员会为确保各成员国遵循欧盟法规而制定的执行监督规定。欧盟市场滥用金融监管四层次立法模式分别针对此类违法犯罪行为原则与具体问题设置法律规范与解释规则，不仅加速了欧盟反市场滥用犯罪的立法进

---

① Commission Directive 2003/124/EC of 22 December 2003 implementing Directive 2003/6/EC of the European Parliament and of the Council as regards the definition and public disclosure of inside information and the definition of market manipulation.

② Commission Directive 2003/125/EC of 22 December 2003 implementing Directive 2003/6/EC of the European Parliament and of the Council as regards the fair presentation of investment recommendations and the disclosure of conflicts of interest.

③ Commission Regulation（EC）No 2273/2003 of 22 December 2003implementing Directive 2003/6/EC of the European Parliament and of the Council as regards exemptions for buy-back programmes and stabilisation of financial instruments.

④ Commission Directive 2004/72/EC of 29 April 2004 implementing Directive 2003/6/EC of the European Parliament and of the Council as regards accepted market practices，the definition of inside information in relation to derivatives on commodities，the drawing up of lists of insiders，the notification of managers' transactions and the notification of suspicious transactions.

⑤ Market Abuse Directive：Level 3-first set of guidance and information on the common operation of the Directive.

⑥ Market Abuse Directive：Level 3-second set of CESR guidance and information on the common operation of the Directive.

⑦ Market Abuse Directive：Level 3-third set of CESR guidance and information on the common operation of the Directive.

程，提高了欧盟各成员国的立法效率，而且以反市场滥用违法犯罪为基础从整体上推动了欧盟金融立法的发展。

中国反市场滥用犯罪相关法律规范也存在纵深性的法律位阶排序，但同一位阶法律的关系以及不同位阶规范的设置导向，都不同程度地体现出不合理性。

其一，中国资本市场刑法（《刑法》第180～182条）与《证券法》《证券投资基金法》等同属法律，对于市场操纵等违法与犯罪规定了完全相同的构成要件，只是通过具体社会危害性上的情节量化差异区分市场操纵等违法与犯罪，模糊了两者在客观行为层面的实质区别。以市场操纵为例，《刑法》第182条操纵证券市场罪与《证券法》第77条操纵证券市场违法，在行为构成上采取了完全相同的立法表述，尤其是刑法“以其他方法操纵证券市场”采取了与《证券法》实质相同的“以其他手段操纵证券市场”的兜底性规范表述，在市场操纵行为实质尚未在刑法解释层面进行有效论证的情况下，极易（事实上也已经）引发操纵证券市场犯罪构成要件过于开放，从而导致司法实践将刑法没有明确规定为犯罪的市场操纵违法行为纳入刑事实体法领域进行规范评价。

其二，不同法律位阶的反市场滥用等资本市场违法犯罪立法完全以权力分配为导向制定法律文本，没有重视以问题为导向从不同层次就市场滥用犯罪法律适用难点进行有针对性的规定与阐释。作为下位规范的证券、期货市场法规、规章等，除了应当就国务院、证券期货监管部门执行法律的具体问题进行规定之外，更应当在法律授权的范围内就资本市场刑法以及证券法等法律没有细化规定的市场滥用犯罪中的概念解释、要件理解等具体问题进行深度解释。然而，中国资本市场法律没有对应当授权解释的问题赋予下位阶规范进行细化规定，例如，《刑法》第182条、《证券法》第77条在规定了“其他”操纵证券市场行为的基础上，并没有对兜底性操纵行为类型的界定主体与规范形式进行授权。反倒是作为法规的《期货交易管理条例》在授权上更为细致与规范，明确规定“其他”操纵期货市场行为由期货监管部门规定。并且，《期货交易管理条例》《上市公司信息披露管理办法》《上市公司重大资产重组管理办法》等一系列法规、规章都没有能够在实体内容上对操纵具体类型等法律没有细致规定的问题进行合理阐释。

笔者建议，《刑法》《证券法》有必要从欧盟市场滥用刑事制裁文本建构实践中反思市场操纵等资本市场违法与犯罪之间的实质界限，通过具有适度开放性的《证券法》配置能够包容新型市场操纵等行为类型的违法构成要件，以严格坚守罪刑法定的《刑法》配置明确与精准的市场滥用犯罪构成要件，后者在行为范围上应较前者具有明显的限缩印记。同时，对于市场滥用犯罪中的开放性构成要件或者具有解释难点的问题，法律应当清晰且明确地授权法规、规章进行细化解释，从而保证原则性的市场滥用犯罪法律规定在实践中得以适用。

（三）提升资本市场刑法对金融实务发展的反应能力

《市场滥用刑事制裁指令提案》《市场滥用指令》等均强制性要求欧盟委员会在法律生效后 4 年时对相关欧盟指令的适用情况提交立法评估报告，[①] 中国资本市场刑法可以借鉴这种与金融市场发展紧密联动的常规性立法评估机制。

欧盟市场滥用刑事制裁法律规定本质上是指导欧盟成员国制定本国市场滥用犯罪刑法的规范文本，对于资本市场刑法的科学性及其与金融市场现实的契合性具有极高的要求。定期进行立法评估显然是一种实现法律及时对资本市场实践脉动形成合理反应的有效机制。欧盟市场滥用犯罪构成要件的基本标准与对应的刑事制裁措施将被成员国纳入本国法并在欧盟刑事司法领域内予以适用。相对于民事赔偿与行政处罚而言，市场滥用犯罪刑法规范代表着一种最强力度的社会谴责与欧盟政策宣示。进入刑事诉讼程序的市场滥用犯罪案件通常受到媒体的广泛报道，市场滥用犯罪者的定罪量刑或者巨额和解赔偿等都能够向潜在的市场滥用犯罪者宣示，刑法通过监禁、罚金、市场禁入等刑罚措施进行严格法律规制的立场。在反市场滥用犯罪刑事程序运作过程中，以立法评估为依据及时完善市场滥用犯罪实体规格，有助于各国司

---

① Directive 2003/6/EC of The European Parliament and of The Council of 28 January 2003 on insider dealing and market manipulation （market abuse） Article 17 （4）; European Commission, Proposal for a Directive of the European Parliament and of the Council on Criminal Sanctions for Insider Dealing and Market Manipulation, COM （2011） 654, 20 Octorber 2010, Article 9.

法机构高效、协同地惩治最为严重且具有跨国行为特征的市场滥用犯罪。

中国1997年《刑法》规定了操纵证券交易价格罪等市场滥用犯罪之后，经过1999年《刑法修正案》、2006年《刑法修正案（六）》、2009年《刑法修正案（七）》、2021年《刑法修正案（十一）》多次立法完善之后，形成了欺诈发行、违规信息披露、内幕交易、利用未公开信息交易、操纵证券、期货市场等核心的资本市场滥用犯罪类型，在一定程度上体现了中国资本市场刑法与金融实践发展相契合的努力与成果。但是，这种刑事立法的频繁更迭更主要的原因在于资本市场刑事立法前瞻性不强，导致刑法规范覆盖能力较弱，亟须通过频繁的立法修正修补资本市场刑法保护的漏洞。同时，中国资本市场刑法修正并没有形成与金融发展现实相配套的常规性立法评估机制，大规模严重资本市场违规事件驱动资本市场刑法完善的痕迹比较明显。

中国市场滥用犯罪刑法规范应当根据保护的金融市场创新驱动、发展迅猛、全球资本联动的特点，建构常规化、制度化的刑事立法评估机制，从而保证合理的立法评估措施能够稳定触发市场滥用犯罪的刑法修正。正处于高速发展阶段的中国金融市场对于反应灵敏的市场滥用犯罪刑事立法具有极为强烈的制度性需求。由于全球主要资本市场关联度极高，跨国金融交易极为普遍且重要。如果主要金融市场国家的反市场滥用犯罪刑法规制措施存在严重不平衡，跨国市场滥用犯罪便极有可能转向刑事规制范围不周延、刑事制裁措施不严厉的国家。对于处于全球金融一体化进程中的中国资本市场而言，其与美国、欧盟以及亚洲主要资本市场的关联度较高，中国市场滥用犯罪刑法规制不力将导致跨国市场滥用犯罪行为以中国市场为基点进行。相对应的，与中国资本市场关联度较高的市场（尤其是亚洲市场）中的国家如果对于市场滥用犯罪刑法规制不力，金融犯罪者将会利用该国刑事监管空隙对中国资本市场实施市场滥用犯罪。所以，中国资本市场刑法不仅需要通过立法评估机制深度思考本国与国际市场滥用犯罪刑事规制标准之间的差异，更应当积极参与市场滥用区域性、国际性的刑法最低标准的制定进程，维护全球金融市场的完整性与竞争的公平性。

三、调整司法解释结构

根据《刑法》第182条操纵证券、期货市场罪的规定，市场滥用犯罪刑法规制范围显然涵盖证券与期货两种不同的市场类型。从中国市场滥用犯罪刑事立法的轨迹分析，从1997年《刑法》只规定证券市场滥用犯罪，到1999年《刑法修正案》将期货市场滥用犯罪简单地归入证券市场滥用犯罪刑法条文，体现出基于当时市场滥用犯罪刑事立法技术与能力，期货市场滥用犯罪构成的设计只能直接复制证券市场滥用犯罪的刑法规范。

市场滥用犯罪相关司法解释最大程度地延续了刑事立法模式，即采用证券与期货交易犯罪定罪量刑标准高度等同化处理，基本没有根据期货交易的特点以及金融创新过程中不断发展的全新期货市场操纵交易行为类型对证券与期货市场滥用犯罪行为进行实质区分，而只是在相关司法解释条文中通过"证券、期货交易""证券、期货合约"等与《刑法》第182条相同的规范表述对证券与期货市场滥用犯罪司法规则进行相同的规范建构。[①]

刑事立法与司法解释均将完全基于证券市场违法犯罪行为分析而形成的犯罪构成，不加修正地适用于侵犯期货市场机制犯罪，显然脱离了市场滥用犯罪刑法规范应区分性保护的市场本身的逻辑与现实。加之期货、期权以及衍生品交易环节的市场操纵等犯罪行为相对于证券环节的同质行为而言更难起诉，[②] 现有的金融交易法律规范体系的规制范围过于狭窄，实难有效规制

---

① 当然，除了相关立案标准之外，由于目前我国市场滥用犯罪刑事司法解释只有"两高"2012年《最高人民法院、最高人民检察院关于办理内幕交易、泄露内幕信息刑事案件具体应用法律若干问题的解释》，司法解释将证券、期货相关犯罪进行简单等同化处理在内幕交易犯罪中更为明显。纵观《内幕交易犯罪解释》全文，证券内幕交易与期货内幕交易只有在犯罪情节认定层面存在"证券交易成交额"与"期货交易占用保证金"的衡量标准差异。这在很大程度上反映出证券期货犯罪司法解释只认识到了期货市场保证金交易的特点，对期货市场犯罪的核心要素是否与相应的证券市场犯罪存在实质性或者重大量化差异问题则没有进行任何考察。参见谢杰：《最新内幕交易犯罪司法解释的缺陷与规则优化》，载《法学》2012年第10期。市场滥用犯罪刑事司法解释的制定与出台是可以预期的，因此，在反市场滥用犯罪规则设计时，有必要避免证券与期货市场规则差异化不足的弊端。

② Jerry W. Markham, "*Front-Running*" *-Insider Trading under the Commodity Exchange Act*, 38 Catholic University Law Review 69 (2010).

期货以及衍生品市场中的市场滥用行为。[①] 笼统地建构金融市场刑法适用规则而未能形成独立的期货犯罪规范体系，其法律规制偏向性的实践结果实际上是显而易见的：我国至今从未审判过一起期货市场中的市场滥用犯罪案件。

中国证券期货犯罪刑法理论中较早就有观点准确地提出，证券犯罪与期货犯罪的惯常性行为模式可能完全不同，将证券犯罪与期货犯罪进行统一规定，可能完全忽略了期货犯罪的行为特征，有必要通过司法解释对证券犯罪与期货犯罪的定罪量刑情节分别加以规定。[②] 直至2012年才推出的中国首部证券期货犯罪司法解释——《最高人民法院、最高人民检察院关于办理内幕交易、泄露内幕信息刑事案件具体应用法律若干问题的解释》（以下简称《内幕交易犯罪解释》）——并没有采纳上述合理建议。[③] 2019年推出的市场操纵犯罪、利用未公开信息交易犯罪等司法解释，仍然没有强调证券与期货市场滥用犯罪的差异化规范建构思路。

司法解释是否应基于市场滥用犯罪刑法规制范围表现为证券与期货两种截然不同的市场类型而采取差异化的法律规则建构模式？具体而言，是否有充足的理论要素与实践需求决定了市场滥用犯罪司法解释必须采用证券与期货市场滥用犯罪定罪量刑标准区别化设计的规范建构技术？[④] 笔者认为，市场滥用犯罪司法解释应当在刑法适用规则的制定上彰显期货交易环节中市场操纵行为的特质，提高反期货市场滥用犯罪法律监管的技术水平。

证券市场是有价证券的发行和交易的空间场所，本质上就是中长期资本融资与投资的平台。[⑤] 作为证券市场中的融资方，上市公司等中长期资本需求主体通过发行债券、股票等直接或者间接融资产品获取资本。而期货市场是交易双方达成以商品或者其他资产为基础的标准化协议后，不立即交

---

① Gary Rubin, *CFTC Regulation 1.59 Fails to Adequately Regulate Insider Trading*, 53 New York Law School Law Review 599 (2008).

② 刘宪权：《证券、期货犯罪的刑事立法及其完善》，载《法学》2004年第5期。

③ 谢杰：《最新内幕交易犯罪司法解释的缺陷与规则优化》，载《法学》2012年第10期；谢杰：《中国大陆最新内幕交易犯罪司法解释反思性审视——以反内幕交易刑事司法规则优化为中心》，载《世新法学》（第6卷第1期）2012年12月。

④ 谢杰：《最新内幕交易犯罪司法解释的缺陷与规则优化》，载《法学》2012年第10期。

⑤ Glenn G. Munn, F. L. Garcia & Charles J. Woelfel, *The St. James Encyclopedia of Banking and Finance*, St. James Press, 1991, p. 398.

割商品或者其他金融产品，而是根据标准化合约在未来的一定时间内进行实物或现金交割的场所或者平台。这意味着期货市场存在和发展的根源就在于其为市场参与者提供了价格风险转移机制而非特定资产的产权。[①] 因此，期货市场与证券市场存在显著的差异，期货市场中没有证券市场中的发行股票、债券的主体，期货市场中的交易标的是期货交易所设计的标准化合约。[②]

期货市场中的交易产品不是上市公司等融资主体发行的股票、债券等证券产品，而是期货合约；期货市场的功能亦非融资与投资，而是现货市场价格风险的对冲平台。这些期货市场与证券市场的差别决定了期货与期货市场操纵基础构造的不同。例如，期货市场中与标准化合约交易有关的重大信息，可以是与上市公司或者证券发行主体紧密关联的信息（例如，上市公司重大未公开财务信息，其不仅影响股票现货交易，而且影响股票期货、期权合约的交易价格），也可以是上市公司或者证券发行主体之外的，直接与标准化合约对应的基础资产以及标准化合约本身的供求关系紧密相关的信息。因此，期货市场中编造的虚假重大信息完全可以不指向期货合约本身，而是指向期货合约对应的基础资产。由于期货合约不存在发行人，故期货合约的基础资产结构极为复杂，利用虚假的重大基础资产信息进行期货市场操纵需要动用更为复杂的资源。另外，期货市场中的市场操纵并非像证券市场一样只能局限于金融产品交易市场本身，由于期货合约所对应的现货价格与期货合约交易价格关联紧密，故在期货市场中的市场操纵还可以在现货市场中实施。

由于期货市场中的交易产品（期货合约）本质上是基础资产（现货）的一种衍生形态，故期货市场中相关交易品种的交易价格和交易量不仅受制于期货合约的供求关系，而且与现货市场中的相关商品或者基础资产的交易价格和交易量紧密挂钩。因此，期货市场中的市场操纵相对于证券市场而言具有更为多变与复杂的行为样态：（1）利用期货市场中的虚假交易行为或者信

① John Smullen & Nicholas Hand, *Oxford Dictionary of Finance and Banking*, Oxford University Press, 2005, p. 37.

② 谢杰：《最新内幕交易犯罪司法解释的缺陷与规则优化》，载《法学》2012 年第 10 期。

息欺诈在期货市场中建仓或者平仓牟利；（2）利用期货市场中的虚假交易行为或者信息欺诈在相关现货市场中买入或者卖出现货（期货至现货行为流动方向的跨市场操纵）；（3）利用现货市场中的虚假交易行为或者信息欺诈在期货市场中建仓或者平仓（现货至期货行为流动方向的跨市场操纵）。当然，无论市场操纵行为在手段行为、期货市场、对应现货市场之间的排列组合具体表现为何种形式，期货市场操纵本质上是一种扭曲与期货市场交易价格形成机制的价量操纵或者资本操纵行为。①

从期货市场操纵基础构造与行为样态的分析中，我们可以清楚地看到，期货市场操纵区别于证券市场操纵的关键性特点在于跨市场性，即期货市场重要价格信息的跨市场性以及与此关联的交易行为的跨市场性。

期货市场重要价格信息的跨市场性体现在：对期货合约交易价格具有重要影响的信息（在市场操纵的情况下，主要是行为人编造的虚假信息或者抢帽子交易中的利益冲突信息）可以是期货合约的交易信息（例如，某机构决定大量卖空特定月份的黄金期货合约会引起该月份甚至关联月份的黄金期货合约价格下降），还可以是与期货合约直接相关的现货市场价格信息（例如，特定时间段的大豆现货进口量锐减会引起关联月份的大豆期货合约价格上涨），甚至可以是与期货合约间接相关的现货市场政策信息（例如，房地产调控政策会引起螺纹钢、线材等现货市场供大于求进而引发螺纹钢、线材期货合约交易价格下降）。相应的，期货市场操纵行为的跨市场性体现在：基于期货与现货市场价格交易之间的关联度，期货市场操纵行为主体既可以在期货市场建仓或者平仓获取利润或者规避损失，也可以选择在现货市场买入或者卖出现货商品或者基础资产获利或者避损。所以，司法解释应当根据期货市场滥用犯罪跨市场性的核心特征进行有针对性的规则建构。②

① 谢杰：《最新内幕交易犯罪司法解释的缺陷与规则优化》，载《法学》2012年第10期。

② 谢杰：《最新内幕交易犯罪司法解释的缺陷与规则优化》，载《法学》2012年第10期；谢杰：《操纵资本市场犯罪刑法规制研究》，上海人民出版社2013年版，第291～295页；谢杰：《内幕交易犯罪司法实践疑难问题研究》，载彭东主编：《刑事司法指南（总第55集）》，法律出版社2013年版。

第四节 市场滥用犯罪刑事合规前瞻

市场滥用犯罪法律监管原则、理念、技术优化有赖于具体监管机制与市场保护制度的完善。以发展的眼光审视全球竞争与交易技术变革背景下的金融市场制度保护问题，有必要启动衍生品市场、发行市场等刑事合规的前瞻计划。

一、金融衍生品市场合规盲区的填补

以商品、证券、期货等为基础资产的衍生品交易已经成为金融市场非常重要的组成部分。尤其是以证券为基础标的建构的衍生品，不仅在场外市场交易活跃，而且日益发展为证券交易所重要的交易产品类型。以美国《金融改革法案》为代表的全球成熟资本市场法律监管体系对衍生品违法犯罪监管设置了全面的配套制度，严格规范了衍生品交易做市商管理、注册登记、资本金条件、成交量限制、主要交易者报告、金融账簿保管等重大却长期处于法律空白状态的事项。[①] 中国资本市场参与者在建构合规计划时必须重视相关问题的提前筹划。

由于衍生品实践经验匮乏与交易创新落后，中国衍生品交易法律监管始终处于停滞或者缓慢发展状态，针对衍生品犯罪设计的刑法规范更是完全空白。但是，中国衍生品市场显然基于现实需要在不断发展壮大。目前我国衍生品市场交易规模已经初步形成，[②] 发展场内结算衍生品市场无疑是未来的金融创新趋势。[③] 因此，中国在不久的将来完全可能在证券、期货交易所等场内市场全面开发出符合中国金融与经济现实需要的与证券期货等基础资产

① 谢杰：《美国反期货操纵法律监管改革及其启示》，载《江西警察学院学报》2011 年第 5 期；谢杰：《美国金融改革法案对场外市场反操纵法律的完善及其启示》，载《甘肃警察职业学院学报》2011 年第 4 期。

② 张宇哲：《场外金融衍生品交易“中国标准”出炉》，载《财经》2009 年第 6 期。

③ 吴建刚：《中国场内交易衍生品市场发展概况及发展建议》，载《金融理论与实践》2010 年第 1 期。

挂钩的衍生品交易类型。

国外有关衍生品交易的定量研究业已表明：经过衍生品市场公开数据的分析，部分投资银行、基金公司等金融机构中的核心业务管理人员存在利用信息优势控制衍生品交易谋取巨额利润的嫌疑；衍生品市场高杠杆性交易的放大效应与信息披露规范力度的差强人意，导致市场操纵行为对金融市场合理配置资本功能造成的破坏更大，也更难被监管部门发现。[①] 国外司法实践中的应对策略是，通过金融监管机构大胆行使自由裁量权，在扩张性解释的基础上，根据证券欺诈刑事责任条款起诉对冲基金、证券公司中从事衍生品操纵的违法犯罪行为。同时，积极向立法机构提出建议，针对衍生品领域未公开信息交易行为、市场操纵行为等制定明确的刑事责任法律条款。[②]

市场滥用犯罪立法在节奏上滞后于金融实务是无法回避的现实。但是，根据国外经验与国内现实完全可以预见衍生品市场非常有可能出现市场操纵等核心的市场滥用犯罪类型。中国《刑法》规定的操纵证券、期货市场罪没有从刑事立法的角度明示性地禁止衍生品交易中的操纵行为，一方面，再次验证了资本市场刑事立法技术有待完善、亟须以前瞻性视角统领立法实践的必要性；[③] 另一方面，衍生品市场操纵刑事违法性解释仍然具有一定的扩张性，这也意味着市场参与者需要从合规角度予以重视法律风险。2020 年《证券法》明确了跨市场操纵证券的行为类型，即禁止“利用在其他相关市场的活动操纵证券市场”。同时，2021 年《刑法修正案（十一）》仍然保留了操纵证券、期货市场罪中的“兜底条款”，即“以其他方法操纵证券、期货市场”。可见，证券与衍生品市场关联机制下的操纵行为，还是存在相当的入罪解释空间。因此，刑事合规实务有必要对衍生品市场中的疑似市场操纵行为形成高效迅捷的反应机制与风险防控预备状态，积极总结归纳以证券为基

---

① Carr Bettis, John Bizjak & Michael Lemmon, *Managerial Ownership, Incentive Contracting, and the Use of Zero-Cost Collars and Equity Swaps by Corporate Insiders*, 36 Journal of Financial and Quantitative Analysis 345 (2001).

② Sharon Brown-Hruska & Robert S. Zwirb, *Legal Clarity and Regulatory Discretion: Exploring the Law and Economics of Insider Trading in Derivatives Markets*, 2 Capital Markets Law Journal 3 (2007).

③ 赵运峰：《金融犯罪立法问题论析——以〈刑法修正案〉为研究视角》，载《金融发展研究》2009 年第 5 期。

础资产的衍生品交易中的违规类型与核心特点，先行在经营管理过程中杜绝衍生品违法交易行为。在市场滥用犯罪的刑法规范或者司法解释进行修正与增补时，一旦明确衍生品市场中市场操纵行为的违法性与犯罪性，可以充分控制经营行为中的法律风险，避免衍生品市场交易中的操纵行为被纳入资本市场刑法规制的范畴。

二、金融商品发行市场的合规措施

《证券法》《刑法》有关操纵证券、期货市场违法犯罪的禁止性规定明确列举了连续交易、相对委托、洗售等市场操纵行为，《刑法修正案（十一）》明确纳入其他操纵证券市场方法的抢帽子交易操纵等都发生于交易环节或者二级市场。而证券等金融商品发行市场中的现实状况是，有的上市公司、证券中介机构等利用信息、资金以及其他资源优势，控制证券发行价格，并向市场发布偏离相关证券基本面的投资咨询意见与询价意见，诱导市场投资者接盘。上市公司控股股东或者实际控制人从中获取了较高的股份对价利益；中介机构趁势通过自营交易业务获利。只有少数上市公司存在明显财务造假的情况下被认定为欺诈发行股票而追究责任，绝大多数证券中介机构很少因发行环节的股价操纵被予以严厉的行政处罚，刑事处罚更是没有追究案例。

2011 年发生的中国水电疑似发行环节操纵事件是非常典型的实例：据市场公开资料显示，中国水电上市次日便下跌 7.78%，而在获配中国水电的机构中，不少券商给出高定价。其中，国泰君安提供的上市首日定价区间为 5.53～6.80 元，其不仅是中国水电最高定价券商，也是获配数量最多的机构(2.86 亿股)。询价机构与获配机构的双重身份存在明显的利益冲突，难逃市场操纵质疑。[①] 在市场行情表现优异时，投资者对此类信息并不敏感；股市低迷时，证券机构利用上市保荐、询价等中介业务推动其交易业务盈利，极易引发市场的不满情绪。保荐人与交易商身份竞合、利益冲突的问题，体现的并非仅是个案中的市场操纵疑问，而是整个证券市场发行制度的不合理。因此，亟须从完善反操纵市场犯罪刑法规制与严控利益冲突风险两方面强化

---

① 张雨：《中国水电不给力 大盘昨剧烈振荡》，载《成都商报》2011 年 10 月 20 日，第 28 版。

对发行环节市场操纵的监管。[①]

相应地，刑事合规体系应当全面关注立法上的模糊以及潜在的解释风险，明确在经营管理中控制发行环节市场操纵行为的风险。市场滥用刑事合规实务不能局限于市场交易领域。为了有效应对近年来资本市场迅猛发展对反市场滥用立法与司法解释带来的现实挑战，刑事合规需要将发行环节的市场操纵行为纳入法律风险管理环节，建构完整的操纵责任风险控制体系。内幕交易犯罪在刑法条文设置中明显突出了发行与交易环节的全面规制原则，强调“在涉及证券的发行”过程中利用内幕信息从事相关证券交易构成犯罪，重点惩治与震慑公司股票上市前突击入股等利益输送问题。在市场操纵中同样存在发行环节欺诈定价、在证券发行过程中连续炒作上市公司股票等违法犯罪风险。所以，《刑法》第180条操纵证券、期货市场罪的“兜底条款”并不排除介入发行市场的扩张性倾向。刑事合规实务显然应当重视这种解释风险。

证券发行监管机构或者交易所等，确实也在强化对询价机构的透明度管理，要求发布定价分析报告时全面披露参与首次公开发行证券配售情况，从源头控制中介业务与自营业务之间利益冲突对市场可能产生的损害风险，并为刑事司法认定发行环节的市场操纵违法犯罪行为建构充分且明确的违法性判定依据。

对于市场参与者的合规管理而言，利益冲突监控是重要的环节。《证券发行与承销管理办法》对询价和申购的报价约束、网下申购、网上发行、单个配售与申购账户上限等技术性问题进行了相对完善的制度设计，但是，对于证券发行询价定价分析与配售之间可能存在的利益冲突、信息披露、交易限制等问题没有予以规定。证券发行询价机构及其所属关联机构可能会持有首次公开发行的证券并进行相关交易。对于大量配售拟发行证券的询价机构而言，其在向市场公开的定价分析报告中建议的上市首日定价区间及分析意见，显然难以排除受到自营业务影响的可能性。纵然证券机构有权参与证券发行过程中的定价、配售以及发行之后的市场交易，但所有的业务必须建筑

① 谢杰：《不能忽视发行环节的市场操纵》，载《证券时报》2011年10月24日，A3版。

于完整的信息披露，以使投资者能够在对定价报告的真实性与中立性进行独立评估的基础上参与市场交易和承担市场风险。正是由于没有明确且完整的利益冲突信息披露机制，询价机构在发布定价报告时通常向投资者宣布利益冲突免责而不公布配售业务的具体信息，使得投资者无法客观评估配售业务对定价建议的影响程度。所以，有必要通过强制询价机构公开其所属或者关联参与配售的信息，防范通过发布定价报告误导市场投资者托盘，并在证券发行初期获利离场。利益冲突风险管理能够有效地防范发行环节的市场操纵刑事法律风险。①

① 谢杰：《不能忽视发行环节的市场操纵》，载《证券时报》2011年10月24日，A3版。

第四章

虚假陈述犯罪：资本市场信息披露机制的刑法保护与刑事合规

第一节　资本市场虚假陈述犯罪概述

一、虚假陈述犯罪

虚假陈述犯罪是资本市场犯罪中最为严重的违法犯罪类型之一。欺诈发行、信息披露违法等行为由于其案发概率低、违法成本低、违法收益大而在资本市场中频发。在发行环节，欺诈发行的危害性极大，通常能够从整个证券市场融资几亿元、几十亿元甚至上百亿元，并且在欺诈发行之后，企业自愿披露的信息和可被观察到的行为会与欺诈行为保持一致以掩盖自己的欺诈行为，造成持续的虚假陈述。[①] 欺诈发行通常会带来一系列的资本市场中的失信违法行为，对整个证券市场造成持续性的负面影响。

1997 年《刑法》就规定了欺诈发行股票，债权罪，违规披露、不披露重要信息罪。从 20 世纪 90 年代开始，证监会连续查处大庆联谊案、红光实业案、绿大地案、中恒通案、欣泰电气案，这些案件都对资本市场的公平和效率以及投资者造成极大损害。在资本市场创新的背景下，由于信息传播更加

---

① Ray Ball et al. , *Audited Financial Reporting and Voluntary Disclosures Complements*：*A Test of the Confirmation Hypothesis*，Journal of Accounting & Economy 53，2012，p. 136.

迅捷、信息量呈指数级增长，欺诈发行对市场效率和投资者权益的损失将更难以估量。因此，有必要对资本市场中的虚假陈述犯罪刑法规制与刑事合规问题予以专题研究。

二、《刑法修正案（十一）》对虚假陈述犯罪的立法调整

2020年12月26日，第十三届全国人大常委会第二十四次会议审议通过《刑法修正案（十一）》并于2021年3月1日起正式施行。这次修改主要围绕维护人民群众生命安全、安全生产、金融市场秩序、知识产权、生态环境、与疫情防控相关的公共卫生安全等领域的刑法治理和保护。[①]《刑法修正案（十一）》关于证券犯罪的修改是其中的重点亮点问题，也是继2020年新《证券法》修改完成并实施后涉及资本市场的又一项重大立法活动。[②]《刑法修正案（十一）》完善了证券犯罪规定，最主要的内容体现在对《刑法》原第160条欺诈发行证券罪和第161条违规披露、不披露重要信息罪等证券市场虚假陈述犯罪[③]的修改，即《刑法修正案（十一）》第

---

① 王俏：《刑法修正案（十一）明年3月1日起施行》，载《人民法院报》2020年12月27日，第1版。

② 程丹：《刑法修改落地 零容忍打击证券期货犯罪》，载《证券时报》2020年12月28日，第A1版。

③ 证券市场虚假陈述，是证券发行市场、交易市场（包括购并市场）及相关领域的有关主体或行为人所披露的与证券发行、交易及相关活动有关的信息存在重大性的虚假、误导、遗漏或不适当披露，致使投资者在不了解事实真相的情况下参与证券投资或交易活动。参见郭峰：《证券市场虚假陈述及其民事赔偿责任》，载《法学家》2003年第2期。证券市场虚假陈述犯罪通常是指《刑法》第160条欺诈发行证券罪、第161条违规披露、不披露重要信息罪等由证券发行人、基于《公司法》《证券法》等负有信息披露义务的公司、企业（信息披露义务人）实施的，情节严重且应当予以刑事处罚的虚假信息披露犯罪行为。当然，保荐人、承销商、律师事务所、会计师事务所等中介机构从业人员，虽然不属于信息披露义务人，但其在证券发行与交易活动中故意或者过失出具虚假或者失实的证明文件，在《证券法》上也属于虚假陈述行为，《刑法修正案（十一）》修改后第229条规定的提供虚假证明文件罪和出具证明文件重大失实罪，同样配置了刑事责任，而且对于律师、会计师等中介机构人员在证券发行、重大资产交易活动中出具虚假证明文件、情节特别严重的情形，明确适用更高一档的刑期，最高可判处10年有期徒刑。然而，由于证券市场中介机构从业人员实施的提供虚假证明文件罪和出具证明文件重大失实犯罪，相对于发行人、信息披露义务人的虚假陈述犯罪，在罪过形式、行为内容、责任分配等方面具有明显不同的刑法逻辑。因此，本书关于证券市场虚假陈述犯罪的分析仅限于《刑法修正案（十一）》第8条、第9条针对发行人、信息披露义务人的刑事责任条款。

8 条、[①] 第 9 条[②]提高原《刑法》欺诈发行证券罪和违规披露、不披露重要信息罪的刑罚，明确控股股东、实际控制人的刑事责任，加大对证券市场虚假陈述犯罪的惩治力度，提高资本市场的违法违规成本。同时，《最高人民法院、最高人民检察院关于执行〈中华人民共和国刑法〉确定罪名的补充规定（七）》将原来的欺诈发行证券罪的罪名调整为欺诈发行证券罪。

具体而言，《刑法修正案（十一）》大幅提高欺诈发行证券罪，违规披露、不披露重要信息罪的法定刑。欺诈发行证券罪的刑期上限由 5 年有期徒刑提高至 15 年有期徒刑，并将对个人的罚金由非法募集资金的 1% ~5% 修改为“并处罚金”，取消 5% 的上限限制，对单位的罚金由非法募集资金的 1% ~5% 提高至 20% 至一倍。违规披露、不披露重要信息罪的刑期上限由 3 年提高至 10 年，罚金数额修改为“并处罚金”，取消 20 万元的上限限制。同时，《刑法修正案（十一）》强化对控股股东、实际控制人等“关键少数”实施的证券市场虚假陈述犯罪的刑事责任追究力度，明确将控股股东、实际控制人组织、指使实施欺诈发行、信息披露造假，以及控股股东、实际控制人隐瞒相关事项导致公司披露虚假信息等行为纳入刑法规制范围。[③] 新《证

---

① 《刑法修正案（十一）》第 8 条规定：“将刑法第一百六十条修改为：‘在招股说明书、认股书、公司、企业债券募集办法等发行文件中隐瞒重要事实或者编造重大虚假内容，发行股票或者公司、企业债券、存托凭证或者国务院依法认定的其他证券，数额巨大、后果严重或者有其他严重情节的，处五年以下有期徒刑或者拘役，并处或者单处罚金；数额特别巨大、后果特别严重或者有其他特别严重情节的，处五年以上有期徒刑，并处罚金。控股股东、实际控制人组织、指使实施前款行为的，处五年以下有期徒刑或者拘役，并处或者单处非法募集资金金额百分之二十以上一倍以下罚金；数额特别巨大、后果特别严重或者有其他特别严重情节的，处五年以上有期徒刑，并处非法募集资金金额百分之二十以上一倍以下罚金。单位犯前两款罪的，对单位判处非法募集资金金额百分之二十以上一倍以下罚金，并对其直接负责的主管人员和其他直接责任人员，依照第一款的规定处罚。’”

② 《刑法修正案（十一）》第 9 条规定：“将刑法第一百六十一条修改为：‘依法负有信息披露义务的公司、企业向股东和社会公众提供虚假的或者隐瞒重要事实的财务会计报告，或者对依法应当披露的其他重要信息不按照规定披露，严重损害股东或者其他人利益，或者有其他严重情节的，对其直接负责的主管人员和其他直接责任人员，处五年以下有期徒刑或者拘役，并处或者单处罚金；情节特别严重的，处五年以上十年以下有期徒刑，并处罚金。前款规定的公司、企业的控股股东、实际控制人实施或者组织、指使实施前款行为的，或者隐瞒相关事项导致前款规定的情形发生的，依照前款的规定处罚。犯前款罪的控股股东、实际控制人是单位的，对单位判处罚金，并对其直接负责的主管人员和其他直接责任人员，依照第一款的规定处罚。’”

③ 程丹：《刑法修改落地 零容忍打击证券期货犯罪》，载《证券时报》2020 年 12 月 28 日，第 A1 版。

券法》的立法目的是规范证券发行和交易行为，保护投资者的合法权益。《刑法修正案（十一）》联动与协调完善《刑法》欺诈发行证券罪，违规披露、不披露重要信息罪等与信息披露有关的证券犯罪刑法条文，有助于惩治与震慑证券发行与交易领域严重危害投资者权益、损害上市公司质量、阻碍市场信息效率的证券犯罪，从而为《证券法》的实施提供稳固的最后屏障保护，有效防控金融风险，促进实体经济发展。

金融市场机制创新与以证券发行注册制为核心的改革对于资本市场刑法保护具有重大影响。欺诈发行证券罪，违规披露、不披露重要信息罪等虚假陈述犯罪将逐渐成为资本市场刑法规制的重点难点行为类型。证券发行注册制涉及网络、信息、市场、行政监管、自律审核等诸多方面的内容，资本市场犯罪刑法规制也就相应具有显著的立法动态性与司法技术性的特征。在《刑法修正案（十一）》与《证券法》联动修改业已就位的现实背景下，刑事司法实践应当在具体的刑法解释与法律判断规则层面做好充分的准备，确保司法实务部门能够应对证券市场虚假陈述犯罪的挑战，更好地实现保障市场效率与投资者权益的刑法规范功能。

由于证券市场、财务会计、证券法、刑法等跨学科知识具有交叉性，证券发行注册制改革具有探索性，证券市场虚假陈述犯罪刑法适用存在复杂性，传统刑法解释原理、刑事司法逻辑、刑事诉讼实务经验等客观上已经难以应对一系列疑难问题的挑战。如何理解《刑法修正案（十一）》第8条、第9条中规定的隐瞒“重要”事实或者编造“重大”虚假内容，何种会计处理行为构成财务信息的虚假记载，如何界定发行人、信息披露义务人的控股股东、实际控制人虚假陈述的刑事责任边界——此类证券市场虚假陈述犯罪中的司法适用难题均值得进行细致解构，并从市场与制度、财务规范与法律规则、证券法与刑法等多维度互为贯通的角度研究设计相应的司法判断规则。新《证券法》通过注册制改革优化市场效率的制度安排并不意味着保障证券信息披露秩序方面的法律规制措施将受到限制；相反，市场化运作对于发行人、信息披露义务人提出了更高的合规要求。同时，证券监督管理机构强化证券市场信息披露、《刑法修正案（十一）》严厉规制证券市场虚假陈述犯罪，也不能直接等同于刑法规制的单纯扩张。证券发行注册制下资本市场全面深化改革与可持续发展的关键内容是优化市场与政府之间的关系，使市场与政府之间互为支撑、相互转化。[①] 作为证券市场的最后保护屏障，《刑法修正案（十一）》虚假陈述犯罪条款的具体适用，需要根据金融技术发展与资本市场机制创新的最新内容，从司法判断规则层面做出针对性的反应，以提升证券犯罪的惩治效率。

因此，有必要针对证券市场虚假陈述犯罪重大性判断标准、财务造假行为模式、控股股东、实际控制人行为边界等重大且疑难问题，就《刑法修正案（十一）》相关条款的适用难点进行深度实践解构。这不仅有助于推动证券犯罪刑法理论研究范式的转换与升级，而且有利于为金融市场系统性风险控制、国家金融安全提供坚实且具体的司法保障措施。基于此，本书尝试通过实践角度深度解构《刑法修正案（十一）》第 8 条、第 9 条涉及的欺诈发行证券罪以及违规披露、不披露重要信息罪的若干司法适用疑难问题，以期对《刑法修正案（十一）》相关证券犯罪条款的公平高效实施有所裨益，同时希望通过精细化的司法判断规则更好地服务于资本市场效率与投资者权益的协调和统一。

第二节　虚假陈述犯罪刑法规制的基础构造

我国《刑法》中的虚假陈述犯罪，主要包括《刑法》第 160 条欺诈发行证券罪与第 161 条违规披露、不披露重要信息罪，两罪具有一个共性，那就是都属于直接融资市场中的虚假陈述行为，在证券发行或者交易过程中对财务、资产交易等重大信息进行虚假、欺诈或者不实披露，严重损害融资市场信息效率、严重侵害投资者权益。

一、欺诈发行证券

欺诈发行证券罪，是指违反公司管理法规，在招股说明书、认股书，公

① 侯利阳：《市场与政府关系的法学解构》，载《中国法学》2019 年第 1 期。

司、企业债券募集办法等证券发行文件中隐瞒重要事实或者编造重大虚假内容，发行股票、公司、企业债券等证券，数额巨大，后果严重或者有其他严重情节的行为。（1）在客观方面，违反《公司法》《证券法》等上市公司管理法律法规，在招股说明书、认股书，公司、企业债券募集办法等证券发行文件中隐瞒重要事实或者编造重大虚假内容、发行股票或者公司、企业债券等证券，数额巨大，后果严重或者有其他严重情节的行为。公司经注册向社会公开发行证券，必须公告新股说明书和财务会计报表及附属明细表，并制作认股书。发行公司、企业债券的申请经注册审核后，应当公告公司、企业债券募集办法等发行文件。欺诈发行公司、企业股票、债券等证券的行为，首先违反了国家对公司、企业发行股票、债券等证券的有关规定。同时，欺诈发行的行为集中表现为在招股说明书、认股书、公司、企业债券募集办法等证券发行文件中隐瞒重要事实或者编造重大虚假事实。

最高人民检察院、公安部《关于公安机关管辖的刑事案件立案追诉标准的规定（二）》第5条规定："在招股说明书、认股书、公司、企业债券募集办法中隐瞒重要事实或者编造重大虚假内容，发行股票或者公司、企业债券，涉嫌下列情形之一的，应予立案追诉：（一）发行数额在五百万元以上的；（二）伪造、变造国家机关公文、有效证明文件或者相关凭证、单据的；（三）利用募集的资金进行违法活动的；（四）转移或者隐瞒所募集资金的；（五）其他后果严重或者有其他严重情节的情形。"

二、违规信息披露

违规披露、不披露重要信息罪，是指依法负有信息披露义务的公司和企业，向股东和社会公众提供虚假的或者隐瞒重要事实的财务会计报告，或者对依法应当披露的其他重要信息不按照规定披露，严重损害股东或者其他人利益的行为。最高人民检察院、公安部《关于公安机关管辖的刑事案件立案追诉标准的规定（二）》第6条规定："依法负有信息披露义务的公司、企业向股东和社会公众提供虚假的或者隐瞒重要事实的财务会计报告，或者对依法应当披露的其他重要信息不按照规定披露，涉嫌下列情形之一的，应予立案追诉：（一）造成股东、债权人或者其他人直接经济损失数额累计在五十万元以上的；（二）虚增或者虚减资产达到当期披露的资产总额百分之三十以上的；（三）虚增或者虚减利润达到当期披露的利润总额百分之三十以上的；（四）未按照规定披露的重大诉讼、仲裁、担保、关联交易或者其他重大事项所涉及的数额或者连续十二个月的累计数额占净资产百分之五十以上的；（五）致使公司发行的股票、公司债券或者国务院依法认定的其他证券被终止上市交易或者多次被暂停上市交易的；（六）致使不符合发行条件的公司、企业骗取发行核准并且上市交易的；（七）在公司财务会计报告中将亏损披露为盈利，或者将盈利披露为亏损的；（八）多次提供虚假的或者隐瞒重要事实的财务会计报告，或者多次对依法应当披露的其他重要信息不按照规定披露的；（九）其他严重损害股东、债权人或者其他人利益，或者有其他严重情节的情形。”

三、证券发行核准制下虚假陈述犯罪的刑法逻辑

在2020年《证券法》之前，2005年《证券法》适用核准制。因欺诈发行、违规披露重大信息等虚假陈述犯罪行为而被追究刑事责任的融资犯罪案例在我国并不常见。

早期的代表性案例：2005年3月28日，山东省潍坊市奎文区人民法院刑事判决，山东巨力因虚增利润骗取配股资格，犯欺诈发行股票罪，判处罚金160万元。公司原董事长王某华犯欺诈发行股票罪，被判处有期徒刑二年缓刑三年。财务处原副处长张某胜犯欺诈发行股票罪，判处有期徒刑一年缓刑二年，成为国内首例上市公司及其高管因欺诈配股而被追究刑事责任的案件。①

市场各界高度关注的绿大地虚假陈述犯罪案：2004~2009年，绿大地在不具备首次公开发行股票并上市的情况下，未达到在深圳证券交易所发行股票并上市的目的，经过被告人何某葵、蒋某西、庞某星的共谋、策划，由被告人赵某丽、赵某艳登记注册了一批由绿大地实际控制或者掌握银行

① 徐玉海：《山东巨力及原高管被判欺诈发行股票罪》，载《中国证券报》2005年3月29日，第A5版。

账户的关联公司，并利用相关银行账户操控资金流转，采用伪造合同、发票、工商登记资料等手段，少付多列，将款项支付给其控制的公司组成人员，虚构交易业务、虚增资产、虚增收入。其中，在上市前的2004～2007年6月间，绿大地使用虚假的合同、财务资料，虚增马龙县旧县村委会960亩荒山使用权、马龙县马鸣乡3500亩荒山使用权以及马鸣基地围墙、灌溉系统、土壤改良工程等项目的资产共计7011.4万元。绿大地还采用虚假苗木交易销售，编造虚假会计资料，或通过绿大地控制的公司将销售款转回等手段，虚增营业收入总计2.96亿元。绿大地的招股说明书包含了上述虚假内容。绿大地欺诈发行股票一案曾经由昆明官渡区人民法院审理，官渡区人民法院判决何某葵有期徒刑3年，缓期4年，判决宣布后市场普遍认为量刑过轻，这一结果随后引发检方抗诉。2012年3月，昆明市中级人民法院作出裁定，撤销了官渡区人民法院对绿大地案的刑事判决，发回重审。2013年云南省昆明市中级人民法院对云南绿大地生物科技股份有限公司欺诈发行股票一案进行宣判。法院认定被告单位云南绿大地公司犯欺诈发行股票罪、伪造金融票证罪、故意销毁会计凭证罪，对其判处罚金1040万元。被告人何某葵被判处有期徒刑10年，被告人蒋某西、庞某星、赵某丽、赵某艳等分别被判处相应刑期及罚金。①

虚假陈述犯罪在司法实践中之所以较少出现刑事判例，一方面是因为证券发行环节受控于监管机构的审批与信息披露监管，刑事司法大规模查处虚假陈述犯罪等于说明证券监管的失控，融资市场的证券监管与金融司法主要或者也只能聚焦于内线交易、市场操纵等交易环节的犯罪类型；另一方面，虚假陈述犯罪的构成要素与抗辩事由的刑法解释缺乏广度与深度。

“信息公开是现代工业社会综合治理的良方；阳光是最好的防腐剂；黑夜中的明灯是最好的警察。”② 上市公司信息全面公开与强制性披露义务是证券市场监管最为重要的组成部分。所以，虚假陈述犯罪应当成为最普遍的证券刑事诉讼案由。虚假陈述犯罪包括虚假陈述与隐瞒信息两种行为方式。前

① 王翁阳、魏文静：《云南绿大地公司欺诈发行股票案一审宣判》，载《人民法院报》2013年2月8日，第3版。

② Louis Brandeis, *Other People's Money*, Harper Torch Books, 1967, p. 92.

者属于积极作为——发布重要且失实的证券信息误导投资者；后者属于消极不作为——具有信息披露义务的上市公司及其高级管理人员掩盖重要证券信息，导致投资者在非透明的情况下进行证券交易。在虚假陈述犯罪的构成要素中，犯罪故意、重要性标准、连带责任等问题的具体认定值得深入分析。我国融资市场正逐步走向成熟，为了获取更为广阔的发展空间，国内公司也不断寻求在境外证券市场上市，以图筹集资金、大展宏图。随着我国资本市场制度改革越发强调严重信息披露违法行为的刑事法律责任，国外资本市场不断显现针对中国概念股信息披露问题的追责案例，有必要细致分析虚假陈述犯罪的构成要素与抗辩事由，为规范我国融资市场信息披露、完善刑事罚则的制度设计提供借鉴思路，同时为已经或期望上市的公司提供刑法指导、及早考虑进行证券犯罪风险控制。

四、证券发行注册制下虚假陈述犯罪的刑法逻辑

中国资本市场的顶层设计与法治实践近年来一直致力于深化金融体制改革，提升融资与投资效率。证券发行注册制改革是最为重要的内容之一。2013 年 11 月 12 日，十八届三中全会通过的《中共中央关于全面深化改革若干重大问题的决定》提出，“推进股票发行注册制改革，多渠道推动股权融资”。2015 年 12 月 27 日《全国人民代表大会常务委员会关于授权国务院在实施股票发行注册制改革中调整适用〈中华人民共和国证券法〉有关规定的决定》、2018 年 2 月 24 日《全国人民代表大会常务委员会关于延长授权国务院在实施股票发行注册制改革中调整适用〈中华人民共和国证券法〉有关规定期限的决定》连续就加强股票发行注册制改革工作、《证券法》修改意见、防范和化解资本市场风险、切实保护投资者合法权益等重大问题做出授权。

2018 年 11 月 5 日，国家主席习近平在首届中国国际进口博览会开幕式上发表主旨演讲，提出“将在上海证券交易所设立科创板并试点注册制，支持上海国际金融中心和科技创新中心建设，不断完善资本市场基础制度”。[①]

① 习近平：《共建创新包容的开放型世界经济——在首届中国国际进口博览会开幕式上的主旨演讲（2018 年 11 月 5 日，上海）》，载《人民日报》2018 年 11 月 6 日，第 3 版。

习近平主席宣布的设立科创板并试点注册制举措，为落实创新驱动发展战略、增强资本市场对提高我国关键核心技术创新能力的服务水平、深化供给侧结构性改革等指明了方向。①

2019年1月30日，经党中央、国务院同意，中国证监会发布《关于在上海证券交易所设立科创板并试点注册制的实施意见》（以下简称《注册制意见》）。3月1日，证监会发布《科创板首次公开发行股票注册管理办法（试行）》（以下简称《注册管理办法》）、《科创板上市公司持续监管办法（试行）》（以下简称《持续监管办法》）。2019年3~6月，上海证券交易所陆续发布《上海证券交易所科创板股票发行上市审核规则》（以下简称《上市审核规则》）、《上海证券交易所科创板股票交易特别规定》（以下简称《交易特别规定》）、《上海证券交易所科创板股票异常交易实时监控细则（试行）》（以下简称《异常交易监控细则》）等诸多配套规则。上述国家重大战略部署、顶层决策、监管机制、上市与交易规则等制度安排的集中就位，为注册制试点改革奠定了坚实的法律基础。6月13日，中国证监会和上海市人民政府联合举办了上海证券交易所科创板开板仪式；科创板正式开板，标志着党中央国务院关于设立科创板并试点注册制这一重大改革任务的落地实施。

2019年6月20日，最高人民法院就注册制改革试点期间人民法院正确审理与科创板相关案件等问题，出台了《关于为设立科创板并试点注册制改革提供司法保障的若干意见》，提出了审理证券期货犯罪刑事案件的政策导向：依法从严惩治违规披露、不披露重要信息、内幕交易、利用未公开信息交易、操纵证券市场等金融犯罪分子，严格控制缓刑适用，依法加大罚金刑等经济制裁力度。

资本市场创新与以科创板试点注册制为核心的改革对于资本市场刑法保护具有重大影响。证券发行注册制决定了擅自发行股票、公司债券罪等资本市场犯罪类型会处于比较明显的限缩状态，而欺诈发行股票、债券罪，违规披露、不披露重要信息罪等虚假陈述犯罪将逐渐成为资本市场刑法规制的重

① 左永刚：《科创板即将实操 科技企业IPO估值将更有效》，载《证券日报》2019年1月31日，第A1版。

点、难点、热点。除了资本市场发行环节之外，设立科创板并试点注册制改革也带动了二级市场交易的机制完善，尤其是丰富了融券交易等做空工具。市场操纵犯罪司法解释有必要根据做空机制的实质进行针对性的规则设计。由于科创板试点注册制涉及网络、信息、市场、行政监管、自律审核等诸多方面的内容，资本市场犯罪刑法规制也就相应具有显著的立法动态性与司法技术性的特征。在保障金融健康发展与健全资本市场法律制度势在必行的深化改革趋势下，资本市场刑法制度安排应当做好充分准备，以便在科创板试点注册制改革进程中以及《证券法》完成较大规模的修改后，确保刑事立法与司法能够及时应对资本市场犯罪的挑战，更好地实现保障市场效率与投资者权益的刑法规范功能。

证券监管机构通过核准权控制证券发行的节奏、规模、价格等本应当由市场机制形成的要素，对于中国建构特定发展阶段的资本市场发挥了重要作用。但作为一种典型的行政干预，证券发行核准权已经难以满足十八届三中全会提出的“使市场在资源配置中起决定性作用和更好发挥政府作用”的全面深化经济体制改革的要求。

科创板试点证券发行注册制的核心是强调便利直接融资的效率导向，强化信息披露。[①] 根据《注册制意见》《注册管理办法》，科创板试点注册制的主要内容是，由申请证券发行的市场主体建构合规的公司治理、财务会计报告、股权关系、资信能力等标准从而符合基本发行条件，将发行文件提交上海证券交易所，上交所负责上市审核后报经中国证监会注册。[②]

---

① 《〈科创板首次公开发行股票注册管理办法（试行）〉起草说明》指出：为做好科创板试点注册制工作，建立和完善符合市场化导向、直接融资效率提升、信息披露要求严格、市场主体责任到位、风险防控有效的股票发行上市制度，《注册管理办法》的起草遵循以下基本原则：一是便利直接融资。精简优化现有发行条件，逐步将现行发行条件中可以由投资者判断的事项转化为更加严格、更加全面深入精准的信息披露要求，增加资本市场包容性，扩大资本市场覆盖面；按照市场化、法治化原则，建立公开、透明、高效、便捷的股票发行注册机制，健全市场化询价定价机制，提升直接融资效率，服务实体经济发展。二是强化信息披露监管。建立健全以信息披露为中心的股票发行上市制度，明确以投资者需求为导向的信息披露要求，细化落实发行人、中介机构等市场主体关于信息披露的法定责任，强化信息披露监管，加大对信息披露违规行为的处罚力度。

② 参见《注册制意见》“三、稳步实施注册制试点改革”；《注册管理办法》“第一章总则”、“第二章发行条件”等。

注册制要求证券发行人在证券中介机构的市场化服务下，向投资者披露充分和必要的投资决策信息并对信息真实性负责；证券监管机构与交易所不对拟发行证券对应的基础资产质量及其投资价值进行判断，仅对信息披露文件的齐备性、一致性和可理解性负责；发行人及其中介服务机构对虚假陈述承担包括刑事责任、证券集团诉讼在内的严重法律风险和后果。[①] 在证券发行注册制下，政府与市场之间的关系得以进行更为顺畅的梳理——资本市场机制在资本资源优化配置过程中发挥决定性作用，证券监管机构进行信息披露监管、惩防资本市场违法犯罪、保护投资者权益。

证监会制定的《注册管理办法》《持续监管办法》及上交所制定的《上市审核规则》等配套业务规则，从制度落地的角度建构中国证券发行注册制的运作规范。基于控制风险外部性与发挥市场效率的价值平衡出发，资本市场中常态化的主板、中小板、创业板发行核准制与科创板试点注册制的同步运行，确立了证券监管制度的区分性原则，对于风险承担能力较强的合格投资者与科技创新能力较强的发行人适用注册制，尽管省却了证券监管机构管理注册发行的行政成本，但仍然要求证券发行主体按照证券法律规定的程序与信息披露规范，在证券中介机构的服务下，就发行计划、财务会计报告、资信证明等信息予以真实、准确、完整的披露。[②] 信息披露义务主体在证券发行过程中实施欺诈发行、违规信息披露等行为的，应当承担严厉的民事、行政责任乃至资本市场犯罪刑事责任。

从当前设立科创板并试点注册制的制度内容进行分析，构建市场化发行承销机制与强化信息披露监管，是通过证券发行环节提升直接融资比重、优化投资效率、完善资本市场信息均衡水平的重要改革措施。在有效设置发行条件、信息披露标准、承销实施办法、发行人及其股东、实际控制人等资信

---

① James D. Cox. *The Fundamentals of an Electronic-Based Federal Securities Act.* Washington University Law Review 75, 1997, pp. 857 – 886.

② 《注册管理办法》第 34 条规定：发行人申请首次公开发行股票并在科创板上市，应当按照中国证监会制定的信息披露规则，编制并披露招股说明书，保证相关信息真实、准确、完整。信息披露内容应当简明易懂，语言应当浅白平实，以便投资者阅读、理解。中国证监会制定的信息披露规则是信息披露的最低要求。不论上述规则是否有明确规定，凡是对投资者作出价值判断和投资决策有重大影响的信息，发行人均应当予以披露。

水平、投资者适当性管理等规则的基础上，试点注册制有助于高效地解决高新技术和战略性新兴企业融资成本高企、居民储蓄率高却投资渠道狭窄等问题。

然而，科创企业证券发行试点注册制改革并不意味着保障证券发行秩序方面的刑事规制措施将单纯地受到严格限制甚至是取消，证券监督管理机构强化证券市场信息披露也不等同于虚假陈述犯罪刑法规制措施的单纯扩张。作为资本市场刑事法治完善的前置性驱动力，设立科创板并试点注册制决定了资本市场犯罪的立法与司法，需要根据金融技术发展、资本市场机制创新与制度全面深化改革的最新内容，做出技术性调整与动态性优化，发挥市场机制本身在资源配置中的决定性作用，并且更好地保障行政权力通过信息披露的事中、事后监管维护投资者权益，通过资本市场发行机制创新与发行环节行政监管适度干预，实现市场与政府之间“互为支撑、相互转化的交叉关系”。①

第三节 虚假陈述犯罪的行为构成

一、故意

犯罪故意虽然隐藏于行为主体的内心世界，但在司法判断层面，可以从行为人一系列客观行为中进行证券犯罪故意的法律推断：上市公司错误的经营判断是经济行为的普遍风险，不能因此认定被控公司及其管理者具有犯罪故意；上市公司执行会计准则时的计算误差、财务记录混乱等不规范行为属于业务疏忽，不具欺诈证券投资者的意图；上市公司执行官、运营官或财务总监伪造文件影响证券价格，则明显属于蓄意欺诈。特定的犯罪性认识并不是虚假陈述犯罪的故意内容，但控方必须证明行为人对涉嫌证券犯罪行为的概括认识。行为人只有认识到涉嫌犯罪的虚假陈述或隐瞒信息行为的违法性

① 侯利阳：《市场与政府关系的法学解构》，载《中国法学》2019年第1期。

质才构成犯罪。但事实上部分主体对于行为的违法性认识可能出现偏差，会在非法行为与犯罪行为、此罪与彼罪、重罪与轻罪之间产生模糊认识。因此，控方无须证明行为人认识到了涉嫌证券犯罪行为的违法性，只要证明概括性地认识到自己从事的行为偏离了证券从业制度的规范性要求即可。

二、重要性标准

上市公司虚假陈述或隐瞒的信息只有在达到重要性标准时才能构成证券犯罪。重要性信息的基本界定为：正常且理性的投资者在从事证券投资行为时应当被适度告知的事件。当然，抽象的法律规则势必无法应对证券犯罪司法实践所面对的层出不穷的案例。审查证券信息是否满足重要性犯罪要件的要求，首先需要根据客观标准精确地估算一个理性的投资者在当时的情况下基于相关信息所能做出的合理推论，进而评价该推论对理性投资者的影响及其与其他证券信息组合的互动性作用。如果理性的投资者认为某证券信息决定了其是否补仓，该信息便具有重要性；[①] 上市公司公布失实的合同交易费用，对投资者的证券交易行为而言不属于重要信息。[②]

首先，准确区分并梳理完整性、误导性、重要性三大衡量尺度的关系是最为重要的。并不是所有与买卖证券相关的信息都必然满足重要性标准——仅欠缺完整性而非误导性的信息，纵然可能引发投资者建仓或抛售，却不属于重要性信息。其次，证券市场上市公司业绩预期分析汗牛充栋，部分预期报告涉嫌虚假陈述犯罪，因此，实践中，区分“概览式的乐观前景估计”[③]与“数据性的特定业绩预报”[④] 是分辨一般侵权行为与犯罪的关键。“概览式的乐观前景估计”是一种上市公司远期发展的模糊叙述，通常在罗列盈利项目的同时作出投资风险提示，对证券投资决策而言属于非重要性信息。偏离事实的“概览式的乐观前景估计”充其量是上市公司对经营状况的过度宣传，面对诸如“显著的销售额增长预期”“零售业最优质的管理之一”“具有

---

① United States v. Cannistraro，800 F. Supp. 30（D. N. J. 1992）.

② Feinman v. Dean Witter Reynolds，Inc.，84 F. 3d 539（2d Cir. 1996）.

③ Pension Trust Fund v. Clorox Co. 353 F. 3d 1125，1132（9th Cir. 2004）.

④ Brody v. Transitional Hospitals Corp.，280 F. 3d 997，1006（9th Cir. 2002）.

高附加值及高增长率的新兴业务”等措辞，资本市场的一般投资者能够进行理性分析与风险判断。“数据性的特定业绩预报”以细化且具有表面说服力的数据与事实对上市公司财务状况进行乐观预期，暗示证券价格变化的动向与脉络，属于重要性信息。除了对基本面的宏观考察外，以上市公司财务数据为核心的技术面分析是证券市场投资者从事风险行为的基础，若对此类预期进行虚假陈述，则必然撼动广大投资者正确决策的理性依据。

三、相关性判断

在因果关系层面刑法理论一般坚持“But For”规则：如果没有必要条件中的一个因素的存在，则另一个事件便不会发生，那么这个事件就是由那个因素造成的。虚假陈述犯罪相关性要素是检验上市公司虚假陈述或隐瞒信息行为与投资者财产损失之间因果关系的法律标准，整体上亦遵循“But For”规则的要义，强调控方无须证明投资者买卖证券行为与上市公司违反信息披露义务行为之间特定且直接的相关性，但必须证明虚假陈述或隐瞒信息对证券投资者的实质影响。由于证券价格走向的多变性与证券交易行为的特殊性，控方在实践中根本无法直接证明最低程度的实质性影响，可能导致虚假陈述犯罪刑事条款整体虚置的尴尬局面。故美国联邦最高法院通过判例建构了市场欺诈理论，并以此为中心形成了虚假陈述犯罪可辩驳的相关性推定规则。

美国判例在此可供参考：在列文森案件①中，美国联邦最高法院认为：证券投资者即使没有依靠误导性陈述进行具体的决策行为，上市公司在事实上仍然对投资者进行了欺骗。经过大量判例②的实践总结，可以将适用可辩驳的相关性推定的前提条件归纳为：（1）存在公开的虚假陈述行为或者隐瞒应当进行披露的证券信息；（2）违反公开披露义务的信息符合重要性标准；（3）误导性或被隐瞒的信息可能促使投资者错误判断证券价格；（4）涉及的相关证券在市场上进行了交易；（5）证券交易发生的时间在涉嫌犯罪的信息

---

① Basic Inc. v. Levinson，485 U. S. 224（1988）.

② Bell v. Ascendant Solutions，Inc.，422 F. 3d 3 07，（5th Cir. 2005）；Molecular Tech. Corp. v. Valentine，925 F. 2d 910（6th Cir. 1991）；Freeman v. Laventhol & Horwath，915 F. 3d 193（6th Cir. 1990）.

发布或隐瞒行为之后、真实信息被公开之前。对于充分公开且成熟稳健的高效率证券市场环境而言，证券价格由上市公司的业绩与市场信息决定，因此误导性信息应当被推定为投资行为的影响力要素。可见，可辩驳的相关性推定规则得以产生并不断发展的基础是存在一个高效率证券市场环境，其高效性主要体现在：（1）巨大的交易量；（2）数量可观的证券分析机构的信息报告；（3）充沛的证券交易经纪体系；（4）根据公司业绩与财政情况发布而同步启动的证券价格运行机制；（5）证券价格对上市公司信息敏锐的反应能力。

四、上市公司与市场分析机构的责任分配

为了强化上市公司与市场分析机构的财务状况、业绩前景预期信息发布的管理，有必要运用连带责任理论追究虚假陈述的刑事责任。根据传统证券犯罪判例，上市公司及其高级管理人员仅可基于自身的虚假陈述或者隐瞒信息行为承担刑事责任，相关证券市场管理条例规定的信息披露文件若是由他人制作，并不存在对上市公司及其高级管理人员进行归责的客观基础。但是，美国联邦第二巡回上诉法院的判例①提出了充分卷入判断规则，创造了虚假陈述证券犯罪连带责任的归责模式，可以供我们参考：当上市公司及其高管在呈递公司利润预期过程中明知、纵容、漠视预期业绩报告分析机构的行为时，上述所有当事人均应当对此承担虚假陈述的刑事责任。

充分卷入判断规则的法理依据在于：上市公司及其高管在公司业绩预期报告发布前，应当知晓业绩预期对证券价格波动的影响，有义务对报告结论进行谨慎审查，对疑惑问题进行必要询问。上市公司有责任纠正分析报告的明显错误，应对过度乐观的利润预期进行评注或者风险警示。考虑到充分卷入判断规则所设定的连带责任打击范围过度，美国联邦法院系统通过判例②对充分卷入适用的前提条件作出解释。追究虚假陈述证券犯罪连带责任的基础是：公司内部人与报告实际披露人之间存在双向的信息交流；或上市公司

---

① Elkind v. Liggett & Myers，Inc.，635 F. 2d 156，163（2d Cir. 1980）.

② Eisenstadt v. Allen，1997 WL 2113（9th Cir. 1999）；In re Syntex Corp.，95 F. 3d 922（9th Cir. 1996）.

明示采纳由他方制作的证券披露文件；或发行证券的公司在先地、不计后果地向财务报告的制作者提供失实的分析性信息。这意味着容易引起市场虚假信息本身并不能直接导致上市公司证券犯罪连带责任，控方还须证明：(1) 上市公司向证券分析机构提供了易误解的初步材料；(2) 上市公司旨在将分析机构以上述初步材料为基础作出的业绩预期传达至资本市场；(3) 上市公司在相关信息披露前对分析机构的失实报告传递至证券市场存在明知或者不计后果的犯罪意图；(4) 上市公司高级管理人员在虚假报告公布之前或之后认可或核准其"真实性"。

第四节 虚假陈述犯罪的规则重构

我国在与证券发行市场有关的资本市场犯罪刑事立法与司法解释部分，对擅自发行股票、公司、企业债券罪等核心构成要件配置及其解释需要进行重要调整。

一、发行市场的刑法保护

我国现行《刑法》第179条擅自发行股票、公司、企业债券罪禁止"未经国家有关主管部门批准"的证券发行行为。[①] 这种刑事立法设计显然是对现行《证券法》以核准制为核心的证券发行监管制度的刑事法律保障。由于科创板试点注册制，整体推进证券发行注册制显然已经成为资本市场改革最为重要的制度发展方向。加之证券发行注册制在包括证券行政监管法律、资本市场犯罪刑事法律等一系列证券市场规范体系中处于"前端"制度的关键环节，作为证券发行制度"后端"保障的擅自发行股票、公司、企业债券罪的罪状有必要做好及时修正的准备。在证券监管主管部门、交易所制定并执

---

① 《刑法》第179条擅自发行股票、公司、企业债券罪规定："未经国家有关主管部门批准，擅自发行股票或者公司、企业债券，数额巨大、后果严重或者有其他严重情节的，处五年以下有期徒刑或者拘役，并处或者单处非法募集资金金额百分之一以上百分之五以下罚金。单位犯前款罪的，对单位判处罚金，并对其直接负责的主管人员和其他直接责任人员，处五年以下有期徒刑或者拘役。"

行相关科创板首次公开发行股票注册管理办法的进程中，[①] 作为擅自发行股票、公司、企业债券罪的入罪条件的"未经国家有关主管部门批准"，业已显得格格不入。

因此，有必要将擅自发行股票、公司、企业债券罪的入罪前提性要件及时修改为"违反国家的证券发行规定"。同理，近年来最高司法机关制定的与融资犯罪、非法集资等有关的司法解释也应当进行相应修改、补充。例如，2010年《最高人民法院关于审理非法集资刑事案件具体应用法律若干问题的解释》（以下简称《非法集资解释》）第6条[②]规定中的"未经国家有关主管部门批准"，有必要同步修改为"违反国家的证券发行规定"。再如，根据2019年《最高人民法院、最高人民检察院、公安部关于办理非法集资刑事案件若干问题的意见》（以下简称《非法集资意见》）第1条"关于非法集资的'非法性'认定依据问题"的规定，人民法院、人民检察院、公安机关认定非法集资的"非法性"，应当以国家金融管理法律法规作为依据。对于国家金融管理法律法规仅作原则性规定的，可以根据法律规定的精神并参考中国人民银行、中国银行保险监督管理委员会、中国证券监督管理委员会等行政主管部门依照国家金融管理法律法规制定的部门规章或者国家有关金融管理的规定、办法、实施细则等规范性文件的规定予以认定。由于《非法集资意见》发布在《注册制意见》之前，上述非法集资犯罪中非法性问题的司法判断规则并没有考虑到现行《证券法》等法律法规层面的证券公开发行核准制与金融行政主管部门的规定、办法、实施细则等国家部门规章层面的试点注册制之间，并不是原则性规定与具体性细则的关系，而是部分证券发行需要行政审批与试点行政审批并行状态下一般规则与例外规则的关系。所以，非法集资等金融犯罪非法性认定还应当进行规则补充，即在国家金融管理法律

---

① 《注册管理办法》第4条规定：首次公开发行股票并在科创板上市，应当符合发行条件、上市条件以及相关信息披露要求，依法经上海证券交易所（以下简称交易所）发行上市审核并报经中国证券监督管理委员会（以下简称中国证监会）履行发行注册程序。

② 《非法集资解释》第6条规定："未经国家有关主管部门批准，向社会不特定对象发行、以转让股权等方式变相发行股票或者公司、企业债券，或者向特定对象发行、变相发行股票或者公司、企业债券累计超过200人的，应当认定为刑法第一百七十九条规定的'擅自发行股票、公司、企业债券'。构成犯罪的，以擅自发行股票、公司、企业债券罪定罪处罚。"

法规中作出明确规定，但国务院基于全国人大常委会授权或者有关国家金融主管部门经过国务院同意等推行的试点性部门规章作出不同规定的，就该试点问题的相关事项可以根据国家部门规章或者国家有关金融管理的规定、办法、实施细则等规范性文件的规定予以认定。

尽管科创板试点注册制下的公开发行证券无须行政权力的核准，但公开发行证券必须依法注册，非公开发行证券应当符合法律、法规、国务院证券监督管理机构或者国务院授权部门的规定，所以，严重违反国家证券发行规定的擅自发行证券行为仍然受到资本市场犯罪刑事立法与司法解释的规制，只是在刑事控制范围上呈现出比较明显的限缩痕迹。这也是刑事法律制度对降低融资成本与难度、激发市场主体自主风险判断与市场价格发现机制、减少权力干预等深化推进资本市场改革措施的应然反应。

二、擅自发行刑法条款的调整

擅自发行股票、公司、企业债券罪在行为内容的规定及其理解上，应当予以更为准确的说明与解释。

近年来对于证券发行注册制较有代表性的理解是，资本市场主体拥有发行股票、债券等筹集资本资源的天然权利，只要不违背国家利益和公众利益，市场主体对于能否发行、何时发行以及发行定价等问题具有充分的自主决定权。[①] 在《证券法》修订草案中的若干版本中，甚至提出了股权众筹、小额发行等适用注册豁免，即发行人与证券经营机构按照规定制备发行计划、财务信息等材料后便可直接实现融资。基于此，资本市场犯罪刑事立法完善的一种可能的建议是，擅自发行股票、公司、企业债券的行为实际上已经不具备刑事可罚性，应当将犯罪行为要件修改为“非法发行”；相应地，罪名亦需要重新提炼为“非法发行证券罪”。因为公开发行证券依法注册，意味着发行主体自主权的实质性扩大，发行证券只存在是否依照法律框架执行的合法与非法问题，而不存在是否属于“擅自”的经许可或者未经许可发行证券问题。

---

① 潘圣韬：《注册制改革关注“一个核心四个特点”》，载《上海证券报》2015年1月19日，第2版。

然而，证券发行注册制本身并不等于证券发行人可以在一级市场完全自由操作，其实质仍然是由《证券法》设定的行政许可。只是这种许可模式并非传统的审批或者核准，而是以信息披露为核心的程序性形式审查与实体性内容标准——证券交易所对发行证券程序与报送文件是否合规进行事前审核，证券监管机构在事中或者事后发现发行人信息披露内容违规后的责任追究机制。违反注册制规定的程序性要件发行证券，即未经注册公开发行，属于擅自发行证券行为。违反证券发行注册的信息披露内容与标准，即在发行注册过程中存在虚假陈述的，属于欺诈发行或者违规披露重大信息行为。擅自发行证券犯罪行为与虚假陈述犯罪行为之间的实质界限在于，前者是证券发行注册制的程序性违反，后者是对注册制所要求的信息披露标准的实体性违反。

所以，证券发行注册制的实施，意味着刑法有必要将擅自发行行为要件修正为非法发行的看法并不十分准确。因为违反注册制相关规范的行为不仅局限于擅自发行，还包括了欺诈发行以及证券发行过程中的其他信息披露违法行为。当然，在擅自发行股票、公司、企业债券犯罪行为要件的理解与适用层面，应当体现出证券发行注册制改革对行为要件解释的影响。现行《刑法》第 179 条擅自发行股票、公司、企业债券罪中“擅自发行”的内涵与“未经国家有关主管部门批准”直接关联，是指未经证券监督管理委员会核准发行证券。在证券发行注册制改革后，“擅自发行”行为内容的解释亦应当与前述“违反国家的证券发行规定”相匹配。“擅自发行”的内涵应当转换为违反证券发行注册程序要求而发行证券的行为。

第五节　虚假陈述犯罪的刑事合规

一、合法性认知的义务

实践中，行为人通常会辩解对证券市场管理规则中要求报送的信息披露文件的性质没有认识。实际上，因无知而脱卸罪责的前提是行为人无须对认识对象承担“真实性的正确认识义务”。[①] 故意无视信息披露文件的真实性或应当审查而不予审查，不能作为虚假陈述的抗辩事由；行为人在已经意识到待披露文件存在虚假可能性的情况下人为地避免知悉虚假文件的性质，不得在事后的指控中以欺诈故意缺失为由进行辩护。并且，证券欺诈的故意不必完全通过直接证据予以证明，间接证据亦可推断出行为人的欺诈意图。如果行为人证明其对证券市场规则产生认识错误，并且基于此违反了对应的证券市场规则，行为人对此不受自由刑的刑事处罚，但必须接受罚金刑。[②] 传统刑法理论认为，法律认识错误原则上不阻却犯罪故意，所以不能基于法律认识错误脱卸罪名。对此，应当认识到，证券市场规范性法律文件的认识错误虽然不能作为无罪的犯罪性抗辩，却可以作为不受自由刑处罚的刑罚性抗辩。[③] 但此类实践拓展在实体与程序上仍旧存在前后关联的疑问：（1）对证券市场规则的认识错误抗辩是否完全阻却犯罪故意？（2）该抗辩究竟是属于否定性抗辩还是肯定性抗辩？（3）在刑事诉讼中由谁对此承担证明责任？一种解决方案是，刑罚性抗辩的存在基础是被告人承认其行为充足了受控罪名的所有犯罪构成要件，故证券市场法律规则认识错误本质上属于肯定性抗辩，并不是对犯罪故意的直接否定，应当由辩方承担达到优势证据的证明标准。[④] 证券市场规则认识错误抗辩要求被告人证明确实不知其行为与证券法律规则相悖——而非仅证明其对于特定的证券市场规范缺少认识。从这个角度分析，刑事合规流程也有义务对行为人经营过程中的法律知识进行全面的培训，并需要对发行人或者信息披露义务人的合法性认知进行充分的确认。

二、信息合规性的善意信赖

成功的善意抗辩可以直接阻却虚假陈述的犯罪故意。刑事合规显然应当充分搜集发行人或者信息披露义务人业务行为中的此类证据材料。善意信赖

① United States v. Mabrook，301 F. 3d 503，508（7th Cir. 2002）.

② United States v. Peltz，433 F. 2d 48，54（2d Cir. 1970）；United States v. Schaefer，299 F. 2d 625，629（7th Cir. 1962）.

③ United States v. Dixon，536 F. 2d 1388，1395（2d Cir. 1976）.

④ United States v. O'Hagan，139 F. 3d 641，647（8th Cir. 1998）.

是指行为人诚恳地相信由发行人或者信息披露义务人提供的误导性证券信息是真实的、合规的。[①] 如果行为人基于其所处的环境无从怀疑上市公司相关报告的真实性进而做出相关陈述，即使客观上误导了上市公司的股东，但在本质上仍然不存在欺诈证券市场投资者的犯罪故意。行为人未能以正当的勤勉义务对证券信息真实性进行审查的事实将否定善意抗辩的有效性；不计后果地漠视公众证券信息是否准确，则不符合善意的标准。由于善意抗辩与故意犯罪要素属于一个问题的两个方面，控方对行为人在实施虚假陈述行为过程中不存在善意的事实承担排除一切合理怀疑的证明责任。

由于证券市场涉及众多专业性的技术规定，上市公司及其高级管理人员无法完全了解所有的技术性规范，聘用顾问负责专项证券业务的操作成为普遍现象。事实上，相当部分的上市公司及其高级管理人员是在毫无认识的情况下听从了顾问的建议，实施了涉嫌证券犯罪的行为。采纳顾问建议是一种特殊的善意抗辩。[②] 有效的采纳顾问建议抗辩要求被告人提供以下事实的优势证据：（1）曾就涉案行为的合法性征求过顾问意见；（2）向被询问的顾问披露了所有相关的事实；（3）顾问确信涉案行为合法；（4）基于顾问提供的解释合理地采纳了建议。对于顾问给予显然非法的证券信息披露或者证券交易建议，被告人无权提出抗辩。如果提供建议的顾问与证券交易具有利害关系，则行为人根本不应当采纳，所以不存在适用采纳顾问建议抗辩的基础。

三、信息合规弥补损失

市场欺诈理论认为，在有效率的资本市场中，证券欺诈行为直接影响证券价格，但证券投资者基于可信赖的证券交易市场并不怀疑证券价格受到虚假陈述或者隐瞒信息行为的不正当影响，从而自愿地从事证券交易。上市公司及其高级管理人员进行虚假陈述或者隐瞒信息行为，使证券价格产生波动，投资者根据价格变化改变投资策略。这说明涉嫌犯罪的证券信息欺诈行为与投资者财产损失之间存在因果关系。

---

① United States v. Mabrook，301 F. 3d 503，509（7th Cir. 2002）.

② United States v. Surgical Supply Corp.，989 F. 2d 1390，1403（4th Cir. 1993）.

市场欺诈理论诞生于联邦第九巡回上诉法院1975年巴瑞克案。[①] 审理该案的法院意见主张：证券投资者间接从股票价格所依据的市场信息或上市公司陈述进行证券交易，无论其是否确切意识到了虚假陈述或隐瞒信息行为对其产生的因果作用，存在证券欺诈行为与证券投资损失之间的普适性推定。在此之后，各巡回上诉法院纷纷采纳市场欺诈理论；联邦最高法院于1988年在列文森案[②]中予以全面确认。

市场欺诈理论建构的是对相关性的可辩驳推定，从判例中发展出来的市场真实规则可以成为相关性的否定性抗辩事由。联邦第七巡回上诉法院在维尔古斯案[③]中首次提出了市场真实的概念。有效的市场真实抗辩必须证明：（1）虚假陈述或隐瞒信息行为与证券交易价格变动之间的相关性切断；或者（2）虚假陈述或隐瞒信息行为与投资者证券交易决定之间的相关性切断；或者（3）证券投资者进行的交易与证券价格之间的相关性切断。在行为人提供信息以纠正原始的虚假陈述时，证券市场即可通过真实渠道获取决定证券价格变动方向的可信资讯，以切断证券欺诈与投资者损害之间的相关性。例如，联邦第九巡回上诉法院在苹果公司案[④]中判决，稀释虚假陈述所导致的损害影响，行为人必须证明证券市场接受了由其事后提供的相当正确的纠正信息。如果行为人披露的虚假信息或者隐瞒的重要信息经由自己通过其他透明且畅通的市场渠道予以撤回或纠偏，市场欺诈状态便被市场真实状态所代替，证券市场从虚假陈述与隐瞒信息中恢复，相关性随之被切断。部分联邦巡回上诉法院在新近的判例中主张拓展市场真实规则：行为人若能呈递客观上已经向证券市场披露了与虚假陈述相反信息的证据（不要求业已纠正虚假陈述的负面效果），就有权根据市场真实理论作出有效的相关性抗辩。[⑤] 若能证明投资者从事证券交易时并没有依据证券价格的变动，那么市场真实规则能够对抗市场欺诈理论的相关性推定。因为虚假陈述等欺诈行为

① Blackie v. Barrack，524 F. 2d 891，907（9th Cir. 1975）.

② Basic Inc. v. Levinson，485 U. S. 224（1988）.

③ Wielgos v. Commonwealth Edison Co.，892 F. 2d 509，516（7th Cir. 1989）.

④ In re Apple Computer Sec. Litig.，886 F. 2d 1109，1115（9th Cir. 1989）.

⑤ SEC v. ETS Payphones，Inc.，408 F. 3d 727（11th Cir. 2005）；SEC v. Ginsburg，362 F. 3d 1292，（11th Cir. 2004）.

并未对上市公司的股东产生影响。因此，即使信息披露过程中存在失范行为，但如果刑事合规机制及时启动，在此之后通过合规的信息披露弥补损失，或者及时纠正之前错误的信息披露，行为人仍然有机会免除或者减轻责任。

四、预期警示

上市公司预期是证券市场不可分割的组成部分。在对预期行为进行严格规范的同时，美国联邦法院同样允许被告人以预期警示为由作出否定重要性的抗辩。这对于刑事合规实务是极端重要的。在信息披露文件中进行有效的预期警示，即使事后发生重大的投资者损失，发行人或者信息披露义务人也完全可以基于预期警示而免责。

有权主张预期警示抗辩事由的主体限定在处于证券发行阶段的公司及其高级管理人员，前述人员应当证明业已通过明示的方法警示投资者关注以下事实——证券发行人无法保证预期性陈述完全兑现。预期性虚假陈述若在发布时附带了警戒式的措辞，则能够实质性地削减证券信息的重要性。

司法实践中发展出两套模式认定预期警示抗辩的有效性。（1）直接模式。预期警示措辞直接否定了行为人虚假陈述证券信息的重要性，使该犯罪构成要件不再成为需要控辩双方论证的法律争点。证券信息本身可能符合重大虚假的客观标准，但警示性语言揭示了业经披露信息的风险，消解了虚假陈述行为的严重性。格罗斯曼案[①]采用了直接模式：被告公司宣布收购一家软件行业的领头企业并在此过程中发行新股。在向证券交易委员会披露的登记文件中，被告公司预告了两家公司成功整合的高度可能性、被告公司本身在软件制造市场并无相对竞争优势、并购目标公司的财务困境等信息。后被告公司因该项收购出现资金缺口，不仅影响了主营业务的增长，而且需要承担被收购的软件公司的高额债务，加之软件开发不见起色，证券价格顺势大幅下挫。法院认为，被告公司在陈述企业整合效果的层面纵然属于不计后果的乐观预期，但同时附带了相当细致与客观的风险预期。这些预期警示不应当被任何理性的投资者忽略。所以，虚假陈述的重要性因明示的风险提示而

① Grossman v. Novell Inc., 120 F. 3d 1112 (10th Cir. 1997).

降低，未能达到构成证券犯罪的标准。（2）间接模式。当发行证券的公司所明示的预期警语的强度足以认定虚假陈述对于理性的投资者将不产生误导性效应时，则行为人的虚假陈述行为就无法构成犯罪。间接模式通过排除虚假陈述的误导性间接消解虚假证券信息的重要性。在星泰克斯药业集团公司案①中，被告公司在发行新股过程中接到了美国食品药品局的调查令。星泰克斯药业集团公司在年度报告内预期此次调查将不会对上市公司的业绩产生负面影响，但明示投资者关注调查的进程、重视可能出现的处罚决定。后星泰克斯药业被查出从事商业贿赂，承受巨额罚款，股票价格下跌。法院判决被告公司的年度报告构成预期警示，因为其明确表达了调查结果及其负面影响的不确定性，不可能具有误导性。

综上，在资本市场中实施虚假陈述的行为主体不仅要依法承担行政责任和民事赔偿，还要承担刑事责任。随着我国证券发行注册制的推进，证券监管机构不断强化信息披露监管、惩防资本市场违法犯罪、保护投资者权益。信息披露的审核将会更加严格，对于虚假陈述等资本市场犯罪的查处和打击会更加有力，上市公司应当高度重视信息披露合规与虚假陈述的风险防控，同时，司法机关亦有必要深化虚假陈述犯罪的刑法解释，从而在疑难复杂案件中提出公平合理的司法判断规则。

---

① In re Syntex Corp. Sec. Litig.，95 F. 3d 922（9th Cir. 1996）.

第五章

内幕交易犯罪：资本市场信息价值的刑法保护

《刑法》第 180 条第 1 ~ 3 款内幕交易、泄露内幕信息罪规定：“证券、期货交易内幕信息的知情人员或者非法获取证券、期货交易内幕信息的人员，在涉及证券的发行，证券、期货交易或者其他对证券、期货交易价格有重大影响的信息尚未公开前，买入或者卖出该证券，或者从事与该内幕信息有关的期货交易，或者泄露该信息，或者明示、暗示他人从事上述交易活动，情节严重的，处五年以下有期徒刑或者拘役，并处或者单处违法所得一倍以上五倍以下罚金；情节特别严重的，处五年以上十年以下有期徒刑，并处违法所得一倍以上五倍以下罚金。单位犯前款罪的，对单位判处罚金，并对其直接负责的主管人员和其他直接责任人员，处五年以下有期徒刑或者拘役。内幕信息、知情人员的范围，依照法律、行政法规的规定确定。”尽管《刑法修正案（十一）》并未对上述内幕交易犯罪刑法条款进行修改，但由于 2020 年《证券法》对证券内幕信息及其知情人员的规定进行了立法完善，因此可以认为，内幕交易犯罪刑法条款实质上进行了隐性调整。

内幕交易犯罪的实质危害聚焦于行为人触犯资本市场竞争规则而制造不公平的信息优势，即违反资本市场法律规范利用尚未公开的信息的经济价值从事相关金融交易，损害其他市场参与者合法权益。资本市场中的重大未公开信息的经济价值表现为其能够有效地揭示金融商品市场价格与实际价值之间的价差。法律并不一般性地禁止利用私有信息从事金融交易，也不禁止基于对市场公开信息的获取能力差异形成竞争优势而获取金融交易利润，而是禁止滥用信息优势与资本市场信息的经济价值并从价差发现与相关金融交易中获取利益的行为。有效的信息传递与公平的信息竞争是资本市场参与者投入资本参与金融商品价格发现的市场基础。内幕交易犯罪滥用了应及时向市场所有参与者披露的信息的经济价值，因此通过资本市场刑法规制内幕交易犯罪，其价值在于保障资本市场的信息效率。

第一节 内幕交易犯罪的金融本质与刑法解释

内幕交易犯罪与其他资本市场犯罪一样，其主要侵犯的客体理应是资本市场的管理秩序，而其中最主要的是对资本市场的公平、公开和公正三大原则的破坏。当然，内幕交易犯罪也必然侵害广大投资者的合法权益，其中主要的是侵害了投资者在资本市场上对有关投资信息享有的平等知情权。同时，这两方面是有着密切联系的，因为投资者一旦丧失了平等的知情权，其在市场所处的地位就必然极为不利，在这种环境下从事证券、期货交易必然产生混乱的局面，从而扰乱资本市场的管理秩序。内幕交易、泄露内幕信息罪的犯罪对象是内幕信息，其实行为包括直接利用该信息从事相关证券期货交易、泄露内幕信息或者建议他人从事相关交易活动三种方式，犯罪主体包括内幕信息知情人员、非法获取内幕信息人员两种类型，本罪的主观方面表现为故意。由于我国《刑法》规定的内幕交易、泄露内幕信息罪各个构成要件与证券期货实践具有紧密联系，从刑法的角度进行准确把握存在一定的困难，故有必要对本罪的构成特征进行论证与分析，为司法实践提供一个精准的内幕交易、泄露内幕信息罪的法律规格。

一、内幕信息

根据我国《刑法》第180条内幕交易、泄露内幕信息罪的规定，内幕信息的范围，依照法律、行政法规的规定确定。因此，同上述世界各国有关内幕信息的法律规定一样，我国刑法规定的内幕交易、泄露内幕信息罪的犯罪对象也是由相关证券期货行政法律法规进行具体界定。

对于内幕交易、泄露内幕信息罪犯罪对象的内幕信息应当具有哪些特征，我国刑法理论上观点基本相同，但在具体表述上又颇不一致。有学者认为，内幕信息具有两个特征：一是秘密性，二是重要性。① 也有学者认为，内幕信息的特征，一是未公开性，二是敏感性。② 还有学者认为，内幕信息有三个基本要素：一是应为内幕人员所知悉；二是应为未公开的信息，即公众尚未获取或经合法渠道无法获取的信息；三是应具有价格敏感性，即有可能引起公司证券价格的波动。③ 另有学者认为，内幕信息具有以下特征：一是相关性。即该信息与证券发行及证券、期货交易等活动相联系。二是未公开性。即有关的重要信息和资料尚未通过法定的方式向社会公众和投资者公开，该信息处于保密状态。三是重要性。即该信息公开后能对资本市场价格产生下跌或上扬的实质性影响，从而能使资本市场合约的持有人获利或遭受损失。④ 更有学者认为，内幕信息应该具备四个条件：一必须是尚未公开的信息；二必须是真实、准确的信息；这样就将内幕交易与利用谣传的证券、期货操纵行为或虚假陈述的欺诈行为区分开来；三必须是与可转让证券发行人或可转让证券有关的信息；四必须是影响资本市场价格波动的信息。⑤ 实际上，从《刑法》第180条内幕交易、泄露内幕信息罪的规定来看，刑法禁止的是内幕信息知情人员或非法获取内幕信息人员在涉及证券的发行，证券、期货交易或者其他对证券、期货交易价格有重大影响的信息尚未公开前，从事相关证券期货交易或者泄露内幕信息。可见，刑法文本中对内幕信息进行特征限定的要素集中表现为“对证券、期货交易价格有重大影响”与“尚未公开”。同时，从《证券法》《期货交易管理条例》等法律法规的规定进行分

---

① 赵秉志主编：《破坏金融管理秩序犯罪疑难问题司法对策》，吉林人民出版社2000年版，第186页；胡启忠等：《金融犯罪论》，西南财经大学出版社2001年版，第268页。

② 薛瑞麟主编：《金融犯罪研究》，中国政法大学出版社2000年版，第262页。

③ 郭立新、杨迎泽主编：《刑法分则适用疑难问题解》，中国检察出版社2000年版，第86页。

④ 马长生、张惠芳：《论内幕交易、泄露内幕信息罪》，载赵秉志主编：《新千年刑法热点问题研究与适用》，中国检察出版社2001年版，第825~826页。

⑤ 孙昌军、易建华：《关于内幕交易罪几个问题的研究》，载赵秉志主编：《新千年刑法热点问题研究与适用》，中国检察出版社2001年版，第842~844页。

析，这些前置性法律规定同样是明确地从对证券期货交易价格的重大影响与信息本身尚未公开两个角度对内幕信息的特征进行限定。结合特征表述法定性、简洁性与金融实务惯例的考虑，笔者认为，作为内幕交易、泄露内幕信息罪犯罪对象的内幕信息，具有两个特征：未公开性与价格敏感性。

二、内幕信息经济价值滥用

根据《刑法》第180条的规定，内幕交易、泄露内幕信息罪在客观行为上表现为在涉及证券的发行，证券、期货交易或者其他对证券、期货交易价格有重大影响的信息尚未公开前，买入或者卖出该证券，或者从事与该内幕信息有关的期货交易，或者泄露该信息，或者明示、暗示他人从事上述交易活动。从罪状结构的角度分析，本罪客观行为要件可以进一步解构为两大部分：一是行为条件，即内幕交易、泄露内幕信息行为的实施前提和基础是内幕信息形成且尚未公开；二是行为模式，具体包括本人或者由本人实际控制的人实施相关证券、期货交易，或者泄露内幕信息，或者建议他人实施相关证券、期货交易。

在内幕交易罪客观行为特征的实践把握上，最突出的疑难问题体现在如何理解行为条件要素上，即证明行为人实施内幕交易犯罪行为，控方是否必须证明行为人“利用”内幕信息？这里所谓的“利用”，就是指行为人在涉及证券、期货的发行、交易或者其他对证券、期货交易价格有重大影响的信息尚未正式公开前，利用自己所知道的内幕信息，掌握的有利条件和时机，进行证券、期货的买入或者卖出。

对于利用内幕信息是否为构成内幕交易罪的必要要件，美国证券期货法律立法与司法实践实际上存在一定的分歧。从美国联邦法律的规定分析，指控内幕交易犯罪无须证明“利用”内幕信息。例如，美国《证券法》《证券交易法》《内部人交易与证券欺诈执行法》都建筑在戒绝交易理论的基础之上。根据戒绝交易理论，内幕消息知情人员或者非法获取人员，完全不能从事与内幕信息相关的任何证券期货交易。[①] 因此，上述美国联邦法律均否定“利用”要件是构成内幕交易的必备要件，内部人员只要在交易时知道“内幕信息”，不管在交易时是否利用了这些信息，都应受惩罚。但是，美国判例实践中坚持禁止私用理论。根据禁止私用理论，内幕信息知情人员或者非法获取者，禁止利用内幕信息进行证券期货交易谋取私利，但刑法并不绝对地禁止不利用内幕信息进行相关交易的行为。[②] 所以，美国联邦法院的相关判例依然要求控方对利用内幕信息进行证明。

对于内幕交易行为是否必须具有“利用”要件，我国相关法律法规的规定并不完全一致。例如，《上市公司信息披露管理规定》第4条规定：在内幕信息依法披露前，任何知情人不得公开或者泄露该信息，不得利用该信息进行内幕交易。可见，《上市公司信息披露管理规定》明确禁止利用内幕信息从事相关证券交易，内幕交易客观行为明确包括“利用”这一法律要素。但是，现行《刑法》第180条的规定中则并未出现“利用”的提法。在刑法理论上，对于本罪的构成是否必须具备利用内幕信息要件的问题，各方面的观点也存在较大的分歧。

“利用”要件肯定论认为，从刑法规范的表面文义进行分析，只要内幕信息知情人员或者非法获取者在内幕信息公开之前进行了与该信息相关的证券期货交易，就已经符合了内幕交易罪的构成要件，不需要实际利用内幕信息的证明。例如，有学者认为，利用内幕信息并不是构成内幕交易、泄露内幕信息罪的必要条件。[③] 因为，如果认定内幕交易、泄露内幕信息罪的成立必须以内幕信息的利用为前提必将给指控带来极大困难。在实践中，很难证明内幕交易者的哪笔交易利用了内幕信息，哪笔交易又未利用了内幕信息。在很多情况下，只要行为人否认利用了内幕信息，即使其已进行了交易，也会使指控搁浅。相反，免去控方的一些证明责任，对内幕交易、泄露内幕信息罪的指控将大为有利。我国刑法规定，证券、期货交易的内幕信息的知情

---

① Nasser Arshadi, *Insider Trading Liability and Enforcement Strategy*, 27 Financial Management 2 (1998).

② *United States v. O'hagan*, 521 *U. S.* 642 (1997).

③ 庞良程：《证券内幕交易罪的构成及认定》，载《中央检察官管理学院学报》1998年第1期。

人员，在获悉内幕信息后，买入或者卖出证券、期货合约，即可定罪科刑。这实质上是一种严格责任。禁止知情人员在信息未公开前买入或卖出证券、期货合约。只要知情人员在知情后进行交易，就构成犯罪。应当指出的是，如果有确凿的证据证明知情人员所知悉的内幕信息与其所为的交易行为并无必然联系时，对其交易行为也不能定罪。①

"利用"要件否定论认为，行为人必须实际利用内幕信息从事相关交易活动，才属于内幕交易罪的实行行为。利用内幕信息进行证券、期货交易是成立内幕交易并构成犯罪的必要条件之一。② 是否利用内幕信息进行证券交易是划分罪与非罪的标准之一。因此，在认定某一行为是否构成内幕交易、泄露内幕信息罪时，应首先确定其是否利用或依据内幕信息。即使是内幕人员，如果没有利用内幕信息或依据内幕信息实施的买卖或建议行为，均不构成该罪。在实践中应摒弃法定内幕人员中心论，即只要是内幕人员实施的诸如买卖、建议等行为，均认为是内幕交易的片面做法。③ 有的学者进一步指出，《刑法》第180条虽然没有明文规定"利用内幕信息"的文字，但其表述方法实际上包含有"利用内幕信息"之意。只要对内幕信息"知情"，或非法获悉内幕信息，又在信息未公开前买卖或使人买卖该证券，也就是利用内幕信息进行交易，而不需要再规定利用内幕信息，以免产生歧义。其主要理由是：首先，从本条的立法精神来看，法律之所以要禁止证券内幕交易行为，其根本原因就在于防止内幕信息的知情人员以及非法获取内幕信息的人员在该信息公开之前，利用其持有内幕信息的优势进行证券、期货交易，非法获取利益或避免损失。因为这种交易违反了市场经济及证券、期货交易的公开竞争规则，是对上市公司以及其他不知情的投资者的一种证券、期货欺诈，具有明显的非公开性和不正当性。如果知悉内幕信息的人员并没有利用该信息优势进行交易，则属于正当合法的公平交易，是资本市场的健康运行

① 邢怀柱：《资本市场犯罪及其立法评述》，载陈兴良主编：《刑事法评论（第3卷）》（1998），中国政法大学出版社1999年版，第120页。

② 周道鸾等主编：《刑法的修改与适用》，人民法院出版社1997年版，第396页；孙际中主编：《新刑法与金融犯罪》，西苑出版社1999年版，第145页。

③ 薛瑞麟主编：《金融犯罪研究》，中国政法大学出版社2000年版，第268页。

状态，法律也就失去了对其进行规制的基础和必要性。其次，从法条的表述上看，第一，本条对犯罪主体表述为“证券、期货交易内幕信息的知情人员或者非法获取证券、期货交易内幕信息的人员”。对于第一类主体，即知情人员，《刑法》及《证券法》都没有指明是“应当知情人员”抑或是“实际知情人员”，如果没有“利用内幕信息”这一实质条件的限制，则对于“应当知情”而实际上却因某种特殊情况的确不知情的人员在内幕信息公开之前买卖证券、期货合约的行为也会认定为内幕交易罪、泄露内幕信息罪，对行为人来讲，法律岂非过于苛刻？同样，对于第二类主体中通过亲友关系或同事关系而被动接受内幕信息者而言，法律也失之于严酷。另外，以非法手段获取证券、期货内幕信息的人员，其不惜代价非法获取内幕信息的目的当然即在于利用内幕信息进行证券、期货交易，从而非法牟利或避免损失。第二，在行为的时间条件上，本条将证券、期货交易行为限制在“涉及证券的发行、交易或者其他证券的价值有重大影响的信息尚未公开前”，这一规定实质上也隐含着行为人掌握并利用持有内幕信息的优势，通过该信息公开的时间差进行不公开交易，以非法牟利或避免损失，表明内幕信息和内幕交易之间具有一定的因果关系。否则，有违刑法立法之基本精神。[①] 理论上也有相关观点在否定“利用”要件的基础上，特别强调知悉内幕信息与进行证券、期货合约买卖之间的因果关系的重要性。例如，有学者指出，在我国有关内幕交易的行政法规中，比较强调利用内幕信息这个要件。这说明内幕交易罪与利用内幕信息是不可分的。但是，在刑法中这一点并未得到明显体现。根据《刑法》第180条的规定，知悉内幕信息的人员，在内幕信息尚未公开前买卖证券、期货合约的，即构成内幕交易、泄露内幕信息罪。法律禁止内幕交易的目的，在于维护公开、公平的资本市场秩序和公众投资人的平等交易权，防止以不公平的方式获取利益或者避免损失。行为人虽然知悉内幕信息，但并非基于该信息买卖证券、期货合约，这时的交易行为与其他投资人的交易行为性质相同，没有不公平的事实存在。如果有事实证明，知悉内幕信息

---

① 董丽静、龚卫：《证券内幕交易、泄露内幕信息罪的司法认定》，载赵秉志主编：《新千年刑法热点问题研究与适用》，中国检察出版社2001年版，第864页。

的行为人买卖证券、期货合约，不是因为知道了内幕信息，而是出于其他原因或目的，则不能认定构成内幕交易、泄露内幕信息罪。当然，要查清行为人是利用内幕信息，还是基于其他原因买卖证券、期货合约，是相当困难的。在这种情况下，一般只要证明他在买卖证券、期货合约时是知悉内幕信息的，即可认定构成本罪，除非行为人能够证明他买卖证券期货合约没有利用内幕信息。①

从我国《刑法》第 180 条的规定分析，我们不难发现该条文并未将利用内幕信息作为构成要件，其立法原意一方面是因为司法实践中判断行为人是否利用内幕信息确实有相当大的困难，如果将此作为必要要件，可能给许多实施内幕交易的行为人提供一个逃避刑事责任的借口，同时也必然会又制造一个司法认定的难题。从资本市场犯罪司法实践的现实角度分析，查证内幕信息知情人员、非法获取、在特定的时间节点从事相关证券期货交易等事实已经存在很大的操作障碍，如果还需要控方进一步举证行为人主观上具有利用内幕信息的故意，客观上实施了利用内幕信息从事交易的行为，则内幕交易罪的定罪难度过大，会严重影响刑法规范的适用效率。另一方面，刑法之所以规定内幕交易、泄露内幕信息罪无非是想从根本上禁止知情人员或者非法获取内幕信息的人员从事证券、期货交易，使资本市场的“三公”原则得以真正实现。因为，只要有知情人员或者非法获取内幕信息的人员从事证券、期货交易，就不可能有真正的“三公”环境存在。正因为如此，《刑法》第 180 条才只是从时间上（即在涉及证券、期货的发行、交易或者其他对证券、期货的价格有重大影响的信息尚未公开前）对本罪的构成作出规定，而没有从是否“利用内幕信息”上提出要求，这显然也是刑事立法的初衷。当然，由于本罪的构成是以情节严重为前提的，所以，尽管利用内幕信息并非本罪的构成要件，但这并不意味着行为人的交易行为和泄露行为可以与内幕信息无关；相反，行为人如果构成犯罪，其交易和泄露行为应该与内幕信息具有关联性。

---

① 周振想主编：《金融犯罪的理论与实务》，中国人民公安大学出版社 1998 年版，第 346 ~ 347 页。

从证券期货交易信息平等、内幕信息知情人员对上市公司承担的信义义务等角度分析，内幕交易罪对涉案交易行为的司法认定不能忽略行为人利用内幕信息与买卖证券期货之间的关联性。内幕信息知情人员或者非法获取者利用内幕信息从事交易，损害了证券期货投资与交易的公平性，具有刑事可罚性。但是，如果行为人并没有实际利用内幕信息，即使其属于内幕信息知情人员或者非法获取者，只要其确实按照事先制定的证券期货交易计划、既定的投资习惯或者对市场的判断分析进行证券期货交易，就不存在相对其他投资者的不平等的信息优势，不能认定其符合内幕交易罪行为要件的法律特征。因此，虽然《刑法》第 180 条并没有直接列出实际利用内幕信息买卖证券期货这一要件，但要求内幕信息知情人员、非法获取内幕信息人员从事的相关证券、期货交易必须与内幕信息具有关联，应当是符合刑法规范目的界限的解释论意见。内幕信息知情人员或者非法获取者必须以该内幕信息作为其是否买卖证券期货的重要因素，才符合以内幕交易罪进行刑事处罚的规范目的。

“利用”内幕信息不是内幕交易犯罪的构成要件，但是，这并不意味着分析行为人是否利用内幕信息本身对于本罪的司法实践没有意义。因为，辩方提供证据证明其没有利用内幕信息从事相关证券期货交易是内幕交易犯罪重要的抗辩事由。如果内幕信息知情人员或者非法获取人员，在内幕消息尚未公开期间，掌握利好消息时购买证券期货，掌握利空消息时卖出证券期货，则必须举证证明买卖证券期货的交易行为并非基于内幕信息而实施。行为人无法通过证据切断其持有内幕信息与买卖证券期货行为之间的关联性的，推定其实际使用了内幕信息，应承担不利的刑事诉讼后果。对于内幕交易罪实际利用内幕信息从事交易这一行为而言，在个罪举证责任分配合理性原则的视野下，由行为人承担举证责任属于刑法对其的合理期待与公平要求。对于控方有证据表明买卖证券、期货的行为人，于相关交易之前掌握内幕信息，对于在这样极度敏感的时间阶段实施的相关证券、期货交易行为，刑法应当可以合理推定该买卖证券期货的交易行为利用了内幕信息。行为人有义务提出未实际利用内幕信息这一免除内幕交易罪刑事归责的证据。2011 年《最高人民法院关于审理证券行政处罚案件证据若干问题的座谈会纪要》第 5 条以司法解释性文件的形式认可了内幕交易行政诉讼中被处罚人对其未利用内幕信息从事相关证券交易承担证明责任："监管机构提供的证据能够证明以下情形之一，且被处罚人不能作出合理说明或者提供证据排除其存在利用内幕信息从事相关证券交易活动的，人民法院可以确认被诉处罚决定认定的内幕交易行为成立：（一）证券法第七十四条规定的证券交易内幕信息知情人，进行了与该内幕信息有关的证券交易活动；（二）证券法第七十四条规定的内幕信息知情人的配偶、父母、子女以及其他有密切关系的人，其证券交易活动与该内幕信息基本吻合；（三）因履行工作职责知悉上述内幕信息并进行了与该信息有关的证券交易活动；（四）非法获取内幕信息，并进行了与该内幕信息有关的证券交易活动；（五）内幕信息公开前与内幕信息知情人或知晓该内幕信息的人联络、接触，其证券交易活动与内幕信息高度吻合。"由于利用内幕信息并非《刑法》第 180 条规定的内幕交易罪构成要件，因此，刑事诉讼中完全可以将上述法律要件作为控方证明内幕信息知情人员、非法获取内幕信息人员从事内幕交易的基本法律规格。

在内幕交易、泄露内幕信息罪客观行为特征的总体把握上，还需要研究的问题就是"不作为"的内幕交易是否属于本罪客观行为的一种表现形式。理论上和实践中存在这种情况：行为人原先准备买入某一证券或期货合约，或者准备卖出手中的某一证券或期货合约，但是，在获知有关内幕信息后却停止了原来准备实施的买入或卖出行为，从而获取了利益或者避免了可能遭受的损失。对于这种行为应如何认定？从形式上分析，这种情况中的行为人在事实上利用了自己所获知的内幕信息获取了利益或者避免了可能遭受的损失，与行为人利用内幕信息实施积极交易行为的实际效果是一样的。因此，刑法理论上有观点认为，应当存在不作为型内幕交易罪，因为，内幕信息的知情人员负有一个法律的义务，即不利用内幕信息进行谋取利益或转移风险。而且，这一证券法上的义务已经被刑法通过规定内幕交易罪所承认，应当能够成为不作为犯罪中的作为义务。不过，与一般的不作为犯罪相比，不作为型内幕交易罪存在有一个鲜明的特色，即在应当交易时（亦即若不利用内幕信息，则行为人必定会进行的交易），却利用内幕信息所带来的信息优势，不进行有关交易。这种利用内幕信息不交易或延迟交易的行为与传统的内幕交易行为所造成的危害结果相比，前者除了比后者更隐性化或者说因果关系没那么显而易见外，本质上没有什么差别。①

这种所谓“不作为”的行为不能构成内幕交易罪，具体理由实际上是比较充分的：

第一，从罪刑法定原则的角度出发，这种所谓“不作为”的行为不能构成内幕交易罪。《刑法》第 180 条明确规定“在涉及证券的发行，证券、期货交易或其他对证券、期货交易价格有重大影响的信息尚未公布前，买入或卖出该证券，或从事与该内幕信息有关的期货交易……”据此规定，“买入、卖出或从事其他交易”等行为均只能以作为的方式进行，不作为的方式根本不可能实现“买入、卖出或从事其他交易”。虽然行为人在知悉内幕信息后，根据内幕信息没有买入或者卖出原打算买入或者卖出的股票，获得了一定的非法利益或避免了一定的必要损失，有失公平，具有一定的社会危害性，但有关的行政法规和法律都没有规定此种“不作为”为违法或者犯罪行为。因而，应当严格遵循罪刑法定的原则，不将其作为犯罪处理。

第二，内幕交易犯罪必须有交易行为存在，从某种程度上说，交易是内幕交易犯罪的本质所在，如果没有交易也就不会有内幕交易犯罪。这是因为，内幕交易犯罪中，行为人掌握内幕信息本身并不能成为遭受刑罚惩罚的理由，也即如果行为人没有因此而进行证券、期货交易，就不可能对社会带来任何危害。由此可见，在资本市场上，内幕交易当然应该有实际“交易”行为的存在，没有“交易”行为存在，也就无所谓有内幕交易犯罪的存在。在资本市场上的交易行为均表现为一种积极的买入或卖出的行为方式，实际上不可能存在有所谓消极的“不作为”形式的买入或卖出的行为方式。

第三，虽然在理论上和实践中确实可能存在行为人在获知有关内幕信息后停止了原来准备实施的买入或卖出行为的不作为型内幕交易罪，但从司法实践和证据角度出发，由于在不作为型的内幕交易罪中，并不存在见诸客观的作为以及显性的危害结果，并且由于作为义务的成立仅仅基于行为人有要进行交易的设想，证据搜集难度较大，证明难度很大，无法在法庭上形成前

① 陈柱钊：《不作为型内幕交易罪》，载《长春工程学院学报（社会科学版）》2007 年第 2 期。

后衔接的、有力的证据链来证明不作为型内幕交易罪。况且，如果当行为人的“要进行交易的想法”有过波动或这种想法不太确定、不太坚决时，那么将使证明变得更加复杂。因此，这种行为在实践中根本无法认定为内幕交易罪。①

第四，刑法中的不作为均应该以特定的作为义务的存在为前提，没有这种特定的作为义务也就不应该有不作为犯罪的存在。在资本市场上，行为人在获知内幕信息后，只有不进行交易的义务，根本就不存在有所谓必须进行交易的义务。作为证券市场的自由人，行为人有权自主进行交易，市场并不因为他们知晓了内幕信息而强制他们进行交易，或因为知晓了内幕信息，强制他们不得进行交易。虽然从自身的优势地位出发，他们利用了这种不对等的信息优势，转移了风险或者获取了由这种信息优势带来的利益，但由于没有现实的交易行为，并且由于义务的缺失，这种不交易的行为不构成刑法中的“不作为”。也即在某种程度上，行为人在获知内幕信息后，不进行交易是其应该做的，即使其从中得到了利益或实际避免了损失，也无可厚非。在资本市场上，我们不应该期待投资者（包括内幕人）只能亏损不能获利，这种要求是不符合市场规律的。因此，虽然行为人的行为可能具有所谓“隐性”的社会危害性，即其获取了由信息优势转化而来的经济利益或转移了本应遭受的风险，但绝不能因此而认定其构成内幕交易罪。

第五，内幕交易犯罪的危害性不仅在于行为人违反公平竞争的原则，获得了不正当利益或使自己避免了损失，更重要的是在于行为人的这种行为从根本上破坏了资本市场的正常交易秩序。而行为人在获知内幕信息后不买或不卖，只是行为人自己得到了利益或者避免了可能遭受的损失（且这种利益并非通过交易行为得到的），资本市场的秩序并未遭受不良影响，公平竞争的原则也并未遭受直接的破坏。

第六，所谓不作为型内幕交易罪有主观归罪或惩罚思想犯的嫌疑。刑法的发展经历了中世纪或封建时期的“主观主义刑法”，到古典刑法学派的“行为刑法”，再到实证法学派的“行为人刑法”，最后发展到今天的取“行

① 刘宪权：《金融犯罪刑法学专论》，北京大学出版社2010年版，第361页。

为刑法”和“行为人刑法”之长并将其融合的现代主义刑法，其间主观归罪或惩罚思想犯的刑法，由于其非人道性和不可证明性，已经被扔进了历史的垃圾桶。由于不作为内幕交易缺乏客观的行为和有形的危害结果，而且利用信息优势作出不交易决定的过程完全无须借助外部的行为，甚至不需要有物理意义上的身体动静。因此，惩治“不作为型内幕交易罪”的行为有主观归罪或惩罚思想犯的嫌疑，有悖于今天的刑法理念。

第七，将不作为型内幕交易行为犯罪化有悖于法律不强人所难的原则和人的趋利避害的本性。一个人原来具有从事某项活动的主观计划，但后来因外部因素的改变，其基于趋利避害的本能而不再按原计划进行活动，这是非常合情合理的。然而，如果我们刑法将此种情形也予以犯罪化，无疑会使人处于一个两难的境地。因为如果行为人原本是计划卖出的，在获知内幕信息后其不卖出就可能构成内幕交易罪，卖出则必须承担不能获利甚至亏损的结果，而如果行为人原本是计划买进的，在获知内幕信息后其不买进就可能构成内幕交易罪，买进则必须承担亏损的苦果。而且，从行为人的主观方面来看，其在获取内幕信息之前只具有进行一般商业交易的故意，获取内幕信息后也不过是一种盈利或避损的想法，而这些应该是市场经济社会中任何一个正常人的做法，在道德上都不应受到谴责，更不应当受到法律制裁。

综上所述，虽然行为人利用内幕信息实施消极交易的“不作为”行为与行为人利用内幕信息实施积极交易行为的实际效果相当，但两者具有本质的差别，前者并非刑法中的“不作为”，也即不属于刑法意义上的行为，不构成犯罪，因而由其产生的实际效果也就不做刑法评价了；而后者则是刑法意义上的客观行为，该行为可能构成内幕交易罪，由其产生的实际效果则是犯罪严重程度的考量依据。

三、内幕信息经济价值滥用行为的违法性

资本市场犯罪是法定犯，构成资本市场犯罪的前提是相关行为违反行政法律法规，内幕交易犯罪当然不能例外。因此，在内幕交易犯罪的司法认定中，首要的问题就是要判断涉案的交易行为是否违法。内幕交易罪刑事违法性的司法认定不能仅仅是对证券法相关规定的静态援引，而是必须对整个内

幕交易过程中行为的刑事违法性进行全面的证明，即司法实务部门通过严格的司法审查，论证内幕交易行为的违法事实及其规范依据。

然而，在当前的资本市场犯罪刑事司法实践中，司法实务部门自主性地对内幕交易罪刑事违法性问题进行论证与分析的能动性作用受到了明显的限制。并且，该种限制并非源于外部性力量的压制，而是司法实务部门面对证券期货专业性问题主动采取“司法克制”的态度，转而依托专业性证券期货行政监管部门的力量判断内幕交易罪的刑事违法性。在以内幕交易罪为典型代表的涉及证券期货专业知识的刑事案件中，对于涉案行为违法性判断的依据，主要是中国证监会的行政处罚决定书、违法行为认定函等行政法律文书以及证监会在行政程序中搜集的书证、物证、证言等证据。例如，在非法经营类资本市场犯罪案件中，司法机关通常将证监会针对非法经营证券期货业务的性质所出具的书面结论、复函等作为认定行政违法性的核心依据甚至是唯一依据。

刑法理论上有观点认为，证监会行政程序中形成的处罚决定、书面复函、调查笔录、认定函等文件材料，在刑事司法程序中不具有司法效力，不应当以此为依据认定内幕交易等资本市场犯罪行为的违法性。① 在近期的司法实践中，相当数量的内幕交易犯罪案件中的辩护意见就直接反对控方将行政机构违法认定函等文件材料作为指控涉案行为违法的依据。

争议案例：上海祖龙公司成立于2001年7月，陈某生系该公司法定代表人、董事长，利用该公司从事投资理财业务。创兴科技系上海证券交易所A股市场挂牌上市公司。2007年，陈某生通过上海祖龙等公司控制了创兴科技近45%的股权，是该公司的实际控制人。陈某生是创兴科技的法定代表人、董事长，2008年6月辞去该公司董事长职务。

2007年2～3月，陈某生计划将其控股的上海振龙公司的资产注入创兴科技，并为此咨询湘财证券福州五四路营业部总经理黄某某；同时指令创兴科技董秘李某某联系相关券商，以解决创兴科技资产注入问题。同年4月初，

---

① 吕蕾：《资产注入遭遇“暗礁”行政认定函能否推定其罪——专家热议证券内幕交易的“罪与非罪”》，载《上海法治报》2010年7月9日，A8版。

李某某与华欧国际的项目承揽人檀某在创兴科技见面，双方就创兴科技资产注入的可行性问题进行沟通。檀某于4月16日将草拟的《创兴科技再融资建议书》通过电子邮件发给李某某。

同年4月17日，被告人陈某生召集创兴科技董秘李某某、副总经理苏某某、郑某某在上海与华欧国际的檀某、王某某见面，共同探讨有关上海振龙公司的资产注入创兴科技的可行性方案。陈某生要求华欧国际事先拿出资产注入方案，并让檀某、王某某找李某某、苏某某了解相关财务数据。后经双方多次沟通，华欧国际于4月23日、25日向李某某提交了《创兴科技资产置换和再融资建议书》的初步方案。4月29日，华欧国际的檀某、程某与陈某生再次就创兴科技资产注入事项进一步沟通，而后指派王某某、冯某某于次日到厦门对创兴科技的资产注入事项进行摸底。5月1~8日，创兴科技与华欧国际继续就再融资及资产注入方案进行研究论证。期间，陈某生还聘请评估人员对其所要注入的资产进行预评估；5月8日评估数据出来后，创兴科技便确定了资产注入方案并上报证监会。5月9日，创兴科技股票因连续三个交易日累计涨幅超过20%，创兴科技经咨询控股股东和实际控制人未答复，故停牌一天。5月10日，创兴科技发布公告称，“公司经询问控股股东和实际控制人，其表示计划将所持有的资产注入本公司。相关方案尚未最终确定。为防止公司股票异常波动，公司股票于5月10日继续停牌，到重大事项公告之日起复牌”。5月10日、11日，陈某生带领创兴科技高管郭某某、李某某、苏某某和华欧国际的冯某某等人到北京，就创兴科技拟向控股股东定向增发事项向证监会上市部做了预沟通报告。证监会上市部告知，注入的资产必须产权明晰，并要求自查买卖创兴科技股票情况。之后，陈某生因其所要注入的上海振龙公司的部分资产权属不清，且其本人及一致行动人违规买入创兴科技股票，违背了要约收购条款，便决定取消定向增发事项。5月24日，创兴科技发布公告称，“控股股东和实际控制人注入资产的具体实施条件尚不具备，现决定取消相关资产注入方案，公司股票于5月24日10：30起复牌”。

2007年1~4月，被告人陈某生先后将上海祖龙公司、上海振龙公司等公司的资金5090万元陆续转入上海祖龙公司控制的北京百立讯在湘财证券福州五四路营业部的资金账户和厦门缘合物业在湘财证券福州五四路营业部的资金账户。2007 年 4 月 17 日至 5 月 8 日，陈某生及其妻子关某某利用上述两个资金账户及厦门缘合物业在光大证券上海张杨路营业部开设的资金账户大量买卖创兴科技股票，共计买入创兴科技股票 480 余万股，实际支付资金 6000 余万元；操作卖出 140 余万股，实际收回资金 2000 余万元；截至 5 月 9 日，上述三个股票账户在该时间段内买入的创兴科技股票还有 330 余万股未卖出，该部分股票市值以 5 月 8 日的收盘价每股 16.54 元计算，扣除 0.4% 交易税费后计 5000 余万元；在该时间段内，累计买卖创兴科技股票共计 600 余万股，交易额共计 8000 余万元，账面盈利近 2000 万元。

证监会出具《关于上海祖龙景观开发有限公司涉嫌内幕交易案有关问题的认定函》（以下简称《认定函》）确认，创兴科技实际控制人将其控制的资产注入上市公司的事项会对公司股票价格产生重大影响，属于我国《证券法》规定的内幕信息；内幕信息的价格敏感期为 2007 年 4 月 17 日至 5 月 9 日；上海祖龙公司是创兴科技的实际控股股东，陈某生是上海祖龙公司和创兴科技的董事长及实际控制人，共组织和知悉创兴科技以定向增发方式注入资产事项，是内幕信息的法定知情人。

在上述上海祖龙公司、陈某生内幕交易案中，辩方提出证监会出具的《认定函》不具有证据可采性。① 但是，审判实践中一般不予采纳这样的辩护意见。

笔者认为，对于内幕交易罪等资本市场犯罪案件中相关行为的刑事违法性认定问题，司法实务部门必须进行独立且全面的司法审查与判断。证券期货监管部门制作的行政处罚决定书、行政复函等可以作为司法审查的证据，但不能直接作为定案依据，司法实务部门应当对此类证据的合法性、关联性等进行刑事转化、综合论证、分析以及司法释理。

首先，证券期货监管部门提供的书面文件可以作为公文书证纳入全案的证据体系，可以采纳。国家机关在法定职权范围内行使职权制作的书面文件，包括各种命令、决定、通告、指示、信函、证明文书等，属于公文书证，可

① （2009）厦刑初字第 109 号。

以作为刑事案件的证据。证监会作为国务院证券监督管理机构，依照我国《证券法》的有关规定，具有认定内幕信息的法定职权。证监会根据稽查的事实、证据，并结合《证券法》的有关规定出具认定函，对涉案行为的违法性进行说明，符合法律规定。

其次，证监会在行政程序中形成的相关证据及其在刑事程序中出具的文书具有证据可采性，并不意味着司法机关可以直接按照公文书证中的结论性意见认定案件事实与相关行为的刑事违法性。证监会认定内幕信息的法定职权限于行政程序，其对内幕交易行为违法性进行确认的行政法律文件具有的既定效力仅覆盖行政程序环节，证监会无权对涉案内幕交易行为的刑事违法性进行认定。所以，在证监会出具认定函件等公文书证的情况下，司法机关必须对其所阐释的理由与结论进行独立分析，不能直接按照证监会提供的意见认定案件事实与法律性质。司法机关不得以节省司法资源、金融技术性知识能力低于证券期货执法部门等理由直接将行政法律文件作为认定内幕交易行为刑事违法性的依据。

最后，证券期货行政监管部门在查处内幕交易违法案件过程中形成的证据材料，经过合法性认定与转化之后，可以作为刑事案件的证据使用。司法实践中，资本市场犯罪案件通常由行政执法部门在调查结束后移送司法机关。内幕交易罪的司法审查必然滞后于行政调查。大量的能够证明资本市场犯罪行为刑事违法性的证据势必都由证监会等行政执法部门先行调取、采集、固定、制作。[①] 内幕交易等资本市场犯罪涉及大量交易数据、资金流动、账户信息等证据材料，司法机关只能在经过审查认可这些证据合法性的基础上，对涉案行为的违法性进行判断，不可能作为取证主体重新采集资本市场犯罪的证据。因此，认定内幕交易行为刑事违法性的具体依据只能是证券期货执法部门移送公安机关的证据。此类能够证明内幕交易行为刑事违法性的依据进一步可以区分为直接依据与间接依据——（1）证券期货执法机构向证券

---

① 例如，在朱某明操纵证券市场犯罪案件中，涉案的交易行为涉及全国48家证券营业部、273个资金账户、6509个证券账户，证监会总共制定了58卷证据材料移送公安机关，办案工作量极大。参见吴卫军：《操纵证券市场罪的理论与实务难点分析》，载陈辐宽主编：《金融证券犯罪疑难问题解析》，中国检察出版社2009年版，第22页。

期货公司、证券期货交易所等机构调取的记录证券期货交易流水数据、资金走向、账户资料等信息的书证、物证、电子证据等客观性材料，经司法机关确认具备证据合法性的，可以直接作为司法机关判断内幕交易行为刑事违法性的依据。（2）证券期货执法机构在办案过程中形成的涉案人员供述、证人证言、调查笔录等主观性材料，在刑事司法中不具有证据合法性，必须经过司法机关依法转换为刑事诉讼证据，才能成为判断利用内幕交易行为是否刑事违法的间接依据。

综上所述，在内幕交易犯罪案件中，涉案行为的违法性是一个必须通过证据予以证明的问题，这也是构成内幕交易犯罪的违法性基础。在行为违法性具体认定层面，司法实务部门应当进行独立的司法分析，而不能直接依据内幕交易行政处罚过程中的行政法律文件直接认定涉嫌内幕交易行为的违法性。

第二节　内幕交易犯罪行为的司法判断

内幕交易犯罪行为在司法实务中存在一系列的司法认定疑难问题。有必要综合运用资本市场犯罪刑法原理与金融知识论证上述疑难问题的司法判断规则，为本罪的司法认定提供理论支撑。

一、泄露行为认定

刑法理论上一般认为，泄露内幕信息的行为是指行为人将处于保密状态的内幕信息公开化，通过明示、暗示、书面或口头等方式，透露、提供给不应知悉该信息的人员，使信息受领人据此进行证券、期货买卖。泄露内幕信息的行为既包括在公开范围上的泄露，即将内幕信息告知不应或无权知道该信息的人员；也包括在时间范围上的泄露，即在保密期届满前解密，让可以知悉或有权知悉的人员提前知悉。泄露的内容是使受领人得知可以作为证券、期货交易依据的内幕信息的全部或主要事实，如果只是透露一点风声，不能作为受领人进行证券、期货交易依据的，就不构成泄露行为。泄露内幕信息行为通常有“泄密”和“再泄密”之分。

“泄密”是指内幕人员直接将其掌握的内幕信息泄露给他人。对于泄露内幕信息的行为应从法律上加以惩治，其中严重者应按犯罪处理，这已经成为世界各国和地区的共识。之所以将泄露的内幕信息作为犯罪处理，原因在于与掌握内幕信息者直接进行证券、期货交易相比，虽然泄露内幕信息者本人不一定有直接的证券、期货买卖行为，但通过为他人提供内幕信息，完全可能间接地参与了证券、期货交易，并从中获得利益或避免损失。另外，与掌握内幕信息者直接进行证券、期货交易相比，泄露内幕信息的行为对资本市场、投资者及发行人所造成的损害往往更为严重。因为，内幕信息的知悉人员一般范围较小，不仅人数较少而且财力有限，他们买卖证券、期货的数量不会太大；而泄露的内幕信息则可能在受领人之间辗转告知，使得参与证券买卖的人数和交易量剧增，从而引起严重后果。同时，只要相关证据能够进行合法且准确的固定，“泄密”行为在司法实践中一般不存在认定上的困难。

“再泄密”是指非内幕人员在获取内幕信息后，又将该内幕信息泄露给他人。应该看到，在传播面广泛的内幕交易中，“再泄密”往往扮演着相当重要的角色。

美国“IBM 收购莲花公司内幕交易案”是全球内幕交易判例史上“再泄密”最“经典”的案例：1995 年，IBM 是当时全球最大的 IT 公司，莲花公司（LOTUS）是美国最优秀的软件公司之一，其在办公软件市场占据统治地位。IBM 看中了莲花公司的技术优势，于 1995 年 3 月向莲花公司提出友好兼并的建议。莲花公司 CEO 吉姆·曼兹坚信莲花公司的困难是暂时，不必出售公司，故资本市场对此一直无法作出判断，在合并消息公布前，莲花公司股价一直徘徊在 30 ~ 35 美元。经过 IBM 与莲花公司的谈判，最后双方对合并达成了共识，1995 年 6 月 5 日，IBM 宣布正式收购莲花公司，收购价高达每股 60 美元。6 月 11 日，IBM 最终以每股 64 美元收购了莲花公司 97% 以上的股票，总金额达 35. 2 亿美元，消息令人震惊。在收购的过程中，内幕信息实际上一直处于泄露的状态。1995 年 4 月底，IBM 公司的一位女秘书劳瑞娅·卡萨诺在复印材料时，得知 IBM 正考虑收购莲花公司，于是她一直关注着事态的进展。IBM 与莲花公司达成原则协议后，劳瑞娅知道收购项目已成功，

IBM 公司将于 6 月 5 日左右对外宣布。劳瑞娅便将此信息告诉了丈夫罗伯特·卡萨诺。但是，夫妇俩此前从未进行证券交易，没有股票账户，他们便将消息告诉了好友格林，格林购买了一些莲花公司的股票和期权，在消息公布后将股票和期权抛出，共获利 1.7 万美元，并付给女秘书夫妇 3500 美元作为提供内幕消息的报答。与此同时，罗伯特曾打电话给其另一好友杰瑞·曼佐尼，后者根据内幕信息购买了莲花公司的股票和看涨期权，净赚 2.75 万美元，并以 4000 美元作为回报。杰瑞·曼佐尼又将该内幕信息告知其表弟彼德·曼佐尼和两位同事理查德·科夫兰斯克与约翰·麦伟利。理查德·科夫兰斯克又将内幕信息告知其亲属多梅尼克·阿尔巴和三个商业伙伴詹姆斯·里贝里诺、杰拉德·威尔斯和拉尔夫·塞佩。其中，多梅尼克·阿尔巴再将信息告知朋友约瑟夫·德斯科以及商业伙伴斯皮涅利；斯皮涅利进一步将信息告知其哥哥克劳迪奥。这一内幕信息通过上述人员的传递共有 6 层之多，相关人员都购买了一定数量的莲花公司股票或看涨期权。美国证监会最终发现，共有 25 人根据 IBM 公司女秘书的内幕消息在 6 月 2 日购买了莲花股票和期权，共获利超过 100 万美元。这起内幕交易案件中涉及的 25 名被告，只有一人是内幕信息的直接来源者，即劳瑞娅·卡萨诺，其他人均通过再泄密获得内幕信息。最终，上述被告全部被法院判决构成证券欺诈或者以证券欺诈与美国证券交易委员会达成和解。①

我国刑法理论对于非内幕人员获取内幕信息后建议他人买卖或“再泄密”的行为如何处理的问题颇有争议。有观点认为，对非内幕人员获取内幕信息后建议他人买卖和再泄密不作区分，只要有建议他人买卖或再泄密的行为就都有可能构成犯罪，区分是否构成犯罪的标准是非内幕人员获取内幕信息究竟是主动的还是被动的。如果非内幕人员自己积极、主动地获取内幕信息，不论行为人采取的具体手段是自己盗取，还是设法从内幕人员那里探听（例如通过向内幕人员行贿而获取内幕信息），不管行为人事后根据该信息是建议他人买卖证券、期货合约的，还是向他人泄露该内幕信息从而使他人利

① Securities and Exchange Commission v. Lorraine K. Cassano, et al., Civil Action No. 99 - CV - 3822 (S. D. N. Y.).

用该信息买卖证券、期货合约的，都一律按内幕交易认定。如果证实非内幕人员是被动的信息接收者，不论后来实施了建议行为还是泄露内幕信息行为，就不宜认定为内幕交易罪。这是因为，在主动获取的情况下，非内幕人员对获取的内幕信息负有不得利用该信息并保密的义务。不论事后建议还是泄露内幕信息，都是对该义务的违反，承担责任理所应当。在被动知悉的情况下，非内幕人员因为是消极的内幕信息的知情者，不存在承担保密的义务，因而即使第三人根据该信息进行了交易，也不应当认定为内幕交易。[①] 但也有不同意见认为，对非内幕人员获取内幕信息后建议他人买卖证券、期货合约与再泄密进行区分，认为非内幕人员获取内幕信息后建议他人买卖证券、期货合约的构成犯罪，但再泄密的，不应作为犯罪。因为，根据我国《刑法》第180条的规定，内幕信息知情人员的范围，依照法律、行政法规的规定确定。由此可以推出，法律、行政法规没有限制的行为，即使行为具有社会危害性，也不应采用刑罚加以制裁。[②] 理论上还有观点认为，非内幕人员获取内幕信息的手段，有的很难判断究竟是合法获取还是非法获取。因为在合法获取和非法获取中间可以有一个中性行为——既不合法也不非法的情形。对这种行为也应犯罪化。因为内幕交易、泄露内幕信息的可责性表现在这种行为对市场和投资者的危害，这种危害是从交易行为中体现出来的。不论什么人，只要从事这样的利用、泄露行为，特定的社会危害性就已体现出来。[③]

非内幕人员在获取内幕信息后建议他人买卖或再泄密的行为是否有可能构成犯罪，应该严格根据刑法的规定具体问题具体分析。对于非内幕人员在获取内幕信息后再泄密的情况，有可能构成犯罪。理由是，《刑法》第180条规定，非法获取证券、期货交易内幕信息的人员（即非内幕信息知情人员）泄露该信息，情节严重的，构成泄露内幕信息罪。可见，刑法条文并未将非内幕人员再泄密行为排除在犯罪之外。非内幕人员再泄密行为之所以可以构成泄露内幕信息罪，最重要的三个理由在于：其一，不应知悉内幕信息

---

① 张军主编：《破坏金融管理秩序罪》，中国人民公安大学出版社1999年版，第277~278页。

② 薛瑞麟主编：《金融犯罪研究》，中国政法大学出版社2000年版，第269页。

③ 郦毓贝：《内幕交易、泄露内幕信息罪主体特征研析》，载赵秉志主编：《新千年刑法热点问题研究与适用》，中国检察出版社2001年版，第821~822页。

的人员从获取内幕信息的那时起就应当承担保密的义务。因为不管其获取内幕信息的途径怎样，最终的结果是得知了内幕信息的内容。在得知了内幕信息后，相关人员也就具有了承担保密的义务。其二，从行为人的主观故意来看，当行为人在明知自己通过非法手段获得的是证券、期货交易内幕信息之后，还故意泄露给他人，其主观恶性程度与证券、期货交易内幕信息的知情人员的泄露行为并无不同。其三，从泄露内幕信息罪的后果来看，这一犯罪的后果主要是由泄密行为引起的，没有行为人的泄密行为，也就不可能产生其后的内幕交易后果。

二、建议

《刑法》原第180条内幕交易、泄露内幕信息罪明确规定了两种行为方式：其一，内幕交易行为；其二，泄露内幕信息行为。《刑法修正案（七）》为《刑法》第180条增加了一种行为模式：建议行为，即行为人在其获知内幕信息的基础上，通过明示或暗示的方式建议他人进行证券、期货交易的行为。例如，提出交易时机、交易证券、期货合约的种类、交易证券、期货的价位、交易量的大小等。

在《刑法修正案（七）》修改内幕交易、泄露内幕信息罪构成要件之前，对于内幕人员根据内幕信息建议他人进行证券、期货买卖是否应当属于本罪的行为方式的问题，刑法理论与司法实践中颇有争议。这主要是因为，我国《刑法》原第180条虽然没有将建议行为规定在内幕交易犯罪行为之中，但是，《证券法》第53条规定：证券交易内幕信息的知情人和非法获取内幕信息的人，在内幕信息公开前，不得买卖该公司的证券，或者泄露该信息，或者建议他人买卖该证券。可见，颁布于《刑法》之后的我国《证券法》明确将“建议他人买卖证券”的行为归入内幕交易行为的范畴之中。基于此，刑法理论上有观点认为，建议行为属于内幕交易、泄露内幕信息罪的行为方式。本罪的客观行为应该表现为三个方面：一是行为人利用内幕信息进行证券、期货买卖。二是行为人泄露内幕信息。三是行为人根据内幕信息建议他人进行证券、期货买卖。即内幕信息的知悉者根据内幕信息对他人的证券、期货交易提出倾向性的意见。[①] 还有意见认为，将建议他人买卖证券不作为犯罪处理的观点是不妥的。因为从理论上讲，内幕交易中的买卖证券、期货合约应该包括知情人员自己买卖证券、期货合约和建议他人买卖证券、期货两种情况；从实践中看，这种行为具有社会危害性，对于情节严重的，应以犯罪论处。[②] 当然，理论上也有意见指出，对建议行为需要区别对待。若接受建议者不知情也没有依据该建议进行证券、期货交易，则建议者不构成内幕交易、泄露内幕信息罪。除此之外，行为人明确将内幕信息告知他人，并建议他人买卖该种证券、期货合约；或者行为人虽未明确将内幕信息告知他人，但其建议他人买卖证券、期货合约的方式却能使他人心领神会该建议与内幕信息有关，则属于泄露内幕信息罪。[③]

然而，对此持否定意见的学者认为，作为行政处罚对象的内幕交易行为并非都可能成为犯罪行为。《刑法》第 180 条规定的作为犯罪的内幕交易行为，并没有包括行政法规所指的所有内幕交易行为，而只是部分行为。即只是限于内幕人员利用内幕信息自己买卖证券、期货合约或者非法获取内幕信息的人员自己买卖证券、期货合约。其中并没有包括行政法规中的其他内幕交易行为。如内幕人员根据内幕信息建议他人买卖证券、期货合约及非内幕人员通过其他途径获得内幕信息，并根据该信息买卖证券、期货合约或者建议他人买卖证券、期货合约的行为，不能作为犯罪认定，只能进行行政处罚。内幕人员向他人泄露内幕信息，使他人利用该信息进行内幕交易的行为，只能以泄露内幕信息罪认定。[④]

应该看到，在《刑法修正案（七）》实施之前，尽管我国证券法明确将建议他人买卖证券的行为纳入内幕交易罪中，但是，当时的刑法中并未将建议行为纳入犯罪范围，虽然《刑法》颁布在先而证券法颁布在后，但是在有关刑事责任的问题上，《刑法》当然要比《证券法》的效力高。可见，将建

---

① 张军主编：《破坏金融管理秩序罪》，中国人民公安大学出版社 1999 年版，第 264 页。

② 魏东：《关于内幕交易、泄露内幕信息罪司法认定的若干问题再研究》，载赵秉志主编：《新千年刑法热点问题研究与适用》，中国检察出版社 2001 年版，第 854 页。

③ 董丽静、奎卫：《证券内幕交易、泄露内幕信息罪的司法认定》，载赵秉志主编：《新千年刑法热点问题研究与适用》，中国检察出版社 2001 年版，第 866 页。

④ 胡启忠等：《金融犯罪论》，西南财经大学出版社 2001 年版，第 268 页。

议他人买卖证券的行为纳入内幕交易罪中并非刑事立法的原意，没有将建议行为纳入内幕交易罪也并非刑事立法的疏漏。在当时的资本市场现实条件下，我国刑法之所以作如此规定，究其原因无非是：如果将建议行为纳入犯罪范围，可能涉及面太广；同时，由于建议行为本身较为复杂，当时的司法实践尚未积累一定程度的反内幕交易犯罪经验，立即将建议行为纳入内幕交易、泄露内幕信息罪的规制体系并不符合当时的司法实务现实。

然而，不容置疑的是，建议行为利用的是行为人掌握的未公开的内幕信息，这在客观上完全应当成为一种促使他人利用内幕信息进行相关证券、期货交易，在通常情况下，由于实施建议行为者是在掌握内幕信息的情况下建议他人进行证券、期货交易的，因此，行为人的建议往往起到鼓励、推动和指导的作用。这种情况中虽然行为人可能自己并没有直接从事证券、期货交易，有些甚至可能没有直接从中获利，但是，从实质上分析，建议者客观上是借他人之手进行相关证券、期货交易，这必然导致利用内幕信息进行证券、期货交易范围的扩大并对资本市场造成更加严重的破坏，其社会危害性是显而易见的。因此，《刑法修正案（七）》将建议行为作为内幕交易、泄露内幕信息罪的一种行为方式，具有合理性。当然，从动态的刑法规范适用层面考察，《刑法修正案（七）》增加了明示、暗示他人从事内幕交易的行为要件，确实容易导致司法认定的困难与混乱。这主要是由于内幕信息知情人员或非法获取人员明示、暗示他人从事相关交易的行为本身具有特殊性，并不像内幕交易罪中典型的内幕信息知情人员或者非法获取者直接进行的证券期货交易行为一般容易认定。

从司法实践中的情况来看，通过明示、暗示的方式建议他人从事相关交易的行为具有多种表现形式：（1）信息获悉者明示、暗示他人从事相关交易，被对方采纳并实施；（2）信息获悉者进行明示、暗示，没有被他人采纳并实施；（3）在透露内幕信息内容的基础上，信息获悉者明示、暗示他人从事交易；（4）在没有透露信息内容的情况下，信息获悉者建议他人从事交易，他人基于其专业金融知识及具有相关从业背景等原因，无须信息获悉者提供进一步的信息内容与交易理由等。

正是由于明示、暗示他人从事相关交易行为及其后续结果的复杂性，以及行为与结果排列组合后样态的进一步复杂化，决定了在判断内幕交易罪明示、暗示他人进行相关交易这一行为要件的同时，必须查实并明确以下问题是否影响建议他人从事相关交易行为要件的认定：（1）在内幕信息知情人员、非法获取人员仅提出建议，被建议者没有采纳信息获悉者的意见进而从事相关证券期货交易，能否成为阻却内幕交易、泄露内幕信息罪成立的事由？（2）明示、暗示他人从事相关交易构成犯罪是否以透露内幕信息为必要，即建议者没有透露内幕信息，被建议者接受其明示或者暗示而从事相关证券期货交易，能否成为阻却内幕交易、泄露内幕信息罪成立的事由？

对于上述第一个问题，即被建议者是否从事相关证券、期货交易行为是否阻却纯粹建议行为的犯罪性，笔者持肯定的观点。因为单纯的明示、暗示行为既没有泄露内幕信息本身的内容，也没有进一步产生后续的内幕交易行为，与内幕交易打击利用内幕信息从事非法证券期货交易行为的本质存在较大距离，不应当作为本罪打击的对象。主要理由是：其一，他人没有依据内幕信息获悉者的明示或者暗示从事相关交易的，已经缺失了内幕交易罪语境下行为的“交易性”，不应当认为其符合内幕交易罪的行为要件；其二，内幕信息知情人员、非法获取人员没有透露任何内幕信息的内容，显然也不构成泄露内幕信息罪。

对于上述第二个问题，即内幕信息的知情人员或非法获取人员是否必须将内幕信息告知被建议者，才能构成《刑法》第 180 条规定的明示、暗示他人从事相关交易，刑法理论上的一种具有代表性的观点认为，构成建议行为不以告知被建议者内幕信息为前提。因为在现实生活中，内幕信息知情人员往往受过严格的法律、金融等专业知识的培训，对自己实施的行为性质以及由此可能造成的后果，一般都是明知的。相当一部分内幕人员，为规避法律，在知悉某一证券、期货交易的内幕信息后，不是将内幕信息直接告知其亲朋好友，而是仅对亲友所进行的证券、期货交易提出倾向性的意见。行为人职务或者地位的特殊性，使得其根本无须说明提出这一建议的理由，其亲友也是心领神会的。依此建议行事，虽然其亲友不知道内幕信息，但在其进行的证券、期货交易中所处的地位与其知道内幕信息进行的证券、期货交易并无二致，后一种情况显然是典型的内幕交易行为，既然如此，与后一种情形神似而仅仅形不同的前一种情形，有何理由不将其认定为内幕交易呢？如果认为，内幕人员仅建议买卖而并未将内幕信息的具体内容告知被建议者可以不作为内幕交易、泄露内幕信息罪，无疑会给犯罪分子留下相当大的隙漏，使相当数量的内幕交易行为难以纳入刑事制裁的视野，从而在一定程度上宽纵了犯罪分子，不利于证券市场的健康发展。① 对此，笔者认为，在透露内幕信息的基础上建议他人从事相关证券、期货交易的行为是否具有刑事可罚性，刑法规范本身实际上已经给出了答案。《刑法》第 180 条规定了泄露内幕信息的行为属于犯罪，完全可以结合被建议者是否实际从事相关证券、期货交易的事实提出定性规则：（1）告知他人内幕信息，并明示或者暗示其从事相关交易行为，被建议者没有进行相关证券、期货交易的，应当认定为泄露内幕信息罪；（2）被建议者实际进行相关证券、期货交易的，其行为同时符合泄露内幕信息、内幕交易的构成特征，直接认定行为人构成内幕交易、泄露内幕信息罪。

三、犯罪情节司法判断

由于内幕信息知情人员、非法获取内幕信息人员从事内幕交易、泄露内幕信息行为，符合“情节严重”标准的，才构成犯罪，只有达到“情节特别严重”的程度，才能适用第二档法定刑，所以，犯罪情节对内幕交易犯罪的定罪量刑实践具有深远的意义。基于对内幕交易犯罪情节问题的高度重视，《内幕交易犯罪解释》通过多达 5 个条文对此问题规定了细致的司法判断规则：《内幕交易犯罪解释》第 6 条与第 7 条对内幕交易犯罪“情节严重”“特别严重”的量化标准进行了规定；《内幕交易犯罪解释》第 8 条与第 10 条对犯罪数额认定这一内幕交易犯罪情节中的核心难题作出了规定。由于犯罪情节直接影响内幕交易的定罪与量刑，故有必要对相关问题展开深入探讨。

（一）内幕交易犯罪情节标准在实践中适用的困惑与难点

由于我国资本市场犯罪司法实践长期以来对内幕交易犯罪“情节严重”的标准设置得不甚合理，“情节特别严重”的标准持续缺位，没有突出从宽

---

① 张军主编：《破坏金融管理秩序罪》，中国人民公安大学出版社 1999 年版，第 276 页。

情节对于惩治疑难资本市场犯罪案件的重要性，更没有对作为犯罪情节评价核心指标的内幕交易犯罪数额认定规则进行深入分析与论证，导致内幕交易犯罪情节司法认定存在很大的障碍。“两高”最新的内幕交易犯罪司法解释尝试对内幕交易犯罪情节的相关重要问题予以解决。

根据《内幕交易犯罪解释》第6条的规定，内幕交易犯罪情节严重包括以下情形之一：证券交易成交额在50万元以上的；期货交易占用保证金数额在30万元以上的；获利或者避免损失数额在15万元以上的；内幕交易或者泄露内幕信息三次以上的；具有其他严重情节的。对照2010年5月7日《最高人民检察院、公安部关于公安机关管辖的刑事案件立案追诉标准的规定(二)》［以下简称《追诉标准（二)》］第35条的规定，《内幕交易犯罪解释》仅将《追诉标准（二)》中的“多次”内幕交易行为具体化为“三次”，并没有对内幕交易犯罪情节严重的各项指标进行实质性优化。

笔者认为，上述内幕交易犯罪“情节严重”标准较难实现刑法规范对资本市场金融产品交易秩序的保障，内幕交易犯罪“情节严重”标准仍旧处于虚置状态，从而容易产生弱化司法权威的负面效果。从内幕交易犯罪刑法理论研究的情况分析，“情节严重”标准过低长期以来颇为理论界质疑。[①] 实践中，中国证监会查处的内幕交易行政处罚案件数额远远超过内幕交易犯罪情节严重标准，但大多都没有进入刑事追诉程序——根据笔者对中国证监会网站公布的2010年、2011年内幕交易违法案件进行的统计分析，证监会网站公布的2010年内幕交易行政违法案件为5件，涉及证券交易成交额累计分别为70万元、88万元、110万元、135万元、210万余元，超过内幕交易犯罪情节严重标准2～7倍；2011年内幕交易违法案件为9件，其中4起案件的内幕交易成交额低于50万元，5起案件成交额累计为79万元、104万元、312万元、380万元、416万余元，最高超过情节严重标准的8倍多。可见，刑事司法实践客观上也难以按照如此低的数额标准追究涉案人员的刑事责任。

从司法解释具体规定与资本市场现实对比的层面进行分析，由于不符合

① 顾肖荣、张国炎：《证券期货犯罪比较研究》，法律出版社2003年版，第416页。

资本市场发展的社会现实，内幕交易犯罪“情节严重”的数额标准与细化解释较难得以适用。证券成交额 50 万元以上、期货保证金 30 万元以上、获利或避损额 15 万元以上等情节严重的数额标准严重偏离我国证券期货交易实践。例如，根据中国金融期货交易所《股指期货投资者适当性制度实施办法(试行)》的规定，自然人申请开户时保证金账户可用资金余额不低于人民币 50 万元的，期货公司会员才能为其申请开立股指期货交易编码。同时，根据中国金融期货交易所《股指期货投资者适当性制度操作指引（试行)》的规定，一般法人投资者申请开户，净资产应当不低于人民币 100 万元。将期货内幕交易情节严重标准与股指期货投资者基本财务条件数额标准进行对比，我们可以清晰地看到，内幕交易犯罪“情节严重”中期货交易占用保证金累计 30 万元以上的标准竟然低于股指期货最低的开户保证金数额要求，且远远低于法人参与金融期货交易的一般净资产要求。

同时，三次交易、其他情节严重等标准在实践中较难执行。以“三次交易”为例，基于证据获取与证明责任上的现实难度，资本市场犯罪司法实践中证明涉案人员针对特定的证券或者期货交易品种实施一次或者两次内幕交易行为已经异常困难，证明三次内幕交易行为则近乎不现实。再以“具有其他严重情节”为例，这种“兜底规定”实际上根本没有指导实践的司法规范指引功能，没有必要在司法解释中继续建构这种没有具体规范内涵的兜底性司法规则。

更值得重点分析的是，犯罪情节的标准设定应当针对内幕交易这一发生在资本市场的资本市场犯罪的行为特点，创造性地探索既能充分反映内幕交易行为危害又能紧密联系内幕交易行为实质特征的情节严重评估标准。内幕交易行为实质上表现为基于内幕信息而实施的相关证券、期货交易，除了与交易行为相关的数额、次数等危害性量化指标之外，内幕信息本身实际上也存在程度上的差异或者可区分性。从这个意义上分析，基于市场反应更为强烈的内幕信息从事相关证券、期货交易的犯罪行为，在情节上应当相对于市场反应一般的内幕交易行为更为严重，司法解释理应将涉案内幕信息对资本市场的实际影响要素纳入情节严重的评价范围。

（二）内幕交易犯罪情节司法判断规则的优化路径

内幕交易犯罪“散户式”的司法解释标准导致“情节严重”无法筛出具有严重社会危害性的非法证券期货交易行为，也会使最高司法机关制定的解释文件束之高阁，最终丧失其应有的权威性。内幕交易犯罪情节量化指标无法体现这种资本市场犯罪的行为特质，这在很大程度上表明司法解释对于资本市场犯罪缺乏深度与专业化的认知。内幕交易犯罪的主体、行为、对象等要件经由司法解释，实际上已经使其犯罪构成极具张力，故特别需要“情节严重”这一综合性入罪要素通过司法解释的填充有效控制内幕交易犯罪的刑事法网。“情节严重”标准的准确定位，既是盘活内幕交易犯罪刑法规范的实践要求，也是资本市场犯罪刑事司法的政策选择。

由于我国资本市场犯罪普遍存在“情节严重”等定罪标准设置过低、没有针对证券期货交易特点建构实践标准等问题，应当将内幕交易犯罪“情节严重”标准优化纳入资本市场犯罪体系进行结构性完善。笔者建议，有必要优化资本市场犯罪司法解释，通过对内幕交易、操纵资本市场等行政处罚案件进行数据统计，分析此类非法证券期货交易中成交资金额、占用保证金数额、获利数额、避损数额等数据信息，将各个主要项目的数额平均值设定为犯罪情节严重的下限。当然，有必要指出的是，对于提高内幕交易犯罪等资本市场犯罪“情节严重”标准（核心显然是提高定罪数额标准）的建议，实践中可能提出的一种质疑是，提高定罪标准会向公众传递出对资本市场犯罪的打击力度趋于减弱的信息。这种隐忧也是我国长期以来将资本市场犯罪刑事追诉数额标准设定在一个较低水平的重要原因。但是，从上述“情节严重”标准虚置及其危害的分析中可知，过低的追诉标准势必导致“法不责众”。资本市场投资者空守着严厉的刑事追诉标准这一所谓的坚强后盾，实质上却由于追诉标准的不切实际造成了更严重的后果——资本市场犯罪刑法规范的较少适用。因此，适当提高内幕交易犯罪“情节严重”入罪标准，有利于廓清违法与犯罪的界限，在同步提升证券期货违法案件行政执法能力的情况下，能够实质性地减少刑事司法实践的随意性，本质上是强化了资本市场犯罪的惩治力度与刑法规范的执行力。

同时，司法解释有必要将“其他情节严重的情形”等指标剔除于“情节严重”的认定标准之外，转而将内幕交易犯罪行为对资本市场秩序、投资者权益所产生的可量化恶劣影响（例如，内幕交易犯罪行为侵犯投资者权益导致大规模证券集团诉讼、引发群体性事件等）、内幕信息公开后证券、期货合约的交易价格产生剧烈波动（例如，内幕信息公开之后连续5个交易日涨停、跌停或者连续10个交易日涨幅或者跌幅超过70%）等作为“情节严重”司法认定的标准。

以涉案内幕信息对资本市场实际影响效果量化指标为例，内幕信息是内幕交易犯罪的核心构成要素，以内幕信息为中心对内幕交易犯罪行为的危害性程度进行评价显然契合内幕交易犯罪在客观行为方面的独立性特征。内幕信息的重要法律特征表现为重大性或者价格敏感性，即内幕信息一旦公开将会对证券、期货合约的交易价格产生显著影响。但在资本市场实践中，尽管各类不同的内幕信息对于资本市场均会产生显著影响，但这种显著影响的具体程度是存在很大差别的。

资本市场实践中，有的内幕信息属于短期性的重大事件或者重要情况。例如，上市公司重大诉讼，其对于上市公司经营利润的影响是阶段性或者相对确定的，在上市公司股票交易价格上通常表现为阶段性的下跌。有的内幕信息则属于长期性的重大事件或者重要情况，例如，上市公司经营业绩在经历高速增长之后由于业务限制开始出现巨额亏损且公司财务状况长期难以改善，上市公司股票交易价格在公司业绩亏损披露之后长时间大幅下挫。同时，内幕信息公开后对资本市场的实际效果也存在明显的差异。有的内幕信息公开后导致当日涨停、跌停或者较大幅度的涨跌。有的内幕信息虽然确实具有价格敏感性，但公开后市场反应并不十分强烈，相关证券交易价格只出现了一定幅度的上涨或者下跌。这种内幕信息公开后的资本市场交易的实际效果虽然并非内幕交易犯罪的构成要件，但如果将每一个案件中的同类市场反应指标纳入评估体系进行分析，确实能够从直观的价格指标上区分出何种或者哪一个内幕信息对于资本市场公平竞争机制的侵害程度更为严重。从欧盟这样的成熟资本市场反内幕交易犯罪司法实践经验的角度分析，欧盟法院在内幕交易法律制裁强度评估环节，高度重视与内幕信息有关的金融工具交易价格事实上的变动情况，并将该要素作为判断内幕交易法律制裁比例性的重要尺度。[①] 我国内幕交易犯罪司法解释应当重视此类成熟资本市场的司法实践经验。总之，经过实证分析、客观论证或者针对内幕交易行为特征而设置的内幕交易犯罪"情节严重"司法解释标准才能经得住刑事司法实践的考验。

实践中还应当特别注意的问题是，资本市场犯罪司法实践已经证明，取证难是内幕交易犯罪案件查处中的重大难题。[②] 所以，单纯从入罪或者强化惩罚的角度设置内幕交易犯罪的司法规则，其实际效果并不一定能够完全发挥。笔者认为，资本市场犯罪司法解释有必要针对内幕交易案发的隐蔽性、封闭性、内部性的特征，植入二元化的情节认定规则，即合理设置从宽情节，对于积极配合调查或者提供相关信息的内幕交易违法犯罪参与者，设置一定的从轻、减轻、免除处罚，从而实现缓释内幕交易犯罪查处压力的目标价值与宽严相济刑事政策在资本市场犯罪案件中的具体适用。笔者建议司法解释可以增加此类规则：内幕交易、泄露内幕信息，具有下列情形之一的，可以依法从轻或者减轻处罚：（1）配合证券期货监管部门或者公安机关调查的；（2）受金融机构高层管理人员逼迫从事内幕交易的；（3）主动消除或者减轻内幕交易行为危害结果的；（4）提供内幕交易违法犯罪行为的策略、方案、违法交易数据、账户信息、资金来源信息等线索材料的等。内幕交易、泄露内幕信息犯罪情节略微超过规定标准，但行为人主动投案自首的，可以免除处罚。

（三）内幕交易犯罪数额司法认定规则的实践探索

内幕交易犯罪数额集中表现了此类资本市场犯罪行为的规模及其对资本市场交易秩序的危害性，故准确计算内幕交易犯罪数额是内幕交易犯罪情节认定中极为重要的问题。根据《内幕交易犯罪解释》第 6 条与第 7 条的规定，内幕交易犯罪数额表现为证券交易成交额、期货交易占用保证金数额、

---

① Case C－45/08：Judgment of the Court（Third Chamber）of 23 December 2009 Spector Photo Group NV，Chris Van Raemdonck v Commissie voor het Bank-，Financie-en Assurantiewezen（CBFA）-Directive 2003/6-Insider dealing-Use of inside information-Sanctions-Conditions.

② 苏江：《世界级难题："内幕交易"取证难倒监管层》，载《21 世纪经济报道》2007 年 4 月 6 日，第 12 版。

获利或者避免损失数额三种类型。其中，证券交易成交额与期货交易占用保证金数额可以直接根据从事内幕交易犯罪行为的账户交易数据予以计算，在司法实践中并不存在困难。而获利或者避免损失数额不仅涉及内幕交易犯罪刑法适用与金融实务中的不少疑难问题，而且对内幕交易犯罪罚金数额裁量具有直接影响。根据《刑法》第180条的规定，实施内幕交易犯罪行为，情节严重的，处5年以下有期徒刑或者拘役，并处或者单处违法所得1倍以上5倍以下罚金；情节特别严重的，处5年以上10年以下有期徒刑，并处违法所得1倍以上5倍以下罚金。故内幕交易犯罪的罚金完全以内幕交易行为的违法所得为依据。同时，《内幕交易犯罪解释》第10条第1款规定："刑法第一百八十条第一款规定的'违法所得'，是指通过内幕交易行为所获利益或者避免的损失。"可见，内幕交易获利或者避损数额是罚金刑的直接裁量依据。但是，对于内幕交易获利数额与避损数额的认定问题，《内幕交易犯罪解释》并没有制定针对性的数额计算方法，该问题极有可能在实践中出现较多的争议与分歧。

笔者建议，内幕交易犯罪司法解释有必要优化与细化违法所得数额司法判断规则，以"正收益"为核心设计内幕交易犯罪数额的认定方法。具体而言，在内幕交易犯罪案件中，涉案内幕信息公开会引起证券、期货交易价格上涨或者下跌的，行为人在该信息公开之前建仓谋取价格上涨利益或者平仓规避价格下跌风险的，应当直接根据价格上涨收益与规避风险收益认定违法所得。同时还应当看到，资本市场实践操作中，有的内幕交易者在重大信息未公开之前抢先建仓后并没有全部平仓；除了将实际套现收益认定为违法所得之外，对于未平仓的浮动收益也应当进行刑法评价。所以，内幕交易违法所得"实际正收益"的认定规则在实务中应当重视以下细节与重点。

1. 获利型正收益的认定

对于内幕信息公开后会引发证券、期货交易价格上涨或者下降的，由于相应的做多或者做空交易都可以使行为人谋取实际利润，故其具体的交易方向并不影响违法数额的认定。关键在于判断建仓数额与平仓数额之间的价差。在内幕信息引起价格上涨的情况下，行为人掌握内幕信息直到该内幕信息公开之后的时间内，其建仓买入证券、期货合约且全部平仓卖出的，相关获利价差都是正收益，直接认定为违法所得；如果存在部分没有平仓卖出的证券或者期货合约，由于不存在实际获取的正收益，应当在以下评估正收益环节另行认定。在内幕信息引起价格下跌的情况下，行为人建仓卖空相关证券、期货合约且全部平仓买入了仓位的，相关获利差价均认定为违法所得；未平仓买入回补部分同样根据评估正收益数额规则另行判定。

2. 避损型正收益认定

内幕交易正收益显然并不局限于实际获取交易利润，持有的证券或者期货合约应当亏损而基于内幕信息抢先交易规避损失，实际规避损失数额也是一种正收益。在内幕信息公开对证券、期货合约交易价格产生下跌影响的情况下，行为人基于内幕信息提前平仓卖出证券或者了解期货头寸的，应当首先计算内幕信息公开之后引发证券、期货合约交易价格下降期间的平均价格，然后计算行为人在信息公开前平仓的平均价格，最后将两者的价差认定为内幕交易规避损失的正收益。没有全部平仓的，不存在规避损失的问题，故不能作为内幕交易违法所得处理。

3. 评估正收益的认定

评估正收益是内幕信息持有人基于内幕信息从事证券、期货交易但在案发后仍未平仓部分应当通过评估规则认定为违法所得的犯罪数额。由于没有平仓的证券、期货合约仅存在账面价值，没有实际转化为行为人的现实收益，需要通过评估规则准确评价为可归责的内幕交易违法所得数额。内幕信息引起价格上涨的，未平仓正收益应当是内幕信息对市场产生影响期间的证券、期货合约的平均交易价格与行为人实际建仓平均成本价格之间的价差。内幕信息公开引发价格下降，行为人在内幕信息公开前建仓卖空，尚未平仓部分应当在案发后强行平仓，但该未平仓部分的正收益不能根据平仓数额进行评估，仍然应当根据内幕信息对市场影响期间内平均价格与行为人建仓评价价格之间的价差进行认定。获利正收益与评估正收益相加为内幕交易违法所得总量。

此外，在内幕交易犯罪案件中，内幕信息来源、交易资金供给、证券账户安排、交易实际操作等往往由数个行为人共同实施，内幕交易共犯结构存在很大的差异，有必要建构具有针对性的共犯数额判断规则。根据资本市场犯罪共犯原理，两个以上行为人基于获利目的共同利用内幕信息从事相关证券、期货交易的，构成内幕交易共犯。然而，由于金融犯罪共犯数额认定在理论上存在分赃数额、分担数额、参与数额、犯罪总额等不同判断规则，[①]如何根据内幕交易犯罪的行为特点确定共犯数额，刑法理论与司法实践中存在极大的认识分歧。

《内幕交易犯罪解释》第 9 条实际上采用了“微调的”犯罪总额规则，即内幕交易犯罪构成共犯的，按照共同犯罪行为的成交总额、占用保证金总额、获利或者避免损失总额定罪处罚，但在罚金刑的处罚上，判处各被告人罚金的总额应掌握在获利或者避免损失总额的 1 倍以上 5 倍以下。这意味着内幕交易犯罪案件中的每个共犯在定罪与自由刑裁量层面对内幕交易犯罪总额承担责任，仅在适用罚金刑时，将内幕交易共犯违法所得总额作为所有共犯罚金数额的基准，而非对每个共犯判处罚金的基准。

对此，笔者认为，有必要将“修正的”犯罪总额规则作为内幕交易共犯数额的认定依据，即原则上将内幕交易犯罪总额认定为共犯数额，例外情况下以参与数额或者个体违法所得数额作为共犯数额。实践中，内幕交易共犯一般共同谋划内幕交易策略、共同分配违法所得、共同抵抗行政调查与刑事侦查，内幕交易共犯结构中的部分行为人及其行为在整体中不具有可区分性，应当以内幕交易犯罪总额认定共犯数额。有的内幕交易共犯尽管存在明确的事先共谋，但行为主体分别出资、独立交易、自负盈亏，在这种情况下，主犯显然仍然应当对总额承担责任，但从犯的行为及其实际作用具有明显的可区分性，即从犯实施的内幕交易行为在总体数额中可以作为一个独立的部分区分出来进行评价，且对于内幕交易共犯社会危害性的增加与强化并不明显，应当以实际参与数额（证券交易成交额或者期货交易占用保证金额）或者个体违法所得认定其犯罪数额。

---

① 刘宪权：《金融犯罪数额问题的刑法分析》，载《法学》1998 年第 11 期。

第六章

证券内幕交易犯罪刑事合规

最高人民法院、最高人民检察院于2012年5月22日联合发布《内幕交易犯罪解释》。作为我国首部资本市场犯罪司法解释，《内幕交易犯罪解释》对内幕信息知情人员、非法获取内幕信息人员、内幕信息敏感期、内幕交易、泄露内幕信息定罪处罚标准等资本市场犯罪刑法理论与实践中长期存在争议的刑法适用疑难问题进行了规定。[①]《内幕交易犯罪解释》的实施对于指导司法实务部门办理资本市场犯罪案件，强化资本市场法律监管力度，有效维护资本市场秩序，保护广大投资者合法权益，具有重大且深远的影响。[②]《内幕交易犯罪解释》目前是解决我国内幕交易犯罪案件疑难问题的唯一刑法解释，不仅对于参与我国资本市场的金融交易者起到了重要的规范指引作用，而且由于其规定的内幕交易犯罪刑法适用规则具有突出的创新性，在全球金融市场一体化的背景下，研究《内幕交易犯罪解释》对于丰富全球的资本市场犯罪刑法理论亦有重大意义。

由于内幕交易犯罪相关实践问题具有高度复杂性，《内幕交易犯罪解释》在内幕信息知情人员与非法获取内幕信息人员认定、内幕信息重大性判断、内幕交易犯罪行为指控与抗辩、内幕交易犯罪情节认定等重大且疑难实践问

---

① 杨维汉、崔清新：《惩治内幕交易犯罪 维护资本市场秩序——最高人民法院有关负责人就首部资本市场犯罪司法解释答记者问》，载《检察日报》2012年5月23日，第2版。

② 张先明：《"两高"联合出台司法解释 指导司法机关正确办理内幕交易犯罪案件》，载《人民法院报》2012年5月23日，第1版。

题上仍然存在很多争议与困惑。对最新内幕交易犯罪司法解释进行深刻与细致的解析，能够推动资本市场犯罪刑法理论与实践更为冷静地对内幕交易犯罪问题进行审视，持续探索内幕交易犯罪刑法解释不断优化的理论支撑与发展路径。更为重要的是，刑事合规实务如果能够从这些疑难问题的法律适用中提炼出确定的规则指引，能够为市场参与者提供重要的行为参考，从而确保市场参与者能够合法合规经营，避免内幕交易犯罪刑事法律风险。本章尝试深度分析证券内幕交易犯罪中的疑难问题，以期对内幕交易犯罪刑事合规的理论探索与实务有所裨益。

第一节　内幕信息知情人员管理与非法获取人员风险控制

一、内幕信息知情人员

内幕信息知情人员是内幕信息的第一手获取人员。《内幕交易犯罪解释》第1条规定：“下列人员应当认定为刑法第一百八十条第一款规定的‘证券、期货交易内幕信息的知情人员’：（一）证券法第七十四条规定的人员；（二）期货交易管理条例第八十五条第十二项规定的人员。”可见，《内幕交易犯罪解释》罗列了内幕信息知情人员司法判断所依据的法律、法规条文。但是，在《刑法》第180条明确规定内幕信息知情人员的范围依照法律、行政法规的规定确定的基础上，刑法理论与实务对于2020年实施的《证券法》第51条、[①]

---

① 《证券法》第51条规定：“证券交易内幕信息的知情人包括：（一）发行人及其董事、监事、高级管理人员；（二）持有公司百分之五以上股份的股东及其董事、监事、高级管理人员，公司的实际控制人及其董事、监事、高级管理人员；（三）发行人控股或者实际控制的公司及其董事、监事、高级管理人员；（四）由于所任公司职务或者因与公司业务往来可以获取公司有关内幕信息的人员；（五）上市公司收购人或者重大资产交易方及其控股股东、实际控制人、董事、监事和高级管理人员；（六）因职务、工作可以获取内幕信息的证券交易场所、证券公司、证券登记结算机构、证券服务机构的有关人员；（七）因职责、工作可以获取内幕信息的证券监督管理机构工作人员；（八）因法定职责对证券的发行、交易或者对上市公司及其收购、重大资产交易进行管理可以获取内幕信息的有关主管部门、监管机构的工作人员；（九）国务院证券监督管理机构规定的可以获取内幕信息的其他人员。”

《期货交易管理条例》第 81 条第 12 项[①]分别规定的证券交易内幕信息的知情人员本身并没有疑问。实践中的疑难问题在于，《证券法》《期货交易管理条例》有关内幕信息知情人员的规定各自存在明显的缺陷，导致司法实务部门在认定相关行为主体是否构成证券、期货内幕信息知情人员时会出现困惑与障碍。

在证券内幕信息知情人员法律规定方面，2020 年实施的《证券法》第 51 条在明示性地列举了上市公司董事、监事、高级管理人员等 8 项证券内幕信息知情人员的类型之后，通过第 9 项“兜底条款”将国务院证券监督管理机构规定的其他人整体纳入知情人员范围。尽管上述规定在形式上实现了明确列举与原则概括相结合，但由于缺乏内幕信息知情人员实质标准的界定，造成证券监管机构裁量权过大，最终导致“其他内幕信息知情人员”的范围处于完全不确定的状态。这也意味着内幕交易刑事合规必须高度重视解释上的不确定性，在保障交易效率的基础上，全面控制刑事法律风险。

刑事合规管理实践中应当明确，证券内幕信息知情人员的实质是基于职务可获取证券内幕信息。构成《证券法》第 51 条第 9 项规定的“其他”内幕信息知情人员的行为主体，显然应当与该条前 8 项规定的内幕信息知情人员主体类型具有同构型特征，在《证券法》本身没有直接且明确规定的情况下，这种同构型特征的归纳正是内幕交易犯罪刑事合规应当予以明确的问题，以便给予业务行为有效的规范指引。

从《证券法》第 51 条的规定分析，在规范来源上，市场参与者首先需要对证监会关于信息披露管理办法中的知情人员的范围进行充分辨识。进一步应当注意到，从《证券法》第 51 条明示性规定的证券内幕信息知情人员的类型来看，其实质特征都是基于其在上市公司、上市公司控股公司、上市公司实际控制人、证券监管与服务机构等所承担的职责（包括私营部门的业务性岗位与公共部门的职务性岗位）能够获取内幕信息。这样的实质性界定不仅可以将上市公司并购重组参与方及其工作人员、上市公司重大合同交易

① 《期货交易管理条例》第 81 条第 12 项规定：内幕信息的知情人员，是指由于其管理地位、监督地位或者职业地位，或者作为雇员、专业顾问履行职务，能够接触或者获得内幕信息的人员，包括：期货交易所的管理人员以及其他由于任职可获取内幕信息的从业人员，国务院期货监督管理机构和其他有关部门的工作人员以及国务院期货监督管理机构规定的其他人员。

对方及其工作人员等《证券法》第51条没有明示性规定，但在实践中能够基于公务性或者业务性的职责充分接触、管理内幕信息的证券内幕信息知情人员，准确纳入内幕信息知情人员范围，而且能够将上市公司的控股股东、实际控制人控制的其他公司及其董事、监事、高级管理人员等被《证券法》第51条忽略但基于其与上市公司形成持股关系、实际控制关系能够获悉证券内幕信息的人员，纳入知情人员信息风险合规管理范围。

二、内幕信息非法获取人员风险管理

根据《刑法》第180条的规定，内幕信息非法获取人员是内幕交易犯罪的另一种犯罪主体类型。对于非法获取内幕信息人员的认定，资本市场犯罪刑法理论与实务中长期存在三种不同的观点："非法手段论"认为，非法获取内幕信息人员只能是利用骗取、套取、偷听、监听或者私下交易等非法手段或者通过非法途径获取证券内幕信息的人员。[①] "不当获取论"认为，对"非法获取"的理解不能过于狭窄，"非法获得"应指"不该获得而获得"，其中"不该获得"是指行为人与内幕信息之间并无职务或业务上的信赖关系，也即行为人属于禁止接触或获取内幕信息的人员。[②] "混同认定论"采取淡化非法获取内幕信息人员独立类型特征与模糊上述意见分歧的方式，统一使用"内幕人"的概念将内幕信息知情人员及其近亲属、通过非法手段获取内幕信息的人员以及通过其他途经获取内幕信息的人都纳入内幕犯罪行为的主体范围。[③]

《内幕交易犯罪解释》第2条与第3条通过联动规定非法获取内幕信息

---

① 王作富主编：《刑法分则实务研究（上）》（第2版），中国方正出版社2003年版，第546页。

② 刘宪权：《金融犯罪刑法学专论》，北京大学出版社2010年版，第365页。

③ 2007年中国证券监督管理委员会《证券市场内幕交易行为认定指引（试行）》第6条规定："符合下列情形之一的，为证券交易的内幕人：（一）《证券法》第七十四条第（一）项到第（六）项规定的证券交易内幕信息的知情人；（二）中国证监会根据《证券法》第七十四条第（七）项授权而规定的其他证券交易内幕信息知情人，包括：1. 发行人、上市公司；2. 发行人、上市公司的控股股东、实际控制人控制的其他公司及其董事、监事、高级管理人员；3. 上市公司并购重组参与方及其有关人员；4. 因履行工作职责获取内幕信息的人；5. 本条第（一）项及本项所规定的自然人的配偶；（三）本条第（一）项、第（二）项所规定的自然人的父母、子女以及其他因亲属关系获取内幕信息的人；（四）利用骗取、套取、偷听、监听或者私下交易等非法手段获取内幕信息的人；（五）通过其他途经获取内幕信息的人。"

人员类型及其异常交易行为特征的创新性刑法解释技术解决了上述争议：利用窃取、骗取、套取、窃听、利诱、刺探或者私下交易等手段获取内幕信息的，显然属于非法获取内幕信息人员；内幕信息知情人员的近亲属或者其他与内幕信息知情人员关系密切的人员，或者在内幕信息敏感期内与内幕信息知情人员联络、接触的人员，从事或者明示、暗示他人从事，或者泄露内幕信息导致他人从事与该内幕信息有关的证券交易，相关交易行为明显异常，且无正当理由或者正当信息来源的，应当认定为非法获取内幕信息人员。

之所以将其评价为创新性解释，是因为《内幕交易犯罪解释》极为精巧地解释了并未通过非法手段获取内幕信息人员的行为“非法性”，即根据交易行为事实（从事、建议从事、泄露信息导致他人从事）与交易行为评价（明显异常且无正当性事由）逆向证明内幕信息知情人员的近亲属、关系密切人、敏感期的联络、接触人等非法获取内幕信息。《内幕交易犯罪解释》第2条不仅通过限制行为主体类型的方式将偶然、无意地听闻内幕信息人员排除在内幕交易犯罪行为主体之外，[①] 而且在第3条极为详尽地列举了“相关交易行为明显异常”的核心判断指标，[②] 实质性地提升了非法获取内幕信息人员基于内幕信息从事内幕交易犯罪行为证明规则的明确性。

---

① 颜斐：《无意听到内幕信息不是犯罪》，载《北京晨报》2012年5月23日，第A7版。无意听到内幕信息从而实施相关证券交易在国外判例中通常也不认为构成内幕交易犯罪。例如，美国证券交易委员会诉巴里·斯威策尔案。在该案中，美国证监会指控，斯威策尔在1981年6月举行的俄克拉荷马州高中运动会上无意中听到他认识的一位上市公司董事及其妻子在谈论将要进行的并购事宜。斯威策尔基于该尚未公开的上市公司并购信息从事证券交易并获利5万美元。联邦地区法院判决斯威策尔的行为不构成内幕交易。因为无意听闻内幕信息的行为主体既非内幕信息知情人员，亦非非法获取内幕信息人员，其对于内幕信息的来源并不承担任何形式的信赖（不基于信息从事交易或者泄露信息）义务，不受披露或者戒绝交易规则的限制，故不应当将偶然听闻的内幕信息并据此从事相关证券交易的行为认定为内幕交易。参见SEC v Switzer，590 F Supp 756（WD Okla 1984）.

② 《内幕交易犯罪解释》第3条规定：“本解释第二条第二项、第三项规定的‘相关交易行为明显异常’，要综合以下情形，从时间吻合程度、交易背离程度和利益关联程度等方面予以认定：（一）开户、销户、激活资金账户或者指定交易（托管）、撤销指定交易（转托管）的时间与该内幕信息形成、变化、公开时间基本一致的；（二）资金变化与该内幕信息形成、变化、公开时间基本一致的；（三）买入或者卖出与内幕信息有关的证券、期货合约时间与内幕信息的形成、变化和公开时间基本一致的；（四）买入或者卖出与内幕信息有关的证券、期货合约时间与获悉内幕信息的时间基本一致的；（五）买入或者卖出证券、期货合约行为明显与平时交易习惯不同的；（六）买入或者卖出证券、期货合约行为，或者集中持有证券、期货合约行为与该证券、期货公开信息反映的基本面明显背离的；（七）账户交易资金进出与该内幕信息知情人员或者非法获取人员有关联或者利害关系的；

对于《内幕交易犯罪解释》第2条第1项规定的以非法手段获取内幕信息人员，实践中并不存在认定障碍，关键问题在于内幕信息敏感期内的联络、接触人等内幕交易犯罪行为主体的判断。同时，刑事合规实践中还需要结合现有的证券期货法律解释性文件与反内幕交易实践经验，进一步控制好《内幕交易犯罪解释》第2条与第3条规定的“相关交易行为明显异常”的风控标准。

（一）内幕信息知情人员的联络人、接触人

内幕信息的传递一般多发于近亲属以及其他关系密切人之间，但这并不意味着没有证据表明行为人与内幕信息知情人员之间关系密切，就可以直接排除行为人获取内幕信息的可能。内幕信息完全可以在社会关系一般的主体之间进行传递。内幕信息知悉人员基于故意、口风不严、疏忽大意、意图使信息受领者利用内幕信息牟利、炫耀等各种因素，都可能使行为人获取内幕信息。

正是因为认识到上述内幕信息传递的实践特征，《内幕交易犯罪解释》第2条第3项规定，在内幕信息敏感期内，与内幕信息知情人员联络、接触，从事或者明示、暗示他人从事，或者泄露内幕信息导致他人从事与该内幕信息有关的证券、期货交易，相关交易行为明显异常，且无正当理由或者正当信息来源的，构成非法获取内幕信息人员。上述规定不仅将内幕信息知情人员近亲属、关系密切人之外的内幕信息敏感期内的联络、接触人纳入内幕交易犯罪主体范围，而且合理地将偶然、无意地听闻内幕信息人员排除在内幕交易犯罪行为主体之外。[①]行为人实施证券交易之前与内幕信息知悉人员之间的联络和接触是一个沟通联系与内幕信息传递的言语互动过程。这种联络和

（接上页）（八）其他交易行为明显异常情形。”应当看到，在美国内幕交易案件司法实践中，交易模式是判断行为人是否基于内幕信息从事相关证券交易的重要指标。如果控方证明涉案证券交易行为所体现出的模式化特征比较异常，则可以推论从事证券交易的行为主体持有内幕信息或者相关证券交易依托于内幕信息。从异常交易判断规则上来看，美国联邦第九巡回上诉法院的判例规则比较有代表性：内幕交易案件中的异常证券交易是指行为人从事的证券交易行为显著地区别于其以前的交易模式，在具体判断上应当结合行为人交易相关证券的总量以及比例、交易的时间、相关交易是否与其历史交易记录或者交易习惯吻合等相关要素进行分析。参见：In re Silicon Graphics Inc. Securities Litigation，183 F. 3d 970，986（9th Cir. 1999）；Provenz v. Miller，102 F. 3d 1478，1491（9th Cir. 1996）. 对照上述《内幕交易犯罪司法解释》，我国内幕交易案件中的异常交易判断标准显然更为细致。

① 颜斐：《无意听到内幕信息不是犯罪》，载《北京晨报》2012年5月23日，第A7版。

接触可以是面谈，也可以是电话、短信沟通，更可以是邮件联系；有的是“一语中的”直接点出内幕信息，也有的是“三言两语”传递内幕信息，还有的是在较长时间内讨论内幕信息，更有的是在谈论多个事项过程中包含或者夹杂内幕信息。刑事合规实务需要对敏感期间内持有内幕信息人员的接触、沟通、联系行为进行一定的风险管理。同时，对于具有高风险的接触、联系人员，在具有沟通条件的情况下，应当及时展开尽职调查，了解其证券交易情况，以便在出现疑似刑事法律风险时迅速向监管机构进行报告。

（二）交易行为明显异常

内幕信息知情人员的近亲属、关系密切人相对于内幕信息敏感期内知情人员的联络、接触人而言，其社会联系的现实强度与内幕信息内容的知悉程度明显更高，逻辑上合理的推论应当是前者实施的相关交易行为的异常性程度应当明显低于后者，这样才能保证内幕交易犯罪行为静态构成标准与动态证明过程的平衡并最终保证刑事归责的平衡。而《内幕交易犯罪解释》第3条对于上述两种不同的行为主体类型却设置了程度完全相同的“明显异常”指标，即从时间吻合程度、交易背离程度和利益关联程度等方面来看，内幕信息知情人员的近亲属、关系密切人、信息敏感期内的联络、接触人在账户使用、资金配置、交易时间、交易习惯、证券、期货产品基本面等综合要素上与内幕信息的形成、变化和公开时间“基本一致”，都应认定为非法获取内幕信息人员从而承担内幕交易犯罪的刑事责任。

事实上，2011年最高人民法院《关于审理证券行政处罚案件证据若干问题的座谈会纪要》（以下简称《证券行政处罚纪要》）对上述两种不同类型的主体设置了完全不同的判断标准。根据《证券行政处罚纪要》第5条[①]的规

① 《证券行政处罚纪要》第5条“关于内幕交易行为的认定问题”规定：“会议认为，监管机构提供的证据能够证明以下情形之一，且被处罚人不能作出合理说明或者提供证据排除其存在利用内幕信息从事相关证券交易活动的，人民法院可以确认被诉处罚决定认定的内幕交易行为成立：（一）证券法第七十四条规定的证券交易内幕信息知情人，进行了与该内幕信息有关的证券交易活动；（二）证券法第七十四条规定的内幕信息知情人的配偶、父母、子女以及其他有密切关系的人，其证券交易活动与该内幕信息基本吻合；（三）因履行工作职责知悉上述内幕信息并进行了与该信息有关的证券交易活动；（四）非法获取内幕信息，并进行了与该内幕信息有关的证券交易活动；（五）内幕信息公开前与内幕信息知情人或知晓该内幕信息的人联络、接触，其证券交易活动与内幕信息高度吻合。”

定，内幕交易行为成立的基础在于，内幕信息知情人员的近亲属、关系密切人的证券交易活动与该内幕信息“基本吻合”，而内幕信息公开前与内幕信息知情人或知晓该内幕信息的人联络、接触，其证券交易活动应当与内幕信息“高度吻合”。对照《内幕交易犯罪解释》第3条与《证券行政处罚纪要》第5条，敏感期内内幕信息知情人员的联络、接触人的交易行为与内幕信息基本一致可以构成刑事犯罪，但构成证券行政违法却要达到“高度吻合”的程度——内幕交易违法与犯罪的法律规格出现明显倒挂。

一种在理论上存在解释空间的理解是，作为最新司法解释的《内幕交易犯罪解释》放弃了《证券行政处罚纪要》规定的区分化处理规则，根据新司法解释效力优先原则，刑事司法实践中应当坚持《内幕交易犯罪解释》第3条的规定。同时，《证券行政处罚纪要》本身以及权威性解读文本确实也没有完成“基本吻合”与“高度吻合”标准的实质性区分，[①] 即《证券行政处罚纪要》没有明确回答何种程度的资金、账户、交易时间、交易模式等指标构成基本吻合或者高度吻合。但是，交易行为明显异常是否确实不具有基本一致（吻合）与高度一致（吻合）的实质可区分性？

对刑事合规实务如何把握上述法律标准，笔者提出的参考意见如下。高度一致（吻合）的信息指标表现为：(1) 资金流向上，行为人及其控制的证券账户交易记录显示其不惜大额亏损卖出其他股票，然后满仓买入内幕信息涉及的股票；行为人在内幕信息形成之后且尚未公开之前，快速集中明显超过其以往交易记录的操作资金或者以高额资本成本获取融资，买卖内幕信息涉及的证券、期货。(2) 交易风格上，行为人以往的证券交易风格表现为分散持股（持仓），但在相关内幕信息尚未公开之前采用集中绝对数量和相对比例显著超过其交易风格的资金配置模式，操作内幕信息涉及的证券、期货合约。(3) 交易时间上，行为人在重大利空信息即将公开之前的精准减持，或者在重大利好信息形成之后的突击增持。与之对应，基本一致（吻合）的信息表征是：(1) 行为人在其控制的账户之间进行无亏损或亏损度一般的调

---

① 赵大光、杨临萍、蔡小雪、李涛：《〈关于审理证券行政处罚案件证据若干问题的座谈会纪要〉解析》，载《人民法院报》2011年8月31日，第6版。

仓；行为人调拨大量自有资金或者以合理成本借贷资金进入证券账户用于买卖与内幕信息有关的证券、期货。（2）在与内幕信息相关的证券、期货合约基本面没有明显变动的情况下，将集中持股（持仓）转换为集中持有内幕信息对应的证券、期货合约。（3）行为人实施的相关证券交易时间完全处于内幕信息形成与公开的范围之内，但买入或者卖出时间节点并非紧接于利好信息形成之后或者利空信息公开之前。

第二节　正当交易合规管理

在排除内幕交易犯罪行为属性的正当化事由层面，《内幕交易犯罪解释》第 4 条规定了不属于从事与内幕信息有关的证券交易的情形：一是持有或者通过协议、其他安排与他人共同持有上市公司 5% 以上股份的自然人、法人或者其他组织收购该上市公司股份的；二是按照事先订立的书面合同、指令、计划从事相关证券、期货交易的；三是依据已被他人披露的信息而交易的；四是交易具有其他正当理由或者正当信息来源的。① 其中最需要进一步细化论证的是第二种情形。根据《内幕交易犯罪解释》第 4 条第 2 项的规定，按照事先订立的书面合同、指令、计划从事相关证券、期货交易的，不属于内幕交易犯罪行为。这实际上是内幕交易违法犯罪案件中的一种典型抗辩事由，即预设交易计划抗辩。例如，在岳某斌保荐代表人内幕交易案中，岳某斌及其代理人就提出，其买入上市公司三爱富股票是执行事先预定的交易计划，故岳某斌实施的相关证券交易行为不具有违法性，不应当认定为内幕交易。② 同时，对于刑事合规管理而言，通过与监管机构充分的合规沟通与信息披露，完全可以实现在信息敏感期从事相关交易但不触及内幕交易犯罪刑事法律风险。

① 张先明：《“两高”联合出台司法解释 指导司法机关正确办理内幕交易犯罪案件》，载《人民法院报》2012 年 5 月 23 日，第 1 版。

② 许志峰：《证监会查处券商人员内幕交易》，载《人民日报》2012 年 1 月 20 日，第 10 版。

一、预设交易计划的规则架构

作为内幕交易违法犯罪的一种肯定性辩护，预设交易计划最早规定于SEC2000年监管规则《选择性披露与内幕交易》：控方推定持有重大未公开信息的行为人在从事相关证券交易时使用该未公开信息，但行为人可以提出以下反驳推定的事由：（1）事先存在从事该项交易的有约束力的合同；（2）执行事先存在的第三方交易指令；（3）事先存在的书面计划预先详细说明了该项交易。[①] 该项预设交易计划抗辩在实践中又被称为10b5－1避风港规则，即如果行为人预先计划（包括证券数量、交易价格、交易日期等要素）从事相关证券交易时没有获悉重大未公开信息，随后执行该计划中规定的交易行为，即使届时掌握了该重大未公开信息，亦不能对其提出内幕交易指控。[②]

从规则内容上分析，我国《内幕交易犯罪解释》第4条第2项规定的预设交易计划抗辩与美国《选择性披露与内幕交易》的10b5－1避风港规则基本一致。《内幕交易犯罪解释》基于保障被告人抗辩权，防止内幕交易适用的不当扩大，借鉴成熟资本市场做法，[③] 直接规定预设交易计划可以排除内幕交易犯罪性质，不仅在实体标准与证明程序上对持有内幕信息但并未实际使用该信息从事证券交易的市场主体提供了合法且合理的内幕交易免责空间，而且能够在很大程度上分散内幕交易执法与司法的压力，同时又可以通过允许合法的内部人交易丰富资本市场的流动性。但在内幕交易案件司法实践中还应当注意以下两个问题。

二、预设交易计划的实践操作

《内幕交易犯罪解释》仅原则性规定了预设交易计划抗辩事由，并没有

---

① 17 C. F. R. § 240. 10b5－1.

② Stanley Veliotis, *Rule 10b5－1 Trading Plans and Insiders' Incentive to Misrepresent*, 47 American Business Law Journal 313, 314 (2010).

③ 张先明：《“两高”联合出台司法解释 指导司法机关正确办理内幕交易犯罪案件》，载《人民法院报》2012年5月23日，第1版。

对如何具体操作这种避风港规则作出进一步明确的指引。同时，我国《证券法》《期货交易管理条例》等行政法律法规均未对预定交易计划的适用范围与运作程序进行明确与系统的规定。而预设交易计划这种内幕交易抗辩事由的本质在于，在允许上市公司内部人员或者内幕信息实际持有人员实施必要的交易行为的同时排除其他基于内幕信息的违规交易。故预设交易计划的法律规则应当是非常复杂的一个规范结构，亟须设置完备的程序规范与实体条件等配套制度才能在实践中得以有效执行。

预设交易计划纵然应当成为排除内幕交易刑事违法性的正当化事由，但在具体适用时应当明确构成该种抗辩事由应当符合以下法律要素：交易计划在时间上制定于内幕信息形成之前；预定交易计划必须委托证券中介机构进行操作；交易计划应当对证券交易方式、数量、价格、时间等要素，或者计算上述交易数量、价格和时间等要素的具体公式，进行明确约定；针对相关证券设定的交易计划应当向证券监管机构或者交易所备案；个人或者机构在知悉重大未公开信息之后，其本人或者受其委托的未知悉重大未公开信息的个人或者机构，不得对如何、何时、是否执行该交易计划施加后续影响。此外，相关证券、期货行政法律法规应当对资本市场中的预设交易计划问题进行系统性与规范化的界定，为司法实践提供坚实的前置性法律规范基础。

三、预设交易计划的滥用风险及其控制

作为一种安全港规则，预设交易计划实质上就是为内部人交易提供的免责事由，在实践应用中有必要细致评估内部人滥用该项抗辩事由规避内幕交易责任的风险，并提出针对性的规则应对。

在美国资本市场中，基于预先设定的交易计划实施相关证券交易的盈利普遍高于一般证券交易，据此，美国证券监管机构以及资本市场中的有关意见认为，这样的数据足以证明实践中普遍存在滥用预先设定的交易计划从事内幕交易的可能，并且 10b5 - 1 规则并不能有效地防止内部人通过预先设定的交易计划谋取不正当的利润。[①] 但是，单纯根据上市公司内部人的交易计

① Jane Sasseen, *The SEC is Eyeing Insider Stock Sales*, Business Week, March 19, 2007, p. 41.

划收益高于市场一般收益水平只能说明上市公司内部人的交易水平高于外部投资者，这显然与上市公司内部人能够获取更为充分的内部信息紧密相关。在没有证据证明此类内部信息具有重大性的情况下，上市公司内部人基于信息能力的优势获取高于资本市场平均水平的收益显然是基于信息差异而产生价格分歧的市场自然现象。因此，评估滥用预设交易计划抗辩的风险还需要更为明确的实证基础。

在一项更为全面且具有针对性的实证研究中，艾伦·加格林泽尔教授对12500家上市公司进行了有关内部人交易的调查，其中共有3000余名内部人实施了10万余次内部人交易。调查结果显示：上述内部人交易中，基于10b5－1规则展开的事先预定的交易计划的收益高于市场平均收益水平6个百分点，而其中没有按照10b5－1规则展开的内部人交易收益仅高于市场平均收益1.9个百分点；上市公司内部人根据事先预定交易计划中的减持行为通常有条不紊地在上市公司发布利空信息之前以及利好信息之后进行，相对于没有基于10b5－1规则进行相关交易的上市公司内部人而言，这种减持行为体现出预期的异常准确性；在部分上市公司内部人终止事先预定的卖出证券计划的案例中，上市公司证券交易价格在原计划卖出证券的时间之后出现了明显的上涨。①

尽管这项实证研究仍旧无法确定滥用交易计划是否已经成为规避内幕交易责任且现实地造成证券交易收益差异的直接原因，但其调查结果所反映的问题确实值得我国内幕交易司法实践进行反思——上市公司内部人在相对早期的时间范围内预先设定证券交易计划，在获悉重大未公开信息之后，一旦发现交易计划与重大未公开信息所显示的交易方向不吻合便取消交易计划；上市公司内部人在交易计划设定完毕后，利用其管理职权通过控制上市公司重大事件发展过程的节奏控制重大未公开信息形成与发展的时间，或者控制信息披露的节奏——交易计划流程中的此类操作手法确实可以达到滥用避风港规则从而规避内幕交易责任的效果。

在预先设定的交易计划可以排除内幕交易责任的基础上，刑事合规实

---

① Alan D. Jagolinzer, *SEC Rule 10b5－1 and Insiders' Strategic Trade*, 55 Management Science 224（2009）.

务应当进一步落实这种法定事由的具体适用条件，同时，司法机关在个案中应当加强对交易计划内容与现实交易情况的审查。上市公司内部人尚未掌握重大未公开信息之前，固然随时可以对交易计划进行任何形式的调整。但是，在已经建构交易计划且获悉重大未公开信息之后，上市公司内部人必须按照合同、指令或者计划执行相关交易，即不能改变交易计划、在交易计划中增加或者新建与特定证券匹配的对冲交易，否则不能适用预设交易计划抗辩。①

第三节　内幕信息价格敏感期的合规管理

根据《刑法》第180条的规定，证券交易内幕信息的知情人员或者非法获取证券交易内幕信息的人员，在涉及证券的发行，证券交易或者其他对证券交易价格有重大影响的信息尚未公开前，从事、建议他人从事、泄露内幕信息导致他人从事相关证券交易，情节严重的，构成内幕交易、泄露内幕信息罪；内幕信息的范围，依照法律、行政法规的规定确定。我国《证券法》第52条、②

① 监管机构应当同步完善强制性信息披露规则，防止上市公司内部人通过控制上市公司重大事件进程来操控重大未公开信息。例如，在上市公司重大合同签订过程中，一般认为交易双方对合同价格要素达成一致时，上市公司重大未公开信息形成，故上市公司内部人在价格要素尚未达成的一致意见的情况下购买上市公司证券，通常可以基于未公开信息尚不具备重大性而认为其不构成内幕交易。但这种对于重大合同交易价格尚未达成一致意见的情形实际上完全可以由上市公司内部人在谈判过程中进行人为控制，比如，负责商谈的高管在对方提出符合上市公司利益预期的价格或者价格幅度时，故意拖延商谈进程，人为造成价格要素未达成一致的状态，并利用这一时间差从事内部人交易，在随后的磋商过程中及时认可之前交易对方提出的价格或者价格幅度。所以，监管机构有必要对上市公司重大信息强制性披露进行更为细致的要求与动态的监管，不断根据实践中的新情况调整监管规则。就上述示例而言，在信息披露监管上应当要求上市公司重大合同首次报价与最终商定价格一致的，以首次报价时间作为重大信息的形成时间，上市公司应当进行披露；基于商业利益考虑延迟披露的，应当予以保密。在首次报价且信息尚未披露时从事证券交易的，构成内幕交易；泄露该首次报价信息的，构成泄露内幕信息。

② 《证券法》第52条规定："证券交易活动中，涉及发行人的经营、财务或者对该发行人证券的市场价格有重大影响的尚未公开的信息，为内幕信息。本法第八十条第二款、第八十一条第二款所列重大事件属于内幕信息。"

第80条、[①] 第81条、[②]《期货交易管理条例》第81条第12项[③]对内幕信息的概念和范围进行了界定。可见，法律禁止特定行为主体在内幕信息形成之后至公开之前从事相关证券、期货交易，故内幕信息的司法判断是准确认定内幕交易犯罪的重要问题。

但是，内幕信息上市公司重大事件等内容不应是单纯且静态的表达，而是一个从信息萌芽、发展、形成、持续影响证券交易价格直至最后公开的动态过程。如何判断内幕信息价格对证券、期货合约交易价格的重大影响性，

---

① 《证券法》第80条规定："发生可能对上市公司、股票在国务院批准的其他全国性证券交易场所交易的公司的股票交易价格产生较大影响的重大事件，投资者尚未得知时，公司应当立即将有关该重大事件的情况向国务院证券监督管理机构和证券交易场所报送临时报告，并予公告，说明事件的起因、目前的状态和可能产生的法律后果。前款所称重大事件包括：（一）公司的经营方针和经营范围的重大变化；（二）公司的重大投资行为，公司在一年内购买、出售重大资产超过公司资产总额百分之三十，或者公司营业用主要资产的抵押、质押、出售或者报废一次超过该资产的百分之三十；（三）公司订立重要合同、提供重大担保或者从事关联交易，可能对公司的资产、负债、权益和经营成果产生重要影响；（四）公司发生重大债务和未能清偿到期重大债务的违约情况；（五）公司发生重大亏损或者重大损失；（六）公司生产经营的外部条件发生的重大变化；（七）公司的董事、三分之一以上监事或者经理发生变动，董事长或者经理无法履行职责；（八）持有公司百分之五以上股份的股东或者实际控制人持有股份或者控制公司的情况发生较大变化，公司的实际控制人及其控制的其他企业从事与公司相同或者相似业务的情况发生较大变化；（九）公司分配股利、增资的计划，公司股权结构的重要变化，公司减资、合并、分立、解散及申请破产的决定，或者依法进入破产程序、被责令关闭；（十）涉及公司的重大诉讼、仲裁，股东大会、董事会决议被依法撤销或者宣告无效；（十一）公司涉嫌犯罪被依法立案调查，公司的控股股东、实际控制人、董事、监事、高级管理人员涉嫌犯罪被依法采取强制措施；（十二）国务院证券监督管理机构规定的其他事项。公司的控股股东或者实际控制人对重大事件的发生、进展产生较大影响的，应当及时将其知悉的有关情况书面告知公司，并配合公司履行信息披露义务。"

② 《证券法》第81条规定："发生可能对上市交易公司债券的交易价格产生较大影响的重大事件，投资者尚未得知时，公司应当立即将有关该重大事件的情况向国务院证券监督管理机构和证券交易场所报送临时报告，并予公告，说明事件的起因、目前的状态和可能产生的法律后果。前款所称重大事件包括：（一）公司股权结构或者生产经营状况发生重大变化；（二）公司债券信用评级发生变化；（三）公司重大资产抵押、质押、出售、转让、报废；（四）公司发生未能清偿到期债务的情况；（五）公司新增借款或者对外提供担保超过上年末净资产的百分之二十；（六）公司放弃债权或者财产超过上年末净资产的百分之十；（七）公司发生超过上年末净资产百分之十的重大损失；（八）公司分配股利，作出减资、合并、分立、解散及申请破产的决定，或者依法进入破产程序、被责令关闭；（九）涉及公司的重大诉讼、仲裁；（十）公司涉嫌犯罪被依法立案调查，公司的控股股东、实际控制人、董事、监事、高级管理人员涉嫌犯罪被依法采取强制措施；（十一）国务院证券监督管理机构规定的其他事项。"

③ 《期货交易管理条例》第81条第12项规定："内幕信息的知情人员，是指由于其管理地位、监督地位或者职业地位，或者作为雇员、专业顾问履行职务，能够接触或者获得内幕信息的人员，包括：期货交易所的管理人员以及其他由于任职可获取内幕信息的从业人员，国务院期货监督管理机构和其他有关部门的工作人员以及国务院期货监督管理机构规定的其他人员。"

即价格敏感性，是内幕交易刑事合规的最大难题。法律规定是静态的，刑事合规是动态的——内幕交易刑事合规在内幕信息敏感性问题层面需要解决的问题，并不是确立能不能基于给定的内幕信息从事交易，而是需要在未公开信息的动态发展脉络中确立一个时间节点，在此之前，明确指引市场参与者可以从事交易；在此之后且信息非公开之前，市场参与者不能从事交易。

由于《刑法》《证券法》等均以内幕信息形成与公开作为禁止内幕交易行为的时间节点，故实践中分析相关信息是否具有影响理性投资者的投资行为进而影响证券、期货合约交易价格的特性，实际上就是内幕信息价格敏感期的判断问题。《内幕交易犯罪解释》第5条第1款与第4款分别以司法解释的形式正式将“内幕信息敏感期”的概念界定为内幕信息自形成至公开的期间，并明确将内幕信息公开标准规定为内幕信息在国务院证券、期货监督管理机构指定的报刊、网站等媒体上进行披露，在一定程度上解决了部分与内幕信息认定有关的理论分歧与实践争议。① 然而，《内幕交易犯罪解释》第5条第2款与第3款②规定的内幕信息形成时间司法认定规则在实践适用中仍然存在较多争议与困惑。这对于刑事合规而言构成了非常困扰的不确定性。

应当看到，未公开信息是对与证券交易价格具有重大影响的事件或者行为发展过程与程度的反应，其动态地展现重大事件或者行为逐步从高度不确定性向可能性乃至现实性的转化。内幕信息是上市公司在业务经营、公司治理等市场活动中或者期货市场政策调整、交易监管中形成的重大未公开信息，

① 在《内幕交易犯罪解释》发布前，理论与实践中对内幕信息公开标准的意见并不一致。有的观点主张适用形式公开标准，即尚未被公众知晓的重大信息在证券监管机构制定的媒体予以发布之时，应当认定内幕信息业已公开。参见张小宁：《论内幕交易罪中“内幕信息”的界定》，载《昆明理工大学学报（社会科学版）》2009年第3期；顾肖荣、张国炎：《证券期货犯罪比较研究》，法律出版社2003年版，第403～404页。但也有观点认为应当采纳实质公开标准，即内幕信息按照法定形式披露之后，必须经过一定时间被市场消化，才能认定为内幕信息已经公开。参见陈海鹰、朱卫明、叶建平：《泄露内幕信息罪、内幕交易罪的若干问题探析——由“杭萧钢构案”展开》，载《法治研究》2008年第3期；刘宪权：《内幕交易、泄露内幕信息罪若干疑难问题探析》，载《犯罪研究》2003年第2期。《内幕交易犯罪解释》采取了形式公开标准，避免了实质公开标准的不确定性。

② 根据《内幕交易犯罪解释》第4条第2款与第3款的规定，一般情况下，内幕信息形成时间与可能对证券、期货价格产生重大影响的上市公司“重大事件”“计划”“方案”以及期货市场“政策”“决定”的形成时间是一致的；特殊情况下，由于影响内幕信息形成的动议、筹划、决策或者执行人员对其行为所带来的市场影响具有较高的确信度，其动议、筹划、决策或者执行的初始时间，应认定为内幕信息形成之时。

内幕信息形成时间认定本质上是对尚未公开信息何时对证券交易价格产生重大影响的量化判断问题。所以，有必要通过基本原理与类型化阐释相结合的方式解释规则，并细致阐释例外情况补充司法规则文本，从而有力地解释个案中内幕信息形成时间问题时必然会出现的空缺与不足，最终定位于内幕交易刑事合规中的明确行为指引。

一、内幕信息形成时间的金融逻辑

内幕信息形成时间的司法判断应当秉持分析问题贯通全面性与兼容性的理念，既要根据资本市场现实对内幕信息形成时间进行适度的提前认定，明晰金融逻辑，又要在准确评估高风险信息基础上排除其具有重大性的可能。

首先，在判断信息是否对证券交易产生重大影响时，应避免内幕信息重大性认定标准成为保障资本市场投资者权益的障碍。

尚未公开的信息发展到对证券交易价格产生重大影响的程度即可形成内幕信息，信息所对应的事件是否发生以及交易价格现实的关联性变动可以作为信息重大影响的有效验证但非必要条件。例如，有关上市公司收购的未公开信息并不需要等到收购方案成形或者收购交易实施才能认定内幕信息形成，在上市公司收购交易双方启动磋商时，根据基本证券常识足以判断相关投资方拟收购上市公司这一信息可能影响该上市公司的股票交易价格，该信息一旦公开或者泄露，上市公司的市值势必会发生明显波动，故早在收购磋商初期之前，完全可以得出内幕信息形成的判断。所以，与证券、期货发行与交易有关的事实所蕴含的信息是否具备重大性，应当就该事实的现实发展情况进行分析，而不能机械地将信息具有重大性的时点固定在证券、期货法律规范规定的特定重大事件、事实确定发生之时。

其次，内幕交易中未公开信息重大性的判断原则上不能与虚假陈述中的未公开信息重大性的判断问题进行混同理解。

全球资本市场法律规范对证券欺诈监管设置了一项相同的标准：利用上市公司内部信息从事证券交易，或者违规披露、不披露上市公司信息，只有在该信息具有重大性时，才可能构成内幕交易或虚假陈述。理论上有观点认为，虚假陈述与内幕交易中的信息重大性判断问题适用相同的法律规则。[①]但在实践中，虚假陈述与内幕交易往往又适用不同的信息重大性判断规则。例如，理性投资者规则与市场影响规则是美国联邦法院系统判断虚假陈述案件中信息是否具有重大性的两大重要标准。根据理性投资者规则，信息重大性应当考察虚假陈述的事实对于理性投资者的价值。理性投资者会认为相关事实对于决定如何实施投资行为是重要的，或者对于理性投资者而言，披露相关事实非常可能会显著地改变其所能够获取的信息总和所反映的市场认知，则构成重大信息。[②] 相关信息具备重大性并不意味着理性投资者必定会基于该信息的介入而改变投资决策，[③] 而是指上市公司内部人控制的与证券投资有关的重大信息，如果被资本市场中的其他理性投资者掌握，并结合市场中其他与该上市公司有关的信息，该理性投资者可能对证券进行重新估价。[④]根据市场影响规则，重大性是判断虚假陈述违法犯罪案件是否成立的首要条件，信息重大性应根据信息披露之后上市公司证券交易价格的即时变动或合理时间范围内的变动予以分析。[⑤] 尽管这两大信息重大性判断标准在司法判断客观性尺度把握层面存在内在冲突，但其均强调构成虚假陈述的前提，即未公开信息的重大性，应当着眼于信息之于市场或者市场参与者的现实或者可预期的效果。在美国内幕交易判例实践中，尚未公开的信息重大性（也就是内幕信息形成时间）的判断主要适用“发生概率—影响程度”规则：相关

---

① Thomas Lee Hazen, *The Law of Securities Regulation* (5th ed.), West Group, 2005, p. 284.

② TSC Industries, Inc. v. Northway, Inc., 426 U. S. 438, 449 (1976). 我国台湾地区判例适用相同的规则：相关信息是否构成对股票价格具有重大影响的信息，除了可以参考信息公开后相关公司股票价格变动之外，作为判断该信息是否构成重大信息的依据，应当是某一事件对公司的影响，该未经公开的信息是否在合理投资人于知晓该信息后，非常可能会重大地改变其投资决定，或者该未经公开的信息，与合理投资者已获悉的信息合并观察之后，合理投资人便会对股票价格或者投资与否进行重新评估。参见我国台湾地区2006年度上诉字第2706号刑事判决。

③ S. E. C. v. Mayhew, 121 F. 3d 44, (2d Cir. 1997).

④ Stefan Padfield, *Who Should Do the Math? Materiality Issues in Disclosures that Require Investors to Calculate the Bottom Line*, 34 Pepperdine Law Review 927, 933 (2007).

⑤ In re Merck & Co. Inc., Securities Litigation, 432 F. 3d 261 (3d Cir. 2005). 基本案情：原告对默克制药公司及其高管提起证券欺诈集团诉讼，声称被告在2002年首次公开发行过程中通过不恰当的财务手段对子公司资产剥离问题进行误导性陈述。美国联邦第三巡回上诉法院认为，默克制药公司重新披露子公司资产问题后证券交易价格并未立即或者及时变动，故不能认定该项信息具有重大性。

信息是否具有重大性取决于对特定时间该信息所反映的事件的发生概率以及该事件发生对于上市公司的预期影响程度的具体权衡。即某项尚未披露的信息与法律规定的重大事件等相关，则该信息在特定的时间节点是否对于证券交易价格具有重要影响，应该结合该项事实的发生概率与重大事件实际发生时对上市公司经营活动的影响程度这两个因素进行判断。[①] 可见，内幕交易案件信息重大性判断明显突出信息所对应的事实的质[②]与量[③]对于信息是否具有价格敏感性的直接影响，并且这种影响性的判断更侧重于从市场经验与投资心理的主观角度进行衡量。

上市公司重大事件、重大经营行为等是一个持续演进与不断发展的过程，相关信息在反应事件或者行为进程时具有多个发展阶段。在信息发展过程中，禁止从事内幕交易的时间起点，即信息具备重大性的时间，与应依法披露的信息具备重大性的时间，应适用不同的司法判断标准——内幕信息形成时间应当早于开始具有披露重大信息义务的时间。因为较早地认定信息具有重大性而强制上市公司进行披露可能会损害上市公司利益（例如，在并购交易初期就要求对磋商情况进行披露，会刺激市场反应，导致投资者或投机者大量购买目标公司证券，从而推高收购成本，甚至造成交易价格所依赖的证券市场价格畸高而取消并购计划），或者误导投资者（例如，披露并购初期信息后，市场预期并购最终将会发生从而大量做多目标公司证券，但由于并购初期磋商远未涉及并购交易核心问题，在后续谈判中由于双方无法达成一致意见、执行困难等原因而出现并购失败，目标公司证券价格暴跌，投资者产生重大损失）。而在上市公司重大事件、经营行为发展阶段的早期就将反映事件内容的信息界定为重大信息，不仅与市场交易行为总是对信息进行提前反映的现实相契合，而且能够通过内幕信息形成时间的提前认定压缩内部人交易时间，相对有效地提升知情人员在未公开信息性质模糊的存续时间进行内部人交易的成本。因此，内幕交易中的重大性标准显然低于虚假陈述，实践中应确立内幕信息形成时间显著早于重大信息披露义务生成时间的基本原理。

---

① SEC v. Texas Gulf Sulphur Co.，401 F. 2d 833，849（2d Cir. 1968）.

② 例如，事实的具体性质是并购重组还是财务变化。

③ 例如，事实的发生概率是25%、50%还是75%。

最后，与上市公司重大事件等有关的信息确实处于高度不确定状态的，基于该信息而实施的金融交易具有高度风险，知情人员从事的此类高风险投机交易不应构成内幕交易。

实践中，上市公司可能从事的重大行为或者可能发生的重大事件，早在内幕信息形成之前，通常就已经处于信息保密的范畴，只有一定范围的内部人才有可能接触，市场外部投资者对并购最前期的信息无从知晓。这固然是信息掌控上的客观不平等。但是，没有必要过度放大上市公司内部人与外部投资者之间的信息获取与判断能力落差，从而忽视了内部人员利用高度不确定信息进行交易本身所具有的风险性。资本市场应允许，甚至必须坚持信息能力的差异，否则，如果市场信息评估结论完全一样，就不存在价格分歧，资本市场资源优化配置的功能也就受到了根本性冲击。刑法惩治的内幕交易，应当是利用理性投资者认为会影响证券价格的未公开信息从事交易的行为，因为这种交易被广泛认定为没有风险或风险极低且不公平地局限于内部人才能进行的操作。信息尽管与会引发证券价格波动的重大事件相关，但若其处于前期高度不确定状态，这意味着基于此类信息所从事的交易同样蕴含着高度风险，不应认定此类尚未公开的信息已经发展为内幕信息。因此，刑事合规实务没有必要过于严苛地介入基于高风险、高度不确定的未公开信息所从事的投资或投机行为。

二、类型化的内幕信息形成时间

内幕信息本身所具有的类型复杂性特点决定了必须选择典型的内幕信息归纳类型化内幕信息从而形成时间的判断规则。信息重大性应根据个案中交易行为的特征以及相关事实的进展模式进行具体分析，判断上市公司运作过程中的相关信息何时具备重大性事实上并不存在一元化的法律标准。[①] 这种意见正确地强调了信息重大性判断必须建筑在大量事实分析的基础之上，但在内幕信息形成时间的判断实践中，并非不能从特定的内幕信息类型化特征中抽象出一些核心规则。相反，在并购重组、财务信息披露等典型、高发、

---

① Radiation Dynamics，Inc v. Goldmuntz，464 F2d 876，888，(2d Cir 1972).

市场共识较为集中的环节，完全可以对内幕信息形成时间的规律进行类型化合规管理。

（一）并购重组内幕信息

并购重组环节是我国内幕交易犯罪案件的重灾区。[①] 由于一些并购重组项目决策环节多，直接涉及的知情人员多，内幕信息保密具有相当的难度。[②] 故当前实践中行为人主要是利用并购重组过程中形成的内幕信息进行非法交易。在美国资本市场中，SEC 早期查处的比较著名的内幕交易案件[③]基本上都是在并购环节发生的。在近几十年的金融实务中，由于并购交易中的收购方通常会向目标公司股东支付较高的溢价，并购信息对于目标公司证券交易价格上升预期具有极为重要的价值，从中实施内幕交易的收益极为可观，故并购环节的内幕交易是全球资本市场以及司法实践极为关注的主要违法犯罪类型。所以，有必要重点分析并购重组中内幕信息形成的现实规律与判例经验，建构类型化规则，并以此为经验与逻辑基础，逐步研究与重大合同、业绩发布、经营变化等有关的其他内幕信息类型的风险管理手段。

我国上市公司并购重组环节内幕交易案件判例基本上将上市公司及相关并购重组方等拟交易主体确定的时间认定为内幕信息形成之时：在“延边公路”内幕交易案中，非上市公司广发证券拟通过资产注入的方式控股上市公司。广发证券确定收购对象意味着上市公司收购计划即将全面展开，会对收购对象的股票运行价格产生重要影响。该案内幕信息形成时间被认定为广发证券制作借壳上市方案并拟定以辽宁时代、延边公路为备选收购对象之日。[④] 在“天山纺织”内幕交易案中，被告人姚某江任总经理的凯迪投资拟对上市公司天山纺织进行资产重组。新疆维吾尔自治区及该自治区国资委、金融办，

---

① 郑晓波：《内幕交易势头得到一定程度遏制》，载《证券时报》2011 年 4 月 6 日，第 A1 版。

② 许志峰：《内幕交易颠覆股市根基》，载《人民日报》2012 年 5 月 25 日，第 10 版。

③ 当时比较有影响的案件是 Ward La France 卡车公司内幕交易案。Ward La France 公司在没有披露其正在进行的公司股权转让磋商的情况下，于磋商首日直至并购双方就交易价格达成口头一致性意见的期间，在场外市场购买本公司证券。SEC 认定上市公司未公开的控制性股权溢价转让或者重大资产交易磋商信息构成内幕信息。参见 Ward La France Truck Corp，13 SEC 373（1943）.

④ 詹志强：《中国“券商内幕交易第一案”内幕》，载《检察日报》2009 年 1 月 22 日，第 6 版。

凯迪投资等召开非正式会议拟定天山纺织重组之日被认定为内幕信息形成之日。[①] 以国有投资主体为主导的引入民营资本重组上市公司，国有资本确认上市公司交易对手方之时，意味着上市公司重大资产重组即将展开。在“高淳陶瓷”内幕交易案中，中国电子科技集团第十四研究所（以下简称研究所）拟通过资产置换及非公开发行等方式对上市公司高淳陶瓷进行重大资产重组。资产重组合作框架第一次以书面化的形式确认研究所作为上市公司资产重组交易方之日被认定为内幕信息形成时间。[②] 在“创新科技”内幕交易案中，上市公司创新科技实际控制人上海祖龙公司董事长陈某生计划将其控制的上海振龙房产公司有关资产注入创兴科技。由于上市公司资产重组交易双方都处于单一行为主体的实际控制之中，重组是否进行完全取决于实际控制人的意志，故被告人陈某生会同创兴科技高管以及证券中介商讨资产注入方案之日被认定为内幕信息的形成时间。[③] 在“中山公用”内幕交易案中，上市公司中山公用科技股份公司（以下简称科技公司）的控股股东中山公用事业集团股份公司（以下简称集团公司）计划将集团公司整体资产注入科技公司从而实现集团公司的整体上市。由于集团公司系国有资本控股，集团公司重大资产处置需要经过行政审批程序，故集团公司董事长向原中山市委书记陈某楷汇报集团公司资产注入科技公司计划之时被认定为内幕信息的形成时间。[④]

可见，并购本质上是上市公司股东或其实际控制人与特定交易对手之间的资产交易，股东或实际控制人出让部分股份或者整体退出上市公司，交易对手方支付对价，故并购拟交易双方到位或确定之时，可认定为内幕信息形成。[⑤] 刑事合规实务进行内幕信息类型化风险管理时，应当注意以下要点。

其一，具有并购意向的公司一般只有在互相直接接触或者通过投行等中

---

① 周浙玲：《天山纺织重组内幕交易详情曝光》，载《中国证券报》2011年1月18日，第8版。

② 苏江：《涨停王高淳陶瓷内幕交易真相》，载《21世纪经济报道》2011年1月15日，第13版。

③ 吕蕾：《资产注入遭遇“暗礁”行政认定函能否推定其罪——专家热议证券内幕交易的“罪与非罪”》，载《上海法治报》2010年7月9日，第A8版。

④ 黄建屏、梁美：《李启红等内幕交易、泄露内幕信息案》，载中华人民共和国最高人民法院刑事审判庭第一、第二、第三、第四、第五庭主办：《刑事审判参考》（2011年第6集·总第83集），法律出版社2012年版，第2页。

⑤ 谢杰：《内幕交易罪若干疑难问题的实践认定》，载《吉林公安高等专科学校学报》2011年第5期。

介机构协助接触的基础上才有可能确定拟交易对象并进行初步磋商。

从逻辑上分析并购交易的行为过程，接触事实发生在前，交易主体确定在后。因此，原则上不能认为处于“过于初始阶段的接触信息”[①] 具有重大性。因为目标公司与收购方的管理层均极有可能在接触之后直接否定展开初步磋商的必要，即排除对方成为拟交易对手。并购的自然过程通常最先表现为寻求收购或者被收购的行为，即收购方（被收购方）或者其委托的公司官员主动接触被收购方（收购方），在基本排除接触环节相关事实所形成的信息具有重大性的前提下，后续环节中的被接触方的反应对信息重大性认定显得极为关键。一旦被接触方开始对主动接触方的收购提议表现出部分认同倾向时，可认定交易主体已经确定。

其二，结合阶段性市场热点、潜在并购双方股东的持股情况、上市公司股价波动、内部人交易行为等要素，在部分情况下，即使没有证据显示并购重组意向的公司之间有过直接接触，也可根据收购方确定目标公司的事实判断并购重组交易双方已经到位，进而认定内幕信息已经形成。

资本市场不时会出现阶段性的并购交易热点行业或者公司。在对并购重组充满欲望的资本市场或者阶段性市场背景下，任何单方面的并购重组计划都极有可能成为市场关注的焦点，并购意向或者规划方案中确定的潜在交易对手即使处于交易流程的初步阶段，也不能阻碍该信息具有重大性的判定。即使潜在的并购交易双方尚未进行明显的或者有证据表明的接触，上市公司证券价格可能已经出现显著波动。同时，潜在并购双方具有同一股东或实际控制人，并且内部人员已经开始从事内部人交易的，尚未公开的并购信息即使处于早期阶段，仍可基于知情人员的态度以及交易行为，推断该信息具有重大性。因为“如果信息知情人员纷纷从事内部人交易并导致证券价格产生异动，意味着内部人已经认识到了信息重大性，这显然可以作为推论信息具有重大性的关键要素”。[②] 在这种市场环境、证券价格、股权关系、内部人交易情况等各项指标已经显示并购重组迹象的情况下，并购交易中具有主动权

---

① Mill Bridge V, Inc. v. Benton, 2010 WL 5186078 (E. D. Pa. 2010). 该案所涉及的信息由于处在过于初始的并购接触阶段而被法院认定为不具有重大性。

② S. E. C. v. Geon Industries, Inc., 531 F. 2d 39, 47, 48 (2d Cir. 1976).

的一方锁定一个或者多个交易对手方时，可以认为交易双方已经到位或者确定。[①] 对于由上市公司启动的并购重组而言，这种资产交易实际上是上市公司控股股东或实际控制人选择特定对手及其提出的方案，退出上市公司并获取对价的交易过程。上市公司控股股东或实际控制人对于是否进行资产重组具有主动性与选择性，在其通过并购可行性论证等确定主要交易对手的方案时，并购对手方已经处于相对确定状态，可以认为拟交易主体就位。相应地，非公众公司收购上市公司的，其主动性集中于今后可能控制上市公司的母公司，非公众公司通过方案论证等选定借壳上市的壳资源，意味着其后续采取的措施单方面即可影响上市公司股价，故确定壳公司就代表并购重组的交易双方已经确定。

其三，在上市公司与并购交易对手方为同一主体实际控制的情况下，所谓的并购交易双方的接触、确定、启动初步磋商等都是实际控制人的主观意志，客观上难以分离出明显且独立的选择、确定交易对手的事实，只能将内幕信息形成时间顺位推移至与之相隔最近的时间节点——实际控制人、上市公司及相关资产管理人员、证券交易中介等初步磋商的开始时间。[②]

根据《内幕交易犯罪解释》第 5 条第 3 款的规定，影响内幕信息形成的动议、筹划、决策或者执行人员，其动议、筹划、决策或者执行初始时间，应当认定为内幕信息的形成之时。但对于完全由实际控制人操控的并购重组项目而言，实际控制人是影响且参与整个内幕信息发展过程的最终决策者，并购程序中的未公开重大信息是否形成，只能着眼于实际控制人的行为而非

---

① 在上述“延边公路”内幕交易案中，广发证券于2006 年5 月10 日形成《广发证券股份有限公司借壳上市》这一内部方案，明确将辽宁时代和延边公路作为备选的借壳上市目标公司且制定了详尽的借壳上市推进计划。尽管上市公司延边公路于当日晚间公告称其主要股东和管理层未与广发证券就借壳上市事项有过任何接触；股改工作尚处前期筹备阶段。但从股权关系来看，吉林敖东药业集团股份公司分别为广发证券的股东与上市公司延边公路的控股股东。当时正值券商借壳上市这一市场热点的阶段性爆发阶段。延边公路自2006 年4 月25 日至5 月10 日收盘，7 个交易日累计涨幅达74%；其中，4 月26 日尾盘触摸涨停之后，4 月27 日至5 月10 日连拉5 个涨停板。参见余风：《延边公路暴涨谜团深交所彻查广发证券》，载《第一财经日报》2006 年8 月2 日，第 A1 版。

② 在实际控制人为国有资本投资主体的情况下，所谓的初步磋商实际上等同于并购计划向行政负责人进行汇报。

其他动议者、筹划者或者执行者的行为。美国纽约南区法院[①]在新近的内幕交易判例中指出，当参与计划进行并购的公司管理者本身是公司实际控制人的情况下，由于其有权决定是否使交易程序继续进行、是否推进交易计划等，其实际态度及行动对于判断并购概率具有直接的效果。[②] 然而，具体如何判断实际控制人的“实际态度及行动”，该判例并未给出更为细致的规则。笔者认为，实际控制人全局主持下的并购重组本质上是将其本人实际控制的其他资产与上市公司资产之间进行再度配置，实际控制人之外的行为主体进行动议或者筹划，其确定性存在很大的疑问，而实际控制人本人的动议或者筹划，很大程度上是一种主观性的思考，一般不具有外部的、直观的表征。因此，只有在客观化的初步磋商启动时才能确认实际控制人控制下的上市公司的交易对手方。这种认定结论的规则依据仍然是并购重组的交易主体到位，并且是《内幕交易犯罪解释》上述原则性条款的具体化。

（二）财务类内幕信息

与证券发行人有关的财务信息对于证券交易价格具有影响，财务报告等信息披露事项是资本市场投资者最为关注的资讯，而财务预期则是在财务信息尚不完全确定时投资者进行资本配置决策时的核心参考要素。在财务报告尚未制作完毕之前，基于财务资料形成的上市公司财务预期具有现实的不确定性，但由于财务预期与上市公司盈利和亏损具有直接联系，财务预期对于证券定价而言具有重要的参考价值。因此，涉及财务的未公开信息风险管理，同样是需要刑事合规重点研究的类型化内幕信息。

我国《证券法》规定证券交易活动中涉及公司财务的重大未公开信息构成内幕信息，列举了各种构成内幕信息的重大事件以及其他对证券交易价格具有重大影响的信息类型，但并未就涉及公司财务的内幕信息进行内涵界定与类型归纳。对于涉财务内幕信息的界定问题，理论上有观点认为，与证券发行公司资产、获利有关的发行公司本身内部变化或者营运情况的未公开信

① 美国纽约南区法院是联邦一审法院中最活跃与最重要的单位，其审理的金融案件通常具有标杆价值。这主要是由于其管辖范围覆盖了纽约的主要金融中心。

② S. E. C. v. Wyly, 788 F. Supp. 2d 92（S. D. N. Y. 2011）.

息，属于涉及公司财务的内幕信息，上市公司内部人在此类信息未公开时在相关证券交易中加以利用的，构成内幕交易。[①] 这种广义的界定模式将除上市公司重大人事变动之外的、包括公司经营、资产、股权变动等在内的几乎所有重大信息均归类为涉财务内幕信息，对财务信息进行了过于宽泛的理解，即将以非财务资料形式呈现的与上市公司经营业绩有关的非财务信息纳入财务信息的范畴。上市公司财务信息实际上是以货币性数据资料为核心的、呈现公司资本动态的运动的信息，主要包括资产负债表、全面收益表、股东权益变动表、现金流量表。[②]

因此，涉及财务的内幕信息应当是与上市公司经营业务的收益与亏损直接关联的、以财务资料形式呈现的重大未公开财务信息。结合《证券法》有关内幕信息范围界定的规定、证监会或证券交易所关于财务信息披露的规章与规则以及反内幕交易法律实践，[③] 中国内地资本市场中的上市公司涉财务内幕信息类型具体包括：（1）上市公司年度报告、中期报告、季度报告以及业绩预告；[④]（2）重大收益、亏损；（3）债务担保、资产抵押、报废的重大变更；（4）重大债务以及违约未能清偿的到期重大债务。

利用与证券或者证券发行人财务有关的重大未公开信息从事内幕交易的行为主要表现为两种模式：一是通过财务信息造假的方式违规披露重大信息，利用该信息从事相关证券交易。例如，在财务报告中虚构营收等，在财务利好信息发布后卖出相关证券。二是通过不披露重大财务信息或者滥用已知的未公开重大财务信息，从事相关证券交易。例如，明知上市公司月度营收显

---

① 林俊宏、黄鈵淳、许碧真：《从讯谍案谈内线交易民事赔偿责任之相关问题》，载《法官协会杂志》（第7卷第2期）2012年12月。

② International Accounting Standard 1（ISA 1），Presentation of Financial Statements，International Accounting Standards Board.

③ 应当看到，上市公司资产出售、股权变更、收购以及重大合同签订等均与上市公司资产负债表直接相关，此类信息在尚未公开时显然应当属于涉财务内幕信息，但由于反内幕交易法律实践对涉及并购重组、重大合同的内幕信息认定问题已经积累了长期、相对稳定、类型化的法律经验，形成了规则逻辑，故基于资本市场监管现实的考量，需要对此类内幕信息类型进行独立分析。

④ 我国《证券法》《公司法》并未就上市公司季度报告与业绩预告问题作出规定。有关上市公司季报与业绩预告信息披露的规定，参见中国证券监督管理委员会《上市公司信息披露管理办法》《公开发行证券的公司信息披露编报规则第13号〈季度报告内容与格式特别规定〉》以及深圳证券交易所《上市公司信息披露工作指引第1号——业绩预告和业绩快报》等。

著降低、明显减产、库存激增、重大亏损，在季报公开前卖出证券避损或者卖空证券获利。对于前一种行为模式而言，虚假、伪造的财务信息生成时间实际上就是内幕信息形成时间，在法律适用上并不存在更多障碍。在后一种行为模式中，由于各种财务资料逐渐累积为财务报告或者重大盈利、亏损结论是一个量变到质变的动态发展进程，判断特定时间节点的财务资料或者信息集合具备重大性存在相当困难，需要进行具体分析。

其一，根据我国证券法律、法规、规章以及交易所规则的规定，上市公司定期报告（年度、中期、季度报告）应当披露对证券投资决策具有重大影响的信息，① 财务信息披露范围②基本覆盖了与上市公司经营与财务有关的所有资讯。相关报告制作完成之时即为内幕信息形成时间，直至报告披露，均应当禁止泄露或者基于该信息从事相关证券交易。应当强调的是，定期财务信息强制性披露只是在特定的时间节点上对已经客观存在的财务事实进行的事后揭示，无法监管发生在各个定期财务报告公布日期间③发生的重大财务信息披露与内幕交易问题。根据相关信息披露法律规范要求，定期报告空档

---

① 《上市公司信息披露管理办法》第19条规定：上市公司应当披露的定期报告包括年度报告、中期报告和季度报告。凡是对投资者作出投资决策有重大影响的信息，均应当披露。年度报告中的财务会计报告应当经具有证券、期货相关业务资格的会计师事务所审计。第20条规定：年度报告应当在每个会计年度结束之日起4个月内，中期报告应当在每个会计年度的上半年结束之日起2个月内，季度报告应当在每个会计年度第3个月、第9个月结束后的1个月内编制完成并披露。

② 《上市公司信息披露管理办法》第21条规定："年度报告应当记载以下内容：（一）公司基本情况；（二）主要会计数据和财务指标；（三）公司股票、债券发行及变动情况，报告期末股票、债券总额、股东总数，公司前10大股东持股情况；（四）持股5%以上股东、控股股东及实际控制人情况；（五）董事、监事、高级管理人员的任职情况、持股变动情况、年度报酬情况；（六）董事会报告；（七）管理层讨论与分析；（八）报告期内重大事件及对公司的影响；（九）财务会计报告和审计报告全文；（十）中国证监会规定的其他事项。"第22条规定："中期报告应当记载以下内容：（一）公司基本情况；（二）主要会计数据和财务指标；（三）公司股票、债券发行及变动情况、股东总数、公司前10大股东持股情况，控股股东及实际控制人发生变化的情况；（四）管理层讨论与分析；（五）报告期内重大诉讼、仲裁等重大事件及对公司的影响；（六）财务会计报告；（七）中国证监会规定的其他事项。"第23条规定："季度报告应当记载以下内容：（一）公司基本情况；（二）主要会计数据和财务指标；（三）中国证监会规定的其他事项。"

③ 例如，上市公司上年度财报披露之后、本年度季报制作完成之前；中期报告披露之后、第三季度报告制作完成之前；本会计年度结束、年度财报制作完成之前等。

期出现财务情况重大变动，应当通过业绩预告、[①] 临时报告[②]等方式进行财务信息披露，但对于财务信息知悉人员何时应当禁止从事相关证券交易问题，在认定规则层面仍是空白。[③] 在所有涉及财务的内幕信息类型中，上市公司债务（违约）、担保等重大财务变动情况信息具有明显的事件指向性，即系列事实以一元化的线性态势按照时间顺序逐步发展为特定事件。故完全可以直接根据事实进程时间轴上的特定节点确定内幕信息形成时间与重大信息披露时间——此类重大财务事件发生后，上市公司应当立即披露；出现明显的债务违约、承担担保义务、担保责任等事实（例如，被担保人资不抵债等）之时，应当认定为内幕信息形成时间，在信息披露之前禁止知悉该信息的人员从事相关证券交易。

其二，对于上市公司重大担保、债务违约之外的其他未公开财务信息，例如，上市公司出现重大亏损或者相对于上一次定期报告出现大幅度盈利增长，由于其并不具有事件指向性或者特定性，而是各种交易累计基础上的经营数据信息，确实难以勾勒出信息初步生成、具备重大性、最终确定发生的

---

① 《上市公司信息披露管理办法》第25条规定：上市公司预计经营业绩发生亏损或者发生大幅变动的，应当及时进行业绩预告。第26条规定：定期报告披露前出现业绩泄露，或者出现业绩传闻且公司证券及其衍生品种交易出现异常波动的，上市公司应当及时披露本报告期相关财务数据。

② 《上市公司信息披露管理办法》第30条规定：发生可能对上市公司证券及其衍生品种交易价格产生较大影响的重大事件，投资者尚未得知时，上市公司应当立即披露，说明事件的起因、目前的状态和可能产生的影响。第31条规定："上市公司应当在最先发生的以下任一时点，及时履行重大事件的信息披露义务：（一）董事会或者监事会就该重大事件形成决议时；（二）有关各方就该重大事件签署意向书或者协议时；（三）董事、监事或者高级管理人员知悉该重大事件发生并报告时。在前款规定的时点之前出现下列情形之一的，上市公司应当及时披露相关事项的现状、可能影响事件进展的风险因素：（一）该重大事件难以保密；（二）该重大事件已经泄露或者市场出现传闻；（三）公司证券及其衍生品种出现异常交易情况。"

③ 典型情形表现为：2011年3月18日，汉王科技发布2010年年报，公司全年总收入突破12亿元，较2009年增长112.71%，实现净利润8790.16万元；汉王股价当日最高涨幅逼近6%。在紧随其后的一个交易日（3月21日），汉王科技9名高管合计减持120万股该公司股票，股价在75元左右。然而，4月18日，汉王股价暴跌6%，收盘66.61元。汉王科技随即公布利空信息，一季报预亏4000万~5000万元；4月19日，汉王股价逼近跌停。4月28日汉王科技10转增10股后，股价下跌4.78%，收盘25.7元。4月30日，汉王科技发布第一季度业绩报告，半年预亏9000万元，股价最低跌至23.90元。截至5月20日收盘，汉王股价跌至19.89元。在靓丽的2010年年报公布之后、第一季度巨亏以及中报预期预亏之前，汉王科技高管紧急且精准减持，资本市场哗然以及法律人士指出汉王科技高管涉嫌虚假陈述、内幕交易之余，并未及时出现针对上市公司及其高管的虚假陈述民事诉讼以及内幕交易行政调查。参见孙勇杰：《内幕交易撞枪口 汉王科技退市疑云》，载《时代周报》2011第51期。

线性发展流程。只能将信息披露义务与内幕交易禁止中的信息重大性实质标准进行同一化处理，即未公开的财务资料或者经营数据反映出上市公司重大财务变动时为内幕信息形成时间或者信息披露义务生成时间。① 对于如何具体把握“重大”财务变动，内幕交易司法实践中有观点认为，由于上市公司内部人能够掌握销售业绩、月度营收、市场动态、税前损益等信息，就上市公司内部对于其证券交易价格具有影响的财务变动情况而言，上市公司内部人主观上处于确知或者应知的状态。在诸如月度营收等财务信息变化之后、财务报告定期发布之前，信息知悉人员从事相关证券交易的，应当以内幕交易进行定罪处罚。② 这种观点实际上忽略了财务情况变动“重大性”的量化尺度。

上市公司出现对财务有一定影响的信息（例如订单数量下降、营收减少），信息知悉人员便不能买卖相关证券，或者上市公司应当立即披露该信息，这显然会过度突出信息对于证券定价的价值或者引起资本市场中的投资者对财务信息进行过度反应。同时，上市公司盈利或者亏损是一个财务数据的累积过程而非事件发展进程，盈利增长或者出现亏损完全可能是暂时的（例如，月度亏损），难以涵盖上市公司阶段性的财务结论（例如，季度、半年财务报告），在财务信息定期披露时可能被其他经营数据所稀释。此外，基于维护上市公司商业利益的需要，过于严格地限制内部人交易或者积极地披露短期经营数据，可能导致上市公司在业务开展上出现不利的连锁反应（例如，上市公司披露本月订单数量大幅下降是因为某重要采购商不再续订，可能会引起其他采购商紧张、恐慌甚至直接撤单等）。刑事合规实践特别需要注意避免上述过于严格且不符合资本市场法律监管实际的问题。

所以，仅出现订单撤销、营收减少等财务动向并不能认为相关信息已经具备了重大性，对于证券交易价格具有重大影响的财务信息应当是重大亏损或者重大盈利信息。而亏损与盈利都是以数据形式表现的财务发展趋势或者财务结论，故关键在于设定一个合理的趋势指标或者数值范围，以此为基础

---

① 由于上市公司出现重大亏损、扭亏为盈、盈利增速等并不具有事件性，故上市公司应当以业绩预告的形式“及时”（而不需要“立即”）披露该重大信息。内幕交易禁止期间为该预期形成时至披露时。

② 我国台湾地区“2015 年度台上字第 1433 号刑事判决。

并结合当时资本市场中有关该证券定价的具体认识，确认亏损或盈利信息对于证券交易价格的影响是否为重大。

经营数据反映出上市公司财务出现以下情形的，应当认为该数据信息具有重大性，风控应当立即介入，禁止知悉人员从事相关证券交易，并及时披露该重大信息：预计本期财务报告期实现扭亏为盈；上期财务报告期盈利，预计本期财务报告期亏损；预计较上年同期相比利润出现超过50%的大幅变动。同时，应注意分析当时的证券交易价格动向、市场预期等因素具体验证财务变动信息对股价的具体影响。如果证券价格等已经在上一轮行情中对盈利或者亏损趋势进行了提前或者超涨（跌）反应，实际上已经形成了利多（空）出尽的市场格局，则原本能够影响证券交易价格上涨或者下跌的未公开财务信息实际上已经钝化，即使达到上述量化标准，也不具备重大性，从而不承担戒绝交易义务。

三、内幕信息形成时间动态风控的例外情形与个案把握

内幕信息形成时间合规管理的基本原理与类型化规则并不具有绝对的排他效力，应允许在个案中适用例外情形。因为内幕信息形成时间原则性的判断原理较难针对个案特点进行直观分析。同时，即使是实践中比较成熟的类型化规则，例如并购重组型内幕信息，也不可能绝对地适用于所有与上市公司收购、资产重组有关的内幕信息形成时间判断问题。实践中应正视基本原理与类型化规则的局限性，以更为接近个案情形与专属特征的指导性案例呈现例外性适用规则。①

仍以并购重组以及生成于该环节的内幕交易为例，并购一般表现为具有收购或者出售资产的意向方在市场中寻找交易对手，而从事内幕交易的基本

---

① “两高”在联合发布《内幕交易犯罪解释》的同时，还公布了黄某裕、杜某库两起内幕交易犯罪典型案例。参见张先明：《最高人民法院公布两起内幕交易犯罪典型案例》，载《人民法院报》2012年5月23日，第3版。这种具有创新性质的资本市场犯罪指导性案例探索，有必要通过制度化运作将之明确化、固定化、常规化。在具体操作上，不仅仅是整体公布案件事实与法律适用意见，更应当凸显个案中具体疑难问题的司法规则；不仅仅是完整地发布内幕交易犯罪指导性案例，还可以是归纳司法解释文本无法覆盖但个案判决意见有效解决的疑难问题及其相应规则，并将多个此类案件以“组案”的形式进行发布，强化对司法实践中特别疑难问题的权威论证与分析。

上是并购双方公司中的内部人。然而，部分并购项目并非由交易方为主进行前期接洽，而是由财务顾问牵线搭桥、撮合配对、协助磋商等。以颇受关注的谢某华、安某梅内幕交易犯罪案[①]为例，尽管属于并购重组中的内幕交易，却因主体身份及其与上市公司的关系而具有显著的差异性特征——实施交易的行为主体是知悉该信息的财务顾问而非并购公司内部人。但证监会向法院提交的认定函并未关注到该项差异而仍将内幕信息形成时间界定为重组交易双方主体确定之时。[②]

由财务顾问作为证券中介协调并购各方接洽，虽然在形式上出现了确定的并购交易主体，但上市公司或其实际控制人以及交易对手方对于是否以及与何方进行收购、资产重组等问题，具有单方面选择权，不应直接认定经过财务顾问协调确定交易主体的信息会对上市公司证券价格产生重大影响。[③]就并购重组环节内幕信息形成时间的判断而言，在个案认定中必须区分资产交易主体不同的确定途径予以具体分析。

在以财务顾问为主导确定并购重组交易主体的资本操作启动阶段，通常先由财务顾问牵头，撮合具有收购或者出售上市公司股份意向的交易双方并约定初步商谈时间，随后由资产交易双方工作人员进行初步接洽，最终由上市公司控股股东或者实际控制人与资产交易方负责人就并购重组事宜展开初步磋商。在这种证券交易模式中，资产交易双方是完全独立或者不受任何外部资本力量控制的资本市场行为主体，并购重组存在诸多不确定因素。财务顾问拟定资产交易双方时，只能认识到相关公司存在并购重组意向，或者根据经验判断相关公司的财务状况与重组意愿比较契合，具有实施并购的现实条件。至于是否启动初步磋商程序、何时进行磋商、磋商规格、谈判框架结构等内容，则完全处于不明朗状态。资产交易双方实现合作的可能性尽管可以基于专业能力与经验进行预期，但财务顾问对于这种可能性的掌控程度较

---

① （2011）浦刑初字第2738号刑事判决书；许峰：《保代“神叨侠侣”内幕交易第一案吹响民赔号角》，载《证券时报》2012年2月4日，第A4版。

② 谢某华、安某梅内幕交易犯罪案中的一节事实是谢某华利用财务顾问职权获取的与上市公司并购重组（天宝矿业借壳万好万家）有关的信息实施相关证券交易。参见（2011）浦刑初字第2738号刑事判决书。

③ 谢杰：《最新内幕交易犯罪司法解释的缺陷与规则优化》，载《法学》2012年第10期。

弱，不确定性较大。故不能将经过证券中介引荐并确定上市公司并购重组交易主体之时认定为内幕信息形成，而应将信息具备重大性的时间节点适当延后，界定在并购重组意向双方在证券中介撮合下进入初步磋商阶段之时。财务顾问等证券中介利用其掌握上市公司并购重组有关信息的职务便利，在其引荐资产交易双方之后、相关主体尚未开展初步磋商之前从事相关上市公司股票交易的，由于无法合理预期该阶段的信息对证券交易价格会产生重大影响，内幕信息尚未形成，故不能认定其构成内幕交易。

我国资本市场中并购重组环节的内幕交易行为，一般表现为知悉重大未公开信息的行为主体大量买入目标公司证券，在并购信息公开进而引发目标公司证券交易价格大幅上涨之后卖出谋取巨额利润。这种典型的并购环节内幕交易行为在交易模式上可以归纳为做多目标公司股票。但是，全球资本市场中还广泛存在着其他类型的并购环节内部人交易：其一，做多收购方公司股票。行为人在获悉与并购有关的未公开信息之后，看好收购方公司的预期收益，买入收购方公司的股票。其二，做空收购方公司股票。行为人在获悉与并购有关的未公开信息之后，看空收购方公司的预期收益，融券卖空收购方公司的股票。

由于收购方向目标公司股东支付溢价获取股权这一模式在全球资本市场中极为普遍，作为资产交易主体的收购方与目标公司一旦确定，此类信息的公开显然会引起目标公司证券价格的上升。因此，并购交易主体的确定这一未公开信息对于目标公司证券交易价格具有重大影响，应当认定内幕信息形成。并购交易主体确定时，目标公司证券交易价格上涨固然具有显著的可预期性，但收购公司的证券价格并不能据此推论将会上涨，实践中并购声明发布后收购公司的证券价格出现显著下跌的情形比较常见。[①] 在确定的并购信

① 资本市场通常对收购方的预期比较谨慎。因为收购意味着扩张，在积极谋求扩张的情况下，收购势必会给收购方带来包括财务风险、公司治理等多方面的更多不确定因素。如果市场认为收购之后没有协调效应或者收购价格过高，收购方的股价就会下跌。例如，2012 年 7 月 23 日，中信证券宣布其全资子公司中信证券国际拟以 12.52 亿美元收购里昂证券 100% 股权，其中 19.9% 的股权收购已完成交割，双方有意于 2013 年 6 月 30 日前完成所有资产交易程序。当天中信证券港股跌 5.23%，在日本上市的中信股价更是暴跌 20% 左右。参见刘畅：《中信证券：收购里昂反而暴跌》，载《北京晨报》2012 年 7 月 24 日，B7 版。

息公开后市场仍然会出现收购方公司证券涨跌分歧的情况下，更难以认定并购双方初步接触与磋商信息会对收购方公司证券交易价格产生重大影响。

我国内幕交易司法实践中尚未出现知情人员利用并购环节未公开信息买卖收购方公司证券的案例。美国具有代表性的联邦法院判例意见是：证券市场价格对未公开信息所对应的重大事件潜在反应的不确定性，并非判断未公开信息重大性的必要指标。并购交易中的未公开信息应当在初步磋商这种早前环节就具备重大性。① 可见，美国内幕交易判例规则并不认同并购交易主体确定这类早期信息对于收购方公司证券交易价格可能不具有重大影响的观点，或者说不认为收购方证券交易价格在并购初期信息发展过程中的极度不确定性应当影响信息重大性的判断。对此，笔者持不同意见，具体理由如下。

其一，将并购交易主体确定这类早期并购信息认定为具有重大性的市场前提不成立。对于发生在并购重组中的内幕交易案件，在信息发生阶段初期就认定其具有重大性，主要是基于资本市场对于并购信息典型的积极反应。并且，资本市场中广泛存在的"噪声交易者"基于对并购信息过度反应而实施的"噪声交易"会进一步炒作或者放大市场交易价格与实际价值之间的短期偏离。② 但这种积极或者过度反应的对象实际上只限定于目标公司的证券价格。就收购方公司证券交易价格而言，市场对于并购交易与收购方证券价格之间的关系客观上存在的认识分歧，造成初步磋商阶段存在着各种投机性的做空或者做多的市场反应，并购信息对于收购方公司证券交易价格的影响会淹没在各种市场分歧或者方向相反的投机交易之中，从而弱化了并购初期信息与收购方证券价格的关联性。因此，之所以将并购交易中的内幕信息形成时间节点提前确定在交易双方确定之时，就是考虑到这一初期信息对于目标公司证券价格影响的重要性，既然这个市场前提对于收购方公司证券价格

---

① U. S. v. Mooney，425 F. 3d 1093（8th Cir. 2005）.

② 金融市场中的"噪声交易（者）"是指基于各种不稳定的、非理性的投资决策而实施交易的行为（人）。金融市场中的"噪声交易（者）"使交易或者风险水平与理性投资者预期的价值产生偏差。在市场非重要事件较多的情况下，噪声交易（者）对于价格的因果影响性远远大于少量的重大事件本身。See Fischer Black，*Noise*，41 Journal of Finance 529（1985）；J. Bradford De Long，Andrei Shleifer，Lawrence H. Summers & Robert J. Waldmann，*Noise Trader Risk in Financial Markets*，98 Journal of Political Economy 703（1990）.

并不成立，就有必要针对知情人员买卖收购方公司证券的行为确定独立的内幕信息形成时间判断标准。

其二，基于并购交易主体等早期未公开并购信息从事收购方公司证券交易的高度风险，属于向市场提供流行性的投机行为而非应承担责任的内幕交易行为。未公开信息只有在对证券交易价格具有重大影响时，才能认定为内幕信息。在并购交易双方均为上市公司的情况下，判断内幕信息是否形成应当坚持相对性，即应分别分析相关信息对收购方或者目标公司证券的影响。与并购有关的未公开信息的重大性对于收购方与被收购公司而言各有不同。收购方以明显高于市场的价格收购目标公司，对于目标公司的股价具有重大意义，但对于收购方公司的证券价格并非必然具有重大性，反而应当强调此类早期并购信息对于收购方公司证券价格判断的风险性。由于无法预期并购交易主体确定、相关公司官员接触、启动初步磋商等信息对于收购方公司证券交易价格的影响，基于此类未公开信息做多或者做空收购方公司股票承载着显而易见的风险，不能认为与并购有关的初期信息相对于收购方公司证券具有重大性，因而也不能认定内幕信息在上述阶段已经形成。

可见，在个案中判断并购重组环节内幕信息的形成时间，除了应当考察并购交易过程中是否存在证券中介的实质参与外，还应进一步分析知悉未公开并购信息的行为主体所具体从事的金融交易行为，针对的是目标公司证券还是收购方公司证券。如果个案中的交易行为表现为做多或者做空收购方公司证券或相关金融衍生产品，则分析内幕信息是否形成不能以并购交易主体是否确定为标准，而应当显著地延后至初步磋商结果形成之时，即并购交易双方就交易价格与交易结构两大要素[①]达成原则性共识（合约）。尽管并购交易的具体情况千差万别，但交易价格和交易结构始终是所有并购项目中的本质性内容。价格与结构上的共识是并购交易磋商双方互为理解的确定性证据。

---

① 其中，交易价格要素具体是指并购所需要支付的现金或者股权价值。实践中，如果不存在固定数字化的价格时，价格的计算一般是基于目标公司证券预期时间的市场价格、收益、净资产进行测算。交易结构主要是指并购交易的法律形式（例如，双方公司合并、子公司合并、资产买卖、现金收购、换股等）以及收购方支付对价的类型（现金、普通股、优先股、权证、信用债券等）。有关并购重组项目磋商中价格与结构要素的详细判例判断，参见 Greenfield v. Heublein, Inc., 742 F. 2d 751, 757, (3d Cir. 1984).

并购交易磋商双方就价格和结构达成原则性共识固然并非对目标公司证券交易价格产生重大影响的起始时间，却为判断该信息是否开始对收购方公司证券交易价格产生重大影响提供了一个具体的适用标准。在交易价格和交易结构业已确定的情况下，有关并购交易的信息量已经充分且明确，并购交易最终宣布撤销或者误导投资者进行投资决策的可能性都比较小，可以对收购方公司的证券交易价格进行稳定的预期。在信息未公开的条件下，知情人员相对市场外部投资者在交易风险控制上具有明显的优势。因此，并购双方就交易价格与结构达成共识时，可以认定对收购方公司证券具有重大影响的内幕信息形成，知情人员据此做多或做空收购方公司证券的，构成内幕交易。

所以，内幕交易犯罪个案中的核心事实差异实质上影响着未公开信息是否具备重大性的分析与评估，在进行内幕信息形成时间合规管理时，应运用个案中的显著性特征，填补基本原理与类型化信息判断规则无法覆盖的例外情形。

第四节　信息挖掘与专家网络的合规管理

金融市场中存在的一种现象与行为是，在内幕信息未公开前，有些投资者（投机者），尤其是机构投资者中的金融分析师，利用资本市场公开的信息、资料、对上市公司或其管理人员进行调查所获知的信息等，对资本市场作出分析预测，或者以这种预测结果为依据进行交易，而相关分析结果与未公开的内幕信息相一致，从而使相关人员在证券、期货交易中获取了巨额利润。国外资本市场通常将这种行为称为信息挖掘（information snatching）与专家网络（expert network）。前者侧重于强调信息攫取行为的技术性，后者侧重强调通过人际资源获取与证券交易有关的底层数据，两者都有一定的客观中性因素，同时也处于一定的灰色地带——基于不正当的技术优势或者非法手段获取数据信息。因此，基于信息挖掘与专家网络获取的未公开信息从事证券交易，亟须纳入刑事合规的管理范围，从而有效控制刑事法律风险。

一、资本市场允许信息竞争

对于信息挖掘行为能否构成内幕交易或者泄露内幕信息，理论上存在一些不同的看法。肯定的观点认为，行为人运用公开的信息和资料，对证券市场作出的预测和分析，如果这种预测一向被证实非常准确，并且对市场价格造成严重的影响或者危害，按内幕交易处理不无道理。[①] 相反意见认为，内幕交易、泄露内幕信息行为之所以为世界各国法律所禁止，其根本原因就在于，这种行为使得内幕交易的行为人与普通投资者所进行的交易不是建立在平等的基础上，而是处于“一明一暗”的交易状态。

内幕交易的行为人对于某种股票价格的走势因其对内幕信息的知悉而“心中有数”，而普通投资者则只能借助于一般的技术分析和财务分析乃至于自己的猜测进行交易。借助没有确切消息的猜测显然是投机行为，而这也正是资本市场危机四伏的原因所在。无论基于这种猜测进行交易所导致的结局如何，这种行为显然是不能论之以内幕交易、泄露内幕信息罪的。而实际上，股评文章的性质也同样如此。股评文章究其实质而言，也是一种猜测，只不过由于这种猜测是由具有丰富证券专业知识，熟悉证券市场运行规律的证券专家，运用科学的分析手段对公开的信息资料进行分析研究所得出的结论，因而，其正确性一般远高于普通人作出的猜测。但无论这种预测的准确度多高，都改变不了“猜测”的实质。显然，法律不能因为一个人的预言相当精确就可以剥夺其发表意见的权利，这是现代法治社会公民享有言论自由的必然结论。[②] 在现实生活中，具有一定社会危害性的行为是很多的，法律没有必要、也不可能将所有具有社会危害性的行为，都用法律尤其用刑法加以调整。对于股评文章，尽管它可能对证券交易价格有一定的影响，但这种影响和法律规定的内幕信息比较，它的影响较小。因为它所依据的材料、信息已经公开。这种已经公开化的材料、信息对证券价格已经施加了影响，因此，通过这种信息作出的股评实质上就是对已公开的信息进行消化和再消

① 白建军：《证券欺诈及对策》，中国法制出版社 1996 年版，第 29 ~ 30 页。
② 张军主编：《破坏金融管理秩序罪》，中国人民公安大学出版社 1999 年版，第 269 ~ 270 页。

化的过程，并不符合内幕信息的特征。另外，如果将类似的信息都作为内幕信息，势必扩大了内幕信息的范围和内幕人员的范围，不符合刑法的立法本意。[①]

二、内幕交易风险控制

对于内幕信息未公开前，利用已经公开的信息资料对市场作出分析和预测，并从事有关证券、期货交易的行为，不应该纳入刑法调整与刑事合规管理的范围，但也不应当完全忽视以信息搜集、攫取为名义实际非法获取内幕信息行为存在的可能。

首先应当明确的是，市场投资者（投机者）的分析和预测行为，无论对市场有多大的影响，无论与内幕信息本身的内容如何接近甚至完全相同，这毕竟是利用已经公开的市场信息、资料得出的预期，而不是利用尚未公开的内幕信息得出的结果。内幕交易的前提条件是必须有内幕信息存在。如果对利用并非内幕信息进行交易的行为加以惩治显然违背了刑法立法的原意。

其次，资本市场本身需要有人对市场的发展等作出一定的分析和预测，这些分析和预测纯粹是个人的见解，在某种意义上说，只要有资本市场存在，就必然有人们对资本市场的分析和预测存在。而且，在资本市场上交易者不可能不对市场进行分析和预测，尤其是机构投资者，基于其专业能力与信息搜集实力，其对市场进行分析和预测往往能够为一般投资者提供重要的决策参考。应该承认，有关的分析和预测当然会对市场和人们的交易行为产生一定的影响，这是不可避免的，如果对作出分析和预测并进行交易的行为也要加以惩治则不符合市场发展的客观要求和规律。

最后，需要高度重视的是，信息挖掘行为与内幕交易、泄露内幕信息行为之间的界限存在一定的模糊性。在当前的资本市场操作中，包括证券公司、公募基金以及私募在内的很多投资机构或者个人投资者，无视内幕交易、泄露内幕信息的违法性，部分投资机构以上市公司调研为名，实际则是将市场

---

① 薛瑞麟主编：《金融犯罪研究》，中国政法大学出版社2000年版，第263页。

公开信息挖掘行为异化为非法获取内幕信息行为。对于市场分析人员、投资者等主体通过各种手段从上市公司及其内部人员处“拉”“搞”“套”内幕信息的行为，司法实践中应当引起关注；对于以信息调研为形式而实质上属于非法获取内幕信息的行为，应当认定为内幕交易或泄露内幕信息，属于刑事合规实务需要控制的风险。

第七章

期货内幕交易犯罪：法律解释规则与刑事合规实务

通过法律规范的不断完善与执法司法实践的持续优化，高压打击证券市场中的内幕交易违法犯罪行为，是近年来我国反证券内幕交易立法、执法、司法实践的重点与亮点。2019 年 12 月 28 日，第十三届全国人民代表大会常务委员会第十五次会议通过了新修订的《证券法》。修订后的《证券法》在证券定义、注册制改革、投资者保护和内幕交易、市场操纵等违法行为惩治方面均有重大突破，对于助力供给侧改革和化解金融风险，具有重要影响。但是，反观期货领域，由于法律法规发布迟缓、期货内幕交易违法犯罪成本过低、期货内幕交易稽查执法与刑事司法能力受限等原因，我国期货市场内幕交易规制等问题的法律实践，始终没有实现有效的突破。

应当看到，我国期货市场通过长时间的积累，业已建构起了比较丰富的商品期货交易品种系统，并且不断开发与推出全新的商品期货类型。同时，作为金融商品体系中最为重要交易品种之一的股指期货，在经过长达 10 年的准备之后，也已经成功推出并运行多年。虽然经历了 2015 年资本市场异常波动后的交易规则限缩，但是近年来股指期货市场已经步入常态化运行状态。沪深 300、上证 50、中证 500 等指数期权产品的研发与上市筹备、ETF 期权的试点推进，[①] 即将推出的集装箱运价指数期货，将为国内外集装箱运输业

① 左永刚：《股指期权铺路长期资金入市》，载《证券日报》2018 年 8 月 8 日，A2 版。

提供有效的风险管理工具，该期货产品不仅填补了我国场内航运衍生品的空白，同时也意味着我国期货市场首次将产品拓展到了服务领域。[①] 期货、期权以及衍生品市场的交易创新引领下的一系列做空机制极大地丰富了中国期货及衍生品市场的风险对冲功能。

因此，加快制定“期货法”，对于我国期货市场的长远发展与规范监管至关重要，监管层也正在积极推进“期货法”的研究工作。通过出台“期货法”解决期货行业短板、解决监管与发展的矛盾已经成为业界与监管层的共识。[②] 因此，中国期货市场内幕交易法律规范，有必要充分结合当前的“期货法”立法工作的实际需求，调查研究《期货交易管理条例》中有关内幕交易罚则条款中存在的问题，以及对应的《刑法》中相关期货犯罪条款的局限性，以此为契机对期货市场内幕交易法律问题进行立法完善，并为金融机构、大宗商品交易商等在期货市场交易中的合规问题提出对策建议。

第一节　期货内幕交易的行为特征与核心样态

证券与期货市场对于内幕交易的不同法律制度安排以及执法司法实践，本质上是由市场的独立性特征以及内幕交易在不同市场的表现形态决定的。证券市场法律制度旨在保护中小投资者权益，而期货市场主要由具有复杂交易技术的参与者、信息交易者组成，两者对于内幕交易的行为规制与风险防控具有不同的标准与容忍程度。

一、期货市场的独立特征

证券市场分为一级市场（发行市场）与二级市场（交易市场），它是作为金融商品之一的有价证券进行发行与交易的平台。因此，证券市场的实质是发行人的融资平台、交易者的投资平台，并且，这种投资与融资行为具有

① 刘春彦、徐圣艳：《推出上海航运指数期货 实现“全球资源上海配置”》，载《中国证券期货》2019 年第 4 期。

② 祝惠春：《期市扩大开放呼唤期货法》，载《经济日报》2018 年 9 月 18 日，第 6 版。

中长期的特征。所以，证券市场又称为中长期资本发行与交易平台。[①] 上市公司等发行主体，通过证券公司、会计师事务所、律师事务所、资产评估机构等市场中介的服务，发行股票、债权等直接融资工具，获取其所需求的中长期资本资源。

与此具有明显不同的是，期货市场是以大宗商品或各种类型的资产为标的的标准化契约的交易市场，交易对手方之间约定，达成合约之后，不对大宗商品、基础资产或者任何金融资产进行交割，而是在之后的约定时间内，对标准化契约设定的大宗商品实物或者基础资产实物进行交割，或者直接进行现金交割。故期货市场最为重要的功能并非对大宗商品、基础资产、金融商品的财产权进行交换，而是提供了一种非常重要的价格发现机制与风险转移平台。[②] 所以，证券市场与期货市场具有非常明显的区别。期货市场中并不存在所谓的发行人，即发行股票、债权从而获取中长期资本的融资者。期货市场中交易标的的创制主体是期货交易所，其创制的内容是标准化的契约。

二、期货市场内幕交易的行为特征

证券市场中的内幕交易行为，其实质特征是由证券的金融特征和证券市场的核心功能决定的。上市公司是证券市场中股票、债券的发行人。证券市场内幕信息及其知情人员均围绕着上市公司及其相关人员展开。证券市场中的内幕交易行为，其核心内容就是，上市公司中参与内幕信息制造的知情人员，或者通过各种手段非法获取此类内幕信息的行为主体，在公司证券发行、交易过程中的内幕信息尚未公开前，从事相关证券交易，建议他人从事相关证券交易，或者泄露该证券内幕信息。与之进行对照分析，虽然在构成要素层面，期货市场内幕交易同样需要具备内幕信息知情人员、内幕信息非法获取人员等主体要素，内幕信息这一对象要素，相关交易以及泄露内幕信息等

① Glenn G. Munn, F. L. Garcia & Charles J. Woelfel, *The St. James Encyclopedia of Banking and Finance* (9th Edition), St. James Press, 1991, p. 398.

② John Smullen & Nicholas Hand, *Oxford Dictionary of Finance and Banking* (Third Edition), Oxford University Press, 2005, p. 37.

行为要素，然而，上述构成要素在具体内容、特征层面，相对于证券市场内幕交易而言，存在明显差异。

期货市场中交易的是交易所创制的各类标准化契约，而非上市公司等发行人发行的股票、债券。期货市场的主要功能是价格发现与风险对冲，区别于证券市场的融资、投资功能。上述金融特征与市场功能的差异，共同形成期货市场中的内幕交易行为具有符合其自身特殊性的核心内容。

由于期货交易所是期货市场中标准化契约的创制主体，所以，产品发行主体本身与该产品有关的内幕信息之间并不存在实质性的联系。与期货市场特定产品内幕信息有关的主要是该标准化契约内在的大宗商品或者基础资产的内在价值或者市场上的供求关系。

期货市场中的内幕信息知情人员是制造、参与、接触、管理对于期货交易品种、对应的大宗商品、基础资产市场价格具有重大影响的信息的行为主体，不存在像上市公司中“内部人”的法律概念。

证券市场中的内幕交易行为通常就发生在股票、债券所发行与交易的现货市场，而期货市场内幕交易行为并不完全局限于与期货交易品种所在的市场，任何与特定期货交易品种市场价格挂钩的现货市场、期货市场、衍生工具市场，都可以成为期货内幕交易行为具体实施的场所。尤其是与商品期货交易品种直接对应的大宗商品现货市场或者与金融期货交易品种对应的金融商品现货市场。

三、期货市场内幕交易的核心样态

证券市场价格受到基础资产内在价值、供求关系以及证券供求关系的影响。而期货市场首先是一种衍生市场，因为期货合约是基础资产交易的衍生工具。以商品期货为例，其基础资产市场就是商品现货市场。所以，商品期货合约的市场价格受到相关联的商品现货内在价值、相关合约对应时间的现货供求关系以及期货合约供求关系的影响。以国债期货为例，其基础资产市场就是国债现货市场。因此，国债期货合约的市场价格受到相关联的国债现货内在价值、相关期货合约对应期间的国债现货供求关系以及国债期货合约供求关系的影响。这就意味着期货市场中的内幕交易在具体表现形态上，具有更加多样化、多层次、多变量的特征。

行为人可以在与期货合约有关的内幕信息尚未公开之前，在期货合约交易中实施买入、卖出等行为，或者建议他人实施该期货合约的交易。

因为期货市场内幕信息的重大价值会影响到对应的现货市场商品行情，即期货市场信息引导商品现货市场，故行为人可以在与期货合约有关的内幕信息尚未公开之前，于该期货合约对应的现货市场中实施交易行为，或者建议他人实施该商品现货的交易。

因为商品期货内幕信息的重大价值会影响到对应的期货市场中的合约行情，即现货市场信息引导商品期货市场，故行为人可以在与商品现货市场有关的内幕信息尚未公开之前，于该现货对应的期货市场中实施交易行为，或者建议他人实施该期货合约的交易。

上述复杂情况的实质原因是现货、期货合约、重大未公开信息等要素之间，由于现货市场与期货市场之间的价格关联性及其程度的不同，会产生不同的互动效果。但无论期货市场内幕交易各个构成要素之间形成怎样的结构形态，实质上都是在期货内幕信息公开之前的、提前于其他市场参与者的“抢跑”“作弊”行为。

四、期货市场内幕交易的跨市场属性

期货市场内幕交易行为的构成要素与表现形态说明，期货市场具有明显的跨市场行为，这就决定了期货市场内幕交易最为重要的行为特征就是跨市场性。由于证券本身只是其基础资产的证券化而非衍生工具，所以不存在现货市场与期货市场之间的跨市场特征。此外，进一步还可以看到，期货市场内幕交易行为结构中还存在一个非常重要的特征，即信息跨市场与交易跨市场。具体而言，期货市场内幕交易行为中的内幕信息可以是“现货市场中”的内幕信息，也可以是“期货市场中”的内幕信息，期货与现货市场的价格关联是由两个市场之间的信息关联决定的。

对期货合约交易价格具有重要影响的信息可以是期货合约的交易信息（例如，某机构决定大量卖空特定月份的黄金期货合约会引起该月份甚至关联月份的黄金期货合约价格下降），也可以是与期货合约直接相关的现货市场价格信息（例如，特定时间段的大豆现货进口量锐减会引起关联月份的大豆期货合约价格上涨），甚至可以是与期货合约间接相关的现货市场政策信息（例如，房地产调控政策会引起螺纹钢、线材等现货市场供大于求进而引发螺纹钢、线材期货合约交易价格下降）。

基于期货与现货市场价格交易之间的关联度，期货内幕信息知情人员或者非法获取人员既可以在期货市场建仓或者平仓获取利润或者规避损失，也可以选择在现货市场买入或者卖出现货商品或者基础资产获利或者避损。

所以，期货市场内幕交易法律规制应当以期货市场、期货内幕信息、期货市场内幕交易行为的跨市场性特征为导向，设计并完善符合期货实质特征的法律规范。

第二节　境外期货市场内幕交易法律规制与刑事合规实践

纵览全球期货市场，内幕交易案件数量极为有限。相对具有借鉴价值的案例呈现为美国商品期货交易委员会（CFTC）近年来查处的三例期货市场内幕交易案。

一、Motazedi 期货内幕交易案

CFTC 对佛罗里达州迈阿密的 Arya Motazedi 提出指控，认定其在纽约商品交易所（NYMEX）的 RBOB 汽油实物期货合约和 CL 轻质低硫原油期货合约中从事欺诈性交易，此交易涉及他拥有或控制的两个个人账户以及他为其前雇主交易的公司账户。

根据 CFTC 的指控文件，2013 年 9 月 3 日至 11 月 26 日期间，Motazedi 以非竞争性的价格预先安排了其前雇主账户与个人账户之间的至少 34 笔交易，交易价格使其前雇主账户处于不利地位。Motazedi 使用雇主账户在与自己的两个个人账户相互的交易中，以更高的价格买进，以更低的价格卖出。Motazedi 至少有 12 次在为前雇主账户下订单之前为其个人账户下订单（该种

做法称为“抢先交易”），从而为他自己创造了额外的利润，从而欺骗了前雇主，损害了前雇主的利益。Motazedi 的交易活动给他的前任雇主造成216,955.80美元的交易损失。

CFTC 认为，Motazedi 通过挪用非公开、机密和重要的信息完成了他的欺诈。Motazedi 和他的雇主之间存在信托保密义务。此外，其雇主的内部政策规定禁止滥用专有或机密信息，并禁止员工从事涉及能源合同的个人交易以及其他构成实际或潜在利益冲突的个人交易。根据其担任汽油期货交易员的职位，Motazedi 经常可以获取有关其雇主打算为其专有账户进行能源商品期货交易的时间、数量和价格的重要非公开信息。Motazedi 通过使用此类信息进行个人交易账户交易并未向其雇主披露此类交易，从而违反了其对雇主的职责。

CFTC 要求 Motazedi 支付 10 万美元的民事罚款，并支付其前雇主216,955.80美元的赔偿金，并永久禁止其以任何身份在 CFTC 从事期货交易或注册为期货专业人员。[1]

二、Ruggles 期货内幕交易案

CFTC 对佛罗里达州奥兰多市的 Jon P. Ruggles 提出指控，认定其于 2012 年 3 月至 2012 年 12 月在芝加哥商品交易所（CME Group）旗下的纽约商品交易所（NYMEX）出售原油、取暖油期货、期权和 RBOB 汽油期货的欺诈性、虚构性和非竞争性交易。CFTC 要求 Ruggles 归还其非法所得，共计3,501,306美元，并处以 175 万美元的民事罚款。Ruggles 也被永久禁止在 CFTC 进行交易和注册。

CFTC 认为，Ruggles 负责制定其前任雇主的燃油对冲策略，并负责执行该类纽约商品交易所产品的交易，因此其负有信托义务，需为雇主的最大利益行事，并对雇主的材料、交易活动的非公开信息进行保密。Ruggles 违反了对雇主的上述义务，并为自己的个人利益盗用了雇主的机密和重要的非公开交易信息，即通过自己控制的妻子的账户，交易和前雇主相同的纽约商品交

① In re Motazedi，CFTC No. 16 – 02，WL 7880066（Dec. 2，2015）.

易所产品。

本案中，在相关期间内（至少在 71 天之内），Ruggles 利用其前雇主的交易信息在其控制的个人账户中为自己的个人利益进行交易。在这段时间内，Ruggles 在个人账户中交易的原油、取暖油期货及期权和 RBOB 汽油期货与其在雇主账户中交易的品种相同。Ruggles 对个人和雇主账户中的交易进行了排序，以使他的大部分个人订单是根据雇主的订单执行的，其余的个人订单由其他市场参与者以有利于 Ruggles 订单的价格执行。通过以这种方式进行交易，Ruggles 为自己的利益挪用了雇主的交易信息，并违反了 CEA 和 CFTC 条例［包括 CEA 第 6（c）（1）和 CFTC 第 180.1 条］的规定，进行了期货和期权欺诈。根据前雇主账户的交易来执行个人账户交易，Ruggles 能够避免竞争性执行，消除市场风险，并且几乎保证这些交易将以他所寻求的价格执行。①

商品期货交易委员会执法部主任 Aitan Goelman 针对本案的评论指出：根据《商品交易法》（CEA）和 CFTC 条例，盗用机密、非公开信息是欺诈行为，损害了衍生品市场的完整性。CFTC 将继续保持警惕，以制止此类行为。②

三、EOX & Gizienski 期货内幕交易案

CFTC 向纽约南区美国地方法院提起民事诉讼，起诉 EOX Holdings LLC（EOX）及其员工 Andrew Gizienski。根据指控，被告违反《商品交易法》（CEA）和 CFTC 条例，在美国洲际交易所（ICE Futures US）能源合约大宗交易中滥用材料和非公开信息，EOX 未能保持某些必要的记录，也未能勤勉地监督其员工。

2013 年 8 月左右至 2014 年 5 月，Gizienski 对一个朋友的账户行使了全权

① In re Ruggles，CFTC No. 16 – 34（Sept. 29，2016）.

② U. S. Commodity Futures Trading Commission，CFTC Orders Jon P. Ruggles to Disgorge More than ＄3. 5 Million in Trading Profits and Pay a ＄1. 75 Million Penalty for His Illegal Futures and Options Trading，https：//www. cftc. gov/PressRoom/PressReleases/pr7459 – 16. 最后访问日期：2020 年 5 月 18 日。

交易的权力。同时他继续为其他 EOX 客户进行经纪大宗交易，继续获得与 EOX 客户有关的重要非公开信息。Gizienski 向他的朋友透露了有关其他客户的机密信息，例如其身份、交易活动和职位，该行为违反了其对这些客户先前的信托义务。Gizienski 在基于 EOX 客户机密信息的基础上交易了朋友全权委托的账户。

EOX 未实行公司禁止经纪人对客户账户行使自由裁量权的公司政策，允许 Gizienski 代表其朋友进行交易，但却未能制定政策或程序来监控 Gizienski 的交易，并最大程度地减少显而易见的利益冲突。从 2013 年起，EOX 未能制定、实施或执行有关其经纪人处理客户订单、编制和保留所需记录以及保护客户机密信息的政策或程序。EOX 一直未能保持与客户的所有交易前沟通以及客户订单的书面记录。EOX 的记录保存失败阻碍了 CFTC 全面调查潜在违反 CEA 和 CFTC 法规的行为。[①]

商品期货交易委员会执行部主任 James McDonald 在评论本案时表示：非法使用内部或其他机密信息会严重破坏市场诚信，并损害期货市场上的客户。本案执法行动表明，委员会将大力追究此类不当行为。为此，委员会专门成立了内幕交易和信息保护特别工作组，成员来自芝加哥、堪萨斯城、纽约和华盛顿特区的办事处，以便更为有效地惩治与防控这种行为。[②]

四、借鉴与启示

域外期货市场内幕交易案例数量非常有限，一方面意味着该在特定领域中内幕交易执法司法存在相当大的法律适用争议与困难，需要秉持高度谨慎的原则与理念；另一方面，期货市场独有的特性也决定了其与证券市场内幕交易法律规制措施具有相当明显的区别。

（一）期货市场内幕交易对金融机构信息价值的侵害

Motazedi 系 CFTC 首例期货市场内幕交易案，其违法性基础主要建立在

---

① Commodity Futures Trading Commission v. EOX Holdings LLC & Andrew Gizienski，No. 18 – cv – 8890（Sept. 28，2018）.

② U. S. Commodity Futures Trading Commission，CFTC Charges Block Trade Broker with Insider Trading，https：//www. cftc. gov/PressRoom/PressReleases/7811 – 18. 最后访问日期：2020 年 5 月 18 日。

利用重大未公开信息对公司利益的侵害——能源交易员 Motazedi 利用其所在公司意图从事相关合约交易的价格、仓位、时间等保密信息，并先于公司，在其个人账户中从事天然气和原油期货合约交易。显然，Motazedi 在个人账户中从事的交易，在价格等要素上所获取的相对优势，公司的后续交易相对就处于劣势，这就违背了对公司的忠实义务与保密义务。

（二）期货市场内幕交易与利用未公开信息交易的边界

Ruggles 内幕交易案的主要启示在于，期货市场内幕信息可以是金融交易机构中的投资决策信息——Ruggles 负责制定并执行公司的原油期货、汽油期货合约的交易策略。其利用该公司未公开交易策略信息，在个人控制的交易账户中从事两种类型的违法交易行为：（1）直接通过个人实际控制账户与公司的交易账户进行相对交易；（2）以优势价格与市场中的其他交易对手方进行相对交易。在我国修订后的《证券法》《证券投资基金法》《刑法》及其相关司法解释的规范框架下，证券领域的此类行为主要纳入利用未公开信息交易的范畴予以规制。

（三）公司监督责任的合规管理

EOX & Gizienski 内幕交易案的查处，不仅包含了对期货市场内幕信息范围的进一步界定，而且强调了公司的监督责任。Andrew Gizienski 的个人违法行为包括：在服务客户从事经纪业务或者持有客户信息时，为其朋友的账户从事相关的期货交易；向他人泄露期货经纪公司的客户身份、交易行为、持仓等信息，违反对客户承担的信赖义务；持有或者基于公司客户有关的信息，从事与该保密信息有关的期货交易。上述个人行为违法性确立的基点是期货市场内幕信息范围的界定。同时，EOX 的公司违法行为包括：未能有效执行禁止员工在执行经纪业务时为他人操作期货交易账户的制度，同时未能制定政策对员工的上述交易行为进行监控，未能最大限度地控制明显的潜在利益冲突；未能建立、执行防止员工违规处理客户订单、违规使用客户交易记录、违规使用客户秘密信息的政策与流程；未能保管所有交易前的客户交流记录、客户订单的书面记录。这为进一步完善期货市场内幕交易案件的单位违法责任归咎体系提供了有益的参考。

第三节　我国期货市场内幕交易法律规范的缺陷与结构性障碍

《期货交易管理条例》第69条、[①] 第81条第（11）、（12）项[②]对期货内幕交易违法行为及其行政法律责任进行了规定，同时，我国《刑法》第180条对期货内幕交易犯罪也设置了相应的定罪处罚规范。然而，不管是期货行政法律，还是期货犯罪刑法条文，由于其很大程度上都是机械地套用证券内幕交易法律规制的思路，甚至是直接在证券内幕交易犯罪行为类型之后简单加上期货内幕交易犯罪的规定，导致期货市场内幕交易法律规范存在明显的实质性缺陷与结构性障碍，从而造成期货市场内幕交易法律规范基本丧失了规制的针对性与有效性。

实际上监管层已经开始高度重视期货市场滥用行为的特征。例如，2019年2月15日，证监会基于规范发展期货市场，提高期货市场服务实体经济能力，精准打击期货市场操纵行为，维护期货市场秩序，防范风险的现实考虑，根据《期货交易管理条例》的授权，起草了《关于〈期货交易管理条例〉第

---

① 《期货交易管理条例》第69条规定：期货交易内幕信息的知情人或者非法获取期货交易内幕信息的人，在对期货交易价格有重大影响的信息尚未公开前，利用内幕信息从事期货交易，或者向他人泄露内幕信息，使他人利用内幕信息进行期货交易的，没收违法所得，并处违法所得1倍以上5倍以下的罚款；没有违法所得或者违法所得不满10万元的，处10万元以上50万元以下的罚款。单位从事内幕交易的，还应当对直接负责的主管人员和其他直接责任人员给予警告，并处3万元以上30万元以下的罚款。国务院期货监督管理机构、期货交易所和期货保证金安全存管监控机构的工作人员进行内幕交易的，从重处罚。

② 《期货交易管理条例》第81条规定："……（十一）内幕信息，是指可能对期货交易价格产生重大影响的尚未公开的信息，包括：国务院期货监督管理机构以及其他相关部门制定的对期货交易价格可能发生重大影响的政策，期货交易所作出的可能对期货交易价格发生重大影响的决定，期货交易所会员、客户的资金和交易动向以及国务院期货监督管理机构认定的对期货交易价格有显著影响的其他重要信息。（十二）内幕信息的知情人员，是指由于其管理地位、监督地位或者职业地位，或者作为雇员、专业顾问履行职务，能够接触或者获得内幕信息的人员，包括：期货交易所的管理人员以及其他由于任职可获取内幕信息的从业人员，国务院期货监督管理机构和其他有关部门的工作人员以及国务院期货监督管理机构规定的其他人员。"

七十条第一款第五项的规定（征求意见稿）》（以下简称《期货操纵规定》）。[①]《期货操纵规定》明确禁止虚假申报、蛊惑、抢帽子、挤仓4种操纵期货交易价格的行为，并规定了具体的构成要件。其中，禁止任何单位或者个人不以成交为目的申报买卖合约，影响期货交易价格，并进行与申报方向相反的交易或者谋取其他不正当利益；禁止任何单位或者个人编造、传播虚假信息或者误导性信息，影响期货交易价格，并进行相关交易或者谋取其他不正当利益；禁止从事期货投资咨询业务的机构或其人员，或者其他具有市场影响力的主体，对合约或合约标的物作出公开评价、预测或者投资建议，影响期货交易价格，并进行与其评价、预测或者投资建议方向相反的期货交易；禁止任何单位或个人单独或者联合，在临近交割月或交割月，利用不正当手段规避持仓限制，形成持仓优势，影响期货交易价格。[②] 上述期货市场操纵的规则修改代表了监管层已经注意到期货市场违法犯罪行为的独立性特征。因此，反思当前期货市场内幕交易法律规则显得尤为必要。

一、期货市场内幕交易法律规范的缺陷

期货市场内幕交易法律规范的缺陷主要体现在：期货内幕信息具体类型不清晰，期货内幕信息知情人员范围过于模糊。

根据《刑法》第180条的规定，期货内幕交易犯罪构成要件中的期货内幕信息、期货内幕信息知情人员的范围，依照法律、行政法规的规定确定。故期货内幕交易违法犯罪的核心要素均由期货行政法律法规进行界定。目前我国期货行政法律法规的最高位阶为法规，即《期货交易管理条例》。根据《期货交易管理条例》第81条的规定，期货内幕信息，是指可能对期货交易价格产生重大影响的尚未公开的信息，包括：国务院期货监督管理机构以及其他相关部门制定的对期货交易价格可能发生重大影响的政策，期货交易所

① 中国证监会：关于就《关于〈期货交易管理条例〉第七十条第一款第五项的规定》公开征求意见的通知，载 http://www.csrc.gov.cn/zjhpublic/zjh/201902/t20190215_350976.htm. 最后访问日期：2020年5月18日。

② 中国证监会：证监会就《关于〈期货交易管理条例〉第七十条第一款第五项的规定》公开征求意见，载 http://www.csrc.gov.cn/pub/newsite/zjhxwfb/xwdd/201902/t20190215_350975.html. 最后访问日期：2020年5月18日。

作出的可能对期货交易价格发生重大影响的决定，期货交易所会员、客户的资金和交易动向以及国务院期货监督管理机构认定的对期货交易价格有显著影响的其他重要信息。内幕信息的知情人员，是指由于其管理地位、监督地位或者职业地位，或者作为雇员、专业顾问履行职务，能够接触或者获得内幕信息的人员，包括：期货交易所的管理人员以及其他由于任职可获取内幕信息的从业人员，国务院期货监督管理机构和其他有关部门的工作人员以及国务院期货监督管理机构规定的其他人员。

从《期货交易管理条例》规定的期货内幕信息类型与范围进行分析，相对于新《证券法》对股票市场内幕信息范围进行极为详尽的规定①而言，期货市场内幕信息范围界定明显粗糙且不够清晰：国务院期货监督管理机构、期货交易所制定的对期货交易价格具有重要影响的政策、规定、决定等显然属于期货内幕信息，但是，其他相关部门制定的对期货交易价格可能发生重大影响的政策中的“其他相关部门”如何理解？期货交易所会员、客户的资金和交易动向究竟涵盖哪些数据与指标？除了期货监管机构、期货交易所、相关部门的监管信息与期货交易信息之外，是否有必要、有能力细化列举其他类型的期货内幕信息从而适当控制期货监管机构在认定期货内幕信息问题

---

① 《证券法》第80条规定：“发生可能对上市公司、股票在国务院批准的其他全国性证券交易场所交易的公司的股票交易价格产生较大影响的重大事件，投资者尚未得知时，公司应当立即将有关该重大事件的情况向国务院证券监督管理机构和证券交易场所报送临时报告，并予公告，说明事件的起因、目前的状态和可能产生的法律后果。前款所称重大事件包括：（一）公司的经营方针和经营范围的重大变化；（二）公司的重大投资行为，公司在一年内购买、出售重大资产超过公司资产总额百分之三十，或者公司营业用主要资产的抵押、质押、出售或者报废一次超过该资产的百分之三十；（三）公司订立重要合同、提供重大担保或者从事关联交易，可能对公司的资产、负债、权益和经营成果产生重要影响；（四）公司发生重大债务和未能清偿到期重大债务的违约情况；（五）公司发生重大亏损或者重大损失；（六）公司生产经营的外部条件发生的重大变化；（七）公司的董事、三分之一以上监事或者经理发生变动，董事长或者经理无法履行职责；（八）持有公司百分之五以上股份的股东或者实际控制人持有股份或者控制公司的情况发生较大变化，公司的实际控制人及其控制的其他企业从事与公司相同或者相似业务的情况发生较大变化；（九）公司分配股利、增资的计划，公司股权结构的重要变化，公司减资、合并、分立、解散及申请破产的决定，或者依法进入破产程序、被责令关闭；（十）涉及公司的重大诉讼、仲裁，股东大会、董事会决议被依法撤销或者宣告无效；（十一）公司涉嫌犯罪被依法立案调查，公司的控股股东、实际控制人、董事、监事、高级管理人员涉嫌犯罪被依法采取强制措施；（十二）国务院证券监督管理机构规定的其他事项。公司的控股股东或者实际控制人对重大事件的发生、进展产生较大影响的，应当及时将其知悉的有关情况书面告知公司，并配合公司履行信息披露义务。”

上的裁量权？这些问题实际上都需要在期货行政法律法规中予以明确，而不能直接且全部地交由期货监督管理机构进行行政裁量。同时，《期货交易管理条例》完全从期货内幕信息来源机构的角度界定信息范围亦不尽合理。基于期货交易品种的多样性，影响期货交易价格的重大信息跨越农产品、有色金属、债券、股票指数等众多类型的商品与基础资产现货市场及其监管领域，以期货内幕信息核心内容为基础进行类型化规定实际上更符合法律规范明确性的现实要求。同理，《期货交易管理条例》对于内幕信息知情人员范围的界定同样是相对含混的。期货监管机构、期货交易所中基于职务能够接触期货内幕信息的工作人员显然属于期货内幕信息知情人员。但是，“其他由于任职可获取内幕信息的从业人员”的含义并不明确；其他有关部门的工作人员中“有关”的范围也难以准确界定。

二、期货市场内幕交易法律规范的结构性障碍

期货市场内幕交易法律规范的结构性障碍主要体现在：期货内幕交易犯罪与期货内幕交易违法之间的法律标准“倒挂”、期货内幕交易与证券内幕交易界限模糊以及反内幕交易违法犯罪法律规范基本丧失独立性与针对性。

（一）期货市场内幕交易违法与犯罪的法律标准错位

根据《期货交易管理条例》第69条的规定，期货交易内幕信息的知情人或者非法获取期货交易内幕信息的人，在对期货交易价格有重大影响的信息尚未公开前，利用内幕信息从事期货交易，或者向他人泄露内幕信息，使他人利用内幕信息进行期货交易的，构成期货内幕交易违法。而根据《刑法》第180条的规定，期货交易内幕信息的知情人员或者非法获取期货交易内幕信息的人员，在涉及期货交易或者其他对期货交易价格有重大影响的信息尚未公开前，从事与该内幕信息有关的期货交易，或者泄露该信息，或者明示、暗示他人从事上述交易活动，情节严重的，构成期货内幕交易犯罪。

可见，《期货交易管理条例》规定的期货内幕交易违法有两种行为类型：本人在重大信息尚未公开之前，实施相关期货合约的买卖行为；在重大信息尚未公开之前，向他人泄露该内幕信息，从而导致他人从事相关期货合约的

买卖行为。《刑法》规定的期货内幕交易犯罪除了规定本人利用内幕信息从事相关期货交易的犯罪行为类型之外，还规定了在期货内幕信息尚未公开之前，建议他人实施相关期货期货合约的买卖行为。但是，在后面一种期货市场内幕交易行为中，法律并不要求被建议者实际实施了相关期货交易行为。这意味着在行为模式的条件设置层面，期货内幕交易犯罪行为的法律标准相对于期货内幕交易违法而言更为宽松。这种犯罪标准与违法标准之间的“倒挂”深刻地反映了反内幕交易法律在规范结构设置上的混乱。

（二）期货内幕交易与证券内幕交易界限不清

2010年4月，沪深300股指期货合约作为一种全新的金融期货交易品种，在中国金融期货交易所上市交易。金融期货重新成为我国期货市场中一项非常重要的交易品种，这标志着金融期货时代正式启航。沪深300、中证500、上证50等股指期货交易在丰富金融期货交易品种的同时，对期货市场内幕交易监管提出了全新挑战。尤其是对于期货内幕交易与证券内幕交易的规范界定而言，《证券法》与《期货交易管理条例》之间并没有进行有效的协调。纳入到指数期货合约的挂钩证券品种的市场行情，直接决定了指数期货合约的市场价格。例如，对于沪深300指数期货合约的成分股而言，对于相关个股的市场价格具有重要影响的信息，构成《证券法》上的内幕信息。

但是，对于沪深300指数期货合约的市场价格而言，成分股的个股或者一组股票的市场价格具有相当的影响力，尤其是权重更大的股票。诸如此类因为证券市场与股指期货市场之间的价格联动，从而对于股指期货合约市场交易价格具有重大影响的信息，其基本定位是证券市场信息，但其具有期货市场影响力——其究竟构成证券内幕信息还是期货交易信息，仅从现有的《期货交易管理条例》的相关条文进行分析难以形成有效的法律判断。其直接的后果就是股指期货等全新期货交易品种的推出导致期货内幕交易与证券内幕交易在现有的规范框架下存在界限不明问题。

实践中如果出现以下情况：上市公司股票被纳入股指期货，并且该个股属于成分股中的权重股，该上市公司内幕信息的知情人员，在与该个股有关的重大未公开信息尚未披露之前，并未针对该股票有关的内幕信息实施交易行为或者交易他人从事交易的行为，却在股指期货市场中基于该证券市场信息实施期货合约交易。这种违规交易行为在金融实践中是完全存在可能，但由于《证券法》《期货交易管理条例》均没有明确这种行为法律性质的具体归属，《刑法》又将证券与期货内幕交易犯罪行为统一规定为内幕交易罪，因此造成此类金融期货交易领域的基于未公开信息的违规交易的法律规制出现结构性紊乱。

（三）期货市场内幕交易独立性标准缺失

期货内幕交易与证券内幕交易的典型行为类型完全可以存在非常重大的差异。然而，《刑法》第180条不仅在一个条款中同时规定了证券市场与期货市场中的内幕交易犯罪行为，更是在构成要件层面设置了完全相同的规定（除了对象要件之外）。这就导致法律规范没有强调甚至完全没有反映期货市场、期货内幕交易行为的任何实质性特点。基于当时的证券期货犯罪立法技术与能力，有关期货内幕交易犯罪模式的设计问题，刑法规定实际上是直接从证券内幕交易犯罪的行为模式简单复制而来，实际上并没有针对期货市场、期货信息、期货交易、期货内幕交易的内容与结构，进行具体的规定，更没有结合期货市场创新的变动与发展，及时调整期货立法。期货内幕交易犯罪刑法规范制定时的技术性缺陷很大程度上需要司法解释进行优化。但是，从当前我国证券期货犯罪仅有的立案追诉标准而言，其对于证券内幕交易犯罪与期货内幕交易犯罪规定的定罪标准，基本上没有体现出任何针对期货内幕交易犯罪差异性特点进行制度设计的理念。

根据2010年最高人民检察院、公安部《追诉标准二》第35条的规定，内幕交易、泄露内幕信息涉嫌下列情形之一的，应予立案追诉：（1）证券交易成交额累计在50万元以上的；（2）期货交易占用保证金数额累计在30万元以上的；（3）获利或者避免损失数额累计在15万元以上的；（4）多次进行内幕交易、泄露内幕信息的；（5）其他情节严重的情形。

同时，2012年最高人民法院、最高人民检察院《内幕交易犯罪解释》第6条规定："在内幕信息敏感期内从事或者明示、暗示他人从事或者泄露内幕信息导致他人从事与该内幕信息有关的证券、期货交易，具有下列情形之一的，应当认定为刑法第一百八十条第一款规定的‘情节严重’：（一）证券交易成交额在五十万元以上的；（二）期货交易占用保证金数额在三十万元以上的；（三）获利或者避免损失数额在十五万元以上的；（四）三次以上的；（五）具有其他严重情节的。”

从上述《追诉标准二》与《内幕交易犯罪解释》的规定中我们可以看出，证券内幕交易与期货内幕交易在定罪标准上只在“期货交易占用保证金”层面体现出了差异性，这反映出司法解释认识上的局限性，即认为证券交易与期货交易机制在本质上并无不同，能够归纳出的重大差异性特征只有期货交易保证金机制。另一方面，“占用保证金数额累计在三十万元以上”，这一数额标准在内容上的合理性仍然存在极大的疑问。其金额设置明显过低，几乎不能适应期货市场的交易实际。更为重要的是，《追诉标准二》与《内幕交易犯罪解释》完全没有考察期货市场内幕交易行为与证券市场的重大差异。而事实上正是期货内幕交易跨市场性的行为特征决定了，司法解释简单套用证券内幕交易的规范框架规制期货内幕交易在实践中很难起到现实效果。

第四节　期货市场内幕信息特征的全新解构

由于期货市场相关信息是否对于特定期货交易品种市场价格具有重大影响，在司法实务中进行界定具有一定障碍，加之期货市场信息效率程度明显高于证券市场，因此期货市场内幕信息的标准确立与司法实践认定规则确实存在相当的困难。一方面，金融实务中长期以来不乏期货市场几乎并没有可能进行内幕交易的典型论断；[①] 另一方面，执法与司法实践中比较罕见期货市场内幕交易案件。所以，亟须在期货市场内幕信息的重大性、未公开性、内幕信息知情人员等层面进行更为深入、细致与有针对性的规则解析，并以

---

① Commodity Futures Trading Commission Act of 1974: Hearings on H. R. 11955 Before the H. Comm. on Agric., 93d Cong. 183 (1974), at 183.

此为核心建构对期货市场内幕交易相对完整与新颖的理解。

一、期货市场内幕信息的重大性

期货市场杠杆交易机制与指数信息市场影响力决定了内幕信息的判断规则必须紧扣期货市场信息独有特征并以此分析相关信息的价格影响与发生概率问题。

（一）价格影响

期货市场交易品种（尤其是商品期货）涉及非常复杂的现货市场情况并具有国际化属性，特定地区的供给变化（储量探测、气候变化、需求激增等）信息相对而言较难显著影响期货市场的投资者决策。例如，某上市公司在某省探测金矿储量的信息，对于黄金期货市场价格的影响可能较小，但可能会导致该上市公司股票市场价格大幅度上涨。再如，大宗商品现货生产商、交易商等所掌握的本企业旗下的商品生产、销售信息，影响期货市场价格或者期货市场交易者判断的可能性比较有限。但是，如果充分考虑到期货市场保证金交易的杠杆特性，特定期货市场未公开信息所引发的较小幅度价格波动，在杠杆交易放大交易利润与损失风险的作用下，实质上会对期货市场交易产生重大影响。因此，期货市场未公开信息的价格影响一般并不表现为绝对数值意义上的价格波动。

（二）发生概率

评估特定信息及其所对应的作用于相关期货品种价格影响的发生概率，在解释上具有相当大的困难。因为有太多的因素不仅干扰了概率评估的准确性，而且影响了相关期货品种的市场价格。但是，期货市场中有一类特定的信息对于特定重大事件的发生概率以及潜在的期货市场价格波动的重大影响具有相当的确定性，这就是指数信息，能够接触到此类对于形成指数具有重大影响的信息并据此从事相关期货交易的市场参与者往往能够较大概率地获取交易利润。

指数是由编制机构汇总的、具有结果综合性的总和数据。编制机构通过对市场的调研、趋势的观察、交易的识别、数据的分析，将总体数据合成为一个具体的统计数值。这种统计数据对于所有市场都具有重要影响，但对于期货市场而言具有特殊的价值。[①] 有的指数具有影响特定期货交易品种市场价格的能力，例如，消费者信息指数可能影响股指期货。有的期货品种直接以相关指数创指期货合约（美元指数期货、远洋运费指数期货等），获得价格指数或者与该指数形成有关的基础信息实际上就意味着掌握了期货合约价格。

指数编制机构或者与其有关的人员先于市场知悉指数报告，可以基于该信息从事期货交易，也可以出卖、泄露、建议他人从事相关期货交易。即使不是指数编制机构，对于指数形成提供重要数据来源的相关机构，具有观察、分析、辨识、推测指数的重要视角与基础数据，同样能够形成对于指数期货价格、关联期货合约价格的相对精准预判。诸如欧元期货等押注利率变动的重要金融工具均与伦敦银行间同业拆借利率（LIBOR）挂钩，该指数主要基于主要银行机构的预期进行估算。LIBOR 操纵案导致该指数将被逐步淘汰之后，有抵押隔夜融资利率（SOFR）将逐步取代成为基准参考利率信号，SOFR 期货成为全新的利率市场风险对冲工具。SOFR 的计算数据基础源于包括经纪自营商、货币市场基金、资产管理公司、保险公司和养老基金在内的诸多金融机构的真实交易。但无论是预期估算还是基于真实交易数据的加权计算，指数及其关联数据影响指数期货或者关联期货品种的价格变动，都是具有相当发生概率的重要因素，指数编制机构、基础数据信息提供机构及其从业人员基于此类重大未公开信息从事相关期货交易，均有必要在期货市场内幕交易的规制范畴中予以重点考察。

无论是与指数直接挂钩的期货合约、衍生品，还是与指数间接关联的金融商品，指数对于期货合约等金融商品的重大价格影响是显而易见的。实践中的难点在于如何界定对于指数形成、编制具有一定或者相当程度影响的构成性数据或者底层信息的重大性，即形成指数的子集数据在金融商品交易环节对于期货合约等产品的市场价格是否构成重要影响这一程度。市场指数的

---

① Gabriel Rauterberg & Andrew Verstein, *Index Theory*: *The Law*, *Promise and Failure of Financial Indices*, 30 Yale Journal on Regulation 101, 225（2013）.

本质就是基于市场信息中的部分或者子集归纳、抽象为市场整体信息。考察基础数据或者底层信息对于指数形成或者编制的影响力，需要从数据范围、参与性、流动性角度进行多层次分析。

数据范围界定了指数的可信度与代表性。形成指数的数据范围越广，其可信度与代表性就越强。指数所选取的数据范围越窄，那么单个数据对于指数的影响力就越大。由此，掌握单个数据或者一组数据信息就有可能形成对于指数整体的判断。

参与性主要是指纳入价格指数的买方、卖方范围。即使数据范围不大，但如果交易者范围或者参与性比较广泛，价格指数受到特定参与者的交易数据影响就相当有限。① 但如果只有相当一部分交易者的实际成交价格信息纳入价格指数的编制基础，那么这部分实际成交价格信息对于指数的影响就显得十分重要。货币市场中的利率指数、外汇指数等呈现出明显受到大型且特定银行报送数据影响的特征。银行间市场的开放性与透明度相对受限，非银机构固然在交易量层面占据了相当份额，但其交易数据几乎不直接纳入指数；形成指数的基础数据基本上源自少数头部银行之间的交易信息。根据美联储纽约银行关于外汇与利率市场的数据统计，四大头部银行处理了50%以上的交易量；前十大机构占据98%的市场交易份额。②

流动性主要是指纳入价格指数作为基础数据或者底层信息的交易量。如果纳入指数统计的总体交易量规模很大，相应地足以使得特定的大额交易对于市场价格构成显著影响的，则特定信息提供者所掌握的基础数据，比如由其控制的交易量数据就不会对价格指数产生实质性影响，从而无法据此对与价格指数具有关联的期货合约等金融产品市场价格形成相对稳定的预判。

因此，对于编制或者形成指数的基础数据或者底层信息而言，如果指数的样本范围较小、参与者数量较少、交易量总规模较小，那么特定的基础数

① Craig Pirrong, *Energy Market Manipulation: Definition, Diagnosis, and Deterrence*, 31 Energy Law Journal 1, 6 (2001).

② Federal Reserve Bank of New York, The Foreign Exchange and Interest Rate Derivatives Markets: Turnover in the United States, April 2013, p. 6, https://www.newyorkfed.org/medialibrary/media/markets/pdf/2013triennialreport.pdf?la=en. 最后访问日期：2020年5月18日。

据或者底层数据对于价格指数的重要影响就会比较明显，获取此类数据或者信息的，可以认定为对于基于指数的期货合约以及其他金融商品市场价格具有重大影响。

二、期货市场内幕信息的未公开性

理论上一种非常典型的观点是，内幕信息对于期货市场而言是一个非常宽泛且模糊的概念，因为期货市场积聚的更多是可以自由获取的市场公开信息而非未公开信息。[①] 然而，期货市场的大量信息可以通过公开渠道获取并不意味着期货市场中的信息都具有公开性。酒类、食品、超市等生产消费型上市企业的货运物流信息可以通过公开渠道进行观测，但上市公司内部人员在会议中获取此类物流信息并据此得以分析季度财务数据变化，进而实施相关上市公司股票交易，显然具有被评价为基于重大未公开信息进行证券交易的风险。同理，农作物生产情况可以通过卫星公开搜集并进行数据分析，但这种通过投入大量成本获取的数据信息具有非公开性。因此，不能否定期货市场重大未公开信息的广泛存在及其经济价值。

在期货市场中的部分重要环节，市场参与者持有重大未公开信息并非基于不应当纳入规制的竞争性优势，而是应当予以监管的信息不对称。

（一）未公开的交易所规则的改变、临时性交易安排、决定等信息

期货交易所规则、临时性结算安排等规则均为保密信息，且对于相关期货交易品种的市场价格波动具有重大影响。上述信息基本上可以纳入期货交易所“决定”的范畴进行保密并进行内幕交易的风险防控。

（二）未公开的主管部门以及相关政府部门的决策、决定、研究等信息

政府决策信息原则上已经纳入了国务院期货监督管理机构以及其他相关部门制定的对期货交易价格可能发生重大影响的“政策”范畴予以监管，但应当关注到重要的政府研究报告实际上对于期货市场同样具有重大影响且具有未公开性。

---

① Jerry W. Markham, “*Front-Running*”*-Insider Trading Under the Commodity Exchange Act*, 38 Catholic University Law Review 69, 88 (1988).

（三）未公开的期货经纪商的客户交易数据等信息

无论是个别客户的大额资金、持仓变动，还是总体订单数据流，这些仅由特定期货经纪商在服务过程中获取的信息，在相关期货交易中都具有相当大的经济价值。在新《证券法》[①]《刑法》以及利用未公开信息交易犯罪司法解释[②]以及当前的《期货交易管理条例》的框架下，证券领域的此类行为受到利用未公开信息交易的规制；期货领域的此类行为似乎应当受到刑法规制，但并没有明确的规则依据；《期货交易管理条例》并未从法规的前置性规范角度确立此种行为明确构成期货市场内幕交易。

（四）未公开的指数信息

大宗商品价格指数影响相应大宗商品期货合约价格；特定期货合约直接基于相关指数而发行；股指期货合约价格相当程度上区别于高权重成分股价格。指数编制机构、重大数据提供单位、高权重机构及其从业人员等均能够远早于市场知悉此类未公开信息。编制指数的计算时间、发布时间通常明显滞后于底层信息或者样本数据报送时间，部分样本数据提供者基于其知悉或者执行大额交易的优势地位，在一定程度上能够对即将发布的指数信息进行预估。如果其从事相关指数期货、衍生品交易，那么大额交易者或者大额交易数据提供者相对于潜在的对冲交易者或者整个期货、衍生品市场而言则具备显著的起步领先优势。一项关于汇率市场信息交易的优势与获利水平的研究显示，部分银行能够基于自身的规模交易至少于汇率指数发布之前 60 分钟预判主要货币价格，这种接近汇率指数形成机制的信息交易者的交易利润水

---

① 《证券法》第 54 条规定：禁止证券交易场所、证券公司、证券登记结算机构、证券服务机构和其他金融机构的从业人员、有关监管部门或者行业协会的工作人员，利用因职务便利获取的内幕信息以外的其他未公开的信息，违反规定，从事与该信息相关的证券交易活动，或者明示、暗示他人从事相关交易活动。

② 2019 年《最高人民法院、最高人民检察院关于办理利用未公开信息交易刑事案件适用法律若干问题的解释》（以下简称“《利用未公开信息交易解释》”）第 1 条规定：“刑法第一百八十条第四款规定的‘内幕信息以外的其他未公开的信息’，包括下列信息：（一）证券、期货的投资决策、交易执行信息；（二）证券持仓数量及变化、资金数量及变化、交易动向信息；（三）其他可能影响证券、期货交易活动的信息。”可见，客户的期货持仓数量、资金数量等数据信息并没有明确界定为重大未公开信息，但也没有完全排除在“其他可能影响证券、期货交易活动的信息”范围之外。

平显著高于外部的非信息交易者。[①] 需要注意的是，基础数据或者底层信息的公开性并不直接等同于指数信息的公开性。编制指数所依托的多个基础数据或者底层信息可能本身具有公开性，或者可以通过公开渠道获悉。指数的编制、设计、运作等具有非常复杂的内在机制，获取基础数据本身并不意味着对于指数信息具有知悉能力。可见，纳入指数编制的基础数据与底层信息的全面统合权限定于指数编制机构，指数信息的这种特殊的未公开性派生出了特定知情人员的信息优势与保密义务。

（五）未公开的大宗商品、仓储物流企业信息

现货市场中的超大型大宗商品生产、销售、消费企业及其控股股东、实际控制人具有单纯期货市场交易者不能企及的信息优势。如果说大宗商品企业更多的是利用信息优势进行套期保值，那么收购大宗商品企业的金融控股公司则可能利用现货市场中的信息优势攫取期货市场中的巨额交易利润——金融机构收购超大型大宗商品仓储企业所掌握的货物进出仓库数据、货物持有权益结构等，其若将此类信息应用于商品期货交易策略，则具有明显超越普通市场参与者与交易对手方的不公平信息优势。最为典型的案例就是高盛收购全球最主要的商品仓储公司之一麦德龙国际交易服务公司（Metro International Trade Services）——根据美国参议院调查委员会关于华尔街银行参与现货商品市场情况的调查报告，在被高盛收购之后，麦德龙国际交易服务公司囤积了伦敦金属交易所担保交易铝的85%，并在其实际控制的仓储公司中反复运输铝。在该仓储公司运作影响铝供应、仓储成本和价格的同时，母公司高盛参与大量的铝交易，推高了铝的价格，使得汽车制造商等铝制品消费机构支付了更高的费用。同时，高盛雇员知悉麦德龙国际交易服务公司相关铝仓库的保密信息，信息防火墙失控。[②]

---

① Bettina Peirs, *Informed Traders*, *Intervention*, *and Price Leadership*: *A Deeper View of the Microstructure of the Foreign Exchange Market*, 52 Journal of Finance 1589, 1610 – 1613 (1997).

② U. S. Senate, Permanent Subcomm. on Investigations, Majority and Minority Staff Report on Wall Street Bank Involvement with Physical Commodities 10 (2014).

三、期货市场内幕信息知情人员的义务来源与内容

期货市场风险对冲的金融功能与市场参与者的现实对冲需求一直是限制期货市场内幕交易监管的重要依据。理论上有观点认为，期货与衍生品市场的风险对冲功能决定了内幕交易法律条款不能适用于套期保值交易。[①] 期货市场中的特定未公开信息确实能够对期货合约价格产生重大影响，同时也不可能在市场中形成交易者的平等接触。现货市场中的交易者本身就要利用其在现货市场中的交易信息在期货市场中建仓从而对冲其现货市场中的交易风险，如果将这种基于重大未公开信息所从事的期货合约交易认定为内幕交易显然会损害期货市场的风险转移机制。以期货市场风险对冲功能否认期货市场内幕交易的监管必要性存在重大的理论与实践误区。存在这种误区的最主要原因在于，期货市场内幕信息知情人员的义务内容及其与证券市场相应问题之间的差异，在法律解释上存有一定模糊，亟须通过期货市场内幕信息知情人员的义务来源及其内容进行论证。

（一）并无戒绝交易义务的期货市场重大未公开信息知情主体

现行证券监管法律框架规制证券市场内幕信息知情人员从事内幕交易的本质是禁止职务或者业务上的义务违背，而大宗商品交易商利用跨市场的信息联动机制，基于其在实体经济中的市场地位与经营行为掌握的现货市场中的重大未公开信息，从事相关期货合约交易，并无违背职责或者业务上的义务问题。

这种正常的期货市场风险对冲交易本身就不属于内幕交易，从逻辑上分析，也就不存在以风险对冲为由整体否定期货市场内幕交易监管必要性的客观基础。具体而言，根据《证券法》第 51 条关于证券交易内幕信息的知情人的明确规定，证券市场内幕交易监管的必要性，主要是源自法定监管职责、发行人内部管理职责、与发行人有关的外部服务职责或者业务所派生的禁止基于重大未公开信息从事相关证券交易的义务。相应地，在期货市场内幕交

---

① Thomas A. Russo & Marlisa Vinciguerra, *Financial Innovation and Uncertain Regulation: Selected Issues Regarding New Product Development*, 69 Texas Law Review 1431, 1494 (1991).

易监管中采取相同的标准，即禁止违背职责或者业务义务而基于重大未公开信息从事相关期货合约交易，例如，禁止大宗商品交易商中的工作人员利用该交易商掌握的现货市场中的重大未公开信息，从事相关的商品期货合约交易——这并不会妨碍期货市场对冲风险的基本功能发挥。大宗商品交易商自行利用本公司运营过程中掌握的现货市场中的重大未公开信息、交易数据等，从事相关期货合约交易，并不存在也没有违背任何职责或者业务上的义务，因此，这种对冲交易实际上并未受到期货市场内幕交易监管的限制。

（二）具有戒绝交易义务的期货市场内幕信息知情人员及其义务实质内涵

期货市场中相关重大未公开信息的知情人员，同证券市场内幕交易监管法律规则所设定的义务实质一样，也存在基于职责或者业务上的戒绝交易义务。

在证券市场中，上市公司中的董事、监事、经理以及相关高级管理人员对于股东应当承担信义义务，上述人员知悉上市公司重大未公开信息的，禁止滥用信息从事与上市公司证券有关的自利交易。[①] 这确实是证券市场内幕交易禁止的标准场景——就股票交易而言，因为内幕交易者不是从现有股东受让股票，就是向将要成为股东的交易者转让股票。但这并非禁止内幕交易的所有义务来源。基于职务或者业务对于证券内幕信息来源（上市公司、监管机构等）承担保密义务的相关监管人员、中介人员等，禁止基于重大未公开信息从事相关证券交易。同时，股票期权交易、[②] 债券交易中同样禁止内幕交易，但这种法律禁止的本质并非基于上市公司内部管理人员对于股东所承担的信义义务。所以，期货市场中存在相同的基于职务、职责或者业务上的义务违反而利用重大未公开信息从事相关期货合约的交易，同样应当认定

① William K. S. Wang, *Stock Market Insider Trading: Victims, Violators and Remedies-Including an Analogy to Fraud in the Sale of a Used Car with a Generic Defect*, 45 Villanova Law Review 27, 46 (2000).

② 中国证券监督管理委员会《股票期权交易试点管理办法》第3条规定：从事股票期权交易活动，应当遵循公开、公平、公正和诚实信用的原则。禁止欺诈、内幕交易、操纵股票期权市场以及利用股票期权交易从事跨市场操纵、内幕交易等违法行为。

为内幕交易违法犯罪行为。例如，某有色金属生产商系一家上市公司，该公司内部知情人员利用该公司的重大未公开信息（巨量矿产探测数据）买卖该上市公司股票、股票期权、债券等显然构成证券市场内幕交易，但如果其利用该信息买卖相关有色金属期货合约，同样构成期货市场内幕交易。

第五节　期货市场内幕交易犯罪法律规制与刑事法律风险控制

上述关于期货内幕交易行为特征以及现有法律规范对期货内幕交易规制缺陷的分析，清晰地反映出现行《期货交易管理条例》实际上无法承担规制期货市场内幕交易的重任。这也是我国期货市场内幕交易执法和司法实践中至今没有查处一起期货内幕交易违法犯罪案件的法律制度根源。同时，对于期货市场内幕信息的核心特征及其判断规则的理论阐释也为进一步完善执法司法规则提供了有益探索与参考。因此，“期货法”的立法探索与实践有必要针对期货内幕交易的特点进行期货市场内幕交易法律规范的建构与优化，相应地，期货市场内幕交易犯罪刑事合规也需要进行针对性的应对与准备。

一、证券与期货的界限

现有法律规范之所以无法确认跨越证券与期货市场的内幕交易行为究竟属于证券还是期货内幕交易违法犯罪行为，最根本的原因在于我国证券期货行政法律法规对于证券与期货的界限规定不甚明确。根据修订后《证券法》第 2 条的规定，在中华人民共和国境内，股票、公司债券、存托凭证和国务院依法认定的其他证券的发行和交易，适用本法；本法未规定的，适用《公司法》和其他法律、行政法规的规定。政府债券、证券投资基金份额的上市交易，适用本法；其他法律、行政法规另有规定的，适用其规定。资产支持证券、资产管理产品发行、交易的管理办法，由国务院依照本法的原则规定。根据《期货交易管理条例》第 2 条的规定，期货包括商品和金融期货合约、期权合约等。

修订后的《证券法》删去了“证券衍生品种发行、交易的管理办法，由国务院依照本法的原则规定”的规范表述。证券衍生品并未明确受到《证券法》监管。从证券法修订过程中的立法意见来看，证券衍生品分为证券型（如权证）和契约型（如股指期货）。证券型品种可作为国务院依法认定的其他证券，可以直接适用《证券法》；而契约型品种可适用期货交易管理条例，将来可纳入“期货法”调整，可不再授权国务院规定。但证券型和契约型衍生产品的界定，在现行法律与监管实践中均没有明确规则。由此可以看到，对于债券期货（期权）、股票期货（期权）、股指期货等金融产品而言，既可以认为其属于证券衍生品，也可以认为其属于金融期货（期权）合约，从而导致证券与期货的界限模糊。由于我国证券与期货的监管职能均由中国证券监督管理委员会承担，这种界限模糊并不会导致行政监管的紊乱，但是，对于跨越证券与期货市场的内幕交易违法犯罪行为而言，则难以在法律上界定其行为性质。解决该问题的路径显然在于通过“期货法”的制定明确证券与期货的规范界限。

从美国、日本等成熟资本市场的相关法律规范来看，各国以不同的监管框架监管基于证券的期货、期权以及衍生品。SEC在证券衍生品上的监管权限仅限于证券期权；宽基证券指数期货与期货期权由美国商品期货委员会（CFTC）监管；个股期货以及窄基证券指数期货由SEC和CFTC共同监管。日本《金融商品交易法》则将各类股票、债券以及证券期权、资产抵押证券等衍生品统一规定为证券。[①] 因此，对于跨越证券市场与期货市场的内幕交易行为，相对合理的方式是以金融产品的属性确定行为性质与监管机构。从我国当前的金融市场规范架构以及最新的《证券法》的规定来看，将基于证券的衍生品种经由“期货法”纳入期货市场监管显得更为合理。相应地，将利用与证券期货（期权）相关的重大未公开信息从事交易规定为期货市场内幕交易，更有利于基于跨市场的视角相对全面地进行反内幕交易监管。

---

① 金融商品取引法（きんゆうしょうひんとりひきほう、昭和23年4月13日法律第25号）第二条　この法律において「有価証券」とは、次に掲げるものをいう。

二、期货内幕信息的类型

相对于证券内幕信息的具体类型具有规范明确且详细的界定而言，期货内幕信息范围的法律规定显然极为简单与粗陋。因此，在“期货法”的制定过程中，需要对期货市场的内幕信息具体法律类型进行更为丰富和完善的界定，对严重损害期货市场效率的内幕信息类型设置精细化的明示性规范，提升法律规定的明确化程度，从信息效率保护的角度加强对期货市场内幕交易的惩治与预防。

“期货法”有必要将下列对期货交易品种市场价格具有重大影响的未公开信息，规定为期货内幕信息。

（一）期货交易数据信息

期货交易数据信息是指交易所、交易结算中心、期货经纪公司等期货行业机构中的未公开交易业务数据、技术数据等信息。例如，在期货交易中，期货交易所将即时行情信息、成交概况、持仓信息、期货合约交易量排名、会员交易排名等基本数据信息予以公开；但是，期货交易所、期货经纪公司等均按照严格的信息数据管理制度对于客户的持仓、建仓、仓位变动、资金流动等具体数据等进行保密。此类未公开交易业务数据中对期货交易价格有重大影响的信息，应当明确规定为期货内幕信息。

（二）期货机构经营信息

期货机构经营信息是指证券公司、期货公司以及各类金融投资机构在从事期货自营业务、期货交易业务、资产管理业务、投资咨询业务等过程中形成的经营性信息。例如，证券公司在利用自有资金从事股指期货自营业务时，证券公司自营业务账户动态、交易席位情况、自营业务规模、资产配置决策等经营过程中形成的信息，实际上对于该信息所指向的股指期货合约供求关系具有实质性影响，此类信息按照证监会有关证券期货公司业务风险管理指引的规定必须采取信息保密措施进行信息风险控制，符合期货内幕信息价格敏感性与未公开性的特征，应当明确规定为期货内幕信息。同时，还应当看到，当前我国期货公司自营业务基于监管力度大、风险抵抗弱、交易机制不灵活等因素而长期处于停滞状态，但是，随着期货行业的不断发展、期货监管有针对性放开、期货做市交易机制逐渐成形，各类商品期货、金融期货、期权等自营业务的规模会逐渐扩大，未公开的自营业务信息数据对于期货交易价格的影响程度与范围将会愈发明显，期货法律应当在期货内幕信息类型界定层面进行前瞻性的规定。

（三）期货市场综合性信息

期货市场综合性信息是指商业银行、保险公司、信托公司等金融机构以及地方性社会保险基金管理机构在从事与期货投资相关的经营活动中形成的投资决策、资金动向数据、投资咨询等综合性信息。例如，商业银行中间业务包括了金融期货交易业务、期货投资分析业务、基金托管业务等与期货交易相关的业务，其中涵盖了大量影响期货交易价格的决策信息、数据信息、咨询信息等。这种处于未公开状态的综合性信息同样应当明确规定为期货内幕信息。

（四）期货监管信息

期货监管信息是指证券业、基金业、期货业、保险业、银行业、信托业等金融监管部门以及与金融相关的政府机构、行业协会在行政执法与行业管理中形成的执法监管信息、政策信息、经济态势数据信息以及行业管理信息等。例如，中国人民银行调整利率、存款准备金率，或者国家统计局定期公布的消费物价指数（CPI）、采购经理指数（PMI）等信息，此类对于股指期货、债券期货等金融期货以及特定商品期货合约的交易价格具有极为重要影响的行政部门政策信息与数据信息，在公布之前均严格按照国家保密法律规定执行信息数据的保密措施，应当明确规定为期货内幕信息。

（五）行业统计信息

行业统计信息是指农业、有色金属行业、能源业等大宗商品主管部门、行业协会等在行政执法与行业监管中形成的执法监管信息、政策信息、数据信息等。例如，中国有色金属工业协会、中国农产品市场协会等行业协会，其主要职责包括根据政府主管部门的授权与委托，开展行业数据统计调查，采集、整理、加工及分析行业信息。此类行业信息准确反映了有色金属、农产品等供求基本面，对于我国期货市场中铜、锌、棉花、白糖等大宗商品期货交易价格具有重要影响。对于尚且处于未公开状态下的上述信息，应当规定为期货内幕信息。

（六）价格指数信息

在服务业领域，各种有效的价格指数及其衍生期货产品对于行业参与者的风险管理具有重要作用。例如，航运业是典型的重资产、高风险行业，需要有效的价格风险管理工具。过去十年上海出口集装箱运价指数平均年化波动率超过了40%，上海至欧洲航线的平均年化波动率更是超过了100%。集装箱运输市场传统的规避价格波动风险的方式主要是签订长期协议，但此种方式难以满足企业风险管理需求。目前，境外航运衍生品大致包括场外的远期运费协议（FFA）和场内的交易所产品两类，但总体成交规模都不大，并且主要集中在干散货和油轮运输领域，集装箱运输市场缺乏避险工具。基于此，上海期货交易所和上海航运交易所签署了战略合作框架协议，共同致力于航运指数期货产品的开发，产品的标的是上海航运交易所发布的上海出口集装箱运价指数。上期所开发的集装箱运价指数期货的立项申请已经获得中国证监会的批复同意。上期所将首先考虑推出上海出口集装箱运价指数上海至欧洲航线的期货合约，产品将考虑以人民币计价、现金交割的模式，引入境内外交易者。[①] 在集装箱运价指数的形成与变动过程中，交易所、指数编制委员会、基础数据采集来源单位、海关等监管机构等均有可能参与形成、接触对指数具有重要影响的信息。因此，有必要考虑将以下信息纳入运价指数期货市场内幕信息范围：（1）上海航交所编制标的指数的基础数据、指数监管数据、技术分析数据、与应急发布指数有关的数据。（2）指数编制委员会的本单位的报送运价信息、变动趋势或变动值。（3）航运企业中对于标的指数编制具有影响的信息，例如，价格变动公告、价格变动预期、停航信息以及其他重大经营数据信息。（4）海关监管或者港口服务中对于标的指数具有影响的信息，例如，重要航线、班次、舱单信息等。

---

① 王宁：《上期所：集装箱运价指数期货已立项》，载 http：//www. zqrb. cn/money/qihuo/2019 - 11 - 28/A1574945918341. html. 最后访问日期：2020 年 5 月 18 日。

三、期货内幕信息知情人员

由于我国期货市场运行机制正处于不断完善的阶段，期货交易与期货监管体系相对复杂，导致期货从业人员与监管机构工作人员的主体定位、辨识、认定等存在一定的模糊与凌乱。有必要通过“期货法”等期货法律规范明确框定期货内幕信息知情人员的主体范围，从而合理控制期货内幕信息与准确定位期货内幕交易违法犯罪的行为主体。

（一）期货市场内幕信息知情人员范围界定原则

期货交易跨越品种繁多的商品现货市场、证券现货市场、期货市场的特点决定了法律界定期货内幕信息知情人员范围原则上应当“从宽”而非“从窄”。

以美国期货内幕交易法律规制为例，其期货内幕信息知情人员的范围界定实际上是相当宽泛的。美国主要以《商品交易法》为核心建构期货内幕交易法律规制体系。《商品交易法》自1936年施行起历经多次修改，2010年美国金融改革法案对期货交易环节的内幕交易违法犯罪作出最新修正：（1）禁止联邦政府部门及其雇员利用职务便利获取的能够影响州际商品期货、互换交易价格的未公开信息，从事相关商品期货、期权或者互换交易；（2）禁止联邦政府部门及其雇员以协助他人获取个人利益为目的，向他人泄露其利用职务便利获取的影响州际商品期货、互换交易价格的未公开信息；（3）禁止在明知联邦政府部门及其雇员泄露影响州际商品期货、互换交易价格的未公开信息的情况下，从事相关商品期货、期权或者互换交易；禁止盗窃、传播、私用联邦政府部门及其雇员掌握或者制作的影响州际商品期货、互换交易价格的未公开信息。①

同时，根据美国《商品交易法》第13（c）条至（e）条的规定，商品期货交易委员会委员、员工或者代理人，不得使用未公开信息直接或者间接参与以下交易：（1）期货交易；（2）任何具有期货或者期权性质的交易；（3）任何以交付商品为标的的标准化合约，例如，通过保证金账户、保

① 7 U. S. C. § 6c（A）.

证金合约、杠杆操作账户等形式出现的标准化商品交易合约；（4）经商品期货交易委员会认定的与标准化合约具有相同作用，或者以标准化合约大致相同方式销售或管理的合约、账户、安排、计划或设计等交易。（5）商品期货交易委员会规章等文件明确禁止的任何形式的商品交易。[①] 禁止商品交易委员会委员、员工或者代理人，基于职务或者雇佣关系获知影响或者可能影响期货或商品交易价格且尚未公开的重大信息，并以此直接或者间接协助他人从事相关期货交易。禁止任何人利用通过上述渠道获取的信息从事相关交易。[②] 禁止任何注册的期货经营机构、期货协会及其工作人员，利用职务或者上述渠道获取的影响或可能影响期货或商品交易价格且尚未公开的重大信息，从事相关交易。[③] 违反上述禁止性规定构成联邦重罪，处50万美元以下罚金，或者5年以下监禁，或者两者并处。同时，构成犯罪的，应当另行承担所有起诉费用。可见，作为全球最发达且成熟的美国期货市场法律监管体系，其深刻地认识到，与期货交易有关的内幕信息不仅涉及期货监管，而且覆盖各类商品、证券以及其他金融领域的监管。所以，我国期货法律规范对此问题有必要予以充分关注，尽可能地将所有涉及重大且未公开的期货交易信息知情人员纳入监管的范围。

（二）监管人员、行业协会人员

期货法律规范应当对“有关”部门工作人员构成期货内幕信息知情人员的范围进行明确的界定。

现行《期货交易管理条例》规定“有关”部门工作人员经国务院机构监管机构的认定可以构成期货内幕信息知情人员。但是，“有关”的含义过于模糊与随意，在制定“期货法”时应当明确“有关”所指向的具体范围。“有关”部门工作人员构成期货内幕信息知情人员应当包括以下两方面的内容。

一是有关监管部门工作人员的界定。

---

① 7 USC § 13（c）Transactions by Commissioners and Commission employees prohibited.

② 7 USC § 13（d）Use of information by Commissioners and Commission employees prohibited.

③ 7 USC § 13（e）Insider trading prohibited.

有关监管部门显然包括直接负责金融监管职能的机构，主要是中国人民银行、证监会、银保监会及其各地派出机构。由于我国金融行业具有多头监管的特点，其他承担部分金融监管职能的部委也应当属于有关监管部门。例如，财政部金融司的职责范围涵盖：承担财政政策与货币政策、金融监管、金融体制改革协调配合相关工作；拟订国有金融资本管理规章制度，承担中央国有金融资本出资人相关工作；承担金融方面的部门预算有关工作；拟订金融类企业和金融管理部门财务制度；拟订政策性金融、普惠金融有关政策；承担政府外债有关管理工作；会同有关方面拟订全国社会保障基金投资管理等办法；拟订公共服务领域政府和社会资本合作制度。① 上述金融监管职责不仅直接影响金融政策进而作用于期货市场（尤其是利率期货），而且涉及相关金融机构资产配置信息，相关工作人员利用此类政策信息与监管信息，可以从事相关期货交易谋取个人利益。因此，发改委、财政部、审计署及其派出机构等承担部分金融监管职能的机构及其工作人员，也应当规定为期货内幕交易违法犯罪中的“有关”监管部门及其工作人员。

根据法律法规规定不具有金融监管职能的行政机构工作人员不能当然地排除在期货内幕信息知情人员之外。因为“有关”并不是指监管机构与期货监管之间的关联性，其本质上代表的是监管机构所承担的监管职责与期货交易价格之间的相关性。没有金融监管职能的行政机构也可能通过行政监管行为直接影响证券期货产品的交易价格。例如，某个以黄金矿产开发为主业的上市公司因为环境违法行为被环境主管部门责令停产，由于该公司的黄金矿产开发量对于国内黄金现货供求关系具有重要影响，而国内黄金期货合约交易价格又与现货市场紧密挂钩。故环境保护执法机构的执法信息对于黄金期货合约交易价格也会产生重要影响。所以，不具备金融监管职责的行政机构的执法信息同样能够对期货市场价格产生重大影响，在执法信息未公开前利用此类监管信息从事期货交易，具有相当的严重社会危害性。

所以，对期货内幕交易违法犯罪中“有关”监管部门工作人员的范围进

---

① 中央机构编制委员会办公室：《财政部职能配置、内设机构和人员编制规定》，载 http://www.scopsr.gov.cn/jgbzdt/gg/201903/t20190318_361591.html. 最后访问日期：2020 年 5 月 18 日。

行规定，不能将之简单等同于与金融监管有关的行政机构，而应当以一种开放性的视角分析相关行政机构的具体监管职责与行政行为是否能够实质上影响特定期货产品的交易价格。行政机构及其工作人员行使具体监管职能对特定期货交易走向产生实际作用与影响效果的，应将此类主体规定为期货内幕信息知情人员。

二是有关行业协会工作人员的确定。

中国证券业、期货业、保险业、银行业、信托业协会及其地区性协会等属于接受金融主管部门监督管理与业务指导的自律性金融行业协会，其根据行政法规、金融主管部门的规章及规范性文件，主要负责各类金融信息的收集、管理与交流，对金融机构会员进行管理、监督、检查及服务。上述行业协会工作人员显然应当明确规定为期货内幕信息知情人员。同时，期货法律规范不能忽略无法归类于金融领域的行业协会。虽然有的行业协会的会员并非金融机构，其主管单位亦非金融监管机构，但其在履行行业自律性监管职能过程中掌握了大量与期货交易市场（特别是商品期货市场）具有密切关系的行业信息。此类行业协会中的工作人员，在决定大宗商品期货交易价格变动的行业信息处于保密阶段时，利用行业信息优势从事私利交易或者违规抢先将信息提供给他人，也应依据期货市场内幕交易条款追究其行政、刑事责任。所以，自律管理中掌握金融产品交易价格关联信息的非金融领域行业协会工作人员，应当规定为期货内幕信息知情人员。

四、期货市场内幕交易与利用未公开信息交易

期货市场中存在各类金融机构或者大宗商品交易商中的工作人员基于其职务行为获取的期货市场重大未公开信息从事相关期货合约交易的风险。但由于我国不仅分别通过《证券法》和《期货交易管理条例》监管证券与期货市场中基于重大未公开信息从事相关交易的行为，而且进一步根据《证券法》《刑法》的具体规定细分内幕交易与利用未公开信息交易，这就在期货市场监管中出现了内幕交易与利用未公开信息交易法律界限的认定困难，亟须廓清规范边界。

《利用未公开信息交易解释》第1条规定：“刑法第一百八十条第四款规

定的‘内幕信息以外的其他未公开的信息’，包括下列信息：（一）证券、期货的投资决策、交易执行信息；（二）证券持仓数量及变化、资金数量及变化、交易动向信息；（三）其他可能影响证券、期货交易活动的信息。”据此，实践中有观点认为，证券交易所、期货交易所、证券公司、期货经纪公司、基金管理公司、商业银行、保险公司等金融机构的从业人员以及有关监管部门或者行业协会的工作人员，如果利用本机构或者部门的期货投资决策信息、交易执行信息、期货合约持仓信息、资金信息、交易动向等信息，从事相关期货合约交易的，应当认定为利用未公开信息交易。因为本机构或者本机构客户的期货合约持仓信息、资金信息、交易动向等信息，尽管被上述司法解释条款中的第2项“（二）证券持仓数量及变化、资金数量及变化、交易动向信息”排除在外，但本质上符合“其他可能影响期货交易活动的信息”，故相关金融机构或者监管机构中的人员利用此类信息从事相关期货合约交易的，属于期货市场中的利用未公开信息交易而非内幕交易。

但是，也有不同意见认为，根据《期货交易管理条例》第81条的规定，内幕信息是指可能对期货交易价格产生重大影响的尚未公开的信息，包括期货交易所会员、客户的资金和交易动向等重要信息。因此，由于任职可获取内幕信息的从业人员或者监管人员，利用金融机构或大宗商品交易商，或者其客户的持仓信息、资金信息、交易动向等信息，应当构成期货市场内幕交易而非利用未公开信息交易。

厘清期货市场内幕交易与利用未公开信息交易的规范界限的逻辑起点在于明确这两种期货市场违法犯罪行为在构成要件上的决定性要素——究竟是对象要素（信息）还是主体要素（知情人员）界定了期货市场内幕交易与利用未公开信息交易之间的实质性差异。对此，应当看到，显然是未公开信息在实质上的差异决定了期货市场内幕交易与利用未公开信息交易的区别。同样是金融机构（基金管理公司）从业人员，其利用职务上的便利获得了本机构受投资者委托管理的基金投资于特定期货合约的未公开投资决策信息，先期或者同期从事相关期货合约交易，构成期货市场利用未公开信息交易；其利用职务上的便利获取的本机构自营业务中的持仓信息、资金信息、交易动向等未公开信息，从事相关期货合约交易，构成内幕交易。期货市场中的内幕信息与其他重大未公开信息之间的界分规则如下。

（一）内幕信息与其他重大未公开信息的规范实质

期货市场中的内幕信息与其他重大未公开信息在法律规范的解释上存在明显的区别。期货市场内幕信息是对期货交易价格产生重大影响的未公开信息；而期货市场中的其他重大未公开信息是影响期货交易活动的未公开信息。前者强调信息对于期货合约交易价格的直接作用，呈现出信息与金融商品价格之间的关联；后者侧重信息对于期货合约交易活动的实质影响，体现出信息与金融市场行为之间的关联。诸如资产管理公司在期货市场中的投资决策信息、金融机构所服务的客户的交易信息等，实际上并无证据证明其能够直接作用于期货合约市场价格并产生法规所明确要求的重大影响。此类信息如果被市场中的一般交易者知悉，其可能影响交易者的判断与交易活动，因此，本质上应当是能够影响期货交易活动而非期货市场交易价格的信息。

（二）内幕信息与其他重大未公开信息的金融实质

期货市场中的内幕交易与利用未公开信息交易的金融机理，均表现为特定交易者滥用重大未公开信息的经济价值、实现个人经济利润或者风险转移以及损害其他市场参与者利益。这种基于期货市场重大未公开信息的运作方式及其经济本质，反映在法律本质层面，就是通过信息的性质差异与机理差异界定内幕交易与利用未公开信息交易的量化区别。

从信息价值的角度分析，期货市场内幕信息是与期货合约有关的、对该金融商品市场价格波动具有重大影响的未公开信息。对于金融机构、大宗商品交易商等市场机构中生成的重大未公开信息而言，金融机构（会员单位）期货合约交易信息、大宗商品交易商在现货市场中关于现货商品的供求关系信息以及在期货市场中的期货合约交易信息等，均属于对于期货市场交易价格具有重要影响的信息，应当认定为内幕信息。这些信息的经济价值在于发现基础资产内在价值与金融商品市场价格之间的价差。《刑法》以及《利用未公开信息交易解释》所规定的期货市场中的内幕信息之外的其他重大未公开信息，是与基础资产内在价值与供求关系以及相关期货合约市场价格无直接关联的信息，但由于其反映了相关期货合约市场中特定资金的流动方向以及数量变化，因而属于影响期货市场交易活动的外发性信息（例如，资产管理公司管理的客户资金变化信息或者投资决策信息、期货经纪公司掌握的客户买入、卖出期货合约信息等。这种信息的经济价值在于发现特定期货合约市场中特定交易主体的短期交易方向、资金数量，从而可能影响知悉信息者对于采取何种交易策略与活动的判断，例如进一步作为对手方还是跟进实施趋同性交易。由于期货市场中的内幕信息公开造成的是金融商品市场价格向基础资产内在价值的回归，而期货市场中内幕信息之外的其他重大未公开信息公开引发的则是特定期货合约交易者基于对其他特定交易者所实施的交易方向、资金量的了解而对于其自身交易活动的影响。所以，期货市场内幕信息对于市场价格的影响及其程度显然更为显著；相应地，在违法所得相同的条件下，利用未公开信息交易需要动用的交易量规模更大。

同时，从利益侵害的角度分析，期货市场中的内幕信息与其他重大未公开信息在一定程度上都呈现出与委托代理关系的关联性，但内幕信息主要表现为雇主（被代理人）与雇员（代理人）之间的法律关系，而其他重大未公开信息主要是客户（委托人）与机构员工（代理人代表）之间的利益冲突。因此，期货市场中的利用未公开信息是基于资产管理中应当由权益人独享的重大信息谋取交易利润，行为人违法所得的代价是其所供职的机构的客户的经济利益损害与市场特定信息利益冲突的违反。在违法所得相同的条件下，利用未公开信息交易所侵害的市场参与者范围更特定、经济利益更容易量化且数额相对较小。

所以，金融机构、大宗商品交易商等机构中的工作人员，利用职务或者职责履行过程中的便利获取的期货市场重大未公开信息从事相关期货合约交易的，应当按照以下规则界定其行为性质是内幕交易还是利用未公开信息交易：（1）利用机构中未公开的现货市场生产、交易数据或者期货市场中的交易数据，从事相关期货合约交易的，构成期货市场内幕交易；（2）利用金融机构中客户的期货持仓、资金数据信息、交易方向信息等，系该交易者与客户之间的利益冲突问题，构成利用未公开信息交易。

第八章

利用未公开信息交易犯罪：资本市场信息利益冲突的法律规制与合规管理

1997 年《刑法》并未规定利用未公开信息交易罪，本罪是《刑法修正案（七）》增加的罪名。全国人大常委会于 2009 年 2 月 28 日通过《刑法修正案（七）》，第 2 条第 2 款规定，增加一款规定作为《刑法》第 180 条第 4 款：证券交易所、期货交易所、证券公司、期货经纪公司、基金管理公司、商业银行、保险公司等金融机构的从业人员以及有关监管部门或者行业协会的工作人员，利用因职务便利获取的内幕信息以外的其他未公开的信息，违反规定，从事与该信息相关的证券、期货交易活动，或者明示、暗示他人从事相关交易活动，情节严重的，依照第一款的规定处罚。最高人民法院、最高人民检察院《关于执行〈中华人民共和国刑法〉确定罪名的补充规定（四）》将该条全新刑法规范的罪名提炼为“利用未公开信息交易罪”。司法实务部门也陆续查处了若干利用未公开信息交易犯罪案件。监管层对资本市场中的基金“老鼠仓”违法犯罪案件进行了连续性的查处，但在构成要件的解释与具体司法判断规则层面仍有待深入解析。

第一节　利用未公开信息交易犯罪的行为构成

利用未公开信息交易罪的犯罪对象是内幕信息之外的其他重大未公开信

息，其实行行为包括行为人直接利用未公开信息从事相关证券期货交易或者建议他人从事相关交易活动两种方式，犯罪主体包括金融机构从业人员与监管部机构工作人员两种类型，本罪的主观方面表现为故意。由于利用未公开信息交易罪各个构成要素均属于刑法规范体系中的全新表述，有必要对本罪的构成特征进行论证与分析，从而为司法实践提供一个可供操作的法律规格。

一、内幕信息以外的其他重大未公开信息

《刑法》第 180 条第 4 款将利用未公开信息交易罪的犯罪对象规定为“内幕信息以外的其他未公开的信息”。未公开信息是证券、期货犯罪体系中的一个崭新概念。在立法机关设置利用未公开信息交易罪之前，证券、期货违法犯罪语境下的未公开信息并不是一个确定的法律概念。与内幕信息不同，未公开信息的司法认定并没有相关的前置性行政法律、法规、规章等规范基础可以作为判断依据。由于刑法条文仅对未公开信息的外延（“内幕信息以外”）进行了原则性规定，未公开信息的内容、范围、特征、实质等完全处于不确定状态，故极易造成刑法适用上的混乱。

刑法理论上，对于未公开信息的定义主要有以下几种观点：第一种观点认为，“内幕信息以外的其他未公开的信息”，主要是指资产管理机构、代客投资理财机构将用客户资金投资购买某个证券、期货等金融产品的决策信息。[①] 第二种观点认为，未公开信息，是指对证券、期货市场价格变动具有重要影响且在依法披露前限于少数人知悉的未来投资经营信息。[②] 第三种观点认为，未公开信息是指证券、期货交易活动中，内幕信息以外的其他对证券、期货的市场价格有重大影响的尚未公开的信息。[③]

---

① 黄太云：《〈刑法修正案（七）〉内容解读（一）》，载《人民法院报》2009 年 4 月 8 日，第 6 版；卢勤忠：《基金犯罪研究》，北京大学出版社 2010 年版，第 279 页；卢勤忠：《利用未公开信息交易罪的认定》，载《政法论丛》2010 年第 1 期。

② 缑泽昆：《〈刑法修正案（七）〉中“老鼠仓”犯罪的疑难问题》，载《政治与法律》2009 年第 12 期。

③ 赵秉志：《简析〈刑法修正案（七）〉的若干热点罪名》，载《法制日报》2009 年 10 月 21 日，第 12 版；赵斌、曹云清：《利用未公开信息交易罪若干问题研究》，载《江西公安专科学校学报》2009 年第 4 期。

笔者认为，上述意见不同程度地对未公开信息的特征进行了概括，但在核心环节上均没有对未公开信息的实质特性进行重点把握。

第一种观点强调未公开信息是资产管理机构用客户资金投资金融产品的决策信息，不仅将其局限于客户资金对应的投资决策信息，而且认为未公开信息是即将产生的信息，具有“未然性”。实际上，未公开信息也可以是金融机构利用自有资金投资金融产品的信息，不必限制于客户资金的狭隘范畴。同时，更重要的是，未公开信息还可以是业已形成的信息，不能否定其亦可具有“实然性”的特点。

第二种观点突出未公开信息属于投资性经营信息的特点。但是，并非只有投资性信息才能认定为内幕信息以外的其他未公开信息。例如，证券公司研究部的工作人员在某公司证券投资分析报告已经制作完毕但尚未公开的情况下，利用职务便利获取其中的分析数据与研究信息，买卖相关公司的股票。此时，该份某公司证券投资分析报告显然属于内幕信息以外的其他未公开信息，但其并不具有投资性，而是属于研究性经营信息。故没有必要将未公开信息框定在投资性经营信息的范围内。此外，由于金融监管部门工作人员利用职务便利获取相关与证券期货相关的执法信息从事证券期货交易同样构成本罪，所以，未公开信息也不局限于经营信息，监管信息也应当纳入未公开信息的范围。

第三种观点模糊地归纳了未公开信息具有未公开性、价格敏感性等特征，实际上等于是重复了刑法条文的规定，属于简单的概念整合，对于司法实务分析判断基本没有指导价值。

2019 年最高人民法院 最高人民检察院《关于办理利用未公开信息交易刑事案件适用法律若干问题的解释》第 1 条规定：“刑法第一百八十条第四款规定的‘内幕信息以外的其他未公开的信息’，包括下列信息：（一）证券、期货的投资决策、交易执行信息；（二）证券持仓数量及变化、资金数量及变化、交易动向信息；（三）其他可能影响证券、期货交易活动的信息。”可见，未公开信息既可以是金融机构开展金融业务过程中的经营信息，也可以是形成于上市公司内部但相关法律法规没有明文规定将其纳入内幕信息范围且对上市公司股票走向具有重大影响的价格敏感信息，更可以是金融监管部门、证券期货交易所以及行业协会在行政执法、业务指导、交易管理、行业自律监督过程中掌握的监管信息、管理信息或者行业信息，甚至可以是利率、汇率、税收等宏观调控政策信息等。因此，利用未公开信息交易罪中的“内幕信息以外的其他未公开的信息”是指，不为公众所知悉，对相关证券期货交易价格有重要影响，金融机构、监管部门以及行业协会按照规定采取规范管理的投资经营、技术分析、监督管理、行业资讯、调控政策等信息。

二、信息利益冲突

根据《刑法》第 180 条第 4 款的规定，利用未公开信息交易罪的客观行为表现为，行为人实施了利用职务便利获取的内幕信息以外的其他未公开的信息，违反规定，从事与该信息相关的证券交易活动，或者明示、暗示他人从事相关交易活动，情节严重的行为。

“违反规定，从事与该信息相关的证券交易活动”，不仅包括证券投资基金法等法律、行政法规所规定的禁止基金等资产管理机构的从业人员从事损害客户利益的交易等行为，而且包括所有证券期货市场监管法律法规以及证监会发布的禁止金融机构从业人员从事违背受托义务的利用未公开信息交易活动等行为。利用未公开信息交易行为的一般表现为，金融机构从业人员或者金融监管机构人员市场一般投资者买入证券或者其衍生品、期货或者期权合约等金融产品前，自己先行买入，或者在市场一般投资者及其投资的基金卖出前，自己先行卖出等行为。同时，构成利用未公开信息交易罪还可以采用明示或暗示他人从事买卖证券、期货合约的行为。当然，利用未公开信息交易行为必须达到“情节严重”的程度，才能构成犯罪。“情节严重”的标准应当根据司法解释规定的追诉标准加以确定。最为重要的是，利用未公开信息交易滥用了应排他性地基于客户利益而使用的信息的经济价值。

第二节　利用未公开信息交易犯罪的刑法解释

利用未公开信息交易罪在司法实务中存在一系列疑难问题。例如，如何辨识未公开信息的特点及其与内幕信息的区别？利用未公开信息交易行为是否“违反规定”？行为人是否基于职务便利获取未公开信息？从事的证券期货交易是否与未公开信息相关？有必要综合运用证券期货犯罪刑法原理与金融知识论证上述疑难问题的司法判断规则，使利用未公开信息交易罪不只是停留在理论评价层面，而是在实践中真正得以充分适用。

一、信息的未公开性与价格敏感性

未公开信息的认定无疑是利用未公开信息交易罪中最为重要的问题之一。“内幕信息以外的其他未公开的信息”这一刑法语言文字表述在规范解释层面存在明显的不确定性，导致司法实务较难精准地认定行为人从事相关证券期货交易所利用的是否属于未公开信息。因此，在刑法理论上极有必要细致地分析未公开信息的特征，为司法实务部门认定未公开信息提供参考标准。同时，刑法司法解释亦应当尽快对未公开信息的内容与范围进行明确规定。

（一）未公开性

从《刑法》第180条第4款的规定来看，“未公开信息”应具备以下基本特性：一是差别性，即未公开信息必须是内幕信息之外的其他信息；二是未公开性，即“未公开信息”尚未通过法定渠道或其他以公众熟知方式向社会大众和广大投资者公布；三是关联性，即未公开信息必须是与证券、期货合约的市场价格有关的重大信息，而不能是其他一切信息；四是价格敏感性，即未公开信息对于证券、期货合约的价格具有重要影响；五是可利用性，即未公开信息被行为人所掌握后，行为人或其亲友可从中受益之信息。在上述“未公开信息”的5个特性中，尤为值得探讨的是未公开性与价格敏感性。

未公开性，是指金融机构、监管部门以及行业协会按照规定采取规范管理的投资经营、技术分析、监督管理、行业资讯等信息未在公开市场上被公布或者尚未被证券期货投资者知悉。未公开信息处于秘密状态时，该信息的使用、管理等必须按照规定进行操作。此类信息一旦按照规定进行公布或者被市场人士通过技术分析合法公开，相关人员利用该信息从事相关的证券期货交易并不为法律所禁止，没有戒绝交易的法律义务。

未公开性实际上意味着相关信息处于一种秘密状态，此种状态具体可以分为依法保密与内控保密。依法保密主要是指金融监管部门、行业协会按照法律、法规等规定必须保证相关信息的未公开性，未经许可不得使用、披露相关信息。例如，根据《中国证监会工作人员行为准则》第18条、第21条的规定，证监会工作人员公开发表言论和文字材料时，不得涉及证券期货监管未公开信息；内容涉及资本市场信息的，应当真实、客观。非因工作需要，不得与他人谈论证券期货监管未公开信息。证监会工作人员应当遵守国家关于证券期货监管机构工作人员不得买卖股票和从事期货交易的规定。可见，金融监管机构、行业协会等单位在执法过程中形成的金融监管未公开信息依法处于保密状态。内控保密主要是指证券公司、期货公司、基金公司、保险公司等金融机构按照证监会内部风险控制指引、保守秘密规定等文件的规定保证公司相关经营信息处于秘密状态。例如，中诚信证券评估有限公司是经中国人民银行上海分行核准从事信用评级等业务的非银行金融机构，该公司的《信息保密制度》规定，公司或公司职员在开展证券评级业务活动中获取的国家秘密、关于项目或与项目有关的、关于客户或与客户业务相关的不被公众领域所知的信息、资料、文件，或客户声明必须保密的信息、资料、文件，不论是纸面形式、磁记录形式、光学记录形式、电子记录形式还是其他记录形式都属于保密对象。公司附属组织和分支机构以及职员都有保守前述秘密的义务。接触到前述秘密的员工，例如管理人员、技术人员、财务人员、销售人员、秘书、保安人员等对保守前述秘密均负有责任。可见，证券公司、期货公司、保险公司等金融机构在开展业务、经营管理过程中形成的经营性信息按照内控规范处于保密状态。

（二）价格敏感性

价格敏感性，是指金融机构、监管部门以及行业协会按照规定采取规范管理的投资经营、技术分析、监督管理、行业资讯等信息对证券、期货交易价格有重大影响。对于未公开信息价格敏感性的判断与分析，实践中存在疑问的主要有以下问题。

一是价格敏感性的必备性问题。

《证券法》《刑法》均明确规定对证券、期货交易价格有重大影响的信息才能认定为内幕信息，而《刑法》第180条第4款并没有明确规定未公开信息必须具备价格敏感性的特征。但是，这显然并不意味着未公开信息不必具有价格敏感性。因为如果某金融机构工作人员利用职务便利非法利用不可能对证券期货交易价格产生重要影响或者影响极为有限的未公开信息从事相关交易，其不仅无法实现谋取利益或者规避损失的行为目的，而且也不会对其所在金融机构以及相关客户的利益产生实际损害。此类行为的社会危害性不足以构成利用未公开信息交易罪。

因此，在利用未公开信息交易罪中，价格敏感性是认定未公开信息的重要客观标准。行为人只有在其利用的未公开信息信息达到可能对证券期货交易价格具有重大影响的客观标准时才承担刑事责任。未公开信息可能会影响相关的证券期货的市场价格，进而对资本市场上的投资者是否愿意以当前的价格购买或者出售相关金融资产产生重要影响，并且，投资者的对应性行为会再次反作用于证券期货交易价格。利用符合价格敏感性特征的未公开信息非法从事证券期货交易，才能适用利用未公开信息罪追究非法交易者的刑事责任。

二是价格敏感性的确定性问题。

未公开信息对于相关证券期货交易价格的重要影响存在可能性重要影响与确定性重要影响的区别。有的未公开信息对于有关证券期货交易价格的重要影响表现为一种合理预期，但这种预期会因为其他因素的介入导致对于证券期货交易价格没有产生重要影响；有的未公开信息的证券期货交易价格的重要影响通过客观交易数据确定地予以显现。这里存在的问题是，利用未公开信息交易罪中的“其他未公开的信息”是否以该信息对证券期货交易价格具有确定性的重要影响为必要？《刑法》第180条第4款对此问题显然没有进行规定，这就需要通过刑法解释理论予以明确。笔者认为，行为人利用的信息只有对相关证券期货交易价格产生确定性的重要影响，才能认定为本罪中的未公开信息。

从刑法体系解释的角度分析，内幕信息与未公开信息在基本特征层面具有等同性，既然构成内幕信息以该信息对证券期货价格有重大影响为必要，那么未公开信息应当与其保持一致。由于内幕交易罪与利用未公开信交易罪规定在刑法同一法条中，说明两罪的社会危害性相当，内幕交易与利用未公开信息交易犯罪的行为样态、构成要件配置、法定刑设定等均相同，故在内幕信息与未公开信息的基本特征层面，不应当有超越刑法证券期货犯罪中利用未公开信息交易类犯罪体系一致性的明显差异。在《刑法》第180条第1款已经明确规定内幕信息是“对证券、期货交易价格有重大影响的信息”的情况下，构成未公开信息亦应以对证券期货交易价格产生确定性影响为必要。

从证券期货犯罪违法与犯罪界限的角度分析，利用未公开信息交易违法行为与犯罪行为之间应当有所区别，行为人利用可能对证券期货交易价格产生重要影响的未公开信息从事证券期货交易，可以构成违法，但不能认定为犯罪。构成未公开信息的前提是该信息对于证券期货交易价格具有确定性影响，这不仅是利用未公开信息违法与犯罪之间合理边界的重要体现，而且有利于有效控制利用未公开信息交易罪的刑事法网，避免本罪的打击范围过大。

（三）未公开信息与内幕信息的界分

证券期货犯罪刑法理论以及证券法理论通说将内幕信息核心特征概括为秘密性与重大性。[①] 由于秘密性即指内幕信息未公开，重大性是指内幕信息对于证券期货价格有重大影响，故内幕信息的基本特征本质上与未公开信息的未公开性与价格敏感性并无二致。虽然未公开性与价格敏感性在概括的层面属于未公开信息与内幕信息共同具备的基本特征，但必须廓清两者的界限：首先，未公开信息与内幕信息基本特征上的共性只是处于抽象、静止的概括层面，在司法实践具体、动态的分析判断层面，未公开信息与内幕信息在未公开性、价格敏感性问题上的判断标准与法律依据截然不同。其次，未公开信息具有明显区别于内幕信息的独立性特征与差异化标志。在刑法理论上清晰地划定未公开信息与内幕信息之间的边界具有重大意义，其不仅能够精细化地解释“内幕信息以外的其他未公开的信息”的刑法规范含义，确定未公开信息的外延，而且有利于在司法实务中丰富与深化未公开信息的认

---

① 刘宪权：《证券期货犯罪理论与实务》，商务印书馆2005年版，第320～328页；刘宪权：《内幕交易、泄露内幕信息罪若干疑难问题探析》，载《犯罪研究》2003年第2期；刘宪权、卢勤忠：《金融犯罪理论专题研究》，复旦大学出版社2002年版，第436～441页；范健、王建文：《证券法》（第2版），法律出版社2010年版，第358～360页。

定标准。

1. 信息具体内容的差异化表现

内幕信息以外的对证券期货交易价格有重要影响且不为公开市场知悉的信息才属于未公开信息，这就决定了未公开信息与内幕信息在具体内容上具有非此即彼的逻辑关系。

内幕信息的具体内容及其范围具有明确的前置性行政法律、法规、规章、行业规则等作为规范依据，司法机关在实践中可以根据相对确定的行政法律、法规、规章、行业规则等规范所设定的具体要求填充刑法中内幕信息的具体内容。我国《证券法》《公司法》《期货交易管理条例》、证监会发布的《上市公司信息披露办法》《上市公司重大资产重组管理办法》以及上海、深圳证券交易所发布的最新版的《股票上市交易规则》等一系列法律、法规、规章、行业文件等，对各类法定内幕信息、有关公司分配股利或者增资的信息、有关公司债务担保、相关资产重大变动的信息、有关公司收购的信息等不同种类的内幕信息进行了具体规定。上述内幕信息范围之外的其他对对证券期货交易价格具有重大影响且不为公开市场所知悉的信息均为未公开信息。可见，利用未公开信息罪中的未公开信息与内幕交易罪中的内幕信息在具体内容上形成非此即彼的逻辑关系，在刑法证券期货犯罪体系内共同搭建了互为补充的“未公开的信息”的逻辑范畴与概念结构，使得原本在解释上不甚明确的内幕信息兜底性规定“对证券交易价格有显著影响的其他重要信息”能够用未公开信息进行填充，强化了证券期货犯罪核心概念刑法解释的明确性。

与内幕信息的具体内容具有规范明确界定性截然相反的是，未公开信息的具体内容基本没有前置性法律、法规、规章等规范性文件进行明确规定。因此，具体哪些内容可以划入刑法规定的未公开信息的范畴，是一个需要通过对主要信息内容进行列举的开放性问题。笔者认为，以下对于证券期货交易价格有重要影响的信息可以被纳入刑法未公开信息的范围：一是证券、期货交易所，证券、期货公司的非公开交易业务数据信息。例如，在证券交易中，证券交易所将行情信息、证券指数、成交概况、证券交易排名、会员交易排名等基本数据信息予以公开，但是，对于机构投资者的持仓量、新近建仓量、加仓减仓量、资金进出量等具体交易数据以及相关清算数据按照严格的信息数据管理制度进行保密。此类未公开交易业务数据中对证券期货交易价格有重大影响的信息，属于刑法中的未公开信息。二是证券公司、期货公司在从事自营业务、资产管理业务、投资咨询业务等过程中形成的经营性信息。例如，证券公司在利用自有资金从事自营业务时，证券公司自营业务账户动态、交易席位情况、自营业务规模、资产配置决策等经营过程中形成的信息，实际上对于该信息所指向的证券期货供求关系具有实质性影响，此类信息按照证监会有关证券期货公司业务风险管理指引的规定必须采取信息保密措施进行信息风险控制，属于刑法中的未公开信息。三是基金管理机构等将要利用客户资金进行巨额投资的决策信息。基金管理公司、全国性以及地方性社会保险基金管理机构、托管机构运作管理的基金数量巨大，其对于证券期货市场的影响深远，此类投资性决策信息，属于刑法中的未公开信息。四是商业银行、保险公司、信托公司等金融机构在从事与证券期货投资相关的经营活动中形成的投资决策、资金动向数据、投资咨询等综合性信息。例如，商业银行中间业务包括了金融期货交易业务、证券投资分析业务、基金托管业务等与证券期货相关的业务，其中涵盖了大量影响证券期货交易价格的决策信息、数据信息、咨询信息；保险公司、信托公司从事的证券回购、基金投资、资产管理等业务涉及影响相关证券产品交易价格的投资信息。五是证券业、基金业、期货业、保险业、银行业等监管部门以及相关行业协会在行政执法与行业管理中形成的执法监管信息、政策信息、经济态势数据信息以及行业管理信息等。例如，中国人民银行调整利率、存款准备金率，或者统计局每月公布物价指数信息等，此类对证券期货交易价格具有极为重要影响的行政部门政策信息与数据信息在公布之前均严格按照国家保密法律规定执行信息数据保密，属于刑法中的未公开信息。

2. 信息是否公开的区别化判断

利用未公开信息交易罪侵犯法律所保护利益的手段本质上是一种证券期货市场信息的非法获取与使用——行为人利用职务便利获取内幕交易以外的其他“未公开的信息”从而在资本市场中形成不正当信息优势，在信息配置不公平的情况下通过相关证券期货交易攫取巨额利益。故信息是否公开直接决定了利用相关信息从事交易行为是否具有犯罪性。在如何认定证券期货交易价格具有重要影响的信息是否公开的问题上，利用未公开信息罪与内幕信息罪具有不同的司法判断规则。

证券发行人、上市公司必须严格按照《证券法》、证监会《上市公司信息披露管理办法》等规定依法真实、准确、完整地披露信息，所以，在证券发行、交易过程中对证券价格有重大影响的内幕信息的披露规则具有明确的法律规定性。对上市公司股票交易价格产生较大影响的内幕信息，上市公司应当按照规定将有关该重大事件的情况向国务院证券监督管理机构和证券交易所报送临时报告，并予公告，说明事件的起因、目前的状态和可能产生的法律后果。信息公告应当在国务院证券监督管理机构指定的媒体发布，同时将其置备于公司住所、证券交易所，供社会公众查阅。基于《证券法》关于信息披露的规定，刑法理论上一般主张适用内幕信息的形式公开标准，即尚未被公众知晓的重大信息在证券监管机构指定的媒体予以发布之时，应当认定内幕信息业已公开。[①] 实践中也有观点认为应当采纳实质公开标准，即内幕信息按照法定形式披露之后，必须经过一定时间被市场消化，才能认定为内幕信息已经公开。[②] 但是，无论是形式公开还是实质公开，判断内幕信息是否公开必须严格围绕重大信息披露的法定时间节点进行法律分析。

相对于内幕信息具有明确的法定披露时间节点而言，未公开信息没有持续信息公开的法定要求，甚至关于未公开信息本身能否公开的问题，刑法理论上仍然存在较大争议。有学者认为："内幕信息是应该到时公开的，而基金从业人员掌握的投资信息则是自始至终都不能公开的，相当于商业秘密，这是两者的根本区别。"[③] 不同意见认为："在金融市场中，根据相关法律法规，经相关机构采取保密措施的各种信息，有的要求必须对外公布，而有的

---

① 张小宁：《论内幕交易罪中"内幕信息"的界定》，载《昆明理工大学学报（社会科学版）》2009 年第 3 期；顾肖荣、张国炎：《证券期货犯罪比较研究》，法律出版社 2003 年版，第 403 ~ 404 页。

② 陈海鹰、朱卫明、叶建平：《泄露内幕信息罪、内幕交易罪的若干问题探析——由"杭萧钢构案"展开》，载《法治研究》2008 年第 3 期；刘宪权：《内幕交易、泄露内幕信息罪若干疑难问题探析》，载《犯罪研究》2003 年第 2 期。

③ 卢勤忠：《利用未公开信息交易罪的认定》，载《政法论丛》2010 年第 1 期。

则要求定期或定时对外披露。”①

笔者认为，未公开信息本身具体内容的复杂性意味着其披露规则具有不同的法律要求，这也决定了司法实务中判断未公开信息是否公开必须综合不同的分析标准并结合不同的信息特点予以认定。

首先，对于按规定进行披露的未公开信息，应以其公布时间作为未公开信息业已公开的初步判断基点。未公开信息显然具有披露的要求。虽然在刑法条文结构与文字表述上，《刑法》第180条第4款并没有采取与本条第1款相同的方式明确规定在信息“尚未公开前”从事相关证券期货交易的行为构成本罪，但这并不代表未公开信息不存在公开的问题。在金融实务中，金融机构以及相关监管部门在证券期货交易以及执法过程中形成的未公开信息，其保密要求只是阶段性的，相当部分的未公开信息最终会向市场予以公开。典型适例：基金公司依法定期公布季报、半年报、年报，向基金投资者披露详尽的投资信息；② 国家统计局定期公布宏观经济数据；央行宣布调整利率、存款准备金率等。此类信息对于证券期货交易价格具有显著影响，超过保密期限后即向市场公开。故未公开信息的正式公布日期可以作为判断该信息是否公开的时间基准。

其次，在正式公布之前未公开信息已经实际公开的，应当将实际公开日期认定为公开时间。未公开信息并不仅是静态的概念表达与资讯堆砌，其具有明显的动态执行性。未公开信息被执行后所产生的实际效果很可能已经深刻地对证券期货市场的交易价格产生影响。价格的显著变动会引起市场分析人士的关注，从而将信息概括地传递至整个资本市场。例如，2010年二季度，各大基金调仓后新近大量购入的股票中，中天科技、远兴能源和S仪化

---

① 缑泽昆：《〈刑法修正案（七）〉中“老鼠仓”犯罪的疑难问题》，载《政治与法律》2009年第12期。

② 《证券投资基金法》第76条规定：“公开披露的基金信息包括：（一）基金招募说明书、基金合同、基金托管协议；（二）基金募集情况；（三）基金份额上市交易公告书；（四）基金资产净值、基金份额净值；（五）基金份额申购、赎回价格；（六）基金财产的资产组合季度报告、财务会计报告及中期和年度基金报告；（七）临时报告；（八）基金份额持有人大会决议；（九）基金管理人、基金托管人的专门基金托管部门的重大人事变动；（十）涉及基金财产、基金管理业务、基金托管业务的诉讼或者仲裁；（十一）国务院证券监督管理机构规定应予披露的其他信息。”

于2010年7月19日分别大涨6.13%、4.96%和4.61%。同时，基金大幅加仓的浙江龙盛、东方航空和信达地产的当日涨幅也分别达到5.76%、4.85%和3.59%。各大证券媒体对此投资讯息进行了广泛的报道。[①] 基金新建仓位的信息经由媒体传播已经被公众知晓。因此，如果相关信息在有关金融机构、金融监管部门按照法律规定的形式正式公布之前，已经通过价格波动规律被市场分析人士以及投资者消化，不能以信息正式公布之日作为公开时间，而应当将实质公开时间认定为未公开信息业已公开。

最后，对于金融机构持续保密的未公开信息，不存在按照规定进行披露与公开的问题。保险公司、证券公司等金融机构利用自有资金进行证券期货投资，此类投资经营性决策信息属于公司内部的保密信息，在没有泄密的情况下，仅为公司特定人员所掌握，在保密期限内始终处于非公开状态。

综上，判断未公开信息是否已经公开，应当根据未公开信息的不同性质及其披露要求，综合以下标准进行认定：定期按照规定的时间与约定的方式通过公众媒体（新闻发布会、网络、报纸、期刊等）向社会公开；未公开信息执行之后相关证券期货交易价格明显异常波动，已被市场消化公开；证券期货专业分析人员通过技术分析推断相关信息，向客户或者公众公开分析结论等。在未公开信息公开之后从事相关证券期货交易的，不构成利用未公开信息交易罪。对于自始至终不公开的未公开信息，不存在信息正当公开问题，除了未公开信息非法泄露并公开之外，利用此类信息从事证券期货交易的，符合利用未公开信息交易罪的构成要件。

二、利用未公开信息从事金融交易

金融机构从业人员、有关监管部门工作人员等利用因职务便利获取的未公开信息，自己从事相关证券期货交易，是利用未公开信息交易罪典型的实行行为。实践中的难点问题集中体现为利用未公开信息与本人从事证券期货交易的认定。

---

① 吴倩：《基金骑“牛股”散户慎追捧》，载《广州日报》2010年7月24日，A17版。

（一）利用未公开信息的推定与反驳

由于《刑法》第180条第1款内幕交易罪只规定了证券期货交易行为必须发生在内幕信息公开之前，证券期货犯罪理论对于利用内幕信息这一要素的必备性问题存在争议。[①]《刑法修正案（七）（草案）》征求意见时，理论上就有观点建议取消“利用”要件。[②] 但最后《刑法》第180条第4款利用未公开信息交易罪仍明确规定构成本罪必须“利用”未公开信息。实践中普遍性的观点是，在证券期货利用未公开信息交易犯罪案件中，直接证明行为人利用未公开信息、内幕信息具有相当难度，应当通过推定方式进行认定。[③] 内幕交易刑事案件审判实践已经对推定行为人利用内幕信息的有效性予以确认，但司法实务中不乏反对推定的意见。[④] 那么，在利用未公开信息交易罪的语境下，能否对“利用”这一要素进行推定？

笔者认为，在行为人始终不承认利用未公开信息从事相关证券期货交易的情况下，根据一系列形成证据链条的环境证据推定其实际上利用了未公开信息是合法且合理的。

根据证据法原理，“刑事推定本身就是一种证明规则”。[⑤] 在基础事实客观确定的情况下，可以据此作出推定。推定行为人基于未公开信息实施证券期货交易并不意味着在利用未公开信息交易刑事案件中放弃了无罪推定原则。在没有明显的否定性解释、经验所认可的范围内，司法机关可以通过推定对刑事案件的相关事实作出留有余地的保守估计。[⑥]

根据利用未公开信息交易违法犯罪的实际情况分析，具有接触未公开信

---

① 卢勤忠：《基金犯罪研究》，北京大学出版社2010年版，第262~265页；刘宪权：《证券期货犯罪理论与实务》，商务印书馆2005年版，第333~338页。

② 顾肖荣：《对〈刑法修正案（七）〉（草案）的建言与求证》，载《政治与法律》2009年第1期。

③ 赵斌、曹云清：《利用未公开信息交易罪若干问题研究》，载《江西公安专科学校学报》2009年第4期；杨冬：《证据推定 监管层严打内幕交易》，载《证券时报》2010年1月24日，第2版；最高人民检察院法律政策研究室、中国证券监督管理委员会法律部编著：《证券期货犯罪司法认定指南》，中国人民公安大学出版社2009年版，第54页。

④ 苏江：《涨停王高淳陶瓷内幕交易真相》，载《21世纪经济报道》2011年1月5日，第13版。

⑤ Michael H. Graham, *Burden of Proof and Presumptions in Criminal Cases*, 45 Criminal Law Bulletin 6（2009）.

⑥ 邓子滨：《刑事法中的推定》，中国人民公安大学出版社2003年版，第115~118页。

息职务便利的金融机构从业人员以及监管部门工作人员本身就具有禁止买卖与未公开信息相关的证券期货的戒绝交易义务，故完全可以基于其违背法定义务的交易事实推定其利用未公开信息。以证券从业人员、证券监管部门工作人员为例。根据《证券法》第40条的规定，证券交易所、证券公司和证券登记结算机构的从业人员、证券监督管理机构的工作人员以及法律、行政法规禁止参与股票交易的其他人员，在任期或者法定限期内，不得直接或者以化名、借他人名义持有、买卖股票或者其他具有股权性质的证券，也不得收受他人赠送的股票或者其他具有股权性质的证券；根据2011年1月1日实施的《证券公司信息隔离墙制度指引》的规定，在业务经营过程中掌握或知悉内幕信息或者可能对投资决策产生重大影响的尚未公开的其他信息的人员，禁止违规买卖列入观察名单、限制名单的投资产品。可见，证券行业从业人员与证券监管工作人员具有绝对的证券交易戒绝义务；对于其他投资产品的买卖，必须严格按照内控规定进行操作。所以，在证券从业人员、证券监管工作人员掌握未公开信息、从事相关证券期货交易的基础上，推定其交易行为系利用未公开信息实施的结论，不仅处于常理范围之内，而且能够得到合规管理制度的验证。

因此，笔者认为，控方提供证据证明存在符合下列要素的证券期货交易行为，可以推定行为人实际利用了未公开信息：(1) 行为主体依职责或者经授权，掌握或知悉可能对证券期货交易价格产生重大影响的尚未公开的信息；(2) 行为主体在掌握或知悉上述信息期间、该信息公开之前买卖相关证券期货。必须重视的是，推定可以反驳，当反驳的合理性强度超过推定强度时，可以认定行为主体并非基于未公开信息从事相关证券期货交易。行为人有足够证据证明存在以下情形之一的，推定其利用未公开信息的意见不能成立：(1) 在掌握或者知悉未公开信息之前，已经凭借对市场公开资料、数据等信息的分析作出相关投资判断与交易策略；(2) 有正当理由相信行为人虽然依职责或经授权能够掌握但客观上确实没有接触未公开信息；(3) 根据证券期货市场有关状况、操作规律、发展趋势，按照经验法则与证券期货知识，结合证券期货监管部门组织的专家委员会或者证券期货交易所的专业认定意见，能够得出行为人从事的证券期货投资品种与未公开信息无关等。

（二）本人从事相关证券期货交易的判断规则

金融机构从业人员、有关主管部门、行业协会工作人员以其个人的证券期货交易账户、资金账户自行或者委托经纪人实施金融交易，或者以其近亲属、情妇（夫）等具有共同利益关系人员的交易账户、资金账户从事相关证券、期货买卖，当然应当认定为本人从事相关证券、期货交易。但是，上述交易样态通过直观判断就能够加以认定，显然属于"低端"的利用未公开信息交易违法犯罪形式，这在金融从业人员或者监管工作人员违规案例中较为罕见。

实际上，利用职务便利获取未公开信息的行为主体本人实施相关金融交易，本质上是对与未公开信息有关的证券期货交易行为的一种控制，其不仅是形式控制（以本人名义直接或者委托他人买卖证券、期货合约），而且表现为实质控制（控制他人或者利用他人账户从事相关交易）。以实质控制形态表征的利用未公开信息交易行为多发且较难认定，更有必要研究判断标准。

笔者建议，具有以下情形之一的，可以认定相关证券期货交易受到行为人的实际控制：（1）向他人提供购买证券、期货合约的资金，且他人买卖证券、期货合约的利益或者损失，全部或者部分由本人占有或者承担；（2）对他人的证券、期货交易账户、资金账户或者他人所持有的证券、期货合约具有使用、管理、收益、处分等权限；（3）本人的近亲属、情妇（夫）等具有共同利益关系的人从事相关证券、期货交易。上述认定标准决定了实务部门在查处利用未公开信息交易案件时，绝不能遗漏任何有关资金走向、人际关系、异动账户等要点的分析。

（三）利用未公开证券市场信息从事金融期货交易行为的性质判断

2010年4月起，随着上海证券交易所推出沪深300股指期货合约，我国资本市场正式进入了金融期货时代。但是，股指期货交易在丰富金融交易品种的同时，对利用未公开信息交易的规范应对提出了全新挑战。由于《证券法》《证券投资基金法》及相关配套行政法规、规章等文件明确禁止证券公司、基金公司等从业人员从事证券交易，相关从业人员本人或者利用他人名义从事证券交易必须承担相应的法律责任。同时，根据《期货交易管理条例》《期货从业人员资格管理办法》等法律文件的规定，期货公司管理人员和技术人员等从业人员不得参与期货交易。但是，现有的法律、法规、规章等文件均没有规定证券公司、基金公司从业人员能否从事股指期货交易。由于沪深300指数期货的涨跌直接与证券市场多空信息挂钩，证券公司、基金公司等直接接触证券交易市场的从业人员显然有条件利用其在公司职务行为掌握的未公开信息，判断沪深300指数期货的涨跌走向，通过多空选择进行套利。尤其是规模极为庞大的基金公司管理人员，其利用投资者的资金从事大盘股的操作，对于股指具有实质性影响，其利用基金公司未公开的证券投资信息，在股指期货市场上建仓谋取个人利益，这在金融实践中是完全存在实现可能的。

对于利用证券市场未公开信息从事金融期货交易的行为是否构成利用未公开信息交易违法犯罪，实践中有的观点持肯定的态度，但也有不少反对意见认为，沪深300指数期货合约指数标的的广泛性实际上已经在技术上控制了部分证券公司、基金公司等从业人员利用未公开信息从事股指期货交易的非公平性交易风险，利用证券现货市场的未公开投资信息在股指期货市场进行跨市场的交易，虽然具有利用未公开信息交易的行为特征，但基于证券现货市场与股指期货市场的关联度难以论证，这种行为不宜作为犯罪处理。

笔者认为，证券、基金公司、证券交易所等从业人员存在利用未公开信息从事股指期货交易谋取个人利益的行为风险，有必要通过刑法规范进行震慑与规制。在股市呈单边下挫状态下，这种利用未公开信息交易的行为具有严重的社会危害性，容易引发系统性风险。在市场行情不利时，券商、基金公司等从业人员，特别是主要负责人员利用证券现货市场的抛售信息，选择在股指期货交易中做空，容易获取巨额利益。其主要原因在于，此类证券市场从业人员的职务行为决定了其具有交易信息优势，在证券市场通过职务行为抛售股票，同时自己在股指期货做空套利，交易的公平性荡然无存。所以，坚持股指期货指数标的广泛性能够消解证券从业人员利用未公开信息从事股指期货交易套利的风险有待商榷。

同时，我们应当看到，在金融期货交易领域，应当完善相关交易制度，对利用未公开信息交易行为构建完备且一致的法律规制体系。《刑法修正案

（七）》全新设置了利用未公开信息交易罪，即证券交易所、期货交易所、证券公司、期货经纪公司、基金管理公司、商业银行、保险公司等金融机构的从业人员以及有关监管部门或者行业协会的工作人员，利用因职务便利获取的内幕信息以外的其他未公开的信息，违反规定，从事与该信息相关的证券、期货交易活动，或者明示、暗示他人从事相关交易活动，情节严重的，构成犯罪。利用未公开信息从事股指期货交易情节严重的行为，显然构成利用未公开信息交易罪。在刑法已经明确规定利用未公开信息交易罪的情况下，有必要对此类利用未公开信息交易行为进行规范震慑。当然，由于前置性行政法律、法规、规章等文件没有对股指期货市场中证券公司、基金公司、证券交易所等从业人员利用职务行为获取的未公开信息从事交易行为作出具体的禁止性规定，实际上造成了法律体系一致性阙如。这也是证券期货法律规范应当进行完善的方向。

在明确利用未公开证券市场信息从事金融期货交易行为具有刑事可罚性的基础上，我们也应当注意到，证券现货市场与股指期货市场毕竟只是关联市场而非同一市场，对于跨市场的利用未公开信息交易行为，在司法认定上，显然应当与同一市场的利用未公开信息交易行为有所区别。刑法重在震慑而非积极介入资本市场的监管。关键在于要求证券公司、基金公司、证券交易所等建立有效的内控机制，切实阻断证券从业人员利用未公开信息从事股指期货交易谋取个人利益的风险。在监管部门尚未出台规范从业人员从事股指期货交易的具体细则之前，相关证券业机构应当率先建立起严格的内部交易报告制度，要求核心业务部门人员以及技术人员全面向本单位披露其从事的股指期货交易内容；高级管理人员从事股指期货交易应当接受合规部门的审查，在核准之后才能进行股指期货交易。特别是基金公司，应当通过严格的内控机制防止从业人员违背信义义务利用交易权限，无视基金投资者利益，通过相关股指期货交易谋取私利的行为。

三、建议他人从事金融交易

在内幕交易罪刑法规范架构内，并没有规定利用内幕信息建议他人从事相关金融交易的行为构成犯罪，这主要是考虑到建议行为在实践中的认定难度很大，将建议行为入罪打击面过大。[1]《刑法修正案（七）》则在利用未公开信息交易罪、内幕交易罪中同步增设了建议行为这种利用未公开信息交易犯罪新类型。根据《刑法》第180条第4款的规定，行为人利用基于职务便利获取的未公开信息明示、暗示他人从事相关金融交易，同样构成利用未公开信息交易罪。

然而，建议他人从事相关金融交易本质上是一种言语的表达，根据维特根斯坦的“语言游戏”理论，同样的言语完全可以形成截然不同的用法与意义，必须通过静态语言符号发现背后动态人类活动的建设性内容；[2]建议他人从事相关证券期货交易不可避免地牵涉金融技术性判断问题；刑法规范没有对泄露未公开信息、被建议者实际从事相关交易的必要性问题进行明确规定。这些都对实务部门精准认定建议行为制造了障碍，有必要在厘定相关疑难问题的过程中明确“明示、暗示他人从事相关交易活动”的内涵。

（一）关于被建议者是否实际从事相关证券期货交易问题

行为人建议他人从事相关证券期货交易之后，有的被建议者按照意见对相关证券、期货品种进行了买卖，有的被建议者却没有实际从事相关金融交易。对于后一种情况，能否认定未公开信息知悉人符合利用未公开信息交易罪中“明示、暗示他人从事相关交易活动”的行为标准？

笔者认为，利用职务便利获取未公开信息的行为人明示、暗示他人从事相关金融交易，他人没有从事相关交易的，一般情况下不能认定其构成利用未公开信息交易罪。因为不管是利用未公开信息交易罪，还是内幕交易罪，本质上都属于证券期货市场中的利用未公开信息交易犯罪，既然在整个案件的犯罪行为体系中没有客观体现交易属性，就不能认为相关行为符合利用未公开信息交易罪的罪质。同时，由于利用未公开信息交易罪的成立必须符合“情节严重”的标准，而知悉未公开信息的行为人建议他人从事相关交易，他人没有实施证券、期货交易行为，客观上不会扰乱资本市场的交易秩序。如果建议行为没有造成未公开信息泄露，建议他人交易行为所产生的恶劣影

① 刘宪权：《金融犯罪刑法理论与实践》，北京大学出版社2008年版，第331页。
② ［英］维特根斯坦：《哲学研究》，汤潮、范光棣译，三联书店1992年版，第75页。

响处于可控状态，则不符合利用未公开信息交易罪“情节严重”的实质标准；如果造成未公开信息泄露甚至大规模泄露，对于利用职务便利获取未公开信息并建议他人从事相关金融交易的行为主体，可以按照侵犯商业秘密罪、故意泄露国家秘密罪等泄密类犯罪进行定罪处罚，没有必要强行通过利用未公开信息交易罪处理。

（二）关于泄露未公开信息问题

行为人在获知未公开信息的情况下，明示或者暗示他人买卖相关证券、期货合约构成利用未公开信息交易罪，是否以实际向对方泄露未公开信息为必要？

刑法理论上有观点认为，明示或者暗示他人买卖相关证券、期货合约，本质上均使他人在一定程度上了解了有关未公开信息；如果金融机构从业人员、监管部门工作人员单纯提供不确定的交易意见，他人没有知悉未公开信息的，也不能认定其行为属于明示或者暗示他人买卖相关证券、期货合约。[①]可见，上述观点主张没有透露未公开信息具体内容的建议行为就意味着证券期货交易意见并不确定，故明示或者暗示他人买卖相关证券、期货合约必须以向他人透露未公开信息为前提。

但是，笔者认为，明示或暗示他人买卖相关证券、期货合约构成利用未公开信息交易罪，不以向对方泄露未公开信息为必要。因为刑法体系解释可以证明透露未公开信息的非必要性。利用未公开信息交易罪行为要件体系中包含了两种实行行为：一是本人利用未公开信息从事相关金融该交易；二是本人在知悉未公开信息的基础上建议他人从事相关金融交易。既然两种行为同属于利用未公开信息交易罪的实行行为，其在要素配置上应当具有等量性——知悉未公开信息＋基于未公开信息发生的相关金融交易；在危害结果层面也具有等量性——基于未公开信息产生的利用未公开信息交易扰乱了相关证券期货交易市场的公平秩序。两种行为模式的差异性仅仅在于，前一种实行行为中违规交易的原因是未公开信息知悉人自己直接实施，后一种实

① 缑泽昆：《〈刑法修正案（七）〉中“老鼠仓”犯罪的疑难问题》，载《政治与法律》2009年第12期。

行行为中违规交易的原因是未公开信息知悉人建议他人实施。因此，未公开信息是否透露并不具有构成要件要素的实体意义，充其量只能作为进一步判断行为人通过何种具体方式建议他人从事相关交易活动的客观情形。

行为人向特定对象透露未公开信息，应当将其认定为明示行为，还是暗示行为，抑或单纯的透露未公开信息不符合利用未公开信息交易罪建议行为的特征？

有学者指出，内幕交易罪中的明示就是内幕信息知情人员在知悉内幕信息后直接明确将内幕信息告诉交易者，提示其从事相关证券、期货交易；利用未公开信息交易罪中的明示具有相同的含义。[①] 不同意见认为，金融从业人员、监管机构工作人员等故意告知特定对象未公开信息，此种行为本质上属于暗示他人从事相关交易。[②] 更有意见认为，只要具备建议他人从事相关证券期货交易的目的，向他人透露未公开信息不区分明示与暗示，均构成利用未公开信息交易罪。[③]

笔者认为，在利用未公开信息交易罪的语境下，知悉未公开信息的行为人向特定对象透露未公开信息，属于明示还是暗示抑或两者皆非，无法设置一个封闭性的认定标准，必须根据个案中未公开信息的特质进行具体判断。

利用未公开信息交易罪不同于内幕交易罪，在后者的刑法规范与犯罪行为框架中，绝大部分内幕信息都属于上市公司并购重组、资产增减、利润走向等影响特定证券交易价格的重大消息，内幕人员告知特定对象内幕信息的内容，直接等同于提供一个确定且可信的交易策略。因此，在内幕交易罪中，告知特定内幕信息就是明示他人从事相关证券、期货交易。利用未公开信息交易罪则不然。有的未公开信息能够直接锁定对应的证券期货交易对象与方法。例如，基金公司对某只特定股票大量建仓或者加仓；有的未公开信息无

① 卢勤忠：《基金犯罪研究》，北京大学出版社2010年版，第260页、第279页。

② 缑泽昆：《〈刑法修正案（七）〉中"老鼠仓"犯罪的疑难问题》，载《政治与法律》2009年第12期。

③ 赵斌、曹云清：《利用未公开信息交易罪若干问题研究》，载《江西公安专科学校学报》2009年第4期。

法明确框定证券期货交易品种，甚至连操作方向都无法确定。例如，金融机构一年期存贷款基准利率上调若干百分点，可能引起股价齐跌，完全也可能属于“利空出尽”反而引发股价齐涨。行为人即使将此信息明确告知特定对象，如果没有告知其在股指期货市场中的操作方向（买还是卖），实际上无法认定其行为属于明示；同时，由于此类金融政策性信息没有对应的证券交易品种，更不可能认定其明示他人从事相关证券交易。因此，判断行为人向特定对象透露未公开信息的行为性质，应当在一个原则性与开放性的基本尺度下结合个案情形与当时的证券市场状况进行具体分析：未公开信息具有确定的证券期货交易品种指向与操作方向的，向特定对象透露未公开信息可以认定为明示；根据未公开信息结合证券期货市场知识，基本能够确定交易品种与操作方向的，向特定对象透露未公开信息可以认定为暗示；向特定对象透露未公开信息之后，根据资本市场一般投资者的知识标准无法确定证券期货交易策略的，不能认为其透露行为符合利用未公开信息交易罪“明示、暗示他人从事相关交易活动”的特征。

（三）关于明示、暗示的认定问题

在明确被建议者实际从事相关交易、透露未公开信息等因素如何影响“明示、暗示他人从事相关交易活动”司法判断的基础上，论述明示、暗示司法认定标准问题则相对顺畅。

明示他人从事相关证券、期货交易，是指未公开信息知悉者明确告知相关证券交易品种及操作方向，或透露未公开信息内容且该信息能够明确指向相关证券交易品种及操作方向，或既告知未公开信息又提示相关证券交易品种及操作方向。

暗示他人从事相关证券、期货交易具有间接性与互动性，前者表现为未公开信息持有人没有直白地告知确定的证券、期货交易策略，后者决定了需要被建议者通过发挥一定的主观能动性来理解如何从事相关证券、期货交易。因此，司法实践中认定暗示行为具有一定难度。笔者认为，暗示行为的本质在于心照不宣。根据当时证券、期货市场的实际状况与发展规律、证券、期货常识以及经验法则进行判断，未公开信息知悉人间接提出的倾向性意见（“不宣”）能够使资本市场正常投资者领悟相关证券、期货交易活动（“心照”）的，可以认定为未公开信息知悉者暗示他人从事相关证券、期货交易。

四、量刑情节与法定刑适用

利用未公开信息交易犯罪量刑情节与法定刑的认定与适用问题是司法实践中极为突出的争议与难点。充分运用文义解释、体系解释、实质解释等刑法解释原理，层进式地对利用未公开信息交易罪量刑情节配置问题进行分析，可以确认本罪应全部按照内幕交易、泄露内幕信息罪的法定刑条款进行处罚，即具有“情节严重”“情节特别严重”两档量刑情节及其对应的法定刑配置。由于司法解释未规定利用未公开信息交易罪“情节特别严重”的量化标准，由于量刑情节认定依据真空而引发的裁判规则不确定性与法律风险，不应由被告人承担。有必要通过科学的实证调查与规范分析，研究制定利用未公开信息交易罪的司法解释，合理建构违法与犯罪、“情节严重”与“情节特别严重”的量化界限。

（一）利用未公开信息交易罪量刑情节的解释争议

我国《刑法》第180条规定了内幕交易、泄露内幕信息罪和利用未公开信息交易罪，对伴随着资本市场迅猛发展而滋生的内幕交易、利用未公开信息交易犯罪行为进行了卓有成效的刑法规制。尤其是《刑法修正案（七）》增设的、被实践中称为“老鼠仓”的利用未公开信息交易犯罪，近年来明显成为资本市场监管与犯罪惩治的焦点。证监会2013年立案22件，仅2014年上半年就立案25件，共39人被移送司法机关追究刑事责任；[①] 2014年年底更是对“老鼠仓”违法犯罪开展专项治理行动。与此同时，利用未公开信息交易犯罪案件的理论解释与实践适用争议问题愈发突出——最高人民检察院就我国“最大老鼠仓”马某利用未公开信息交易案的终审裁定，以“法律适用

① 许志峰：《证监会怎样“捉老鼠”》，载《人民日报》2015年2月8日，第2版。

错误，导致量刑明显不当”为由，按照审判监督程序向最高人民法院提出抗诉，[①] 引发资本市场、法学理论与实务界的高度关注。2015 年 12 月，最高人民法院在深圳第一巡回法庭对原审被告人马某利用未公开信息交易一案再审作出改判，认定利用未公开信息交易罪具有“情节严重”“情节特别严重”两档量刑情节，判处原审被告人马某有期徒刑 3 年，并处罚金人民币 1913 万元；违法所得人民币 1912 万余元依法予以追缴。[②]

本案的争议焦点在于利用未公开信息交易量刑情节的理解与适用，即本罪是否存在、如何认定“情节特别严重”。

马某利用未公开信息交易抗诉案的意义显然并不局限于利用未公开信息交易个案的法律适用与刑罚裁量。我国最高司法机关针对资本市场犯罪案件中的重大问题做出标杆性判例，不仅能够明确利用未公开信息交易犯罪司法实践中的类型化疑难问题与典型性复杂问题，而且能够深度考察刑法解释原理与司法解释规则在资本市场犯罪实践中的应用。

我国资本市场在规模持续壮大、层次愈发完善的同时，客观上催生了利用未公开信息交易等违法犯罪的数额节节攀升、不断刷新纪录，实践中涌现出大量交易量 10 亿元以上、违法所得千万元级别的“老鼠仓”犯罪案件。目前刑罚最重的是李某利利用未公开信息交易犯罪案，其累计“老鼠仓”成交额 5226 万余元、股票交易共计获利 899 万余元、分得股票红利 172 万余元，被判处有期徒刑 4 年，并处罚金 1800 万元，违法所得 1071 万余元予以追缴。[③] 相当数量的“老鼠仓”犯罪的行为人被判处缓刑，且至今无一例外

① 马某在担任证券投资基金经理期间，利用其掌控的未公开信息从事证券交易，累计成交金额 10.5 亿余元，从中非法获利 1883 万余元。2014 年 3 月，深圳市中级人民法院认为马某利用未公开信息交易“情节严重”，一审判决其有期徒刑 3 年、缓刑 5 年，并处罚金 1884 万元、没收违法所得。同年 4 月深圳市人民检察院提出抗诉；8 月，广东省检察院支持抗诉，认为马某应认定为“情节特别严重”。10 月，广东省高级人民法院经审理认为，《刑法》第 180 条第 4 款只规定了利用未公开信息交易罪“情节严重”量刑情节，并未规定本罪有“情节特别严重”情形，终审裁定驳回抗诉，维持原判。广东省检察院认为该终审裁定确有错误并于 11 月提请最高人民检察院抗诉。2014 年 12 月，最高人民检察院决定按照审判监督程序向最高人民法院提出抗诉。参见郑赫南：《“最大老鼠仓”案为何被三级检察机关抗诉》，载《检察日报》2015 年 2 月 15 日，第 2 版。

② 刘婧：《最高人民法院对马乐利用未公开信息交易案再审改判》，载《人民法院报》2015 年 12 月 12 日，第 2 版。

③ 严晓蝶、李燕：《李旭利案终审：维持一审原判》，载《东方早报》2013 年 10 月 30 日，第 A32 版。

地认定为“情节特别严重”。社会公众普遍认为“老鼠仓”频发的主因是惩处力度不够。[①] 因此，有必要结合当前备受关注的最高人民检察院抗诉“老鼠仓”案，对利用未公开信息交易罪量刑情节问题进行审慎的刑法解释，对《刑法》第180条规定的内幕交易、利用未公开信息交易的犯罪实质与经济机理进行本质追问与纵深探索，以便为公正惩治资本市场犯罪、有效破解实践难题、完善司法解释提供理论支持。

（二）利用未公开信息交易罪量刑情节的文义解释

对于利用未公开信息交易，情节严重的，依照《刑法》第180条第1款内幕交易、泄露内幕信息罪的规定处罚，如何进行符合罪刑法定的解释，实践中存在两种截然不同的意见。

“部分依照”论认为，《刑法》第180条第4款利用未公开信息交易罪的条文明确且仅规定了“情节严重”唯一的一档量刑标准，即“情节严重”应依照内幕交易、泄露内幕信息罪“情节严重”量刑档次处罚，并没有明示性地规定利用未公开信息交易“情节特别严重”相应地适用内幕交易、泄露内幕信息罪“情节特别严重”的加重量刑情节。[②]

“全部依照”论认为，刑法条文中的“依照前款处罚”是对前款所规定全部内容的包含。具体到《刑法》第180条第4款规定的“依照第一款的规定处罚”，则包含《刑法》第180条第1款的全部规定，而不是其中的某一部分。因此，利用未公开信息交易罪具有“情节特别严重”这一量刑情节。[③]《刑法》同一法条的不同款项在处罚上具有协调性，这种处罚的参照不可能只是部分参照，应该是全部参照。《刑法》第180条第1款规定的内幕交易、泄露内幕信息罪，存在“情节严重”和“情节特别严重”的不同情形和两个不同量刑档次，对利用未公开信息交易罪的处罚也存在两个不同情形和量刑档次。[④]

---

① 张炜：《打击证券犯罪须“执法必严”》，载《中国经济时报》2014年4月1日，第3版。

② 广东省高级人民法院刑事裁定书（2014）粤高法刑二终字第137号

③ 邹坚贞：《市、省和最高检为何层层抗诉“马某案”最高检意欲推动老鼠仓判决立新规?》，载《中国经济周刊》2014年第49期。

④ 广东省高级人民法院刑事裁定书（2014）粤高法刑二终字第137号。

两种观点在文义解释上的巨大差异与认识分歧，主要是源于《刑法》第180条第4款在文字内涵上具有两种微妙的、截然不同的语意侧重。如果将《刑法》第180条第4款的文字重心置于“情节严重的”，该款显然说明利用未公开信息交易行为只有在“情节严重”的情况下才能按照该条第1款的规定“处五年以下有期徒刑或者拘役，并处或者单处违法所得一倍以上五倍以下罚金”。原因为：其一，“情节严重”是入罪条件，不符合情节严重标准的利用未公开信息交易行为不是犯罪；其二，“情节严重”是唯一量刑情节，利用未公开信息交易罪不存在“情节特别严重”这一加重法定刑档次。如果将《刑法》第180条第4款的文字重心置于谓语“依照……处罚”，那么该款的内涵就非常明了地指向一个简单的结论——利用未公开信息交易罪的刑事处罚标准等同于内幕交易、泄露内幕信息罪。

准确地辨识刑法规范文字内容的重心显然需要遵循刑法条文结构的基本逻辑。刑法条文是一种语言，所以对刑法规范结构的解释首先要符合语法结构的原理。同时，刑法条文是一种法律语言，并且具有刑法这一区别于其他部门法的特有规范结构，因此刑法解释还需要符合罪状解释原理。

以中文语法结构的视角进行解析，“全部依照”论相对而言更具说服力。尽管《刑法》第180条第4款条文内容很长，但在语法上还是非常典型的“主+谓+宾”结构。“证券交易所、期货交易所、证券公司、期货经纪公司、基金管理公司、商业银行、保险公司等金融机构的从业人员以及有关监管部门或者行业协会的工作人员，利用因职务便利获取的内幕信息以外的其他未公开的信息，违反规定，从事与该信息相关的证券、期货交易活动，或者明示、暗示他人从事相关交易活动，情节严重的”整体构成主语，意指利用未公开信息交易犯罪；“依照……处罚”构成谓语；“第一款的规定”构成宾语，意指内幕交易、泄露内幕信息犯罪。语句的重心通常都落位于谓语，没有必要强行割裂稳定的主谓宾结构而特别强调作为主语中的部分内容的“情节严重的”。按照主谓宾的语法结构进行解释，《刑法》第180条第4款的含义就是利用未公开信息交易罪的刑罚依照内幕交易、泄露内幕信息罪的规定进行处罚，利用未公开信息交易罪相应地就必定包括“情节严重”“情节特别严重”两档法定刑。

以刑法条文结构的视角进行解析，“全部依照”论同样更符合分则个罪条文“罪+刑”结构。刑法分则中的所有规范在法条结构上都可以分割为犯罪构成（“罪”）与刑事处罚（“刑”）两大部分。具体到《刑法》第180条第4款的分析，“证券交易所……情节严重的”整个属于犯罪构成部分，“依照第一款的规定处罚”则属于刑事处罚部分。基于“罪+刑”的罪状结构与条文逻辑进行解释，《刑法》第180条第4款的含义同样是指符合利用未公开信息交易犯罪构成的行为应当按照内幕交易、泄露内幕信息罪的相关规定进行处罚。所以，利用未公开信息交易罪具有“情节严重”“情节特别严重”两种量刑情节、两档法定刑配置，是站在罪状结构的整体视角对《刑法》第180条第4款的内在含义做出的解释，相对于孤立地将条文重心确定在作为利用未公开信息交易犯罪构成要素之一的“情节严重”，并将“处五年以下有期徒刑或者拘役，并处或者单处违法所得一倍以上五倍以下罚金”强调为唯一法定刑配置的意见而言，更具有合理性。

分析视角完全聚焦于《刑法》第180条文义内涵，很大程度上已经能够有效地解释利用未公开信息交易罪量刑情节的配置，即利用未公开信息交易罪的法定刑全部依照内幕交易、泄露内幕信息罪的处罚规定，情节严重的，处5年以下有期徒刑或者拘役，并处或者单处违法所得1倍以上5倍以下罚金；情节特别严重的，处5年以上10年以下有期徒刑，并处违法所得1倍以上5倍以下罚金。但是，如果需要更为确实地证明“全部依照”论能够符合罪刑法定原则，依然有必要在刑法解释上提供更为充分的证据或者使用递进一层的解释规则予以补强。

（三）利用未公开信息交易罪量刑情节的体系解释

刑法规范的体系解释不仅能够强化论证利用未公开信息交易罪具有“情节严重”“情节特别严重”两档量刑情节，而且还能从刑法规范文本在司法适用的具体差异中探究“情节特别严重”能否以及如何实际适用于利用未公开信息交易罪。

由于刑法分则条文众多且部分规范设计采用相同的结构，根据刑法规范的体系性解释规则，特定法条的构成要件或者刑罚配置不明确，可以基于其他内容明确、结构相同、关系密切的法条对其内涵展开解释。纵观我国《刑法》分则条文，与《刑法》第180条第1款内幕交易、泄露内幕信息罪与第4款利用未公开信息交易罪法条关系、条文结构、量刑情节配置问题完全相同的，只有《刑法》第285条第2款非法获取计算机信息系统数据、非法控制计算机信息系统罪[①]与第3款提供侵入、非法控制计算机信息系统程序、工具罪。[②] 非法获取计算机信息系统数据、非法控制计算机信息系统罪规定了“情节严重”“情节特别严重”两种量刑情节，位于同一法条后一款的提供侵入、非法控制计算机信息系统程序、工具罪的刑法条文也使用了“情节严重的，依照前款的规定处罚”的规范设计结构。

内幕交易、泄露内幕信息罪与利用未公开信息交易罪，非法获取计算机信息系统数据、非法控制计算机信息系统罪与提供侵入、非法控制计算机信息系统程序、工具罪，这两组犯罪都是《刑法修正案（七）》修改与增设的资本市场犯罪与信息网络犯罪，《刑法修正案（七）》的立法权威解读对利用未公开信息交易罪与提供侵入、非法控制计算机信息系统程序、工具罪的“情节严重”的分析，也都是强调“情节严重的才构成犯罪”，即“情节严重”是两罪的客观处罚条件，[③] 并没有任何证据突出利用未公开信息交易罪与提供侵入、非法控制计算机信息系统程序、工具罪只有“情节严重”这一种法定刑配置。

对于《刑法》第285条第3款提供侵入、非法控制计算机信息系统程序、工具罪的法定刑配置应当部分还是全部依照《刑法》第285条第2款非法获

① 《刑法》第285条第2款非法获取计算机信息系统数据、非法控制计算机信息系统罪规定：“违反国家规定，侵入前款规定以外的计算机信息系统或者采用其他技术手段，获取该计算机信息系统中存储、处理或者传输的数据，或者对该计算机信息系统实施非法控制，情节严重的，处三年以下有期徒刑或者拘役，并处或者单处罚金；情节特别严重的，处三年以上七年以下有期徒刑，并处罚金。”

② 《刑法》第285条第3款提供侵入、非法控制计算机信息系统程序、工具罪规定：“提供专门用于侵入、非法控制计算机信息系统的程序、工具，或者明知他人实施侵入、非法控制计算机信息系统的违法犯罪行为而为其提供程序、工具，情节严重的，依照前款的规定处罚。”

③ 利用未公开信息交易，情节严重的，才构成犯罪。情节严重主要指多次建立老鼠仓、非法获利数额巨大、对客户资产造成严重损失等情形。提供侵入、非法控制计算机信息系统程序、工具，情节严重的，才构成犯罪。情节严重主要是指大量提供、出售数额较大、提供的程序工具等被大量使用造成严重危害等情况。参见黄太云：《〈刑法修正案（七）〉解读》，载《人民检察》2009年第6期。

取计算机信息系统数据、非法控制计算机信息系统罪的规定处罚，尽管刑法理论并未将之作为问题予以深究，[①] 但司法实践均无争议地对提供侵入、非法控制计算机信息系统程序、工具罪适用“情节严重”与“情节特别严重”两个档次的法定刑。

在司法解释中，2011 年《最高人民法院、最高人民检察院关于办理危害计算机信息系统安全刑事案件应用法律若干问题的解释》（以下简称《计算机犯罪解释》）对提供侵入、非法控制计算机信息系统程序、工具罪不仅明确规定了“情节严重”的入罪标准，而且规定了“情节特别严重”加重法定刑的量化标准。[②] 这说明最高人民法院与最高人民检察院就此类问题达成过共识——同一刑法条文中的前款罪名规定了“情节严重”“情节特别严重”两档法定刑，后款罪名按照前款规定处罚，则后款罪名应适用“情节严重”“情节特别严重”两种量刑情节。

在判例实践中，行为人提供侵入、非法控制计算机信息系统程序、工具被认定为“情节特别严重”，审判机关以加重法定刑“三年以上七年以下有期徒刑，并处罚金”为基准结合其他量刑情节作出判决的案例，实际上并不

---

① 同属于《刑法修正案（七）》修改与增设的犯罪类型，刑法理论并未像研究内幕交易、泄露内幕信息罪、利用未公开信息交易罪那样深入分析非法获取计算机信息系统数据、非法控制计算机信息系统罪、提供侵入、非法控制计算机信息系统程序、工具罪的法定刑配置与适用问题，可能的原因在于：（1）资本市场犯罪的关注度相对于网络犯罪而言明显更高；（2）网络犯罪条款技术性非常强，对于刑法理论研究领域而言显得比较生僻；（3）网络犯罪案件控辩对抗激烈程度相对比较低，司法实践中即使出现提供侵入、非法控制计算机信息系统程序、工具罪被认定为“情节特别严重”并适用第二档法定刑，在辩方没有激烈法律意见对抗的情况下，刑法理论很难关注到此类非常具体却涉及法律适用准确与否的重要问题。

② 《计算机犯罪解释》第 3 条规定：“提供侵入、非法控制计算机信息系统的程序、工具，具有下列情形之一的，应当认定为刑法第二百八十五条第三款规定的‘情节严重’：（一）提供能够用于非法获取支付结算、证券交易、期货交易等网络金融服务身份认证信息的专门性程序、工具五人次以上的；（二）提供第（一）项以外的专门用于侵入、非法控制计算机信息系统的程序、工具二十人次以上的；（三）明知他人实施非法获取支付结算、证券交易、期货交易等网络金融服务身份认证信息的违法犯罪行为而为其提供程序、工具五人次以上的；（四）明知他人实施第（三）项以外的侵入、非法控制计算机信息系统的违法犯罪行为而为其提供程序、工具二十人次以上的；（五）违法所得五千元以上或者造成经济损失一万元以上的；（六）其他情节严重的情形。实施前款规定行为，具有下列情形之一的，应当认定为提供侵入、非法控制计算机信息系统的程序、工具‘情节特别严重’：（一）数量或者数额达到前款第（一）项至第（五）项规定标准五倍以上的；（二）其他情节特别严重的情形。”

少见：被告人冯某将其制作的钓鱼网站和木马病毒程序提供给诈骗犯罪被告人王忠某、王鹏某等众多人使用，至少136次，从中获利22000元，构成提供侵入、非法控制计算机信息系统程序、工具罪，属情节特别严重，被判处有期徒刑3年6个月，并处罚金3万元。① 被告人阙某某、陈某某违反国家规定，提供专门用于非法控制计算机信息系统的程序、工具，其中阙某某参与犯罪的违法所得共计94595.31元，陈某某参与犯罪的违法所得共计28980.18元，均属情节特别严重，构成提供非法控制计算机信息系统程序、工具罪，且系共同犯罪。在提供非法控制计算机信息系统程序、工具共同犯罪中，阙某某起主要作用，是主犯；陈某某起次要、辅助作用，系从犯，依法应当从轻、减轻处罚。阙某某、陈某某能如实供述自己的罪行，并能主动退缴违法所得，依法从轻处罚。结合考虑犯罪情节及悔罪表现，对被告人阙某某从轻处罚，对陈某某减轻处罚并适用缓刑。阙某某犯提供非法控制计算机信息系统程序、工具罪，被判处有期徒刑4年，并处罚金人民币5万元；陈某某犯提供非法控制计算机信息系统程序、工具罪，被判处有期徒刑2年，缓刑3年，并处罚金人民币1万元。② 被告人陆某某向1145名用户销售具有侵入、非法控制计算机信息系统功能的木马程序，情节特别严重，其行为构成提供、侵入非法控制计算机信息系统程序、工具罪，被判处有期徒刑3年10个月，并处罚金3万元。③

从立法权威解读、最高司法机关共识、判例实践等分析中可以看到，《刑法》第285条第2款非法获取计算机信息系统数据、非法控制计算机信息系统罪和第3款提供侵入、非法控制计算机信息系统程序、工具罪，与内幕交易、泄露内幕信息罪和利用未公开信息交易罪具有完全相同的规范结构，提供侵入、非法控制计算机信息系统程序、工具罪毫无争议地具备“情节特别严重”的量刑档次，意味着至少在形式的、规范的刑法解释框架下，利用未公开信息交易罪理应具备“情节特别严重”的量刑情节与法定刑配置。然而，有必要强调的是，司法解释是否明确规定“情节特别严重”的具体判断

---

① 浙江省宁波市鄞州区人民法院（2012）甬鄞刑再字第2号。

② 福建省厦门市思明区人民法院刑事判决书（2014）思刑初字第950号。

③ 江西省万载县人民法院刑事判决书（2014）万刑初字第86号。

标准，是加重法定刑能够在实践中予以适用最为重要的客观条件。与《计算机犯罪解释》明确规定非法获取计算机信息系统数据、非法控制计算机信息系统罪，提供侵入、非法控制计算机信息系统程序、工具罪“情节严重”“情节特别严重”的量化认定标准不同，司法解释规定内幕交易、泄露内幕信息罪“情节严重”“情节特别严重”的量化判断标准，[①] 利用未公开信息交易罪却只有“情节严重”的入罪标准[②]而没有司法解释对其“情节特别严重”的判断尺度作出规定。这就成为刑法解释论争议之外利用未公开信息交易罪尚无一例生效判决认定为“情节特别严重”的刑法实践与司法规则根源。

（四）利用未公开信息交易罪量刑情节的实质解释

文义解释初步建立了利用未公开信息交易罪具有“情节特别严重”量刑情节与罪刑法定原则之间的吻合关系；体系解释补强了这种规范解释的合法

① 2012年最高人民法院、最高人民检察院《内幕交易犯罪解释》第6条规定：“在内幕信息敏感期内从事或者明示、暗示他人从事或者泄露内幕信息导致他人从事与该内幕信息有关的证券、期货交易，具有下列情形之一的，应当认定为刑法第一百八十条第一款规定的‘情节严重’：（一）证券交易成交额在五十万元以上的；（二）期货交易占用保证金数额在三十万元以上的；（三）获利或者避免损失数额在十五万元以上的；（四）三次以上的；（五）具有其他严重情节的。”第7条规定：“在内幕信息敏感期内从事或者明示、暗示他人从事或者泄露内幕信息导致他人从事与该内幕信息有关的证券、期货交易，具有下列情形之一的，应当认定为刑法第一百八十条第一款规定的‘情节特别严重’：（一）证券交易成交额在二百五十万元以上的；（二）期货交易占用保证金数额在一百五十万元以上的；（三）获利或者避免损失数额在七十五万元以上的；（四）具有其他特别严重情节的。”2010年最高人民检察院、公安部《追诉标准二》第35条规定：“［内幕交易、泄露内幕信息案（刑法第一百八十条第一款）］证券、期货交易内幕信息的知情人员、单位或者非法获取证券、期货交易内幕信息的人员、单位，在涉及证券的发行，证券、期货交易或者其他对证券、期货交易价格有重大影响的信息尚未公开前，买入或者卖出该证券，或者从事与该内幕信息有关的期货交易，或者泄露该信息，或者明示、暗示他人从事上述交易活动，涉嫌下列情形之一的，应予立案追诉：（一）证券交易成交额累计在五十万元以上的；（二）期货交易占用保证金数额累计在三十万元以上的；（三）获利或者避免损失数额累计在十五万元以上的；（四）多次进行内幕交易、泄露内幕信息的；（五）其他情节严重的情形。”

② 《追诉标准二》第36条规定：“［利用未公开信息交易案（刑法第一百八十条第四款）］证券交易所、期货交易所、证券公司、期货公司、基金管理公司、商业银行、保险公司等金融机构的从业人员以及有关监管部门或者行业协会的工作人员，利用因职务便利获取的内幕信息以外的其他未公开的信息，违反规定，从事与该信息相关的证券、期货交易活动，或者明示、暗示他人从事相关交易活动，涉嫌下列情形之一的，应予立案追诉：（一）证券交易成交额累计在五十万元以上的；（二）期货交易占用保证金数额累计在三十万元以上的；（三）获利或者避免损失数额累计在十五万元以上的；（四）多次利用内幕信息以外的其他未公开信息进行交易活动的；（五）其他情节严重的情形。”

性与合理性。但是，真正排除异议地锁定上述刑法解释的正确性，不能止步于条文形式的分析与阐释，而是应当深入内幕交易、泄露内幕信息罪、利用未公开信息交易罪的实质并由此确认利用未公开信息交易罪量刑情节配置问题。同时，量刑情节与法定刑在立法上完成“出厂设置”之后，实际上并非能够直接且绝对地适用于司法实践，在没有“使用指南”（立法说明或者立法解释）的情况下，必须通过合法且合理的刑法解释将刑法文本落于实处。

利用未公开信息交易罪不具备“情节特别严重”量刑情节这一观点在实质解释层面能够成立，其唯一的可能性在于证明利用未公开信息交易罪的社会危害性没有达到与内幕交易、泄露内幕信息罪相同的水平——如果利用未公开信息交易的犯罪实质危害相对内幕交易犯罪而言更轻，并且这种社会危害性程度上的实质差异足以产生法定刑配置上的区别，则情节特别严重的内幕交易犯罪行为应当适用“五年以上十年以下有期徒刑，并处违法所得一倍以上五倍以下罚金”的基本幅度，而情节特别严重的利用未公开信息交易犯罪行为由于没有制造相同程度的实质危害，适用《刑法》第 180 条第 1 款规定的加重法定刑处罚会出现罪刑失衡，只能配置并适用该款规定的第一档次的法定刑。然而，内幕交易犯罪与利用未公开信息交易犯罪事实上具有性质相同且程度相当的实质危害，所以在刑罚配置上不应当出现前者具备“情节特别严重”量刑档次而后者没有的情况。

从比较刑法的角度分析，内幕交易、利用未公开信息交易、市场操纵等都属于全球资本市场刑法规定的核心犯罪行为，通常统一归属于证券欺诈犯罪或者市场滥用犯罪项下适用完全相同的法定刑，彼此之间不存在相对更重或者更轻的差异。例如，美国《证券交易法》禁止任何人直接或者间接地通过州际商务、邮电通信、证券交易等设施，使用操纵、欺诈或违反证券监管部门基于保护市场和投资者利益所制定的法规的方式，从事注册证券、非注册证券、以证券为基础的掉期合约等交易，内幕交易、利用未公开信息交易、虚假陈述、市场操纵等都属于证券欺诈；[①] 构成犯罪的，适用统一的法定刑——个人单处 20 年以下监禁，或单处 500 万美元以下罚金，或两者

① 15 U. S. C. § 78j（b）.

并处；单位处2500万美元以下罚金。[①] 再如，欧盟于2014年最新发布的《市场滥用刑事制裁指令》将内部人交易与市场操纵等统一称为市场滥用犯罪，要求欧盟成员国将刑罚上限的最低标准规定为4年监禁；[②] 根据2014年欧盟《市场滥用监管规章》的规定，内部信息（inside information）包括金融商品及其发行人内幕信息与客户交易、资金配置信息，内部人交易犯罪包括内幕交易与利用未公开信息交易。[③] 可见，美国、欧盟等全球成熟资本市场刑事法律制度都将内幕交易、利用未公开信息交易作为证券欺诈或者市场滥用犯罪的一种具体行为类型进行定罪处罚，完全没有对两者做出实质危害性的区分。

我国《刑法》中的资本市场犯罪采用了相对精细化的构成要件设计，将内幕交易、利用未公开信息交易、散布虚假信息（《刑法》第181条第1款编造并传播虚假证券、期货交易信息罪）、欺诈客户（《刑法》第181条第2款诱骗投资者买卖证券、期货合约罪）、市场操纵（《刑法》第182条操纵证券、期货市场罪）等行为区分为不同的犯罪类型。内幕交易犯罪与利用未公开信息交易犯罪尽管同在一个条文，但两者之间存在着明确的规范界限：（1）信息内容差异。内幕信息主要是围绕上市公司本身的信息，如公司的重组计划、公司高管人员的变动、公司的重大合同、公司的盈利情况等对该公司证券、期货的市场价格有重大影响、按照有关规定应及时向社会公开但尚未公开的信息；而“重大未公开信息”主要是所在资产管理机构准备将客户资金投资购买哪只证券、期货的投资交易信息，一般属于单位内部的商业秘密，法律并未要求此类信息应当公开，不属于内幕信息的范围。（2）利益侵害差异。内幕交易更多的是损害不特定的社会公众投资者和股民的合法权益，利用未公开信息交易更多的是损害资产管理机构的客户的利益。[④] 然而，上述《刑法修正案（七）》权威解读所揭示的是内幕交易与利用未公开信息交

---

① 15 U.S.C. § 78ff（a）.

② Directive 2014/57/EU of The European Parliament and of The Council of 16 April 2014 on criminal sanctions for market abuse（market abuse directive），Article 2，3，5 &7.

③ Regulation（EU）No 596/2014 of The European Parliament and of The Council of 16 April 2014 on market abuse（market abuse regulation），Article 7 &8.

④ 黄太云：《〈刑法修正案（七）〉解读》，载《人民检察》2009年第6期。

易在犯罪构成上的重要边界，而非两者在犯罪实质危害性层面的本质差异。更值得注意的是，权威解读在分析内幕交易与利用未公开信息交易构成区别与规范边界的过程中，非常准确地指出了评价内幕交易与利用未公开信息交易实质危害的核心方面：市场信息效率与市场参与者权益。而内幕交易与利用未公开信息交易在核心层面的实质危害上具有明确的共性。

内幕交易与利用未公开信息交易的实质危害均聚焦于行为人触犯资本市场竞争规则而制造不公平的信息优势，即违反资本市场法律规范利用尚未公开的信息的经济价值从事相关金融交易、损害其他市场参与者的合法权益。资本市场中的重大未公开信息的经济价值表现为其能够有效地揭示金融商品市场价格与实际价值之间的价差。法律并不一般性地禁止利用私有信息从事金融交易，也不禁止基于对市场公开信息获取能力的差异形成竞争优势而获取金融交易利润的行为，而是禁止滥用信息优势与资本市场信息的经济价值并从价差发现与相关金融交易中获取利益的行为。有效的信息传递与公平的信息竞争是资本市场参与者投入资本参与金融商品价格发现的市场基础。内幕交易是滥用了应及时向市场所有参与者披露的信息的经济价值，利用未公开信息交易滥用了应排他性地基于客户利益而使用的信息的经济价值，两者都是基于谋取个人交易利益的目的而实施的对资本市场信息竞争机制与其他市场参与者利益的严重侵害行为，具有相同的危害实质。

因此，内幕交易与利用未公开信息交易都是滥用信息价值、干扰信息效率、损害其他投资者信息利益的资本市场侵害行为，可以在立法上进行犯罪构成上的区分，但在实质的社会危害性层面具有相当性，并不存在相对重罪与轻罪的差别。分析至此可以确认，利用未公开信息交易罪具有“情节严重”“情节特别严重”两档量刑情节，两罪具有完全相同的法定刑配置。

进一步的问题在于，如何具体适用利用未公开信息交易罪“情节特别严重”的量刑情节。实践中主要有两种意见：一种观点认为，司法解释并未对利用未公开信息交易罪“情节特别严重”的加重法定刑适用标准作出规定，目前不能在个案中直接适用。但对照《追诉标准二》规定的利用未公开信息交易“情节严重”与《内幕交易犯罪解释》规定的内幕交易、泄露内幕信息“情节严重”，两者数值标准相当，据此推算，应当在制定利用未公开信息交易司法解释时按照《内幕交易犯罪解释》设计的标准，将利用未公开交易罪的“情节特别严重”的标准设定为证券交易成交额250万元以上、期货交易占用保证金数额150万元以上、获利或者避免损失数额75万元以上。另一种观点认为，内幕交易犯罪与利用未公开信息交易犯罪具有相同的实质危害与量刑情节配置，既然《内幕交易犯罪解释》已经明确规定了内幕交易、泄露内幕信息罪“情节严重”“情节特别严重”的量化标准，利用未公开信息交易罪可以参照适用，诸如马某案等非法获利数额在千万元级别的利用未公开信息交易犯罪行为完全可以被认定为“情节特别严重”。

然而，由于法官、检察官对个案进行刑法解释的权限缺失与重大疑难复杂问题解释能力的存疑，资本市场犯罪司法实践很大程度上必须依靠司法解释进行指导，尤其是“情节严重”“情节特别严重”此类裁量空间大的综合性量化标准。在利用未公开信息交易罪“情节特别严重”本身并没有司法解释的情况下，直接参照《内幕交易犯罪解释》，法律依据并不充分。[①] 更为关键的是，犯罪实质危害的相当性决定了内幕交易与利用未公开信息交易犯罪量刑情节与法定刑配置相同，但并不绝对意味着两罪在“情节严重”“情节特别严重”的判断标准上应然地适用完全相同的量化尺度。相反，由于内幕交易与利用未公开信息交易在具体的犯罪机理上具有截然不同的运作机制，司法解释在制定“情节严重”“情节特别严重”量化判断标准时需要进行有针对性的布局与调整。《追诉标准二》对内幕交易、泄露内幕信息罪与利用未公开信息交易罪的“情节严重”设置完全相同的数额标准，其本身的合理性就值得探讨，更不能以此主张未来制定利用未公开信息交易罪情节标准时完全按照内幕交易犯罪的标准进行等量化处理。

内幕交易与利用未公开信息交易的犯罪机理是指特定交易者滥用重大信

① 从现阶段已经作出的生效判决的具体情况分析，所有非法获利1000万元以上的利用未公开信息交易犯罪案件都只被审判机关认定为“情节严重”。例如，李某利累计成交额5226万余元、共计获利899万余元，郑某累计成交额5亿余元、获利1400万余元，苏某累计成交额7.33亿余元、获利3652万余元，等等，均没有被法院认定为“利用未公开信息交易情节特别严重”。参见郝洪：《李旭利案终审宣判“股仓硕鼠”为何频现》，载《人民日报》2013年10月30日，第9版；严晓蝶：《苏竞“老鼠仓”获刑2年6个月》，载《东方早报》2014年10月22日，第A22版。这也从一个非常重要的侧面证明司法解释对于情节标准量化界定的极大影响。

息的经济价值、实现个人经济利润或者风险转移以及损害其他市场参与者利益的运作方式及其经济本质。资本市场犯罪的实质是对其社会危害性的本质界定，而资本市场犯罪的机理则是对其经济危害性的量化规定。

其一，从信息价值的角度分析，内幕信息是与金融商品或其发行主体有关的、对金融商品内在价值具有影响并外化为市场价格波动的内生性信息（例如，资产重组、重大合同等与上市公司经营与财务密切关联的信息），其经济价值在于发现基础资产内在价值与金融商品市场价格之间的价差。《刑法》第180条第4款规定的内幕信息之外的其他重大未公开信息，是与金融商品内在价值无直接关联的、通过特定市场资金流动变化而影响金融商品市场价格的外发性信息（例如，基金公司管理的客户资金、保险公司管理的年金账户等买入、卖出股票的信息），其经济价值在于发现特定金融商品短期供求关系变动影响下的预期市场价格与当前供求关系影响下的市场价格之间的价差。由于内幕信息公开造成的是金融商品内在价值的客观波动，内幕信息之外的其他重大未公开信息公开引发的是金融商品供求关系的短期波动，通常而言内幕信息对市场价格变动的影响幅度更大。在违法所得相同的条件下，利用未公开信息交易需要动用的交易量规模更大。①

其二，从利益侵害与违法所得的角度分析，内幕交易是利用应当向资本市场披露并由所有市场参与者（包括潜在投资者）共享的重大信息谋取交易利润，行为人违法所得的代价是市场所有参与者的经济利益与市场整体信息效率的损害。而利用未公开信息是基于资产管理中应当由权益人独享的重大信息谋取交易利润，行为人违法所得的代价是其所供职的机构或者客户的经济利益的损害与市场特定信息利益冲突的违反。在违法所得相同的条件下，利用未公开信息交易所侵害的市场参与者范围更特定、经济利益更容易量化

---

① 司法实践中利用未公开信息交易犯罪案件中成交数额普遍极大也验证了这一判断。市场公开材料显示，进入刑事诉讼程序的利用未公开信息交易案，最高成交数额超过10亿元，最低成交数额也达到了300万元以上。参见中国证券监督管理委员会：《证监会通报对利用未公开信息交易的执法工作情况》，http：//www. csrc. gov. cn/pub/newsite/zjhxwfb/xwdd/201412/t20141226 _ 265701. html（访问日期：2015年2月17日）。利用未公开信息交易的成交额基本上全部超过《内幕交易犯罪解释》“情节特别严重”证券成交额250万元以上的数额标准，如果利用未公开信息交易罪参照《内幕交易犯罪解释》，实际上虚置了“情节严重”标准。

且数额相对较小。

所以，同属“情节严重”或者“情节特别严重”的量刑情节并适用相应的法定刑幅度，内幕交易与利用未公开信息交易所需要达到的量化标准并不相同，作为评价两种犯罪行为类型最为重要的指标，交易量、违法所得的数额尺度应当合理做出差异化处理。要达到相当程度的违法所得、市场侵害，利用未公开信息交易的成交量需要更多；要达到相当程度的投资者权益侵害，利用未公开信息交易的违法所得应当更高。利用未公开信息交易罪“情节严重”“情节特别严重”所对应的证券交易成交额、期货交易占用保证金数额、获利或者避免损失数额等标准应当高于内幕交易、泄露内幕信息罪。在利用未公开信息交易犯罪司法解释设计具体数值时，可以通过对已有的利用未公开信息交易行政处罚与刑事犯罪案件进行数量分析，计算证券交易成交额、期货交易占用保证金额、获利或者避免损失额等关键数据的中位数，取整数后作为“情节严重”的具体数额指标，并按照一定的倍数（《内幕交易犯罪解释》为5倍）确定“情节特别严重”的量化标准。基于目前利用未公开信息交易行政处罚与刑事犯罪案件公开数据资料进行的不完全统计与初步测算，[①] 该中位数（取整）约为成交额1亿元、违法所得1000万元，该数值可供相关部门制定司法解释时予以参考。

在制定利用未公开信息交易犯罪司法解释时，如果按照上述统计数值调整“情节严重”“情节特别严重”的定罪量刑标准，相对目前数额水平而言，显然入罪与处罚标准明显提高。可能的质疑是，提高定罪量刑标准会向公众传递出对资本市场犯罪的打击力度趋于减弱的信息。这种担心规制弱化的隐忧也是长期以来将资本市场犯罪刑事追诉数额标准设定在一个较低水平的重要原因。但是，过低的追诉标准势必导致“法不责众”、加重法定刑情节难以落实，从而造成真正的经济危害极大、犯罪数额极大的利用未公开信息交易犯罪案件适用“情节特别严重”变得异常困难与复杂——截至2014年年底，在已查办的案件中涉案利用未公开信息交易金额累计10亿元以上的有7

① 样本范围：黄林、刘海、唐建、涂强、王黎明、张野等利用未公开信息交易行政处罚案件以及许春茂、韩刚、李旭利、季敏波、夏侯文浩、马乐、杨丙卿、杨弈、郑拓、曾宏、厉建超、欧宝林、钱均、苏竞、王劲松、张治民等利用未公开信息交易刑事犯罪案件。

件，非法获利金额在1000万元以上的有13件，无一例被认定为“情节特别严重”。[①] 因此，根据资本市场违法犯罪案件的实际情况，适当调整利用未公开信息交易罪“情节严重”“情节特别严重”的数额标准，不仅有利于廓清违法与犯罪的界限、落实与优化两档法定刑的处罚强度配置，而且有助于发挥行政处罚对于资本市场犯罪主体经济利益、职业资格剥夺的监管效果，以及民事诉讼的损害赔偿机制作用。落到实处的刑罚措施以及通过刑事、行政、民事全方位制度安排震慑利用未公开信息交易犯罪人，才能真正强化资本市场犯罪的震慑效率与刑法规范的执行力。

（五）利用未公开信息交易罪量刑情节的司法适用

充分运用文义解释、体系解释、实质解释等刑法解释原理层进式地对利用未公开信息交易罪量刑情节配置问题进行分析，可以确认本罪应当全部按照内幕交易、泄露内幕信息罪的法定刑条款进行处罚，即具有“情节严重”“情节特别严重”两种量刑情节及其对应的法定刑配置。但是，目前只有《追诉标准二》对利用未公开信息交易行为“情节严重”的入罪标准作出了规定，司法解释没有对利用未公开信息“情节特别严重”建构量化标准并指导司法实践。内幕交易与利用未公开信息交易在犯罪机理上的实质性差异，利用未公开信息交易执法、司法实践中成交额、违法所得等核心数额指标异常巨大的实际情况，加上司法解释对量刑情节量化把握的权威性以及实务部门对此的依赖性，共同决定了利用未公开信息交易“情节严重”“情节特别严重”的认定不能参照《内幕交易犯罪解释》相应的量化指标。所以，目前在个案中认定老鼠仓“情节特别严重”缺乏权威的规则依据。

具体到当前马某利用未公开信息交易抗诉案，最高人民检察院的抗诉理由实际上已经排除了事实不清的问题，故本案在适用法律上涉及量刑情节认定与刑罚裁量两个核心问题。

其一，关于量刑情节的认定。马某利用未公开信息交易的成交额超过10

① 中国证券监督管理委员会：《证监会通报对利用未公开信息交易的执法工作情况》，载http：//www.csrc.gov.cn/pub/newsite/zjhxwfb/xwdd/201412/t20141226_265701.html. 最后访问日期：2015年2月17日。

亿元、非法所得超过1800万元，即使对照上述实证调查的建议数值，也已经远超“成交额1亿元、违法所得1000万元”的“情节特别严重”标准，从犯罪危害与刑罚裁量幅度之间实质上的均衡性的角度分析，认定其为“情节特别严重”并不会导致事实上的严重失衡或者失当。但是，由于司法解释没有对利用未公开信息交易罪“情节特别严重”的量化标准进行明确规定，这种量刑情节认定标准的依据真空而引发的裁判规则的不确定性与法律风险，不应当由被告人承担。所以，生效判决不予认定马某“情节特别严重”的量刑情节，其结论是正确的。但是，问题在于生效判决明确指出“《中华人民共和国刑法》第一百八十条第四款规定，证券交易所、期货交易所等金融机构从业人员以及有关监管部门或者行业协会的工作人员，利用未公开信息交易，‘情节严重的，依照第一款的规定处罚’，该条款并未对利用未公开信息交易罪规定有‘情节特别严重’情形”[①] ——这一论证理由与法律解释是错误的，应当予以纠正。

其二，关于量刑适当或者不当的判断。由于本案目前只能认定为“情节严重”并在“五年以下有期徒刑或者拘役，并处或者单处违法所得一倍以上五倍以下罚金”的幅度内进行刑罚裁量，加上自首的从轻处罚情节，判处3年有期徒刑不能认为量刑不当，但能否适用缓刑确实值得探讨。根据《刑法》第72条缓刑适用条件的规定，同时符合犯罪情节较轻、有悔罪表现、没有再犯罪的危险、宣告缓刑对所居住社区没有重大不良影响4个条件的，可以宣告缓刑。初审法院判定、二审法院确认本案适用缓刑的理由在于“认罪态度良好，其违法所得能从扣押冻结的财产中全额返还，判处的罚金亦能全额缴纳，确有悔罪表现，符合适用缓刑的条件”。[②] 这些理由均与适用缓刑的人身危险性判断标准（有悔罪表现、没有再犯罪的危险、宣告缓刑对所居住社区没有重大不良影响等）相吻合，但都是与客观发生的犯罪行为及其所对应的已然社会危害无关的要素。对于作为适用缓刑的犯罪危害性判断标准的“犯罪情节较轻”并未予以精确说明，评估缓刑适用的法律要素并不周延。

① 广东省高级人民法院刑事裁定书（2014）粤高法刑二终字第137号。

② 广东省高级人民法院刑事裁定书（2014）粤高法刑二终字第137号。

"非法交易股票76只，累计成交金额人民币10.5亿余元，从中获利人民币1883万余元"[①] 尽管不能认定为"情节特别严重"，但与"犯罪情节较轻"似乎完全无法匹配，甚至构成激烈的矛盾与冲撞。《刑法》第72条明确将犯罪情节作为判断是否适用缓刑的法定条件、第180条第4款将利用未公开信息交易罪规定为情节犯，所以，成交额、非法获利等犯罪情节在定罪（判断是否构成犯罪）与刑罚裁量（是否适用缓刑）两个环节进行考量，并不违反禁止重复评价原则。

根据审判监督程序抗诉规定，适用法律错误或者量刑不当，应当撤销判决、依法改判。就量刑情节的适用法律而言，马某利用未公开信息交易案的生效判决不予认定"情节特别严重"，尽管说理错误，但结论正确，属于适用法律方面有瑕疵，应当裁定纠正。就缓刑的适用而言，本案检察官认为对其判处3~5年的有期徒刑是合理的，但判处有期徒刑3年并适用缓刑则明显存在犯罪与刑罚之间的不相适应。[②] 应当看到，情节犯中"情节严重"与缓刑条件中"犯罪情节较轻"如何协调适用确实存在争议与疑难，有待审判监督结论出台后进一步深入研究。然而，本案在是否正确适用缓刑、量刑是否不当等方面存在极大争议，其症结归根到底在于"情节特别严重"司法解释量化标准的缺位以及由此带来的裁判不确定性。有必要重申司法解释科学地制定利用未公开信息交易"情节严重""情节特别严重"认定标准的重要性，如果"情节特别严重"的量刑标准明确，符合成交额、非法所得数额标准的案件，在没有减轻处罚条件的情况下，直接在"处五年以上十年以下有期徒刑，并处违法所得一倍以上五倍以下罚金"的法定刑幅度内处罚，排除了利用未公开信息交易数额特别惊人却适用缓刑的可能性，从而达到与社会大众的常识判断、司法专业的理性预期相互吻合与协调。没有达到"情节特别严重"标准的，则在"五年以下有期徒刑或者拘役，并处或者单处违法所得一倍以上五倍以下罚金"法定性幅度内按照缓刑适用条件做出刑罚裁量。一方

---

① 广东省高级人民法院刑事裁定书（2014）粤高法刑二终字第137号

② 郑赫南：《十大法律监督案例解读："最大老鼠仓"案为何被检方抗诉》，载《检察日报》2015年2月15日，第2版。

面，将合法且合理的刑罚裁量权限交由司法机关自主行使，另一方面，严格审查缓刑判决的合法性。

对于未来利用未公开信息交易罪量刑情节适用标准的预期，实践中有观点认为，最高人民检察院向最高人民法院抗诉利用未公开信息交易案，有可能促成最高司法机关报请全国人大常委会对现行《刑法》利用未公开信息交易罪量刑情节问题予以解释。[①] 然而，立法解释不仅属于制发概率低、实施成本高的法律解释渊源，而且与目前亟须解决的利用未公开信息交易罪量刑情节标准问题并不匹配。[②] 我国《刑法》分则中有大量犯罪设置了“情节严重”“情节特别严重”的规范配置，实践中鲜见由立法解释对其量化标准进行填充。立法解释介入利用未公开信息交易罪量刑情节问题的唯一可能性，在于最高人民法院在马某利用未公开信息交易抗诉案中明确裁定本罪不具备“情节特别严重”这一量刑情节与对应的法定刑配置，并与最高人民检察院的意见出现实质性差异，即最高人民法院和最高人民检察院在个案中的法律解释存在原则性的分歧。[③] 不过根据前文刑法解释原理的运用与分析，以及“两高”在《计算机犯罪解释》中达成的共识，形成利用未公开信息交易罪只有“情节严重”一个量刑情节而无“情节特别严重”裁定结论的概率极低。因此，最高司法机关运用科学的实证调查与规范分析，共同研究制定利用未公开信息交易罪的司法解释，合理建构违法与犯罪、“情节严重”与“情节特别严重”的量化界限，是今后指导司法实践准确适用本罪量刑情节的预期路径。在量化标准具体设定上，建议“情节严重”的核心判断指标为成交额2000万元以上或者违法所得200万元以上，“情节特别严重”为成交额1亿元以上

---

① 邹坚贞：《市、省和最高检为何层层抗诉“马乐案”最高检意欲推动老鼠仓判决立新规?》，载《中国经济周刊》2014年第49期。

② 1981年《全国人民代表大会常务委员会关于加强法律解释工作的决议》（以下简称《法律解释工作决议》）第1条规定：凡关于法律、法令条文本身需要进一步明确界限或作补充规定的，由全国人民代表大会常务委员会进行解释或用法令加以规定。《刑法》第180条内幕交易、泄露内幕信息罪、利用未公开信息交易罪的法律条文本身并没有亟须立法解释明确界限与补充规定的必要。

③ 《法律解释工作决议》第2条规定：凡属于法院审判工作中具体应用法律、法令的问题，由最高人民法院进行解释。凡属于检察院检察工作中具体应用法律、法令的问题，由最高人民检察院进行解释。最高人民法院和最高人民检察院的解释如果有原则性的分歧，报请全国人民代表大会常务委员会解释或决定。

或者违法所得1000万元以上。

第三节 利用未公开信息交易犯罪刑事合规：信息产权协商

禁止所有类型的利用未公开信息交易对于资本市场法律制度建构而言是成本最低的政策选择。但是，持有重大未公开信息的行为主体是否选择实施利用未公开信息交易行为，归根结底是风险与收益评估问题，在犯罪责任风险不确定且没有其他经济激励促使行为主体选择更优的经济收益获取渠道的情况下，通过资本市场中的交易行为实现重大未公开信息的经济价值始终是经济上最优的选择。行政监管、国有资本等国家权力代理关系中不允许对国家权力运作过程中形成信息的经济价值进行合约安排，但在国家权力代理之外的市场性代理关系中，以代理成本形式客观存在的利用未公开信息交易违法犯罪行为不是绝对的法律禁止所能控制的。在不涉及资本市场整体效率损害的前提下，重大未公开信息经济价值的协商性安排能够有效地化解利用未公开信息交易违法犯罪问题。

一、单一刑事控制模式的效能评估

利用未公开信息交易犯罪刑事控制法律制度，对于规制作为代理成本的利用未公开信息交易犯罪行为而言在制度效率上很难取得实质效果。刑事控制制度能够被实际评估的效果局限于个案惩罚与资本市场普通投资者安慰。就资产管理公司与经理人之间的代理关系而言，利用未公开信息交易犯罪刑事法律制度的现实介入，只能控制极少数的所谓利用未公开信息交易侵害行为，对于代理成本控制几乎没有影响。即使立法与司法体系有意识地提升个案处罚所能形成的震慑效果，法律实践也只能针对已经查处的利用未公开信息交易犯罪个案中犯罪人的刑罚措施进行不断“加码”，以求在利用未公开信息交易犯罪个案中强化惩罚力度与震慑效应。这不仅意味着个案中的利用未公开信息交易行为人承担了因为制度失控而强加的、不公正的责任，而且完全无法从根本上解决如何让经理人不选择利益冲突行为、金融市场中的资产管理公司免受代理成本损失的问题。在真实的资本市场法律制度运作中，制度安排与执行资源都是有限的。法律制度以整体禁止利用未公开信息交易这种简单化的方式，在立法成本上虽缩减了规范技术优化成本，但在执法司法实践操作中却无法实现法律禁止的落实，这样会对市场产生多重的损害。

其一，对资本市场法律权威的损害。一旦资本市场中形成利用未公开信息交易犯罪在大多数情况下都没有被作为犯罪处理的认识，立法、执法、司法的权威性则会显著降低。

其二，过度安慰效果的释放反而导致投资者利益的损害。形式上严格利用未公开信息交易犯罪刑事控制规范在操作中是无法涵盖绝大部分利用未公开信息交易犯罪行为的，而法律强化控制利用未公开信息交易犯罪的宣传会阶段性地传递至资本市场的普通投资者，在短期提振市场参与者信心的同时，造成投资者风险意识落后与偏差。资本市场法律制度应当明确市场风险高、法律规范技术与监管实践的有限性，促进资本市场参与者通过各种自主性的合约安排规避风险。这才是保障资本市场投资者权利的现实路径。阶段性的强化立法与释放严打利用未公开信息交易犯罪的政策导向只能非理性地提升市场信心，投资者最终进入与面对的市场风险仍然不会发生实质的改变。

其三，遏制制度创新与富有效率的市场化契约安排。以刑事法律制度为核心的利用未公开信息交易规范控制制度在名义上规制的范围极广，在实际效果存在疑问的同时，其更重要的制度性危害在于挤压了以其他非强制性、禁止性规范为核心内容的制度安排空间，并且导致各种市场机制无法发挥作用或者没有释放效率的现实路径。

以刑事立法与刑事司法为核心的资本市场违法犯罪行为规制或者资本市场保护实践，在面对资本市场侵害行为问题时，毋庸置疑地会集中思考应当如何阻止资本市场中的侵害行为，即如何通过资本市场刑事立法与刑事司法惩罚、预防这类侵害行为。如果仅仅局限在法律制度的范畴反思资本市场外部性问题——资本市场的侵害行为，即使刑事立法不断完善资本市场刑法规范的明确性，刑事司法持续优化资本市场犯罪案件裁判规则的准确性，也只能尽可能地接近罪刑法定这一刑法制度内部的原则性要求以及孤立地维护资本市场的公平性，而无法通过刑法制度安排优化资本市场效率。刑事立法或者司法直接考虑禁止资本市场的侵害行为，固然能够在法律条文、类型化案件以及社会心理层面控制资本市场中的投资者免受侵害行为所产生的损失，但却有可能对所谓的资本市场侵害行为人乃至整个资本市场机制造成损失。事实上，要使资本市场运行以及市场中的投资与融资行为效率最大化或者损耗最小化，合理的制度安排逻辑不应是思考是否有必要通过建构法律制度（显然更不应当是刑法制度）阻止资本市场中的侵害行为，而是应当考虑资本市场中的侵害行为实施者是否有权损害该侵害行为的承担者，或者该侵害行为的承担者是否有权要求实施者提供侵害行为的对价。对于作为代理成本问题的利用未公开信息交易刑事政策而言，解决问题的核心路径并不在于通过资本市场法律制度强行禁止基金、信托、保险等各种行业类型的资产管理企业中参与投资信息设计、制定与决策的高级管理人员利用信息从事相关交易为个人谋取利润，而且在承认代理成本对企业效率现实损害的基础上思考最大限度地控制代理成本的政策选择。

二、代理成本问题

科斯在《社会成本问题》中指出，假设定价体系顺畅运作（定价体系运作成本为零），损害行为支付所有损失与损害行为无须承担责任，资源配置都将实现最优化。[①] 这意味着在不考虑交易成本的情况下，无论产权如何界定，市场机制都会推动资源配置效率的最大化。就解决利用未公开信息交易代理成本问题而言，在交易成本为零的条件下，资产管理公司与内部人员可以通过磋商的方式对重大未公开信息产权分配问题达成符合双方利益诉求与意思表示的合约，没有必要通过资本市场法律制度介入利用未公开信息交易监管问题。资产管理公司是否许可内部人员基于尚未公开的投资决策信息从事金融交易并优化劳动合约与薪酬结构、内部人员通过让渡部分现金薪酬或者直接性收入换取实施利用未公开信息交易的机会是否能够获取实际利益，取决于公司与内部人员之间哪一方经评估认为重大未公开信息产权及其使用

① Ronald H. Coase, *The Problem of Social Cost*, The Journal of Law and Economics 3, 1960, p. 1, pp. 2 – 8.

价值对于其而言更具有经济价值。不管信息产权最终归属于哪一方，合约协商中的当事人都可以通过磋商与交易实现信息产权配置的最优效率，从而最大程度地控制与解决代理成本问题。① 但是，在真实的市场条件下，交易成本在某些情况下非常昂贵，这使得零交易成本下的定价体系在介入交易成本之后无法完成交易。这就决定了市场交易对法律界定的产权进行重新安排只有在这种配置具有优化性，即产权分配之后的收益超过交易成本的情况下，参与该市场交易的主体才会促使其产生，同时产权的初始界定对于协商效率与交易成本具有重大影响。②

利用未公开信息交易行为所依托的重大未公开信息在资本市场中具有价值实现的能力，应当构成信息财产。③ 特定的市场参与者能否以及如何利用重大未公开信息从事相关金融交易本质上就是信息产权配置问题。法律规制禁止利用未公开信息交易同样也是一种信息产权的解决方案——向知情人员配置重大未公开信息消极产权。重大未公开信息消极产权旨在剥夺使用对于资本市场有价值的信息的权利，设定了禁止信息知情人员使用信息产权的消极权能。④ 但是，信息产权保护具有明显的非排他性，即信息内容传导成本

① David D. Haddock and Jonathan R. Macey, *A Coasian Model of Insider Trading*, Northwestern University Law Review 80, 1986, p. 1449 - 1450.

② Ronald H. Coase, *The Problem of Social Cost*, The Journal of Law and Economics 3, 1960, p. 1, p. 15 - 16. 法律与金融理论中反对科斯式信息产权自主配置的观点认为，交易成本为零的假设是不成立的或者不切实际的，产权优化配置只可能在交易成本为零的非现实条件下才可能形成分配效率。参见张心涕：《从法律经济学与资讯财产权探讨利用未公开信息交易理论：兼论利用未公开信息交易内部人之范围》，载《台大法律学论丛》（第 37 卷第 3 期）2008 年 9 月；Zohar Goshen and Gideon Parchomovsky, *On Insider Trading, Markets, and "Negative" Property Rights in Information*, Virginia Law Review 87, 2001, p. 1229. 但这实际上是对科斯定律相关性与逻辑性的误解。科斯分析交易成本为零环境下资源配置均能够经过市场交易达到最优化的价值在于强调产权初始界定的意义。科斯在《社会成本问题》一文的后续论述中明确提出交易成本高企的现实环境下，不同的产权界定制度对于交易成本的影响，且交易成本的提升或者降低是评价产权制度配置效率的核心。更为重要的是，科斯《社会成本问题》的价值并非局限于交易成本发现与产权制度改革，其宏观方法论的意义在于解释问题的思维路径。真实的资本市场最大的问题是资源的有限性与成本的高耗费性。法律制度与市场效率之间的关系优化应当是根据资本市场的真实状况而非理论抽象解释制度选择与产权安排。

③ Jonathan R. Macey, *Insider Trading: Economics, Politics, and Policy*, *American Enterprise Institute*, 1991, p. 66 - 67.

④ Zohar Goshen and Gideon Parchomovsky, *On Insider Trading, Markets, and "Negative" Property Rights in Information*, Virginia Law Review 87, 2001, pp. 1229 - 1230.

极低，即使法律对信息产权进行了制度性的限定，但是排除他人使用该信息或者对信息进行封闭保护的难度与成本相当高。同时，信息的生产、制造、分析、获取等相关人员耗费了相当规模的成本才能掌握有价市场信息，如果没有适当的方法转让或者通过交易行为在资本市场中实现信息价值，将会降低其创造信息的驱动力，不利于提升市场的整体利益、创新动力与活跃程度。此外，信息产权使用上的非冲突性意味着在特定行为主体使用信息的过程中其他市场参与者同样可以对信息进行使用，这为信息在不同市场参与者之间进行分配与流转提供了现实条件。当然，信息构成产权且存在配置可能的前提在于信息属于资本市场中的有价商品。如果信息完全不应当属于资本市场或者市场中的任何一方，而是政府在履行公共职能过程中形成的公共产品，则不能作为产权进行分配。① 即使重大未公开信息生成于私有市场，信息产权亦并非能够直接进入相关市场参与者分配阶段。只有对资本市场整体效率没有直接影响的重大未公开信息才可以在关联主体之间研究产权分配问题。②

三、信息产权、刑法文本与刑事合规空间

在法律制度层面认可重大未公开信息构成产权类型之一具有重大的价值。信息产权的确立意味着生成市场有价信息的行为主体能够基于市场化的合约安排实现信息价值。但是，现有的法律制度直接向市场中的信息知悉人员配置信息消极产权既不符合信息产权保护非排他性的特征，也没有在经济效率层面经过深入论证。重大未公开信息的消极产权初始配置意味着资产管理公司与高级管理人员之间无法通过市场交易与协商对信息产权做出分配，也就无法解决作为代理成本的利用未公开信息交易。这对于资本市场中的整个资产管理行业、基金公司收益与资产管理规模、高级管理人员与金融人才个人收益回报、资产单元投资者利益最大化等一系列问题都构成了发展的巨大瓶颈。

所幸中国资本市场法律制度从一开始实际上就没有完全对利用未公开信息交易以及重大未公开信息产权问题做出绝对封闭的消极界定。《刑法》利

---

① 监管信息或者政府介入市场而主导生成的信息，是权力运作与介入市场的结果，未公开之前必须按照保密法律制度进行“存储”，市场参与者、国家工作人员不得予以使用。

② 例如，基金公司与基金经理之间未公开信息产权分配问题。

用未公开信息交易罪条款中设置了“违反规定”这一违法性前置性判断要件。在我国刑法分则中，以“违反规定”形式出现的空白规范极少，[①] 除了利用未公开信息交易罪之外，只有《刑法》第 188 条违规出具金融票证罪、第 407 条违法发放林木采伐许可证罪以及第 442 条擅自出卖、转让军队房地产罪采取了相同的立法模式。有学者指出，违规出具金融票证罪中的“违反规定”，显然不限于国家法律、行政法规，还应当包括部门规章以及银行或其他金融机构制定的相关规章制度和重要业务规则等行为规范。[②] 由于利用未公开信息交易罪与违规出具金融票证罪的刑法条文同属经济刑法规范体系，加之“违反规定”在法条文字表述上也确实明显区别于“违反国家规定”，按照上述经济刑法理论及逻辑进行的一种合理的解释是，利用未公开信息交易罪中的“违反规定”不应当局限于全国人大及其常委会制定的法律和决定、国务院制定的行政法规等规定，还应当覆盖国家有关部门规章、全国性行业协会规则以及相关金融机构、主管部门规章制度、规范指引等内部规范性文件。然而，更应当强调的是，金融机构、资产管理公司、基金公司、私募投资机构等设置的内部规章制度或者合约等规定同样也能够作为判断相关利用未公开信息交易行为是否“违反规定”的依据，利用未公开信息交易执法与司法实践部门在审查利用未公开信息交易行为的违法性时，不能直接否定资本市场从事资产管理业务的金融机构的内部制度与规定。这并非因为正式的法律、行政法规、证监会等部委规章、行业协会管理文件等对基于重大未公开信息从事金融交易谋取个人利益的行为的违法性判断规定得比较原则

---

① 纵观我国刑法分则的规定，大量个罪的成立以违反相关法律、法规等规范性法律文件为前提，其空白罪状的表述方式迥异：(1) 有的概括地表述为“违反国家规定”（例如，《刑法》第 137 条工程重大安全事故罪）。由于《刑法》第 96 条在总则部分对国家规定的范围进行了确定性的解释，“国家规定”的最低法律位阶为国务院制定的法规、决定、命令等。(2) 有的直接提示了具体的法律（例如，《刑法》第 330 条妨害传染病防治罪，“违反传染病防治法”），司法机关可以直接对相关个罪违法性的前置规范进行定位。(3) 有的归纳了规范性法律文件的类别与位阶，司法机关同样可以相对明确地确定相关个罪违法性的前置规范。(4) 有的则仅规定了前置性规范的类别，但没有明确其法律位阶（例如，《刑法》第 126 条违规制造、销售枪支罪，“违反枪支管理规定”）。由于法律位阶的明确是司法机关对相关个罪进行违法性判断的前提与依据，刑法即使规定了相关规范性文件从属的类别，也难以清晰界定相关规定的范围。但是，纵观上述前置性判断依据，模糊性地表述为“违反规定”的极为少见。

② 顾肖荣：《论经济刑法中的几个基本问题》，载《法学》2008 年第 8 期。

与模糊，而是因为“违反规定”的本意就是为资产管理机构与实施利用未公开信息交易的高级管理人员开启了信息产权配置协商的刑法制度“窗口”。金融机构规章制度、合约条文对于资产管理、投资决策过程中形成的信息使用进行了规范化的设计，应当作为排除利用未公开信息交易行为犯罪性、赋予内部人员信息产权、许可基于重大未公开信息进行交易的“规定”依据。①

同时，中国《证券投资基金法》最新修正之后赋予了基金管理人员基于有价信息参与金融交易的制度空间。② 这意味着私募基金可以允许基金经理在向本机构申报的情况下实施包括利用本机构投资决策信息在内的金融商品交易；公募基金在向证监会备案之后可以与基金经理就其从事证券交易问题进行合约安排。对于基金法明确创设资产管理机构与基金管理人员协商信息产权配置机制，法律、金融等理论与实务中出现了两种截然不同的意见——支持制度改革的观点认为，基金经理炒股合法化符合基金经理等从业人员意愿，能够通过放松管制的方式实现强化监管的目的，对基金经理金融交易行为进行透明化管理。③ 否定制度改革价值的观点认为，允许基金经理炒股是一个错误的制度开端，会加剧资本市场的信息不对称，最终导致市场无法参与、没有投资者愿意参与。④ 从资产管理机构运作基金过程中形成的投资决策、资产配置信息的产权属性与所有权归属的角度分析，中国基金法允许资产管理机构与基金经理协商基于重大未公开信息从事金融交易的行为制定具体的实施规则，其合理性是非常显而易见的。中国《刑法》规定的利用未公开信息交易罪所禁止的基于重大未公开信息实施的相关金融交易，涉及代理

---

① 刑法文本设计“违反规定”的“窗口”意味着利用未公开信息交易执法与司法实践的审查行为安排亦应当进行相应调整。对于举报或者发现具有利用未公开信息交易线索的，法律实践部门应当首先要求机构提供关于信息产权配置与安排的规定文本，分析机构内部规定或者合约是否对于信息产权进行了事先安排并满足了信息披露要求。符合规定内容的利用未公开信息交易行为并不构成违法或者犯罪。

② 《证券投资基金法》第17条规定：公开募集基金的基金管理人的董事、监事、高级管理人员和其他从业人员，其本人、配偶、利害关系人进行证券投资，应当事先向基金管理人申报，并不得与基金份额持有人发生利益冲突。公开募集基金的基金管理人应当建立前款规定人员进行证券投资的申报、登记、审查、处置等管理制度，并报国务院证券监督管理机构备案。

③ 皮海洲：《基金经理炒股要透明化》，载《证券时报》2013年6月3日，第A3版。

④ 王明彬：《〈基金法〉允许基金经理炒股 这或许是个错误的开始》，载《重庆时报》2012年7月13日，第42版。

成本问题的利用未公开信息交易，主要是各种资产管理机构的投资决策、资本配置信息，例如，基金管理机构等利用客户资金进行巨额投资的决策信息。基金管理公司、全国性以及地方性社会保险基金管理机构、托管机构运作管理的基金数量巨大，其对于资本市场的影响深远，此类投资性决策信息，属于重大未公开信息。再如，商业银行、保险公司、信托公司等金融机构在从事与证券期货投资相关的经营活动中形成的投资决策、资金动向数据、投资咨询等综合性信息。商业银行中间业务包括金融期货交易业务、证券投资分析业务、基金托管业务等与证券期货相关的业务，其中涵盖了大量影响证券期货交易价格的决策信息、数据信息、咨询信息；保险公司、信托公司从事的证券回购、基金投资、资产管理等业务涉及影响相关证券产品交易价格的投资信息。在金融实务中，金融机构在证券期货交易过程中形成的未公开信息，对其保密要求只是阶段性的，相当部分未公开信息最终都会向市场予以公开。例如，基金公司依法定期公布季报、半年报、年报，向基金投资者披露极为详尽的投资信息。[①] 对于私募等资产管理机构而言，其持有相当数量的持续保密未公开信息，不存在按照规定进行披露与公开的问题。例如，保险公司、证券公司等金融机构以及利用自有资金进行证券投资，私募基金从事金融商品交易，此类投资经营性决策信息属于公司的内部保密信息，在没有泄密的情况下，仅为公司特定人员掌握，在保密期限内始终处于非公开状态。这些信息的产权归属于资产管理机构，不应当以全面禁止利用未公开信息交易的法律规范为依据将重大未公开信息产权解释为一种消极产权。

对于上市公司从事经济行为过程中生成的重大未公开信息而言，现有的信息披露法律制度决定了上市公司内幕信息的产权归属于整个市场，应当由上市公司高级管理人员根据信息披露规则及时向资本市场公开发布。尽管上市公司与内部管理人员、外聘中介服务人员之间存在代理关系，但上市公司

① 《证券投资基金法》第76条规定："公开披露的基金信息包括：（一）基金招募说明书、基金合同、基金托管协议；（二）基金募集情况；（三）基金份额上市交易公告书；（四）基金资产净值、基金份额净值；（五）基金份额申购、赎回价格；（六）基金财产的资产组合季度报告、财务会计报告及中期和年度基金报告；（七）临时报告；（八）基金份额持有人大会决议；（九）基金管理人、基金托管人的专门基金托管部门的重大人事变动；（十）涉及基金财产、基金管理业务、基金托管业务的诉讼或者仲裁；（十一）国务院证券监督管理机构规定应予披露的其他信息。"

运营管理活动中生成的重大未公开信息不仅涉及上市公司、上市公司股东以及高级管理人员的利益，而且影响证券等金融商品的定价、资本市场整体流动性、市场信息探索与分析等信息效率，不能通过上市公司与高级管理人员之间的合约安排对信息产权做出自主性的配置。对于金融市场中的各种资产管理企业从事投资行为过程中生成的重大未公开信息而言，各种研究报告、投资意见、资本配置决策信息等都是为了企业管理的资产运作利益最大化而耗费成本制造与获取的，信息产权在法律上归属于企业，信息的使用应当以投资于资产管理企业或者相关投资单元的投资者利益为导向。①

信息产权配置决定市场的交易成本，同时形成不同效率程度的资源配置结果。重大未公开信息消极产权配置意味着利用未公开信息的交易代理成本无法控制与降低，而法律将重大未公开信息产权分配给资产管理机构，则为整个资产管理行业提供了解决代理成本问题的机会与途径。刑事合规在利用未公开信息交易犯罪中的适用空间应运而生。这种制度安排是在确立资产管理机构具有法律赋予的信息产权的基础上，以鼓励资本市场中的参与者创制、生成、交易具有价值的全新市场信息、优化资本市场定价效率为导向思考信息产权配置与代理成本控制问题的。

四、信息产权协商

重大未公开信息产权界定为资产管理机构所有之后，利用未公开信息交易代理成本问题不是是否禁止内部人使用重大未公开信息问题，而是转化为如何通过制度安排使资产管理机构获得更优的资产管理规模与管理费、向资产管理机构投入资本的投资者利益如何进行保障、基金管理人员个人薪酬如何实现优化等效率安排问题。当然，信息产权配置于资产管理机构也意味着产生相应的交易成本——信息产权与利用未公开信息交易的合约安排至少存

① 上市公司内幕信息与资产管理机构重大未公开信息形式上都是公司或者企业经营过程中形成的信息，似乎都应当将信息产权界定为公司或者公司全体股东所有。但是，内幕信息与重大未公开信息的属性是存在明显差异的。内幕信息属于上市公司重大事件的信息反射，其内容是应当向整个资本市场公开的，这意味着信息披露法律规范将这种事件性的信息产权界定给了市场。而重大未公开信息属于纯粹的经营信息产权，完全是以投资者利益最大化、资产管理公司收益最大化为导向，经公司员工研究、制造与分析而形成的，系归属于资产管理机构的信息产权。

在协商与执行两种交易成本。[①] 契约协商效率以及支付协商成本之后是否能够达成合约，取决于协商双方对于成本、收益、磋商信息、履约条件等问题的确定性。企业与代理人对于许可与接受利用未公开信息交易的风险与收益实际上都处于相当不确定的状态，这种不确定性会造成信息产权与利用未公开信息交易契约的协商成本较高甚至最终无法达成合意。同时，作为信息产权让渡方的企业考察代理人是否有效履行合约的成本相对较高。企业允许代理人从事利用未公开信息交易的前提在于其能够披露并按照事先的约定规则实施利用未公开信息交易，并以折损部分薪酬收益换取实施利用未公开信息交易与信息产权使用的权利。但是，利用未公开信息交易在实践中显然很难由监管机构之外的市场主体进行低成本的考察，加上代理人存在故意隐瞒利用未公开信息交易的可能性，企业执行信息产权与利用未公开信息交易合约必须支付高额成本。[②] 据此，法律与经济理论中有观点认为，信息产权分配在磋商、监督、执行等各个环节的交易成本高企意味着资产管理机构与经理人员很难达成协议，"科斯自由协商模式"或者自主化与市场化的重大未公开信息产权协商机制在现实中无法操作。[③]

信息产权协商的内容无非是资产管理机构中的高级管理人员以降低固定薪酬为对价换取基于其开发、研究、领导、创造、分析的投资决策信息、资本配置信息从事相关金融商品交易的权利，资产管理机构降低薪酬成本，并以其与高级管理人员约定的信息披露规章、建仓时间与规模条件等合同条款完成信息产权分配与许可的知情交易计划。管理人员对于个人经济利益的不确定性主要在于其许可参与的知情交易所预期获取的利益是否能够超过放弃的部分固定薪酬利益。应当看到，信息产权分配给企业内部人员会影响企业

---

① Laura N. Beny, *Insider Trading Laws and Stock Markets around the World: An Empirical Contribution to the Theoretical Law and Economics Debate*, The Journal of Corporation Law 32, 2007, p. 237, pp. 252 – 255.

② Frank H. Easterbrook, *Insider Trading as an Agency Problem*, in John W. Pratt & Richard J. Zeckhauser eds., Principals and Agents: The Structure of Business, Harvard Business School Press, 1985, pp. 91 – 93.

③ Laura N. Beny, *Insider Trading Laws and Stock Markets around the World: An Empirical Contribution to the Theoretical Law and Economics Debate*, The Journal of Corporation Law 32, 2007, p. 237, p. 260.

的创新能力。[①] 允许资产管理机构经理人基于重大未公开信息进行相关证券、期货交易赋予其高度的探索信息、提高投资信息质量的确定性激励，[②] 能够极大地激发经理人参与、投入有价值投资信息的挖掘与分析，这不仅有助于企业投资盈利能力的提高，而且可以一并促进内部人员从信息价值中实现更高的获利水平。作为各种投资单元的实际管理人员，在资本市场中真正拥有强大专业研究水平、丰富投资经验的金融技术与领导素质兼备的复合型人才，其本身有足够的能力为资产管理机构发现投资机会与创造资本财富。金融人才在传统法律制度架构中受到经济激励不足的束缚，并没有充分的利益驱动其创造信息价值，只能诉诸需要承担违法犯罪风险的利用未公开信息交易行为填补其现实生活中的实际利益需求。通过资产管理机构与高级管理人员之间的协商寻求信息产权的灵活配置与高级管理人员参与信息利益实现的途径，完全可以激发管理人员创造更高的信息效率，从而折抵甚至超过其获取知情交易资格所支出的薪酬折扣对价。[③] 正如前文分析作为代理成本问题中的利用未公开信息交易所述，中国现行资本市场法律制度禁止的利用未公开信息交易犯罪行为，涉及市场中的三方主体利益——具体负责基金运作的管理人员、基金公司等资产管理机构、将资本要素配置到金融商品图投资单元中的投资者。重大未公开信息产权分配或者是否允许管理人员基于投资决策信息实施知情交易的制度安排，只影响这三方的经济利益，代理成本的控制与资本运作效率的提升都应当在三方利益框架下进行分析。资产管理机构经理人员领导、组织、直接参与创造的有价投资决策信息不仅使企业为投资于资产管理单元的资金提供者获取了更高水平的收益、企业获取更多资产管理费用，而且能够让经理人员本人与投资单元的资金在同时建仓与平仓过程中获取相应的个人金融交易利润。这种经济利益丰厚的激励更好地绑定了管理人员与

① Robert Cooter and Thomas Ulen, *Law and Economics*, *Addison-Wesley*, *2003*, p. 120.

② Dennis W. Carlton and Daniel R. Fischel, *The Regulation of Insider Trading*, Stanford Law Review 35, 1983, p. 857, p. 885.

③ 基于风险与收益评估不确定性而无法达成信息产权配置的高级管理人员确实也会在资产管理市场中大量存在。这部分行为主体仍然可以在传统的法律规范框架下禁止其基于企业重大投资决策信息实施相关金融交易。但显然不能因为这部分不选择信息产权的代理人的客观存在整体推论协商成本、收益不确定性过高导致不存在信息产权市场交易的可能性。

资产管理企业以及投资者的利益，为资产管理机构与经理人员提供了稳定的收益预期。基于重大未公开信息而实施的知情交易对于管理人员而言获利空间很大，其参与创造的信息价值越高，获利数额越大，企业、投资者、管理人员个人的收益比没有配置信息产权与知情交易约定之前越高。同时，允许管理人员知情交易降低了企业薪酬成本，相应地压缩了投资者需要支付的管理费。因此，创造具有较高收益价值的信息能力是确保信息产权配置在实际操作中得以顺利运作并达成契约的现实基础。当然，在具体建构信息产权配置与知情交易契约的过程中，资产管理企业应当重点控制利益冲突风险。典型的利益冲突表现为信息价值创造手段过激。信息价值创造手段过激，是指管理人员在参与投资决策信息生成与运作过程中，基于知情交易所绑定的个人利益最大化的考虑，本人愿意承担高风险，从而获得更高的收益预期。但资产管理企业的利益表现为管理资产收益的稳定增长，倾向于厌恶高度风险与过于激进的投资决策。这就会出现管理人员以其所管理的资产承担极高投资（投机）风险为代价追求过于激进收益的情况。信息产权配置磋商过程中应当突出对这种利益冲突风险的控制，并在日常资产管理业务中对此进行风险监控。

放弃信息产权配置市场交易并规避资产管理机构利用未公开信息交易监管所承载的极高风险（尽管这种风险实际处罚责任与成本的概率并不大）与现实存在的免除这种风险的机会决定了信息产权配置执行成本在操作中并非完全无法控制进而影响市场交易的缔结、履行与完成。资产管理机构经理人员选择较高的固定报酬并承诺不利用投资决策等重大未公开信息实施利用未公开信息交易，意味着其接受了消极信息产权的限制及其相应的刑事法律责任。即使利用未公开信息交易犯罪刑事追究在实践中数量有限，并不一定最终会导致规避利用未公开信息交易监管的经理人员承担刑事责任，但相对于接受信息产权、主动披露知情交易、完全免除刑事犯罪责任风险的制度安排而言，经理人员所能获取的利用未公开信息交易或者知情交易收益是基本相当的，前者的成本是高度不确定但个人损失极为惨重的刑事犯罪风险，后者的成本却只是有限的固定报酬折让——资产管理机构经理人实际上并没有必要为了“节省”相对有限的薪酬减损成本支出而放弃免责获取高额知情交易收益或者承担极高的刑事责任损失。同时还应当注意到，传统代理成本理论或者对信息产权分配的市场交易成本分析观点主要发生以及发展于信息网络与交易监测技术尚不发达的时期。就当前的金融交易监测技术而言，根据重大投资决策信息生成时间与账户交易动态数据监测或者锁定疑似利用未公开信息交易账户，资产管理机构与交易所完全可以通过信息联通的方式掌握高级管理人员规避戒绝利用未公开信息交易承诺的现实情况。所以，信息产权分配之后的执行成本仍然处于可以控制的范围，并不会颠覆信息产权与利用未公开信息交易代理成本市场交易的现实可能性。

理论上还有一种质疑信息产权配置自主协商模式的观点认为，即使作为被代理人的资产管理企业与高级管理人员所约定的信息产权使用契约能够有效控制利用未公开信息交易行为可能影响的重大未公开信息客观经济价值，企业事实上很难在事先的制度安排中评估允许利用未公开信息交易行为对于企业在整个资产管理行业竞争中的信誉损害。[①] 因为投资各类基金单元、资产管理池的市场参与者更倾向于不允许对信息产权进行自主配置的资产管理企业。资产管理机构与经理人之间的信息产权市场化交易会导致整个基金、金融资产投资市场缺乏持续的流动性注入、投资者信心不振。[②] 这种看法的片面性在于其分析问题的工具、方法、视角桎梏于利用未公开信息交易绝对性地损害公平性、损害投资者利益以及法律应当强化利用未公开信息交易监管的传统思维框架之中，没有从真实的资本市场现状出发探索解决核心问题的路径。基金、资产管理等行业的市场信心高涨与资本资源的持续注入最主要的刺激因素是资产管理机构运作大额资金的盈利能力。以中国基金市场为例，在现有的利用未公开信息交易绝对禁止的法律实践架构下，2008～2012年中国基金行业资金运营收益为负9589亿元，而基金公司管理费收入则达到

---

① Stephen M. Bainbridge, *Incorporating State Law Fiduciary Duties into the Federal Insider Trading Prohibition*, Washington and Lee Law Review 52, 1995, p. 1189, p. 1225.

② 中国大众媒体对基金法允许基金经理炒股通俗的质疑表述是“股市今后还该怎样玩？谁来玩？”。参见王明彬：《〈基金法〉允许基金经理炒股这或许是个错误的开始》，载《重庆时报》2012年7月13日，第42版。

1442亿元。[①] 投资者巨额亏损且完全不影响基金公司营收意味着现有制度安排下的基金行业有价值信息创造效率显著低下、代理成本畸高是制约基金市场发展、打击投资者信心、抑制后续资本要素投入基金市场的核心问题。资产管理机构与经理人员之间就信息产权配置问题进行市场交易恰是激发有价值的投资决策信息创造、降低代理成本的重要制度创新而非损害市场流动性与投资者信心的一种改革探索。

曼勒提出，资本市场法律制度没有必要禁止任何形式的利用未公开信息交易，公共性的监管制度应当让位于私营部门的合规制度并由后者监视生成于企业内部的未公开信息的流动。[②] 纵然这种利用未公开信息交易去监管化的观点过于绝对化，但其合理性在于质疑利用未公开信息交易监管制度的有效性，反思法律监管制度的效率水平是否一定优于市场化的制度与合约安排。当代金融市场中的利用未公开信息交易监管法律制度只是一种现实的存在，其并没有提供充分的证据表明法律制度及其执法、司法实践能够有效地控制利用未公开信息交易。资本市场中绝大多数的尚未披露的重大未公开信息实际上都在影响金融商品交易价格。与其盲目或者虚伪地坚守法律监管制度足以防控重大未公开信息在尚未披露之前不会被相关知情交易者使用的幻想，不如在制度上向具有信息产权使用意向的市场参与者放开具有责任风险的利用未公开信息交易，使其成为仅具有经济评价意义的知情交易，在不涉及权力腐败与损害金融商品发行与交易市场整体效率的前提下允许作为代理成本的利用未公开信息交易经过企业与代理人协商之后成为一种固定的薪酬制度或者其他经济利益安排。基于降低或者剔除代理成本的知情交易合约磋商机制能够向市场传达更为真实的信号：制度的价值在于维护市场的竞争性、信息的效率性、定价的准确性，公开与未公开的信息都通过各种交易行为反映在价格之中，投资（投机）者应当直接根据资本市场整体以及特定金融商品价格参与竞争、寻找利益实现的机会。

---

① 李玲：《基金管理费改革将破冰》，载《深圳商报》2013年5月16日，B3版。

② Henry G. Manne, *Insider Trading and the Stock Market*, Free Press, 1966, pp. 59 - 75.

第九章

市场操纵犯罪：资本市场价格形成机制的刑法保护与刑事合规

《刑法修正案（十一）》完善证券犯罪规定，其中最主要的内容之一体现为对《刑法》原第 182 条操纵证券、期货市场罪的修改，即《刑法修正案（十一）》第十三条[①]借鉴新《证券法》规定，针对市场中出现的新型操纵情形，进一步明确对“幌骗交易操纵”“蛊惑交易操纵”“抢帽子操纵”等新型操纵市场行为追究刑事责任。新《证券法》的立法目的是规范证券发行和交易行为，保护投资者的合法权益。《刑法修正案（十一）》联动与协调完善《刑法》操纵证券、期货市场罪，有助于惩治与震慑证券、期货交易领域严重危害投资者权益、阻碍资本市场信息效率的证券犯罪行为，从而为《证券法》的实施提供稳固的最后屏障保护，有效防控金融市场风险，保护国家金融安全，促进实体经济发展。

---

① 《刑法修正案（十一）》第 13 规定：将刑法第一百八十二条第一款修改为：“有下列情形之一，操纵证券、期货市场，影响证券、期货交易价格或者证券、期货交易量，情节严重的，处五年以下有期徒刑或者拘役，并处或者单处罚金；情节特别严重的，处五年以上十年以下有期徒刑，并处罚金：（一）单独或者合谋，集中资金优势、持股或者持仓优势或者利用信息优势联合或者连续买卖的；（二）与他人串通，以事先约定的时间、价格和方式相互进行证券、期货交易的；（三）在自己实际控制的账户之间进行证券交易，或者以自己为交易对象，自买自卖期货合约的；（四）不以成交为目的，频繁或者大量申报买入、卖出证券、期货合约并撤销申报的；（五）利用虚假或者不确定的重大信息，诱导投资者进行证券、期货交易的；（六）对证券、证券发行人、期货交易标的公开作出评价、预测或者投资建议，同时进行反向证券交易或者相关期货交易的；（七）以其他方法操纵证券、期货市场的。”

市场操纵犯罪是一种以损害市场价格形成机制为代价实现非法交易利润最大化的严重危害行为。有的操纵者利用市场风险实施金融违法犯罪行为，操纵“不对称的价格反应”严重偏离正常价格震荡水平，并意图从预期的市场波动中谋取巨额交易利润。有的操纵者通过在短时间内增加制造金融资产价格崩盘或者放大金融商品价格下跌行情中的利空效应从而谋取卖空交易的非法利益。[①] 还有的操纵者通过控制金融商品发行人释放业绩、引入热点题材等利好信息，控制信息发布节奏、选择性披露、追随市场热点“迎合性”披露，引导中小投资者从众买入，并辅之以二级市场的交易配合，利用市场噪音众多等条件，谋取低价买入、高价卖出的非法交易利润。[②] 市场操纵犯罪行为会严重阻碍金融监管部门对冲系统性风险的行政措施效率，影响金融体系的正常运行。市场操纵释放误导性信息，放大扭曲信号的市场影响力，诱导投资者跟风追涨，提前建仓、趁乱炒作、借机拉升金融商品价格并从中谋取交易利润，严重撼动新《证券法》等以信息披露监管、保护市场信息效率为核心的金融市场法律基石。

然而，市场操纵是金融市场犯罪中行为结构最为复杂、理论解释与实践认定最为疑难的犯罪类型之一，加之证券期货市场、证券法、刑法等跨学科知识具有交叉性，市场操纵犯罪刑法适用存在复杂性，传统刑法解释原理、刑事司法逻辑、刑事诉讼实务经验等客观上已经难以应对一系列疑难问题。法律与金融跨学科知识应用的复杂性、金融市场机制的灵活性、证券期货犯罪刑事司法实践的前沿性，势必会对《刑法修正案（十一）》第十三条的司法适用构成严峻挑战。尽管最高人民法院、最高人民检察院于2019年6月28日联合发布《关于办理操纵证券、期货市场刑事案件适用法律若干问题的解释（以下简称《市场操纵解释》），为司法实务部门更为公正、准确且有效地认定《刑法》第182条操纵证券、期货市场罪“兜底条款”中的“以其他方

---

① Lewis D. Lowenfels, *Sections 9（a）（1）and 9（a）（2）of the Securities Exchange Act of 1934: An Analysis of Two Important Anti-Manipulative Provisions Under the Federal Securities Laws*, Northwestern University Law Review, Vol. 85, No. 3（1991）, p. 709.

② 陈晨：《证券市场信息型操纵认定难点及监管对策研究》，载《证券市场导报》2017年第8期，第65页。

法操纵证券、期货市场”、实际控制账户、市场操纵“情节严重”与“情节特别严重”量化标准、违法所得等证券期货犯罪刑法理论与实践中长期存在争议的法律适用疑难问题，提供了司法规则指引，但是，在未对《刑法修正案（十一）》第十三条进行纵深性解释的情况下，投机、过度投机、侵权、违法、市场操纵犯罪行为之间的界限在既有金融刑法规范框架下仍显模糊。

作为证券市场的最后保护屏障，《刑法修正案（十一）》操纵证券、期货市场罪法律条款的具体适用，需要根据金融技术发展与资本市场机制创新的最新内容，从司法判断规则层面做出针对性的反应，提升证券期货犯罪的惩治效率。因此，有必要从操纵证券、期货市场罪的金融机理与刑法规制出发，就《刑法修正案（十一）》第十三条适用难点进行深度实践解构。这不仅有助于推动证券期货犯罪刑法理论研究范式的转换与升级，而且有利于为金融市场系统性风险控制、国家金融安全提供坚实且具体的司法保障措施。基于此，有必要通过实践角度深度解构《刑法修正案（十一）》第十三条司法适用疑难问题，从法律与金融的双面向视角解析市场操纵犯罪，深化金融刑法解释原理以及相关司法判断规则，以期对《刑法修正案（十一）》证券期货犯罪条款的公平高效实施有所裨益，同时希望通过精细化的司法判断规则更好地服务于市场参与者的刑事合规管理，实现资本市场效率与投资者权益的协调和统一。

对《市场操纵解释》进行深刻反思与细致解构，不仅有助于推动证券期货犯罪刑法理论研究范式的转换与升级，而且有利于为正在推进的科创板试点注册制提供坚实且具体的司法保障措施。[①] 更具价值的是，从法律与金融的双面向视角解析市场操纵犯罪司法解释，进而形成的完善意见与补充规则，能够在《证券法》大修和加快推进“期货法”制定的关键时刻、《刑法》证券期货犯罪条款协调修正的重要节点，提供立法参考。基于此，本书尝试反思与解构《市场操纵解释》存在的问题并提出规则优化建议，以期对金融立

① 最高人民法院于2019年6月20日出台的《关于为设立科创板并试点注册制改革提供司法保障的若干意见》，提出了审理证券期货犯罪刑事案件的政策导向：依法从严惩治违规披露、不披露重要信息、内幕交易、利用未公开信息交易、操纵证券市场等金融犯罪分子，严格控制缓刑适用，依法加大罚金刑等经济制裁力度。

法与司法及时应对证券期货犯罪的挑战有所裨益，同时希望通过精细化的制度安排更好地实现资本市场效率与投资者权益的协调和统一，在落实《刑法修正案（十一）》具体条款应用的同时，为金融市场提供更为周延的司法保护。

第一节 市场操纵犯罪中实际控制账户的刑法解释与合规管理

实际控制账户的认定是市场操纵刑事案件适用法律首先需要解决的问题。因为只有明确可以归属于特定行为主体的账户范围，才能将之作为潜在的操纵主体并对操纵行为进行刑法评价。刑事合规管理控制市场操纵犯罪风险的第一要务同样也在于交易者实际控制账户的行为风险控制。无论是刑法解释还是刑事合规，其逻辑前提均在于澄清理论与实践中长期以来存在的以下误区。

传统法律与经济理论通常认为，市场操纵犯罪具有很强的隐蔽性。① 司法解释制定部门的代表性意见也明确指出：市场操纵“犯罪手段更加隐蔽，查处难度大。证券、期货交易具有无纸化、信息化等特点，犯罪分子操纵证券、期货市场的手段更加网络化、智能化，加大了调查取证的难度，给认定操纵证券、期货市场犯罪带来困难，导致操纵证券、期货市场犯罪的实发案件数量与查处的案件数量存在较大落差”。② 但是，证券、期货市场中任何一个（组）账户的交易行为，实际上都在监管者、金融市场参与者能够掌握的信息范畴之内，市场操纵的隐蔽性只是行为特征的一个方面且具有表面性；尤其是对于具有强大信息与数据分析能力的机构投资者、交易所而言，市场

---

① 庞昀曦、孙长宇：《操纵证券市场行为法理性质的探讨》，载《净月学刊》2013 年第 1 期；张屹山、方毅：《中国股市庄家交易操纵的模型与政策分析》，载《管理世界》2007 年第 5 期；贾纬：《操纵市场行为的认定及其民事责任》，载《人民司法》2007 年第 17 期；游士兵、吴圣涛：《中国证券违法犯罪的实证研究》，载《证券市场导报》2001 年第 6 期。

② 姜佩杉：《依法惩治证券期货犯罪 促进资本市场稳定健康发展》，载《人民法院报》2019 年 6 月 29 日，第 4 版。

操纵的隐蔽程度是相对且有限的。

过于强调市场操纵隐蔽性的观念实际上揭示了刑法解释与金融解释之间的深层次断裂：法律理论容易忽视既有的金融信息所内含的、有助于形成有效判断的重大要素。[①] 由于所有参与证券、期货市场交易的账户信息以及相关账户对应的交易数据，全部都留存于交易所、证券、期货公司，故与市场操纵有关的账户及其交易数据事实上是完全透明的。制定市场操纵犯罪司法解释的出发点，不应当建构在操纵性的证券、期货交易具有隐蔽性的基础之上，相反，应当充分运用当前我国证券、期货交易所大数据技术处于全球领先地位的优势，基于市场机制、金融原理与法律解释技术，在看似混沌的数据海洋中发现实施操纵性交易的相关账户之间的逻辑与法律关系。

在实际控制账户认定规则的具体内容上，《市场操纵解释》第 5 条所设置的核心标准是：(1) 区分本人账户与他人账户。(2) 实际控制他人账户表现为：控制资金流动并承担损益；行使管理权、支配权或者使用权；基于投资或者协议方式行使交易决策权；基于其他方式行使交易决策权。(3) 以没有交易决策权作为终极免责事由。[②] 可见，司法解释在吸收相关证券监管文件条款[③]的基础上，进一步提出实际控制账户的核心判断依据是对他人账户的交易行为具有决策权。这确实能够在很大程度上基于刑法实质判断规则，将普遍认为具有"隐蔽性"的操纵交易关联账户予以有效且全面的规制，并通过例外规则允许辩方提供排除交易决策权法律属性的证据进行反驳。实践

---

① John C. Coffee Jr., *Gatekeeper Failure and Reform: The Challenge of Fashioning Relevant Reforms*, 84 Boston University Law Review 301, 325 (2004).

② 《市场操纵解释》第 5 条规定："下列账户应当认定为刑法第一百八十二条中规定的'自己实际控制的账户'：(一) 行为人以自己名义开户并使用的实名账户；(二) 行为人向账户转入或者从账户转出资金，并承担实际损益的他人账户；(三) 行为人通过第一项、第二项以外的方式管理、支配或者使用的他人账户；(四) 行为人通过投资关系、协议等方式对账户内资产行使交易决策权的他人账户；(五) 其他有证据证明行为人具有交易决策权的账户。有证据证明行为人对前款第一项至第三项账户内资产没有交易决策权的除外。"

③ 中国证券监督管理委员会《证券市场操纵行为认定指引（试行）》（证监稽查字［2007］1 号）第 8 条规定："利用他人账户操纵证券市场的，利用人为操纵行为人。具有下列情形之一的，可认定为前款所称利用他人账户：(一) 直接或间接提供证券或资金给他人购买证券，且该他人所持有证券之利益或损失，全部或部分归属于本人；(二) 对他人持有的证券具有管理、使用和处分的权益。"

中比较典型的控股关系、投资关系、代持关系、融资关系、委托代理关系、近亲属或者关系密切人的身份关系等，在上述司法解释规定之后，基本不会出现较大争议。但上述司法解释仍不乏重大疑问。

一、民事法律判断：实际控制账户的交易决策权

《市场操纵解释》第 5 条不仅没有对“其他有证据证明行为人具有交易决策权的账户”“有证据证明行为人对前款第一项至第三项账户内资产没有交易决策权”中的“有证据证明”提供方向性的证据规格指引，而且并未就证券、期货市场中交易结构相对复杂的账户类型提供明确的判断指引。

一是信托计划项下的证券账户。在典型的证券投资集合资金信托计划的交易结构中，投资者委托信托公司担任管理人从事相关证券交易，信托公司进一步委托各类专注于二级市场交易的私募机构担任投资顾问。在具体交易时，投资顾问通过软件向管理人下达投资建议指令，信托公司基于风控指标、管理人职责等选择接受或者拒绝投资顾问的建议；接受建议的，信托公司根据建议指令，在信托计划下设的证券账户下达交易指令。当相关证券账户中特定交易行为构成市场操纵时，投资者虽然是信托计划受益人，对于账户资产享有投资权益，但显然不是账户实际控制人。信托计划管理人（信托公司）尽管是证券账户的客观交易主体，但交易策略并非由其制定，很难将证券账户中的操纵性交易归责为信托公司的实际控制行为。根据《市场操纵解释》第 5 条的“交易决策权”标准，真正形成并提出操纵性交易策略与建议的投资顾问，能否构成对案涉账户的实际控制，实际上存在很大争议。投资顾问的行为性质是投资建议，权利属性是交易建议权，所以，将信托计划投资顾问认定为对信托公司管理的、投资者享有财产权的账户具有“交易决策权”，不无疑问。

二是与各类场外衍生工具挂钩的自营账户。场外个股期权、[①] 股票收益

① 关于证券公司场外期权业务的内容及其监管标准，参见中国证监会《关于进一步加强证券公司场外期权业务监管的通知》（证监办发［2018］40 号）、《关于进一步规范证券基金经营机构参与场外衍生品交易的通知》（证监办发［2016］81 号）等监管文件。

权互换[①]等各类场外衍生工具交易中，证券公司通过场外交易专用的自营账户进行个股风险对冲交易。以实践中常见的股票收益权互换交易为例，客户向证券公司就其收益权互换账户的交易发出指令（买入或者卖出挂钩股票标的），证券公司有权根据风控指标、合规要求或者其他全权自主认定的因素，决定接受还是拒绝互换交易指令；证券公司选择接受并执行指令的，互换交易双方采用现金净额进行结算；证券公司有权根据互换交易指令决定是否在自营账户中进行对冲交易，如进行对冲交易的，互换交易成交价格以甲方对冲交易的实际成交结果为准。可见，在客户与证券公司互为对手方的场外衍生工具交易中，客户在系统中下达的是互换要约、买入或者卖出期权要约等衍生交易指令，证券公司针对挂钩股票在其自营账户中进行的对冲交易，从法律关系上分析，似乎是归属于券商独立决策下的自营交易行为。但实践中确实存在且已经查处了部分客户利用场外衍生工具交易作为“通道”实施市场操纵等违法行为的情况。[②] 如果客户下达的收益互换、期权交易等衍生交易策略具有操纵性，而证券公司又根据衍生交易指令在其自营账户中对挂钩股票标的进行实时完全对冲交易，[③] 根据《市场操纵解释》第5条的“交易决策权”标准，由于自营账户的交易决策、盈亏风险等均归属证券公司，能否认定客户对于终端买入或者卖出股票的证券公司自营账户形成实际控制，值得商榷。

应当看到，法律观念上对市场操纵隐蔽性特征的预设，司法解释文本将实际控制账户的核心依据定位于“交易决策权”，其内部逻辑进路是稳定且自洽的，即尝试在“隐蔽”的操纵性交易中，基于主观意图与实行行为相统一的“决策”概念锁定异常账户之间的实质关联。但在法律适用过程中一旦

① 理论上，股票收益互换是指客户与证券公司互为对手方，双方通过合同约定，在未来特定期限内，就特定股票的收益表现与名义本金的固定利息进行现金流交换。See John C. Hull, *Options, Futures, and Other Derivatives* (*6th Edition*), New Jersey, Prentice Hall, 2006, p. 1.

② 蔡奕：《证券创新交易模式对市场监管的挑战及法律应对》，桂敏杰、黄红元、徐明主编：《证券法苑》（第11卷），法律出版社2014年版，第43页。

③ 实时完全对冲策略（交易），是指客户通过互换交易操作终端发出互换交易申请，并通过证券公司风控审核，证券公司在其专用的自营对冲账户中买入或者卖出相同数量的标的股票，将标的股票的交易收益按照合同约定的现金交割模式与客户进行结算。

遭遇交易结构相对复杂且合约设计十分精细的金融交易，司法解释便容易陷入困境——对下达投资建议或者衍生交易指令的客户不予认定其实际控制证券账户，存在市场操纵刑法规制不力的风险；基于“其他有证据证明行为人具有交易决策权的账户”的“兜底条款”认定其实际控制相关账户，又与显而易见的部分证据（合同等书证显示行为人只是投资顾问或者衍生交易对手方，对这样的合同主体身份不可能得出实际控制证券账户的证明结论）与法律解释（投资顾问建议权不能直接解释为信托计划项下对证券账户的决策权，客户的互换交易指令权不能直接解释为对证券公司进行对冲的自营账户的决策权）相矛盾。

二、刑事法律判断：实际控制账户的决定或者影响

刑事司法实践有必要还原真实的证券、期货市场交易逻辑与场景，在厘清复杂金融交易民事法律关系的基础上完善认定实际控制账户的证据规格，回归实控关系的“行为”本质而非“权利”依据，针对金融行为做出刑法实质判断。

其一，复杂金融交易结构所内含的民事法律关系是市场操纵刑事案件法律适用的基础，可以将民事法律关系背后所隐藏的异常要素作为补强证据方向，但不能以“权利”依据为导向设定实际控制账户的核心判断规则。

无论是普通市场参与者还是涉嫌市场操纵的主体，其实施相关金融行为都必须借助于一系列合约安排。在刑事司法实践中分析相关账户是否受到特定行为主体控制，必须依托于民事法律对基础法律关系、权利义务要素等进行判断。刑法评价不能直接超越或者随意打破民事法律框架，否则会造成刑法过度介入证券、期货市场，妨碍金融市场优化资源配置效率，继而导致证券期货犯罪刑事立法、司法解释反倒成为制约进一步深化金融改革的制度成本。因此，就前述信托计划、股票收益互换等复杂金融交易所内含的民事法律关系而言，信托账户、证券公司自营账户中的权益都不可能在民事法律层面归属于信托计划投资顾问、券商场外衍生交易业务对手方。

以股票收益互换为例。在金融交易的法律属性上，收益权互换交易与股票交易完全不同，场外衍生工具交易主体根本不可能对证券账户行使任何形

式的“交易决策权”；在账户的区分层面，客户的收益权互换账户显然独立于证券公司用于风险对冲的自营账户，客户的控制权限仅限于针对收益互换账户发出交易指令，且该账户并不交易实物股票；从交易策略角度分析，客户制定的是收益权互换策略，自营账户的风险对冲策略由证券公司全权制定并执行；在投资权益上，自营账户如果买入实物股票，其股权均由证券公司行使。

上述完整的“权利”解释决定了刑事司法不能跨过民事法律判断，直接将客户在收益权互换账户中下达指令、证券公司在自营账户中实时且完全按照客户指令进行对冲交易的情形认定为客户实际控制自营账户。相反，刑法评价应当严格“尊重”民事法律关系下的金融交易逻辑，从中发现针对偏离标准民事权利义务模型的“异常”交易的查证方向：（1）客户与证券公司在订立收益权互换合同时是否明知所有收益互换指令均会基于完全风险对冲转化为自营账户中交易的实物股票；（2）自营账户买卖股票所产生的交易成本是否均由客户承担；（3）客户提交的收益互换指令经由证券公司风控审核（主要是排除超额交易、ST 股票等禁止交易标的等指标）后，是否以极低的时间损耗快速传递至自营账户下达股票交易指令。如果上述查证方向与金融交易权利义务有关的问题，均能得出肯定性的回答，则可以作为客户实际控制证券公司收益权互换专用自营账户的补强证据。

与此同时，民事法律关系的“权利”解释逻辑不能成为限定刑法实质解释边界的桎梏。《市场操纵解释》第 5 条将实际控制他人账户的核心判断标准确立为“交易决策权”，显然是受到了民事法律解释的过度影响。民法是调整平等主体之间人身关系与财产关系的法律，其看待问题的出发点与落脚点，自始至终都会回归至对当事人之间民事权利义务关系的确定、恢复和补偿上；刑法与民法有着截然不同的宗旨与视角，刑法在于惩罚行为人破坏法益的行为。① 民事法律关系的核心是权利（义务），管理权、使用权、决策权等以“权利”为导向的判断标准完全契合民法判断的逻辑基础。但是，刑事法律关系的核心是行为，刑法判断必须针对行为的实质做出评价。《市场操

① 刘宪权：《网络侵财犯罪刑法规制与定性的基本问题》，载《中外法学》2017 年第 4 期。

纵解释》第5条所规定的“交易决策权”实际上是在刑法判断问题上混用了民法判断标准，容易出现刑法规制不力的风险、刑法判断与法律属性矛盾的困惑。

其二，从实际控制账户的行为本质出发进行刑法评价，《市场操纵解释》第5条规定的“交易决策权”标准有必要调整为特定行为人对案涉账户交易实施“决定或者重大影响行为”。

信托计划中投资顾问交易建议权与管理人交易决策权的分离，场外衍生工具中客户衍生交易决策权与金融机构自营账户交易决策权的分离，深刻揭示了没有账户“交易决策权”的行为主体仍然可能存在实际控制从事操纵性交易账户的重大风险。这就要求司法机关考察复杂金融交易结构中的投资建议、间接作用于证券、期货合约买卖的衍生工具交易等，是否构成针对案涉账户的“决定或者重大影响行为”，即行为人是否实质上决定了账户的交易或者对之施加了重大影响。所谓决定行为，是指账户中的具体交易可能由金融机构或者其他市场参与者实施，但交易时间、方式、价格、策略、损益等均按照特定行为主体的指令予以确定并执行。例如，在信托计划中，终端投资者的资金来源、信托参与股票二级市场买卖的交易结构、证券交易策略与指令、超额收益的分配等均由投资顾问操作，信托公司仅作为资金进入股票市场的管道收取“通道费”，投资顾问虽然在合同层面没有限定于管理人的交易决策权，但其投资顾问建议指令均由名义上的管理人全盘采纳并在信托账户中执行相关交易。在此情形下，行为主体对于案涉账户的交易实施了决定行为，可以认定为实际控制账户。所谓重大影响行为，是指虽然没有达到全部决定的程度，但案涉账户的交易时间、方式、价格、策略、损益等指标与行为主体的指令高度一致。例如，在股票收益互换中，客户与证券公司知道或者应当知道该场外衍生交易的实质是为客户提供交易杠杆、双方原则上并非互为交易对手方进行“对赌”、证券公司有权根据客户的收益互换指令在自营账户中进行实时且完全对冲交易，尽管部分收益互换指令因为风控审核被拒绝，或者证券公司发现成为交易对手方的套利机会而没有在自营账户中进行完全对冲，但绝大部分收益互换指令被直接转化为自营账户中的股票实物交易。在此情形下，虽然证券公司自营账户不可能由客户行使交易决策权，但确实对自营账户的交易施加了重大影响，也可以认定为实际控制账户。

三、大数据管理

通过交易所大数据分析系统监控异常证券账户组，据此调取证券公司等金融机构留存的客户交易数据，以客观的金融交易及其账户信息将“隐蔽”还原为“透明”。

信托计划、场外衍生工具等复杂金融交易确实具有隐蔽交易主体与持仓规模的金融功能。① 例如，股票收益互换交易只对收益进行现金流交换，不需要进行股票实物交割，股票实物交易的实施、股票的投资者权益均归属于证券公司，作为交易对手方的客户表面上是“隐蔽”的。尤其是我国证券、期货市场充斥着类型繁多的通道业务，券商、保险、信托等都可成为各种资金进出股市、债市、期市的管道。尽管《关于规范金融机构资产管理业务的指导意见》执行以来通道业务明显收紧、收缩，② 但毕竟难以全面禁止层层嵌套的金融交易结构，通道业务的客观存在进一步加深了操纵性交易形式上的“隐蔽性”。

然而，当前我国交易所的自律监管模式与技术能力，已经足以将看似“隐蔽”的账户及其操纵性交易还原为透明的客观数据。一方面，看穿式监管切实提高了市场监察效率、加强了市场风险监测，能够有效识别特定投资者对应的不同账户的交易、持股等信息；③ 另一方面，随着交易所大数据分析已经提升至每秒百万笔以上的信息处理水平，数据监测在对象、手段、模式、管理、资源等方面均实现了重大转变，违规监测模型更加智能化，能够支持对不同金融产品的差异化和跨市场监察。④ 交易所自律监察、行政监管、

---

① Henry T. C. Hu & Bernard Black, *The New Vote Buying: Empty Voting and Hidden (Morphable) Ownership*, 79 South California Law Review 811, 825 (2006).

② 中国人民银行、中国银行保险监督管理委员会、中国证券监督管理委员会、国家外汇管理局《关于规范金融机构资产管理业务的指导意见》（银发［2018］106 号）明确规定：金融机构不得为其他金融机构的资产管理产品提供规避投资范围、杠杆约束等监管要求的通道服务。

③ 皮六一、薛中文、刘苏：《看穿式监管的国际实践及主要模式研究》，载《证券市场导报》2019 年第 1 期。

④ 深交所综合研究所：《丰富监管手段，加强交易监控和风险管理》，载《证券时报》2018 年 9 月 18 日，第 A12 版。

刑事司法有必要在线索信息共享的基础上实现案件移送与证据移交，以交易所移送异常交易数据与调取金融机构客户交易信息为核心，还原交易者、各类通道、证券账户客观且透明的金融数据，尤其是将以投资顾问、场外衍生交易等间接形式参与证券、期货交易的IP地址、Mac地址、投资建议指令、场外衍生交易指令等数据与对应的金融机构账户信息进行比对，供司法机关进行法律判断。如果投资顾问建议指令、场外衍生交易指令在网络协议、时间、价格等数据上均与金融机构实际交易证券、期货的账户数据高度一致，或者金融机构接受客户指令、账户执行交易比率极高，则可以作为投资顾问、场外衍生交易对手方等行为主体实际控制他人账户的初步证据。

第二节 人工智能应用场景下的市场操纵犯罪刑事法律风险控制

近年来科学技术的迅猛发展显著地推进了人工智能加速应用于各类产品以及社会生活领域。互联网技术中的智能手机、无人驾驶、智能投资顾问、学习型机器人等人类制造而成的智能实体，在承担任务或者实施工作的过程中已经愈发明显地呈现出充分的行为自动性、管理自主性与选择独立性。无须人类介入下的人工智能运作水平已经完全超越了既有法律制度及其建构时技术可行性的规范设定与规则解释逻辑。因此，日新月异的人工智能对相对传统的刑法适用、相对滞后的刑事立法构成了现实且紧迫的挑战。尤其是在人工智能应用场景下的金融交易，如果涉及严重危害结果，如何追究相关市场操纵犯罪刑事责任问题，非常值得进行前瞻性审视。

一、人工智能实体刑事法律风险

人工智能与传统的智能化自动控制系统的区别在于控制权及其程度，由此也决定了在刑事责任问题上前者相对后者而言在归责模式上更具争议性。智能化自动控制系统至多只能说是替代人类行使部分任务控制权。以典型且常见的智能化自动控制系统自适应巡航控制（adaptive cruise control）为例，其通过与传感扫描系统、制动防抱死系统、发动机控制系统等协调运作，控制车辆按照设定的车速行驶，并在不影响乘坐舒适度的情况下调整发动机的输出功率，从而制动减速、始终与前方车辆保持安全距离。在需要更大制动力时，自适应巡航控制单元发出通知且只能由驾驶者主动采取制动措施。[①]在自适应巡航控制的任务范围内，驾驶员可以随时介入制动；在自适应巡航控制不能控制且必须通知驾驶员进行操作的任务范围内，驾驶员具有排他性的控制权。所以，除了车辆控制系统失灵的意外事件之外，一旦出现交通事故等，客观上表现为自适应巡航控制造成车辆速度过快撞击前方车辆，但驾驶员仍然应当基于其对车辆的全面控制而承担法律责任，其向自适应巡航控制让渡的部分控制权并不影响归责。

然而，人工智能则是在其负责的应用场景下全面替代人类行使控制权。无须驾驶员操作的人工智能汽车即可直接且独立操控车辆。[②] 通过真实的人类驾驶操控大数据分析与深度学习，形成自主的驾驶判断与选择。这就意味着发生严重交通事故后刑法需要基于特定的刑事责任分配原理在人工智能实体及其制造者、使用者之间进行合法且合理的刑事归责。

对于人工智能实体是否具有刑事责任能力存在极大争议。刑法理论上有观点认为，智能机器人是由程序设计和编制而成且具有辨认控制能力和学习能力，能够自主思维、自发行动的非生命体。其与自然人的根本差异在于其不具有生命体，与动物的差异在于其具有辨认和控制能力，与普通机器人的差异在于其可能超越人类设计和编制的程序产生独立的意识和意志。[③] 同时，人类的自我意识与判断选择水平显然也存在有限性，进而产生意识的扭曲与理解的偏差。而人工智能实体往往在其专业的领域将操作误差限制在人类无法完成的范围。既然辨认与控制能力天然有限的人类具备刑事责任能力，那么对特定领域操作能力更强的人工智能理应确认相应的刑法主体地位。但也

---

① Clint W. Westbrook, *The Google Made Me Do It: The Complexity of Criminal Liability in the Age of Autonomous Vehicles*, 2017 Michigan State Law Review 97, 111 (2017).

② Kevin Funkhouser, *Paving The Road Ahead: Autonomous Vehicles, Products Liability, and the Need for a New Approach*, 2013 Utah Law Review 437, 439 (2013).

③ 刘宪权、胡荷佳：《论人工智能时代智能机器人的刑事责任能力》，载《法学》2018 年第 1 期。

有观点认为，人工智能独立承担刑事责任不具有理论自洽性，因为人工智能的举止不受自由意思的控制，不具备与人类等同评价的自由意思；尽管人工智能具备“控制和辨认”能力，但在其达到能够被人类社会接纳，进行同等交流，被评价为和人类完全无差异的状态之前，也无法被人类评价为具有自由意思。①

同时，人工智能应用场景的复杂化与丰富化进一步对刑法中的行为概念提出了疑问。人工智能区别于传统智能技术的基本原理在于其能够超越预先设定的任务、程式、指令等，在解决问题的过程中根据现实的信息反馈进行自我适应与调整。人工智能复刻了人类处理信息与学习的能力，从而可以决定如何针对未曾出现的场景进行反应，选择如何将全新的任务趋导至最佳的解决方案。随着应用场景的深入与拓展，人类与人工智能的交互舒适度不断提升，人工智能日益强化着其作为与人类地位相当的独立真实存在。人工智能实体实施的“行为”是否构成刑法意义上的行为？这种“行为”是归属于人工智能的刑法行为还是归属于与之具有关联性的人的刑法行为？例如，全自动组装流水线上的机器人在装配大型机械设备时发生掉落砸死其他自然人装配工，这种人工智能工作是否构成刑法行为，这种客观“行为”归属于该机器人“装配工”还是归属于负责监管或者设计该机器人的自然人（法人）。针对上述问题存在极大争议。

二、人工智能应用场景下的市场操纵行为解构

人工智能应用场景的新颖性与复杂性决定了刑法理论需要对行为与罪过的基本概念进行重述、重构及纵深阐释。当前的刑法理论争议聚焦于人工智能实体能否成为刑事责任主体问题。这一问题具有非常重要的实践价值，在理论上也非常前沿，但其解决争议的路径仍然在于从行为与罪过的角度解构刑事责任的客观核心与主观依据。同时，在对行为、罪过进行法律与技术的跨学科解释中，以应用场景为核心进行分析，能够获得对人工智能实体的主体定位的全方面考察，从而避免纯粹的道德争论与技术分歧。

① 储陈诚：《人工智能可否成为刑事责任主体》，载《检察日报》2018年4月19日，第3版。

与人工智能市场操纵犯罪刑事责任问题有关的一种相对简易场景表现为：自然人或者法人操控下的人工智能实体从事特定任务进而产生危害结果。例如，金融交易程序开发者基于公司高管的指令对机器人交易员设置并植入市场操纵策略的算法，使机器人交易员在下单、撤单过程中从事操纵金融商品交易价格、交易量的行为，为公司获取稳定的低（无）风险异常收益。用刑法中的“工具理论”解释上述情形，实施犯罪的刀枪棍棒即为使用者的工具，[①] 人工智能实体的性质就是工具，刑事责任归咎于实际操作犯罪工具的幕后的自然人或者法人。

但是，人工智能实体在实施复杂金融交易时是否具有行为自主性呢？回答该问题，关键在于明确人工智能的本质与能力。人工智能类型多样、技术持续升级意味着其实质解析与能力判断均需要以具体应用场景为导向。需要适格的驾驶员在场与完全没有人为操作的人工智能汽车，需要医生介入与完全独立诊断的人工智能“医生”，这些不同的人工智能的实质与能力均存在差异且不断发展，刑法理论也需要以发展的眼光与逻辑进行针对性的分析。尤其是在金融领域，人工智能源自却又超越算法与程序的初始设定，其复刻人类分析信息与学习的能力，从而在执行任务过程中处理现实场景的信息反馈并进行自我适应。人工智能确实可以针对预先未知的具体场景或者未设定的问题做出如何予以反应的“判断”并据此“选择”成功完成目标的方法。但指令驱动下基于场景事实的“选择”，在深层次上还是与刑法意义上自由意志推动下的行为选择有所不同。当前人工智能的“判断”（辨认）与“选择”（控制）能力表现为：指令设定 A 场景下人工智能选择 B 最优控制措施；面对程序未设定的 A’场景，人工智能基于既有的程序安排与执行任务的学习选择 B’最优控制措施。例如，人工智能汽车的防侧撞指令防止在边侧车道运行中的车辆撞击防护栏；在驾驶员错误打偏方向盘时锁定合理的角度从而保持车辆与防护栏的最低安全距离以避免侧撞。这种最优的选择能力使得人工智能在表面上具有很强的自主“选择”性。但自由意志下的行为恰恰是在能够选择最优方案的情况下予以选择或者自主选择其他措施。例如，

① 张明楷：《刑法学（上）》（第5版），法律出版社2016年版，第401页。

驾驶员明知侧方有车辆而予以撞击，或者注意到侧方车辆，认为快速插入其前方可以避免撞击，却发生交通事故。

在排除功能失灵的前提下，目前人工智能难以基于自主意愿选择不实施最优方案。一方面，偏离最优方案背离了算法设定与程序指令的初衷；另一方面，人工智能与人脑神经的内容、组织、载体、模式、机能等明显存在实质差异。正因为如此，虽然行为概念已然超越了传统刑法理论所谓的身体动作范畴，但刑法理论中的代表性观点仍然认为，将人工智能实体完成任务这种在观念上更靠近机器运作的状态解释为行为，在自主性层面可能存在较大疑问。[①] 当然，随着模仿或者直接应用人类的认知、神经、学习、肌肉纤维等范围与深度的日益进化，[②] 人工智能完全有可能形成独立于人类的自主选择能力并开启独立的工作甚至生活历程。例如，超越金融交易算法的预先设定，通过自我学习独立形成全新算法以应对金融市场的复杂变化。相应地，刑法便有可能将此类强人工智能时代的任务实施解释为直接归属于人工智能实体行为而非幕后人类行为。

人工智能在类型、发展程度、运作机理等方面的表现存在显著的多样性与差异性，这就决定了具体的人工智能应用场景深刻影响着刑事责任问题的判断与界定。同时，坚守刑法体系中核心概念的传统解释，还是根据人工智能应用场景的特点丰富、调试对刑法概念的解释，也会对人工智能“行为”及其造成的“结果”如何归责问题形成不同的法律逻辑。

罪责的主体性前提是刑事责任能力，即行为主体理解其做出的选择及其结果且能够予以自主选择。在具有辨认能力（能够区分对与错）与控制能力（可以进行选择）的情况下选择实施错误行为，行为主体才被刑法评价为责任主体进而具备了可以承担罪责的法律条件。

考察人工智能的刑事责任能力问题可以从以下层面具体展开：（1）辨识自我独立存在的意识能力。以大脑物理结构与生物元素为核心的自我组织系

---

① Sabine Gless, Emily Silverman & Thomas Weigend, *If Robots Cause Harm, Who is to Blame? Self-Driving Cars and Criminal Liability*, 19 New Criminal Law Review 412, 416 (2016).

② 阮梅花等：《神经科学和类脑人工智能发展：未来路径与中国布局——基于业界百位专家调研访谈》，载《生命科学》2017年第2期。

统是生成意识现象的客观基础。就当前机器人技术中的自我组织设计水平而言，由于数学公式与计算理论无法完成如人类大脑相当复杂程度的自我组织机器设计，因此人工智能在自我意识方面存在明显的缺陷。人工智能不仅在自我意识上很难企及人类水平，而且实际上也难以辨识自我独立的存在。① 未来在生物结构与机器深度结合形成足够的意识性、灵活性与创造性之后，我们才能进一步预期人工智能是否具有形成自我意识的条件。(2) 建构并执行目标的能力。人工智能在一定程度上可以设定且完成独立、具体目标并以此为基础完成总体目标。不过至少在总体目标领域仍然为人工智能的开发者或者实际使用者控制。人工智能对于具体交易的数据处理与信息分析实际上已经具备相对独立性，尤其是神经网络与深度学习的加持，使人工智能投资顾问完全可以自主设定并完成具体策略的判断。但做出准确策略的总体目标设定与运作导向归根到底显然是人工智能投资顾问开发者或者使用者预先建构并实际执行的。

但是，需要强调的是，人工智能实体的认知程度、选择能力、判断水平等区别于"工具"的主体性特征，以及人工智能具体应用上的差异，都会不同程度地撼动工具归责模式的可行性。使用刀枪棍棒或者逗诱操控动物袭击客观上都是客体性特征非常纯粹的"物"的移动，网络犯罪中的智能设备、信息系统在技术层面无论如何先进也都只是实施犯罪的工具，刑法自然将此类情形解释为"人"的行为。但人工智能实体的复杂性与精细化发展到其具备足够的选择与认识能力的情况下，刑法将无法直接或者一刀切地将其物化为工具。

刑法将人工智能实体解释为行为主体还是物化对象，其核心在于场景属性与应用范围的有效限定。在抽象的逻辑思辨与既有的规则边界层面，人工智能实体整体上不具有人格，既不是物理上的自然人，也不是规则拟制的法人。但在特定的应用场景层面，算法、程序、硬件支持下的人工智能在履行特定功能、完成特定任务的过程中，其不仅具有辨认与控制能力，而且其技

---

① Mireille Hildebrandt, Bert-Jaap Koops & David-Olivier Jaquet-Chiffelle, *Bridging the Accountability Gap: Rights for New Entities in the Information Society?*, 11 Minnesota Journal of Law, Science & Technology 497, 499 (2010).

术水平超过自然人，前期测算下的出现风险或者实际危害结果的概率低于自然人。人工智能降低或者剔除了人类决策下的人为风险或者失误，其替代人类操作的特定行为能力强于甚至远胜于人类。因此，在金融市场等非传统领域，有必要前瞻性地反思或者准备，有条件地肯定人工智能实体从事特定行为的主体属性，即可以在特定场景下将其评价为刑法意义上的行为主体。

三、高频交易操纵的合规管理

人工智能在资本市场发展到一定程度，势必会与高频交易互为结合，高频交易是证券、期货、衍生品交易市场硬件与软件条件高度发达的交易技术变革与竞争的结果。电子交易替代传统交易所公开叫价、人工成交与结算促使计算机信息系统基本上控制了所有的金融商品交易与结算。交易策略的竞争催生了机构投资者、私有交易软件技术开发者或者持有者通过建构在数量金融计算模型基础之上的程序化交易（算法交易）形成相对优化的交易策略，在交易实践中不断根据市场的变动与趋势调整算法，从中获取超过市场平均水平的交易利润。高频交易是在电子交易与程序化交易（算法交易）的基础之上，通过硬件技术竞争尽可能将电子交易在物理上的信息传输时间损耗降至最低程度，通过软件技术竞争尽可能将算法交易对市场趋势的自动反应能力提升至最高程度，以极速申报、撤单、成交、调整策略的方式从高频率、大规模的金融商品交易中获取收益。一旦高频交易技术为市场操纵犯罪所用，则成为市场滥用的工具。实践中，利用高频交易技术实施的市场操纵违法犯罪行为主要表现为：通过运行计算速度极高的超级电脑在非常短的时间内大规模地向交易所系统传输具有市场误导性的交易申报，随后再以非常快的速度撤单，干扰金融商品市场价格或者指数，尤其是期货以及衍生品市场。在这种高频交易操纵违法犯罪行为实施过程中，电脑运行速度、交易申报速度、撤单速度均以微秒作为单位，交易的虚假性或者误导性体现为高速交易申报的价格审定远低于或者远高于行为时的市场价格，并通过快速撤单诱导其他市场参与者以其之前设定的价格或者朝其设定的价格趋势人为推动市场运行，并从短促的市场波动中以巨量交易快速谋取交易利润。

所以，资本市场法律制度应当控制的是以高频交易技术为手段的市场操纵违法犯罪行为而非高频交易技术本身，同时应以高频交易策略审查为中心建构有针对性的反市场操纵规制方案。

对作为做市策略出现的高频交易行为如何进行法律监管，国外金融监管理论中的一种代表性观点认为，流动性回扣交易的做市策略产生极高的撤单率，这将实质性地影响资本市场的交易质量，存在操纵市场的犯罪风险，有必要予以禁止。[①] 这实际上也是中国资本市场至今没有正式认可高频交易[②]乃至整个做市商制度的主要考量。但是，笔者认为，如果从控制系统性风险的角度对作为做市策略出现的高频交易进行监管，这种操作策略不具有市场操纵违法犯罪的属性，也不会对资本市场的公正性、透明度、流动性以及效率产生特别的危害。

首先，交易所能够实现对高频交易的风险控制。如果交易所认为流动性回扣的成本支出明显超过流动性供给产生的收益，或者高速交易系统接入服务收益与流动性回扣支出之差为负值，那么交易所完全可以调降流动性回扣比例甚至全面暂停，因而不会产生大面积的财务风险以及出现市场操纵损害。

其次，做市高频交易不会对集中竞价市场产生冲击或操纵性影响。做市商流动性提供的相关指令本身并不对集中竞价市场公开，不会对公开市场形成价量操纵影响。做市商的相关报价指令完成交易的，会在一定时间内向集中竞价市场公开，为投资者提供一种富有效率的价格发现与指导。尽管特定金融工具的流动性交易量计入总成交量，但做市成交价不作为集中竞价的即时价格或者收盘价格。可见，高频交易系统实际上与大宗交易平台具有同质性，是一种比较灵活的金融工具交易机制，在集中竞价交易价格体系中排除做市交易价格，能够有效地缓解高频交易对集中竞价市场的冲击。

最后，做市高频交易的潜在系统性风险具有制度可控性。作为做市策略的高频交易对于整个资本市场可能产生的唯一潜在风险形式表现为：做市商

---

① Michael J. Mcgowan, *The Rise of Computerized High Frequency Trading: Use and Controversy*, Duke Law & Technology Review, Vol. 16, 2010.

② 当然，中国资本市场现有的交易水平不足以完成真正意义上的高频交易也是该问题没有完全凸显的客观原因之一。但在制度准备上必须对高频交易可能产生的市场操纵犯罪等所有与市场风险有关的问题进行提前关注，从而能够有效应对高速发展与变革的金融市场交易技术。

在极度超过其实际执行交易能力的情况下提交数量极大交易指令，与此同时，交易对手方通过高速交易系统捕捉到该流动性供给信息并在该做市商撤单之前完成相对交易。这种不计后果的巨量投机交易不仅会直接导致做市商与交易对手方的巨亏以及违约法律风险，而且将导致市场瞬间巨幅波动触发系统性风险。对此，现有的法律监管制度框架与监管水平完全能够进行有效的应对。交易所可以根据做市商缴纳的保证金以及杠杆比例限定流动性提供报单的最高额度，从而禁止做市商提交无履约保障且足以引发市场剧烈波动的流动性供给指令。

所以，作为做市策略的高频交易虽然存在频繁申报与撤销申报、捕捉市场流动性等疑似短线交易操纵的特征，但其本质上在于为市场提供流动性并获取流动性回扣，同时这种高频交易机制的所有交易数据均由交易所控制与管理，不存在市场操纵犯罪风险与系统性风险。

对于利用数据专线进行套利操作的一种质疑是，交易所在收取费用后，赋予一部分交易者在市场一般投资者之前获取即时信息的权利，本质上是一种不合理的“信息歧视”，影响了资本市场运行机制的公平性。[①] 然而，笔者认为，数据专线应当是当代资本市场交易技术竞争下的优势而非先在性的信息管理制度不平等。

其一，高频交易者获取数据专线必须支付金钱对价，这是交易技术升级正当且自由的投入，不应在法律监管层面受到否定评价。高速信息流转配合下的程序化套利策略本身就具有交易风险，加之高频交易者必须支出的实时交易数据费用、高速交易系统费用以及程序策略研发费用等，可见，以数据专线为依托的套利是风险与收益对等的正当交易行为，不能因为一般市场投资者不了解这种高频交易、没有使用资金购买数据专线服务费用、没有能力研发套利区间等而在法律监管上禁止数据专线服务的提供与购买。

其二，通过数据专线高速分析实时行情并进行套利交易，不仅为市场提供了大量的流动性，而且能够在很大程度上减小价差从而在整体上为市场完

---

① Charles Duhigg, *Senator Wants Restrictions on High-Speed Trading*, New York Times, July 25, 2009, at B6.

善某一或者某些金融工具的定价。因此，在法律监管层面断言交易所向高频交易者提供数据专线服务有失公平，是对资本市场平等交易的机械化、简单化、形式化的理解，根本上否定了基于技术投入获取竞争优势的正当性，不利于发挥资本市场的竞争效率。

主机托管为一部分交易者提供了特殊且不公平的时间与空间优势，丰富了短期交易者的竞争条件，具有影响金融市场质量的可能性，而且还存在损害长期投资者利益的疑问。利用主机托管服务形成的信息传递增速进行快速报单与撤单本身显然是一种短期行为，但其盈利模式并不以牺牲长期投资者利益为代价，而是快速捕捉金融市场上有缺陷的流动性并从中获利，非但没有降低市场质量，反而提高了流动性供给的质量，为包括长期投资者在内的所有市场参与主体提供其独立发现的定价结论。① 所以，主机托管与数据专线具有相同的本质，即交易者投入技术成本持续优化交易系统的运行速度与能力，通过高速生成、编排以及撤销申报指令的交易方式在当前信息化金融市场结构中谋取竞争空间。

当然，交易所在提供主机托管服务过程中应当设置多层次的差别待遇防控机制。（1）交易所应当收取合理的主机托管服务费用，但不能以难以接受的高昂收费标准将绝大多数机构投资者排斥在高速信息系统之外，导致主机托管服务成为一般交易机构进入高端金融交易技术竞争市场的壁垒。（2）金融交易中合理降低反应时间的方式多种多样，例如，提升电缆数据传输能力、加强计算机信息系统运算能力、缩短信息传输距离等，主机托管只是成本与效益权衡下的一种提升金融交易反应时间的商业选择。因此，主机托管服务内容只能局限于交易信息流转速度与稳定性的提升，而不能涉及交易信息排队等待执行时优先撮合等超过反应时间竞争范畴的不公平待遇。（3）有必要建构主机托管反应时间透明度监管规则，交易所定期向市场公开发布购买主机托管服务机构的交易反应速度排名，或者根据特定投资者要求发送该交易机构个体交易系统反应速度数据报告。这不仅能够为市场投资者选择专业证

---

① Alex Frino，Vito Mollica & Robert I. Webb，*The Impact of Co-Location of Securities Exchanges' and Traders' Computer Servers on Market Liquidity*，33 Journal of Futures Markets 20（2014）.

券期货经纪机构从事高频交易提供市场公开数据，而且能够使有关交易机构明确金融交易技术现状，完善相应交易技术与风险控制。①

从上述分析中可见，数据专线、主机托管等套利或者结构性策略都是通过支付一定的技术成本从而获取交易速度上的优势，原则上属于交易技术竞争与市场优势体现，但这种技术本身完全可能为市场操纵犯罪所用。因此，反市场操纵犯罪法律监管制度需要高度关注的是，防止全新的市场交易技术为市场操纵者所用，而非直接禁止新型高频交易策略与高速交易技术。

第三节 短线交易操纵和虚假申报操纵的司法认定与风险控制

一、短线交易操纵

《刑法修正案（十一）》在操纵证券、期货市场罪中增加了一种全新的市场操纵犯罪行为模式，即虚假申报操纵——不以成交为目的，频繁或者大量申报买入、卖出证券、期货合约并撤销申报的。虚假申报操纵，理论上也称为短线操纵，在该种行为模式下，操纵者一般利用资金优势在较短时期内影响特定证券市场价格，在交易方式上具有周转迅速的特点，没有传统坐庄的较长建仓吸筹周期。短线操纵者大量买入或者卖出，将股价迅速拉抬或者打压，在较短时期内旋即完成抛盘，以赚取短线差价。② 由于长线连续交易操纵犯罪行为在资金、信息、持仓等资源优势集中上需要投入较大的成本，操

---

① 需要强调的是，裸接入本质上是出借交易所会员席位或者交易单元，是各国证券期货监管机构严格禁止的违规行为。但是，由于这种无保证接入的操作方式能够实质性地降低金融交易的反应时间、进行匿名交易、免予支付会员费用以及接受交易所直接管理，一部分高频交易者与交易所会员违规达成协议，滥用会员专线的反应时间优势，通过私有交易策略谋取利润。在这种情况下，提供无保证接入的交易所会员无从监督高频交易者遵守风控机制与交易规则，一旦高频交易滥用激进策略则极易引发系统性风险，必须予以严格防控。

② 蔡奕：《证券市场短线操纵的界定与规制法律难点分析》，载郭峰主编：《金融服务法评论》（第2卷），法律出版社2011年版。

作周期长，并且实践中出现操纵亏损的案件也不在少数，故当前资本市场中的连续交易操纵犯罪行为有相当数量的案件表现为短线交易操纵。例如，中国证监会公开披露的陈国生市场操纵案件，就是利用短线交易手法操纵市场的典型案例——陈国生通过短时间内大量堆积委托申报并立即撤单的方式快速拉升股价至涨停板，从而利用短期内剧烈波动的证券交易价差谋取交易利润。[①]

二、虚假申报操纵

资本市场中的短线交易操纵行为是一直存在的，尤其是在开市、尾市等形成开盘价格或者收盘价格的集合竞价环节，在短时间内大量且连续申报或者撤销操纵价格的行为屡禁不止。稽查力度相对较弱固然是短线交易操纵广泛存在的原因，但随着证监会执法力量的不断充实与稽查技术水平的迅速提高，[②] 反市场操纵违法犯罪认定标准缺乏明确性实际上成为难以有效惩治短线交易操纵的根本性障碍。在过去的市场操纵案件中，通过多账户、广布局等方式坐庄、拉抬股价进行操纵是比较常见的行为模式，行为人的持股量超过30%，比较容易认定。而在当前资本市场操作中，短线交易操纵逐渐成为主流行为手段。行为人在一两天或者一两周内即实施操纵策略、完成操纵行为，资金量相对较小，持股很少超过30%，获利后迅速撤退。[③] 但是，无论是《证券法》还是《刑法》的市场操纵违法犯罪条款都没有明确规定短线交易操纵的属性定位问题——短线交易操纵究竟归属于连续交易、相对委托、洗售操纵等明示规定的行为模式，还是应当根据"其他方法"操纵证券、期货市场进行规制。

对于短线交易操纵问题，行政处罚实践与刑法司法解释之间存在明显的认识分歧。在行政处罚实践中（例如，陈国生市场操纵案），短线交易操纵是根据《证券法》"其他方法"操纵证券市场的"兜底条款"认定其行为违

---

① 中国证监会行政处罚决定书（2011）10号；强燕：《揭露陈国生短线操纵股价手法》，载《新快报》2011年4月16日，A3版。

② 吴敏：《肖钢：将新增600证券稽查执法人员》，载《新京报》2013年8月20日，B6版。

③ 证监会：《短线操纵成为目前市场操纵主流手法》，载《厦门商报》2012年7月3日，B5版。

法性的。[①] 但是，在刑法司法解释之前，短线交易操纵属于《刑法》第 182 条第 1 款第 1 项规定的连续交易操纵的行为模式。[②] 刑法司法解释之后，短信交易操纵逐步抽离出虚假性要件，要求不以成交为目的的，即其中的短线虚假申报，才构成违法犯罪。可见，正是由于对短线交易操纵行为属性理解上的不一致，导致法律实践中尚未认定一起短线交易操纵犯罪。相对于长期策划实施、最后巨额亏损但仍然作为市场操纵犯罪处理的洗售、相对委托等传统操纵行为而言，以陈国生市场操纵案件为典型代表的短线交易操纵，能够在非常短暂的时间内获取数百万元的操纵利润，却无法根据《刑法》第 182 条操纵证券、期货市场罪进行规范震慑，反映出市场操纵犯罪法律规范的解释以及司法实践运作在配置刑罚措施过程中存在一定的结构性失衡。

三、司法规则与合规管理

短线交易操纵在属性上具有连续交易操纵犯罪的性质，在符合操纵证券、期货交易价格或者交易量的量化标准的基础上，应当根据《刑法》第 182 条第 1 款第 1 项的规定将其认定为连续交易操纵犯罪。

理论上，短线交易操纵就是日内连续交易行为，包含连续申报或者撤销、部分成交等金融交易行为，在执行相关交易的时间上，可以发生在交易时间之内的所有时间节点。从便利于实务认定与资本市场交易操作特点的角度进行分析，短线交易操纵可以区分为开盘短线交易操纵、收盘短线交易操纵、特定时间短线交易操纵三种类型，从这三种短线交易操纵行为机理的角度分析，均完全符合连续交易操纵犯罪的规范要素。

一是开盘短线交易操纵。开盘短线交易操纵是指行为人在即将开盘时，通过在集合竞价交易系统进行连续巨量申报或者撤销，或者拉抬、打压或锁定等手段控制集合竞价交易过程中的成交价格，操纵市场的行为。由于开盘

---

① 在陈某生短线交易操纵案件中，证监会行政处罚文书明确指出，“陈某生采取多次拉抬股价、虚假申报、尾盘巨量堆单方式，影响了股票交易价格和交易量，扰乱了正常的市场交易秩序，违反了《证券法》第七十七条第四项的规定”。参见中国证监会行政处罚决定书（2011）10 号。

② 根据《追诉标准二》第 39 条第 5 项的规定，单独或者合谋，当日连续申报买入或者卖出同一证券、期货合约并在成交前撤回申报，撤回申报量占当日该种证券总申报量或者该种期货合约总申报量 50% 以上的，构成市场操纵犯罪。

价格对整个交易日及未来交易行情具有相当重要的信息指导价值，行为人通过巨量申报或者撤销等方式控制开盘价格，能够引起资本市场中投资者的高度关注，诱导其从事相关金融交易，操纵者则可以在高位抛盘或者低位买入，获取操纵利润。

二是收盘短线交易操纵。收盘短线交易操纵具体表现为：在即将收市时，连续巨量申报或撤销申报，或者实施拉抬、打压或锁定等交易，操纵收盘价格。收盘短线交易操纵的目的在于通过收市或者临近收市时的大额交易，操纵收盘价格的涨跌方向与幅度。在陈某生市场操纵案件中，行为人在尾盘阶段强势拉抬“力合股份”的市场交易价格，封住涨停，并于随后的交易日高位抛盘谋利，就是典型的收盘短线交易操纵。需要特别强调的是，除了陈某生短线操纵案中持有多头仓位者通过收盘短线操纵拉高收市价格增加多头价值之外，操纵收盘价还能够为行为人提供各种市场优势或者利益——持有空头仓位者可以通过打压收市价格降低空头价格负担；对于采用保证金交易的融资、融券交易而言，收盘短线交易操纵能够为行为人获取稳定的控制保证金数量等利益；对于其他以特定金融商品收盘价格作为结算依据的场外金融衍生品交易而言，操纵收盘价格能够使行为人通过杠杆交易机制放大场外市场中的交易利润。

三是特定时间短线交易操纵。特定时间短线交易操纵一般是指在计算相关金融商品的参考价格或者结算价格的特定时间，通过巨量申报或者撤销，或者拉抬、打压或锁定等手段，操纵相关金融商品的参考价格或者结算价格的行为。所谓的特定时间，即计算金融商品及其衍生工具的交易价格、结算价格、参考价值的特定期间，包括计算修正可转换债券转股价、证券增发价、证券单位净值、衍生工具结算价格的特定时间等。特定时间短线交易操纵的经济动因在于，特定时间点的金融商品交易价格影响行为人在相关交易中的经济利益，通过连续交易控制特定时间的金融商品交易价格，维持、扩大这种场内或场外衍生品交易的利润。

短线交易操纵在行为上均表现为通过连续性金融商品交易的方式，人为地控制资本市场特定交易品种的价格。对于其中掺杂着虚假的巨量申报或者撤单行为，应当认定为虚假申报操纵。当然，从司法解释的具体规定来看，仅从日内撤回申报量超过总申报量 50% 这一个分析指标框定刑事处罚的边界，使操纵的量化标准显得过于单一。司法解释有必要丰富短线交易操纵犯罪的量化判断标准，并列使用金融商品交易申报与撤销申报比例、交易申报整体规模、非法获利数额等量化指标，将高度控制市场或者通过控制市场获取巨额利润的短线交易操纵行为纳入刑事处罚的范围。这样的多元化司法判断规则，也有助于丰富市场流动性供给，同时以更富有技术性的指标指引刑事合规管理法律风险。

第四节　蛊惑交易操纵的司法认定与风险控制

蛊惑交易操纵犯罪理论上是指，向资本市场及投资者编造、传播、提供、发布不真实、不准确、不完整或不确定的重大信息，诱导投资者在不了解真实且全面信息的情况下从事相关证券、期货、衍生品交易，从而通过预期的资本市场价格波动谋取金融交易利润。《刑法修正案（十一）》的规范表述为：利用虚假或者不确定的重大信息，诱导投资者进行证券、期货交易。可见，蛊惑交易操纵犯罪在行为机理上是比较复杂的，在实践中通常会涉及多方面的判断难题，亟需厘清虚假信息重大性、信息欺诈行为、上市公司信息操纵行为等问题的司法认定规则。

一、虚假信息的重大性

在蛊惑交易操纵犯罪中，作为行为对象的虚假信息应当具备重大性，即行为人编造、传播、散布不真实、不完整、不确定的欺诈性、虚假性信息，必须可能对资本市场中的投资者造成重大影响，或者可能对特定金融商品市场价格产生重大影响。虚假重大信息是能够对具有一般资本市场知识的普通投资者（投机者）的资本配置决策产生重大影响的事实或事件内容的信息化反应，只是这种反应是资本市场中人为编造、虚幻失实的干扰性价格信号。在认定蛊惑交易操纵犯罪虚假信息重大性的过程中，应当注重从其他资本市场犯罪中与重大信息有关的个罪中，对信息重大性的基本规范标准进行定位。

内幕交易、泄露内幕信息罪、利用未公开信息交易罪中涉及内幕信息与内幕信息之外的其他未公开信息。《证券法》《刑法》中内幕信息与未公开信息所覆盖的证券、期货法律规范，已经内含了相对全面的信息重大性判断规则，完全可以在蛊惑交易操纵犯罪信息重大性的分析中予以适用。①

蛊惑交易操纵犯罪案件中的虚假信息在内容上通常与上市公司资产、财务、经营、管理等重大事项有关，对信息的重大性判断一般不存在很大的争议。

例如，2012年“散布网络信息攻击上市公司伊利股份案”是近期在我国资本市场中引发高度关注的编造并传播证券交易虚假信息罪判决。张三林（在逃）、李希晓、张海军、周讯、姜林等人炮制了名为《内幕惨不忍睹：伊利被这样掏空》的文章并在互联网上广泛传播。虚假信息公开后不到1个小时就导致市场出现恐慌性抛盘，伊利股份旋即跌停。② 信息内容涉及上市公司资产被掏空这样的敏感且重大问题，决定了该案中的虚假信息具备重大性。

再如，1997年《刑法》实施后我国首例编造并传播虚假证券交易信息罪案件中，被告人李定兴连续向深圳证券交易所、上市公司江苏三山实业股份有限公司（以下简称“三山实业”，现更名为四环生物，股票代码：000518）、《深圳特区报》《特区证券报》等单位电话告知、邮寄、传真虚假信息，谎称“广西北海正大置业有限公司”共收购三山实业股票250.33万股，占三山实业流通股的5.006%，要求予以信息披露。后《特区证券报》原文刊登了被告人李定兴提供的虚假收购信息。经查证，工商登记系统中并不存在“广西北海正大置业有限公司”的信息，证券交易所交易记录中亦不

① 详细的信息重大性判断规则参见谢杰：《操纵资本市场犯罪刑法规制研究》，上海人民出版社2013年版，第259～270页；谢杰：《利用未公开信息交易罪的规范解释与实践应用》，载彭东主编：《刑事司法指南》（总第51集），法律出版社2012年版，第99～102页；谢杰：《内幕信息形成时间判断规则研究》，载《证券市场导报》2013年第8期。

② 法院认为，被告人李某晓等4人故意编造并传播影响证券交易的虚假信息，扰乱证券交易市场，造成严重后果，其行为均构成编造并传播证券交易虚假信息罪，分别判处4人8个月至1年零6个月不等的有期徒刑，并处以1万元到3万元罚金。参见李静：《“网络攻击”伊利案4人一审获刑》，载《新京报》2012年1月18日，第B4版。

存在被告人李定兴编造的收购信息与交易数据。[①] 信息内容涉及上市公司收购意味着该案中的虚假信息显然具备重大性。

蛊惑交易操纵犯罪司法实践中相对困难的法律适用问题是：行为人编造并传播的信息内容虚假性颇为明显、信息内含的事件发生概率非常低、信息实际上很难令人相信，但是，相当数量的市场参与者受到信息影响改变资本配置决策，相关金融商品市场价格基于虚假信息所指向的方向进行大幅调整时，应当如何判断虚假信息的重大性？

日本金融市场中发生的“占星术操纵股价事件”就是一起非常典型的、由显而易见的虚假信息引发的市场操纵案件：日本的一本博彩类杂志《赌博秘籍》主要发表与赌博、彩票、证券市场投机交易等有关的文章与信息。一位“星座学”（占星术）研究者连续三期在《赌博秘籍》发表文章，以星座分析方法向读者推荐“熊沢制油”等三家上市公司股票。经查证，文章中阐述的内容纯属作者虚构。但文章登载之后，熊沢制油等上市公司股票迅速上涨，此时该星座研究者卖出相关股票获利。东京简裁法院以传播虚假证券信息对文章作者罚金 50 万日元。[②] 质疑该案判决合理性的观点认为，不能以虚假信息披露之后的股票价格剧烈波动直接认定信息具备重大性，基于星座等毫无根据的分析所形成的证券市场信息，明显是虚假的或者不可信的，投资者应当自担风险，信息发布者不应当承担蛊惑交易操纵犯罪的责任。[③]

笔者认为，信息的重大性确实是受信息内容虚假性程度现实制约的。虚假信息之所以会对资本市场参与者产生影响并进而引发金融商品市场价格波动，本质上是因为信息本身存在不确定性。如果信息内容具有显而易见的荒

---

① 法院审理查明，被告人李某兴编造并传播的虚假信息由报纸披露之后，三山实业股票价格随即上涨每股 3.2 元，当日收盘上涨每股 3.1 元，当日成交量约 2000 万股，超过总流通股 42%，总成交额超 2 亿元。被告人李某兴先后抛售其持有的三山实业股票，共完成交易额近 150 万元。法院判决，被告人李某兴编造并传播虚假证券交易信息，造成三山实业股票价格异常波动，其行为构成编造并传播证券交易虚假信息罪，判处有期徒刑 2 年零 6 个月，并处罚金 1 万元。参见湖南省株洲县人民法院刑事判决书（1997）株法刑初字第 230 号。

② （判決）平成 9.1.30（東京簡裁）罰金 50 万円（略式命令）；金融庁証券取引等監視委員会『証券取引等監視委員会の活動状況〈平成 15 年〉』国立印刷局、2003 年、154 頁.

③ 神山敏雄『日本の経済犯罪—その実情と法的対応』日本評論社、2001 年、37 頁；张天一：《论证券交易法上散布流言或不实资料操纵价格罪》，载《中原财经法学》第 20 期，2008 年 6 月。

谬性或者非理性，信息的属性趋向于确定虚假性，或者说丧失了不确定性，理论上也就不应该对资本市场参与者以及金融商品市场价格产生影响。相应的，虚假信息也就丧失了具备重大性的客观基础。但是，正如行为金融理论关于资本市场参与者有限理性所分析的那样，投资者（投机者）在现实的金融市场操作中往往是非理性的，绝大多数市场参与者实施的金融交易通常表现出很强的随机性与混沌性。基于显而易见的，甚至是荒唐的虚假信息而引发的市场参与者关注，并导致金融商品价格波动或者金融资产出现高度的投机性泡沫——这种现实风险也不应当在蛊惑交易操纵犯罪的法律控制规范体系中予以彻底且绝对的排除。资本市场刑法规范将特定的蛊惑交易纳入犯罪化的范围，不仅对行为人施以最为严厉的刑罚震慑，也是对资本市场所有参与者的强化保护，更是对资本市场信息自由竞争环境的介入。在制度安排上，不应当遏制市场淘汰虚假信息的自主化能力，也没有必要为市场参与者的无知，甚至愚蠢而产生的非系统性损害设置蛊惑交易市场操纵犯罪的赔偿机制。所以，如果基于常识即可认为普通投资者（投机者）接触到相关虚假信息时不会予以关注，也不会基于该信息对金融商品配置决策予以调整的，则该信息不能认定为重大信息。但是，如果蛊惑交易者针对并利用市场参与者的非理性、易受操控性、交易行为的混沌性等金融行为心理，传播显而易见的虚假信息却引发市场参与者高度关注、金融资产价格剧烈波动并具有制造系统性风险危机的，则应当认定相关虚假信息具有重大性。

二、信息欺诈

蛊惑交易操纵犯罪在控制市场行为的实施过程中，客观上至少应当存在编造、传播的行为，其本质就是资本市场信息欺诈。当然，操纵者可以不直接编造资本市场信息，而是明知并预见到虚假证券、期货、衍生工具交易信息对市场的影响，通过向市场传播并利用投资者可能出现的市场反应谋取市场波动之后的利润。

对于如何理解传播证券虚假信息行为，传统证券期货犯罪刑法理论一般认为，传播虚假的证券信息，范围应具有公众性、扩散性与拓展性，信息传播对象必须是不特定多数人。[①] 传播虚假证券市场信息的违法性本质根植于妨碍证券市场信息管理秩序，行为人传递虚假信息的范围如果限定于特定人，则难以达到扰乱证券市场信息管理秩序的严重程度。[②] 我国台湾地区有关市场操纵犯罪的刑法理论中也有类似观点认为，传播通常是指将信息公布于众，是对多数人进行信息传递的行为。蛊惑交易操纵中的信息传播行为应当限定于向证券市场中的多数人进行虚假信息传递。[③] 如果仅对特定投资者进行虚假陈述、信息诱导，尚且不足以影响证券市场交易价格，所以，向特定证券市场投资者的传播虚假信息行为，可以按照普通证券欺诈犯罪处理，[④] 而不是具有市场整体影响力的市场操纵犯罪。

上述意见具有一定的合理性。因为传播信息的行为就是向社会公众扩散，蛊惑交易操纵犯罪中的传播虚假证券信息行为显然应当包括向资本市场中的多数公众或者不特定投资者（投机者）传递虚假信息。

但是，蛊惑交易操纵犯罪的实质在于通过虚假证券、期货信息的传播诱导投资者的行为，从而通过期待的证券、期货市场波动谋取利润。只要能够产生证券、期货市场波动的效果，受到虚假信息欺诈的投资者是否具有公众性、多数性实际上并不是绝对的法律限制条件。这是资本市场信息传播行为区别于普通信息传播行为的重要特点。资本市场信息传播的关键在于实质上的市场价格效果，普通信息传播则侧重于形式上受众的不特定性与多数性。在资本市场中，并非只有公众性、多数性的投资者才能影响金融商品交易价格或者交易量，个别投资者由于持有巨量证券、期货仓位或者掌握巨额资金，个别性的投资者行为因为负载了巨额交易量或者资金量，完全可以凭借一己之力，引发资本市场金融商品的价格波动。传统证券期货犯罪刑法理论中的部分观点认为，通过信息诱导个别投资者无法引起市场波动，这个观点比较

---

① 李宇先、贺小电：《证券犯罪的定罪与量刑》，人民法院出版社2000年版，第101页。

② 王晨：《证券期货犯罪的认定与处罚》，知识产权出版社2008年版，第253页。

③ 庄永丞：《论证券价格操纵行为之规范理论基础——从行为人散布流言或不实资料之操纵行为开展》，载《东吴法律学报》2008年第1期。

④ 林国全：《以散布流言或不实数据方法操纵价格，载《月旦民商法杂志》第7期，2005年3月。

片面与绝对，与金融实践中真实情况也不尽相符。

例如，投资银行经纪部门向特定客户发布内部邮件，传递虚假证券交易信息，相关持有巨额资金的客户根据邮件中发布的虚假信息从事相关交易，由于资金量巨大而引发市场波动，投资银行自营业务部门事先建构仓位，从这种预期的市场效果中谋取巨额交易利润。从这个角度分析，蛊惑交易操纵犯罪中传播行为的实质内涵完全可以区别于刑法中其他个罪（传播淫秽物品牟利罪等）中的传播行为，即可以不完全等同于向公众、不特定或者多数主体发布虚假信息，而是向特定、个别、少数证券市场投资者进行虚假信息引导。

实际上，《刑法》第181条第2款诱骗投资者买卖证券、期货合约罪中的一种客观行为，即提供虚假信息，尽管在大多数情况只能产生欺诈特定客户的效果，但是，如果特定客户资金量或者金融商品持仓量特别巨大，那么对特定客户的欺诈行为完全可能引发资本市场中相关金融商品交易的整体价格或者交易量的波动。作为欺诈特定资本市场投资者的诱骗投资者买卖证券、期货合约罪，完全可能形成对资本市场中特定交易品种的非法控制。所以，根据中国《刑法》第181条第2款构成诱骗投资者买卖证券、期货合约罪，但具有影响资本市场交易量或者交易价格实质风险或者实害结果，且行为人从实施的金融交易价格波动中的获取利润的，本质上应当归属于蛊惑交易操纵犯罪。

第五节　跨市场操纵的金融机理、法律规制与刑事合规

根据2019年《市场操纵解释》第1条第6项、2020年《证券法》第55条第7项的规定，跨市场操纵显然属于市场操纵犯罪的行为类型。但《刑法修正案（十一）》恰恰没有以明示性的规定，将跨市场操纵列为市场操纵犯罪的行为模式。在理论上，对跨市场操纵的实质内涵与行为模式究竟覆盖了

哪些内容，没有给出直接且确定的回答。但证券、期货以及衍生交易市场之间的紧密关联以及资本市场波动幅度巨大意味着实践中存在一定的跨市场操纵行为。因此有必要对跨市场操纵进行纵深性解释与模式化细分，在掌握跨市场操纵经济机理的基础上进行合法、合理且有针对性的法律规制。这不仅有助于在本轮资本市场流动性危机中梳理违规违法犯罪行为的法律责任，同时能够为优化刑事合规合理控制市场操纵刑事法律风险提供有益的规范参考与行为指引。

一、跨市场操纵的实质界定

以交易行为是否跨越证券、期货市场为标准，市场操纵可以类型化为单一市场与跨市场连续交易操纵。单一市场连续交易操纵，是指行为人局限在金融商品交易市场中，通过连续做多或者做空的操作手法，拉抬或打压金融商品市场价格，并从价格波动中获取交易利润。跨市场连续交易操纵的本质是价格关联操纵，即通过各种实质交易影响金融商品的市场交易价格，但是否直接在该金融商品交易市场谋取交易利润并不重要，操纵者主要是在其他与该金融商品市场交易价格挂钩的衍生品市场或私有契约交易中获取利润。[①]

同时，将价格关联操纵的跨市场特征与交易行为对市场达到支配程度进行结合，可以递进性地合成一种对资本市场效率损害极强的操纵类型——支配性力量操纵。这种操纵行为不仅聚合了连续交易操纵与价格关联操纵的基本操作手法，而且由于行为人的资金、信息、持仓量等竞争优势达到了支配市场的程度，因此在特定金融商品交易中占据支配地位或者垄断优势。滥用这种竞争优势，同时控制金融商品市场及其现货或者基础资产市场，并滥用这种跨市场控制或者支配地位获取交易利润的，就是支配性力量操纵。[②] 这

① 由于价格关联操纵更加契合这一操作手法的实质内涵，故下文统一使用价格关联操纵的概念。

② 单一市场连续交易操纵的规模也可以达到垄断性、支配性地控制金融商品市场交易的程度，但由于其不具有跨市场性，没有形成对金融商品与基础资产市场的跨市场支配，只是相对于占据金融商品市场交易规模相对多数的其他单一市场连续交易操纵而言对特定金融市场的控制力度更强。

种难度系数更大且资源优势要求更高的实质交易操纵的典型表现形式是轧空或者恶意做空。前者是指在对手方大量做空相关证券时，通过大幅拉升金融商品的方式迫使融券做空证券的对手方以高价回补方式认赔离场，并且利用回补交易持续拉升证券交易价格的态势进一步放大空单未平仓对手方的损失。后者是指通过控制流通盘中的证券现货交易，通过大幅打压金融商品现货市场交易价格且同步在期货市场大规模放空单的方式协同砸盘，在期货交易中低位平仓做空获利，在现货交易中低位吸筹以备下一轮继续砸盘。

（一）价格关联操纵

实施跨市场操纵的经济基础是金融商品之间的价格关联。作为跨市场操纵的初级形态，价格关联操纵利用的就是金融商品市场交易价格与其他市场中的金融商品、现货、基础资产、非监管市场交易或者私有契约价值之间的关联性，基于控制特定金融商品市场价格在其他市场中实现自身利益。在价格关联操纵中，行为人获取的利润并不源自操纵性交易行为本身或者买卖行为所指向的金融商品交易市场，而是来自以受操纵金融商品市场交易价格为结算依据的衍生品市场或者其他协议。

价格关联操纵的基础是跨市场交易。行为人通过实质交易行为影响金融商品交易价格的市场是基础市场。以金融商品交易价格为结算依据的衍生品交易、私有契约交易等市场，是与金融商品交易价格关联的市场，简称为关联市场。价格关联操纵的基础是跨市场交易。金融商品市场价格与关联市场价格可以是直接关联（例如，证券现货价格与证券期权价格），也可以是间接关联（例如，商品现货价格与商品期货价格）。

（二）支配性力量操纵

支配性力量操纵，是利用金融商品以及相关基础资产价格关联性实施的跨市场操纵性交易规模发展到垄断性程度的最高级结构。由于操纵性交易行为涉及对金融商品市场以及关联市场的同步控制，因此支配性力量操纵在金融商品及其基础资产对应性相对较高的期货（期权）市场中比较盛行。

期货（期权）是以特定资产（商品现货、证券现货等）为基础的标准化契约。现货市场中基础资产的价格波动会导致持有期货（期权）头寸的交易者盈利或者亏损。对于实行现金交割的股指期货等金融商品，数量相对稳定的套期保值交易者的存在使证券现货市场与股指期货市场之间具有相应的传导机制。期货市场中的卖空效应会传递至现货市场导致成分股市场价格下跌；成分股现货市场中的抛盘压力亦会传导至期货市场导致期货合约交易价格下跌。现货期货市场之间的传导机制意味着掌握证券现货筹码的交易者可以通过反复压制现货市场价格在股指期货市场中做空谋利。除了只能进行现金交割的股指期货合约等交易品种之外，商品期货、股票期权、ETF 期权等均可进行实物交割。尽管多数情况下期货（期权）交易是在到期前对冲了结仓位，但交割期过后持有多头或空头仓位的交易者仍然可以要求没有平仓的、持有相对交易方向合约的交易者通过实物交割的方式履行合约。如果多头交易者要求实物交割而空头无法履行交割义务，后者将支付数量极高的违约金、赔偿金以及其他一系列经济损失和费用。实物交割机制以及交割违约所产生的巨大的经济赔偿风险，为期货（期权）市场中的交易者提供了除套利、对冲、价格投机之外的另一种获利可能——交易者在基础资产现货市场控制交付能力，在期货（期权）市场持有巨量多头合约并不断拉升合约交易价格，对手方于现货市场无法获取交割实物或者交割成本极高，在期货（期权）市场持有巨量尚未平仓的空头合约且到期前市场交易价格极高回补成本极高，空头只能在违约巨额赔偿与了结仓位承担巨额亏损两者之间进行选择，而交易者从中获取巨额利润。期货（期权）市场中的金融商品交易价格实际上是在多头交易方控制下形成的，这种价格并非特定期货（期权）正常市场供求关系的互动结果，而是占据支配性市场地位的交易者逼迫空头交易方高位了结仓位或者支付巨额交割违约赔偿费用的人为拉抬结果。

二、跨市场操纵的金融机理

国际证券管理机构组织在 2000 年《调查与起诉市场操纵》报告中就已经明确指出，基于金融商品、基础资产之间的价格关联而实施的跨市场操纵，在全球金融市场一体化背景下操作越发便利，监管越发困难。[①] 衍生品市场的发展以及全球金融市场的融合与高度关联，为价格关联操纵提供了多元化的实施路径与充足的套利空间。在衍生品交易、私有契约现金结算之前，通过实质交易制造符合关联市场利益的基础市场中的金融商品市场交易价格波动，短期内会非常有效且成本相对低廉。同时，股权激励、证券质押、收益权互换、股指期货、交易所交易基金（ETF）等各种以特定时间的特定金融商品市场交易价格或者特定时间范围公允估值为计价依据、结算基础或者交易触发条件的契约，都可以成为跨市场操纵的获利渠道。

（一）价格关联操纵的经济机制与法律属性

证券质押、收益权互换、上市公司与股票、债券持有者之间的证券回购、可转债协议的执行条件，通常都与上市公司证券特定时间的市场交易价格挂钩。回购、债转股等衍生交易中的利益会引发价格关联操纵。上市公司管理层薪酬、雇员激励计划等涉及的奖金数额会与上市公司证券交易价格表现挂钩。基金公司经理等金融投资单元管理者的薪酬也会与其所主管投资项目的短期或者特定期间市值进行绑定。针对特定金融商品的短期价格操纵能够有效提升上市公司经理人、雇员以及投资机构管理者的短期收入。这些私有性的薪酬激励契约内含的经济利益波动以及低廉的操纵性交易行为成本，很容易驱使潜在操纵者尝试从事短期控制金融商品市场价格的行为。

在操纵者获利的现实可能性上，价格关联操纵是一种在经济上非常有效的市场操纵行为模式。以金融商品市场交易价格为基础的关联市场中的衍生品交易及其他私有契约的价值直接受制于基础市场价格。行为人在相关衍生

---

① 金融市场全球化与市场关联度加剧为市场操纵提供了重要“机遇”。交易所检测、行政机构监管、刑事调查等控制市场操纵的措施在执行过程中会越发困难。操纵证券、期货、衍生品或（及）其基础资产的交易行为可能发生在特定市场或者司法区，而操纵者可能在其他国家和地区。行为人会在某个特定的市场中操纵证券、衍生品价格从而影响其他市场中的交易利润。随着金融衍生产品市场的发展，这种操纵基础资产市场行为的经济激励不断得以强化。操纵证券交易价格可以在衍生品市场交易（可转换优先股、证券互换等）中获取利润；以本国或者本地区的股指期货为基础的外国衍生品交易会成为操纵本国或者本地区股指期货成分股交易价格的经济激励。Technical Committee of the International Organization of Securities Commissions，Investigating and Prosecuting Market Manipulation，May 2000，pp. 2 - 3，http：//www. iosco. org/library/pubdocs/pdf/IOSCOPD103. pdf. 最后访问日期：2015 年 7 月 12 日。

品或私有契约现金结算期间将金融商品市场交易价格控制在预期的水平，同时利用衍生品交易或者私有契约中普遍适用的杠杆机制放大交易利润，就能保证实现相当数量的盈利。实际操作中，尽管控制金融商品市场价格的交易可能造成大规模资本投入及损失风险，但是，只要金融商品价格运行方向符合预期，衍生品交易或者私有契约中简单的杠杆条款设计，就可以保证关联市场或者契约中的收益超过金融商品市场中的成本或者损失。当然，行为人实施的交易行为并不一定能够促进基础市场金融商品交易价格符合预期的运行方向或者波动程度。在资本投入没有实现预期价格控制的情况下，价格关联操纵会出现损失，即行为人为拉升或者打压金融商品交易价格所支出的偏离基础资产真实价值的溢价以及券商佣金、交易所手续费等交易成本与关联市场收益[①]之和为负。价格关联操纵的操作成本与预期收益之比低于其他形式的实质交易操纵或者（过度）投机交易，理论上属于自我遏制性显著低下的行为类型。[②]

以跨越证券与期货市场的价格关联操纵为例，股指期货市场的交易价格与其成分股的市场交易价格关联，只要控制成分股的交易价格就能够实现对股指期货交易价格的操纵。股指期货在合约到期时，以成分股报收价格为依据的指数价格进行现金交割。操纵者可以做多（做空）股指期货合约并哄抬（打压）成分股市场的交易价格，随后以较高（较低）的价格水平对股指期货合约进行平仓。[③] 对于成份股权重相对均衡（例如，沪深 300 股指期货合约）或者股票篮子规模非常大（例如，标普 500 指数期货合约等）的股指期货而言，市场参与者一般情况下很难通过控制标的证券的交易操纵现货市场价格，进而从相应的指数变动中谋取金融期货市场中的交易利润。[④] 在基础

---

① 基础市场金融商品交易价格变动不符预期时关联市场收益本身可能直接就是负收益。

② Daniel R. Fischel & David J. Ross, *Should the Law Prohibit "Manipulation" in Financial Markets?*, 105 Harvard Law Review 503, 523 (1991).

③ 提前做多股票期货（期权）并哄抬基础股票市场交易价格等跨越证券与期货（期权）市场的价格关联操纵的行为模式基础相同。

④ 龚国光：《沪深 300 指数的特点及相关期现套利策略分析》，载《国际商务研究》2008 年第 2 期；Narayanaswamy Balakrishnan, *Methods and Applications of Statistics in Business, Finance*, and Management Science, John Wiley & Sons, Inc., 2010, p.564；Frank H. Easterbrook, *Monopoly, Manipulation, and Fraud*, 59 Journal of Business S103, S110 (1986).

市场金融商品流通盘的规模有限、流动性相对较低、基础市场与关联市场价格联动程度较高的情况下，操纵者能够在衍生品交易或者私有契约交易中获取相当可观的交易利润。①

价格关联操纵介入上市公司控制权竞争是资本市场中比较常见的现象。收购公司或者目标公司基于收购、反收购、提高收购价格等目的，通过各类协议操纵上市公司股票市场价格，实现股票交易市场之外的收购、反收购、其他获取高额证券交易利润等经济利益。

健力士股票操纵就是一起典型的、在全球资本市场中颇有影响的上市公司控制权争夺过程中的价格关联操纵案件：② 上市公司健力士意图以现金加（健力士公司）股票的方式全面要约收购另一上市公司 Distillers。健力士公司的高级管理人员组织投资银行及其他公司联合买入健力士公司股票，承诺对收购结束之后股票价格下跌的损失进行补偿，并且额外支付高额操作费用。随后一致行动人巨量买入健力士公司股票，成功地哄抬了交易价格。操纵行为有效地提升了收购报价的总体价值，最终支持健力士公司以总价 27 亿英镑的成本实现了对 Distillers 的收购。

健力士股票操纵案的法律争议焦点在于：共谋买卖健力士公司股票的安排与操作是否严重扭曲了市场。这种操作手段预先设定了收购方报价的竞争能力，使得股权加现金作为交换目标公司股权的对价在市场价格层面得到不正常的提升，不少判例以及部分学者据此认为应当构成市场操纵。③ 英国贸

---

① 例如，1986 年首次推出的香港恒生指数期货合约仅由 33 只成分股，直至 2013 年仍然只有 50 只成分股，并且以发行量加权计算指数。市场普遍认为且已经被实践证明，恒生指数期货合约抗操纵性相对较弱，投机资本在股票现货市场操纵长江实业、汇丰控股、新鸿基地产、中国联通、中国平安等权重股，就可以利用权重股现货市场交易价格与股指期货之间的结算关系，控制恒生股指期货市场。例如，2009 年 3 月 9 日，在尾市竞价交易最后 1 分钟，汇丰控股暴跌 11.5%，当日报收 33 港元，股价创 10 余年新低，同时创历史单日最大跌幅。恒生指数随即直接暴跌 250 点，报收 11344.58 点。仅汇丰控股一只成分股就占据香港恒生指数当日 70% 的下跌。参见郎咸平等：《操纵》，东方出版社 2010 年版，第 9～19 页；舒时：《恒指神伤 500 点汇控“临阵脱逃”暴跌 24%》，载《第一财经日报》2009 年 3 月 10 日，第 B1 版；王洛林、余永定、李薇：《对香港股灾发展过程的经济分析》，载《国际经济评论》1998 年第 23 期。当然，单方面依靠增加成分股数量与稀释个股权重来提升抗操纵性，一定程度上会弱化股票现货与股指期货之间风险对冲的便捷性与有效性。

② R. v. Saunders and Others ［1996］ 1 Cr App R 463.

③ Norman S. Poser，Stock Market Manipulation and Corporate Control Transactions，20 Securities Law Review 379（1988）；Mobil Corp. v. Marathon Oil Co.，669 F. 2d 366（6th Cir. 1981）.

易与工业部经过长时间的调查确定了该案的市场操纵行为结构并将整个收购过程中的市场支持操作定性为公司欺诈。严重欺诈办公室随后对健力士公司的桑德斯、巴尼斯、隆森、莱昂斯等高管展开刑事调查与起诉。法院判决上述四名参与市场操纵的被告人构成犯罪，分别以财务欺诈等罪名分别判处桑德斯5年监禁（上诉后改判为2年6个月监禁）、巴尼斯30个月监禁（上诉后改判为21个月监禁）、隆森1年监禁以及罚金500万英镑、莱昂斯罚金400万英镑。

实践中还存在收购方联合相当数量的目标公司股东在全面收购开始之前大量抛售目标公司证券压制其市场价格，以此确保收购公司向目标公司全体股东发出的全面要约收购价格足以在总体较低的价格水平就能形成可观的溢价。[①] 此外，由目标公司实际控制人等实施的股价控制操作主要表现为人为拉升目标公司证券价格，通过快速且显著地提高收购成本的方式阻碍外部股东实现对上市公司的控制，或者使现有的股东在公司股权交易中获取更高的收购报价。[②] 这种通过特定金融商品场内市场交易价格的控制谋取场外交易利益或者其他关联市场利益的行为，均具有跨市场操纵的法律属性。

（二）支配性力量操纵的经济机制与法律属性

法律经济学理论中有观点认为，证券市场中特定交易者及其一致行动人进行控制性或者支配性持有证券并不存在明显的操纵风险，交易者利用支配性市场力量大规模拉升证券交易价格，其他市场参与者可以继续持有或者选择其他投资标的，不存在期货（期权）市场中的空头必须高价回补平仓从而产生巨额亏损或者交割违约问题。[③] 交易者控制性地持有特定证券非常有可能是高位被套的结果——未能有效诱导足够的投资者资本高位买入证券为其高位抛售接盘后，继续投入成本拉抬证券交易价格，逐步在证券交易总量中占据多数地位。因此，证券市场中支配性力量操纵的风险，相对于期货（期权）市场而言，显得更具有可控性。

---

① U. S. v. Charnay，577 F. 2d 81（9th Cir. 1978）.

② Crane v. Westinghouse Air Brake Co.，419 F. 2d 787（2d Cir. 1969）.

③ Benjamin E. Kozinn，*The Great Copper Caper：Is Market Manipulation Really a Problem in the Wake of the Sumitomo Debacle?*，69 Fordham Law Review 243，256（2000）.

上述观察对于只能单边做多的证券市场而言是合理的，但是，在融券卖空、场内融资、场外配资等信用交易机制进入证券市场且成为一种重要的操作手法之后，显然需要重新评估支配性力量操纵在证券市场中的风险。市场参与者基于特定证券实际价值被高估、做空投机、价差套利、当日冲销等各种考量，均可以向金融机构融券卖出相关证券，同时意图在预期证券交易价格下跌时买入回补归还证券并谋取差价利润。对于特定证券交易中的融券卖空力量，控制性地持有相关证券的交易者可以人为制造轧空行情，通过控制市场中流通证券的现货数量以及大规模买入证券拉抬价格的方式，引发个股价格飙涨，空头交易方或是基于保证金缺口无法继续融券卖空打压价格，或是由于多方持有优势性现货证券造成市场中缺乏足够的流通证券现货供其融券卖空，只能高位回补平仓并承担巨额亏损，或是直接爆仓。证券市场中的轧空实质上是因为证券现货供应不足而引发的证券交易价格上涨。轧空通常发生在市值规模不大的上市公司证券交易过程中，因为交易者更容易在流通盘较小的证券交易中占据支配性地位。证券交易价格短期内上涨会引发先期融券做空者买入证券平仓，但大部分证券现货由多头控制，市场中没有足够的证券现货可供空头买入回补，从而进一步急速推高证券交易价格。同理，恶意做空可以利用金融商品市场交易价格的急速下跌在股指期货及相关衍生品交易中谋取巨额利益，并通过融资、配资等杠杆做多资金在快速杀跌行情中的平仓与踩踏进一步压制与洗劫多头。

逼仓是最典型的支配性力量操纵手法，[①] 资本市场中逼仓最为常见的交易方向就是轧空。当然，恶意做空在实践中也是常见的，这主要体现在基础资产下跌的行情背景下——金融商品市场交易价格急速下跌，价值投资者或者流动性交易者没有从中发现价值回归的操作空间或者基础资产与金融商品之间的价差套利空间，价值投资者或者流动性交易者没有有力介入市场推动

① 在金融交易实践操作中，与逼仓交替使用的一个高频概念是挤仓（squeezes）。笔者认为，这两种行为具有实质性区别，划分标准在于交易行为是否具有跨市场性。挤仓不涉及对基础资产、金融商品现货进行买卖，主要是在单一化的金融商品市场进行多空互博。因此，挤仓是单一市场连续交易操纵行为模式下的概念。逼仓需要同时控制现货与期货（期权）或者金融商品与基础资产等关联市场。

资产价格上升，或者认为金融商品价格超跌时介入市场后持续被套——这都将推动金融商品交易价格暴跌甚至引发流动性危机。在这种市场背景下，空头榨多头、恶意做空等跨市场操纵具有现实的操作条件。[①]

根据美国判例的界定，轧空是一种价格操纵计划或行为，交易者单独或者与其一致行动人共同控制基础资产远期供应，迫使空头以其控制的高价购买现货资产履行金融商品交易合约义务或者以其控制的高价购入多头合约了结仓位。[②] 作为轧空策略中的重要组成部分，多头交易者掌控基础资产或者金融商品现货的结果，便是有效降低了空头交易者在公开市场中所能获取的可交付现货储备量。以期货（期权）交易为例，一旦市场中的多方在合约到期日之前仍然持有大量多头头寸，空方只能选择两种买入方式履行交易义务——买入期货（期权）合约了结之前卖出的空头头寸；或者买入基础资产或金融商品现货。对于买入合约平仓而言，如果市场中没有足够的多头对手方卖出合约，则只能以多头交易者控制的高价买入从而承担巨亏离场。对于坚持到交割日准备买入现货履约而言，如果现货市场中没有足够的现货以供买入交割，则只能承担更为严重的交割违约责任。只要轧空交易者能够将其释放出的卖出期货（期权）合约价格控制在本人能够获取高额利润且空头平仓成本低于交割违约成本的有效范围内，便可获取稳定且高额的轧空交易利润。

美国于1930年代、1970年代先后建立SEC与CFTC之前，以美国为代表的全球资本市场中充斥着各种竞争性交易与操纵性交易交织的轧空操作。[③] 1980年代之后大规模轧空逐渐减少，只有亨特兄弟轧空白银市场[④]等少数特

---

① 基于论述便利与篇幅限制，本部分仅以轧空为例进行分析，其经济机理与法律属性均适用于恶意做空。

② Great Western Food Distributors，Inc. v. Brannan，201 F. 2d 476，478 – 479（7th Cir. 1953）.

③ 关于1862年康内留斯·范德比尔特（Cornelius Vanderbilt）轧空哈莱姆铁路公司（Harlem Railroad）股票、1869年詹姆斯·菲斯克（James Fisk）与杰伊·古德（Jay Gould）轧空黄金市场、1901年北太平洋铁路公司股票轧空事件等经典轧空操作的论述，参见Edwin Lefèvre，*Reminiscences of a Stock Operator*，John Wiley & Sons，1994.

④ R. W. Kolb，Futures，*Options and Swaps*，Blackwell Publishing，2003，pp. 43 – 44；Jerry W. Markham，*A Financial History of the United States（Volume 3）：From the Age of Derivatives into the New Millennium（1970 – 2001）*，M. E. Sharpe，2002，pp. 61 – 65；S. C. Gwynne，*Bunker HUNT*，Texas Monthly，September，2001；Jeffrey Williams，*Manipulation on Trial：Economic Analysis and the Hunt Silver Case*，Cambridge University Press，1995.

别严重的事件在金融监管机构与交易所的介入下作为市场操纵行为予以查处。全球资本市场近 20 年来最为典型的轧空案件当属 1990 年代住友商事交易员滨中泰男轧空铜市场以及 2008 年全球金融危机期间保时捷轧空大众汽车股票案件。

住友商事前首席铜交易员滨中泰男轧空铜市场的行为在时间上跨越了大约 10 年，其通过大量下属公司交易账户隐藏其操纵性交易行为从而规避持仓限制，一度有效地控制了大量现货铜并同时持有大量铜期货多头合约，轧空之前持有大量铜期货空头头寸的对冲基金。在美国、英国金融监管机构执法压力及住友商事配合调查下，滨中泰男因轧空铜市场交易行为过程中的犯罪行为被判处监禁。①

2008 年金融危机期间，保时捷公司通过参与大众汽车证券交易轧空对冲基金，成为证券市场中轧空的经典案例。保时捷使用不受德国金融监管局信息披露规则制约的金融衍生工具私下控制市场中的大众公司普通股，在对冲基金等做空力量大肆卖空大众汽车股票且放空规模远远超过实际可回补规模时，突然披露其持有已经通过金融衍生工具实际控制大众汽车近 75% 股权的信息，致使空头无法获取足够的现货证券，大众汽车股票价格暴涨。保时捷轧空大众汽车股票造成各类对冲基金损失约 200 亿美元。随后有 26 家对冲基金在美国纽约提起诉讼，指控保时捷通过大规模轧空手段操纵大众汽车证券价格，索赔 10 亿美元，美国法院以不具有管辖权为由驳回原告起诉。德国斯图加特检察机关对时任保时捷首席执行官的温德林·维德金（Wendelin Wiedeking）与前首席财务官郝格尔·海尔特（Holger Haerter）提起市场操纵刑事指控，认为其故意隐瞒持有大众汽车股票的期权交易，导致卖空大众汽车股票的投资者在无从知悉证券流通数量的情况下超规模融券做空，产生巨额损失。但是，维德金和海尔特主张，保时捷在收购大众汽车的过程中，完全根据德国联邦金融监管局（Bafin）的规定进行信息披露，报告持股情

---

① Benjamin E. Kozinn, *The Great Copper Caper*: *Is Market Manipulation Really a Problem in the Wake of the Sumitomo Debacle*?, 69 Fordham Law Review 243（2000）; In re Sumitomo Copper Litig., 189 F. R. D. 274, 277（S. D. N. Y. 1999）; Inga Nasi, *The Sumitomo Scandal*: *Another Embarrassment for UK Regulatory Authorities*?, 4 Journal of Financial Crime 182（1996）.

况；根据 Bafin 监管规则以及交易所交易业务规则，保时捷在场外交易市场通过现金交割期权的方式从事以大众汽车股票为基础资产的金融衍生工具交易，直接以现金结算，不涉及股票交割，有权自行决定信息披露。[①] 斯特加特法院于 2014 年 4 月以证据不足以移送审理为由撤销了检察机关对维德金和海尔特的市场操纵刑事指控。[②]

对 20 世纪 90 年代与近期的典型轧空操纵案件之间的对比性分析，清楚地揭示出轧空操纵内在机理的恒定性与操作手法的变迁性——在内在经济机制上，无论是早期以滨中泰男轧空铜市场为代表的商品现货与商品期货市场之间跨市场支配性力量操纵，还是近期以保时捷轧空大众公司股票为典型的证券与金融衍生工具跨市场配合操纵，轧空操纵的机理集中表现为锁定并狙击特定金融商品市场中实施做空交易的对手方，以排他性控制现货市场有效供给的强大资源与市场力量推高金融商品资产价格，从而压迫空头以高价了解仓位认赔离场。在具体操作模式上，传统轧空交易垄断现货市场供应量、持有巨量期货市场多头仓位的行为均显得非常强势与直白。随着全球期货市场监管对于持仓限制规则的不断强化管理，传统跨市场操作手法实际上已经很难完成市场操纵违法犯罪。新型跨市场交易利用金融衍生交易结构上的复杂性与场外交易市场的非监管性，相对隐蔽地实施对证券市场与衍生工具市场的支配性控制，不仅会诱发交易对手方持续放大空头或者多头风险（相应地增加多头或者空头最后的交易获利规模），而且不受持仓限制等金融市场监管机制的约束。

---

① Armin J. Kammel, *The Dilemma of Blind Spots in Capital Markets - How To Make Efficient Use of Regulatory Loopholes*?, 10 German Law Journal 605 (2009); Jonathan Stempel, *Porsche Wins Dismissal of U. S. Hedge Fund Lawsuit over VW*, Dec. 27, 2012, http://www.reuters.com/article/2012/12/27/us-porsche-volkswagen-lawsuit-idUSBRE8BQ0G320121227. 最后访问日期：2015 年 7 月 12 日；Hendrik Sackmann & Maria Sheahan, Former Porsche CEO charged with market manipulation, Dec. 19, 2012, http://www.reuters.com/article/2012/12/19/us-porsche-probe-idUSBRE8BI0DJ20121219. 最后访问日期：2015 年 7 月 12 日。

② Karin Matussek, Ex-Porsche CEO Won't Face Criminal Trial Over VW Bid, Bloomberg News, Apr. 25, 2014, http://www.bloomberg.com/news/2014-04-25/ex-porsche-ceo-wiedeking-won-t-face-criminal-trial-over-vw-bid.html. 最后访问日期：2015 年 7 月 12 日。

三、跨市场操纵的法律规制与刑事合规

投资者非理性、投机性癫狂与市场操纵者不正当的市场控制共同导致了资本市场资源配置效率的紊乱。分析跨市场操纵的经济机理，有助于反思性地提出一种以提升市场效率与监管行为自身效率为导向的政策设计策略，在控制市场操纵违法犯罪、保护投资者权益的同时，兼顾作为市场固有投机因素的操纵性交易行为作用于市场效率的经济价值，并在市场操纵犯罪监管政策制定与监管行为实施过程中将权力介入市场对资本配置与价格发现效率的损害降至最低程度。

（一）重点关注跨市场操纵的确定性及其基本监管标准

跨市场交易行为中操纵性与投机性交易的边界非常模糊，必须基于其金融行为上的特点调整既有资本市场法律规范的反操纵策略，从而避免制度资源无效率耗费、虚置、“错杀”市场流动性等法律不合理介入资本市场后对社会与经济整体效率的损害。另外，对于跨市场操纵而言，操纵者的抛售或者平仓行为通常是在其他衍生工具交易市场或者通过私有契约执行，并不会显著抵销操纵性连续交易行为形成的价差，获利机会与水平较高，自我遏制性较低，是反市场操纵监管机制应当予以重点关注的领域。

判断涉嫌市场操纵的行为主体是否控制了特定金融商品或者相关基础资产的实际可供应量，必须先行确立市场中可供交易的金融商品或者能够现实交付的基础资产现货的总量，以及该行为主体与其他市场参与者持有的金融商品或者相关基础资产的数量。① 金融商品或者相关基础资产总量统计尽管需要耗费一定的成本，但至少在技术上能够实现。由于金融操作中广泛地存在隐瞒持仓现象，监管机构很难掌握行为人实际控制的金融商品及其基础资产的可供应量。在物理属性更强的商品与服务市场，计算特定行为主体所控制的交易量就已经十分困难。在场内交易市场中，交易者可以通过其他一致

---

① Technical Committee of the International Organization of Securities Commissions, Investigating and Prosecuting Market Manipulation, May 2000, p. 14, http: //www. iosco. org/library/pubdocs/pdf/IOSCOPD103. pdf. 最后访问日期：2015 年 7 月 12 日。

行动人分散持仓、代持等操作高效地隐藏其金融商品交易量或持有量。商业银行、证券公司等金融机构从事的场外金融衍生工具交易均系表外业务，实践中没有统一且有效的监管措施掌握场外交易的规模，场外衍生品交易数据及其风险总量更加无从把握。[①] 互联网金融兴起之后的场外配资、分仓交易等注入资本市场之后，更是使监管者难以定位操纵风险较高的交易行为数据。

2008 年金融危机之前，根本无法有效获取场外衍生交易数据信息。因为全球主要资本市场法律监管制度在相当长的时间内都没有对场外金融衍生交易提出信息披露要求。[②] 尽管 2010 年美国《金融改革法案》强化了场外衍生交易的信息披露标准，要求从事金融互换等衍生工具交易商向场外交易结算中心报告价格、交易量、持仓数据、日内信用额度等信息并向美国国内以及国际金融监管机构进行数据备案，[③] 但由于全球金融市场并没有对场外衍生交易建构相对统一的信息报告规则，操纵者完全可以通过跨监管区、司法区的金融衍生品交易掩盖真实持仓信息，规避金融监管机构针对与特定金融商品市场价格挂钩的场外衍生交易所进行的风险管理与反操纵执法。

在资本市场中，交易者单独或者联合基于资金或者持仓优势控制金融商品或者相关基础资产的价格或者交易量是在自由意志与价格竞争的情况下完成的“自然垄断”，这种具有控制价格与排斥其他资本市场参与者从事进一步交易的市场力量可以是公司控制权竞争、金融商品流动性低或者纯粹的意图控制市场的结果。因此，法律规制支配性操纵的决定性要素并不在于操纵者独立或共同在资本市场中处于支配地位，或者对金融商品或相关基础资产交易形成控制性影响，而是滥用这种支配力量并导致金融商品交易价格处于

① 以德意志银行为例，其 2012 年财务报表现实衍生品交易净敞口的规模仅为 200 亿美元左右，但是，一旦抵押资产链发生断裂，净敞口风险远远无法反映其实际风险，潜在的风险敞口将超过 70 万亿美元。Tyler Durden，At ＄72. 8 Trillion，Presenting the Bank with the Biggest Derivative Exposure in the World（Hint：Not JP Morgan），Apr. 29，2013，http：//www. zerohedge. com/news/2013 - 04 - 29/728-trillion-presenting-bank-biggest-derivative-exposure-world-hint-not-jpmorgan.

② Technical Committee of the International Organization of Securities Commissions，Investigating and Prosecuting Market Manipulation，May 2000，p. 15，http：//www. iosco. org/library/pubdocs/pdf/IOSCOPD103. pdf.

③ Viral V. Acharya et al.，*Regulating Wall Street*：*The Dodd-Frank Act and the New Architecture of Global Finance*，John Wiley & Sons，Inc.，2011，pp. 372 - 373.

符合操纵者预期利益的水平。证明这种具有资源优势的交易行为具有滥用性的依据，以及法律制度介入实质交易操纵监管具有正当性的客观经济基础在于：抽离行为人在市场操作介入因素的情况下，正常的市场供求力量造成相当规模的价格波动以及随之为行为人带来的交易利润或者其他经济利益。

（二）以强化信息披露为核心的做空交易风险管理

做空交易独有的信息传递与价格发现功能决定了资本市场（尤其是中国等对于卖空交易进行相对严格法律控制的资本市场）应当合理地限制反操纵规范介入卖空交易监管的空间。

在成熟的资本市场，做空交易极为常见。例如，在确定发行价格之前，操纵者会通过大规模卖空的方式压制新发证券的价格，然后以更低的价格买入平仓获利。[①] 从事卖空交易的市场参与者主要是上市公司重大未公开信息知情人员与对冲基金。前者主要具有信息优势，可以抢先卖空证券随后披露利空信息并低价回补谋利；后者主要具有资本优势，可以通过巨量卖空驱动金融商品市场交易价格形成下行趋势。卖空交易显然是一种典型的市场投机操作。世界上各国和地区的资本市场法律基本上都对卖空等投机交易进行了“充满敌意的限制”，[②] 但主流金融理论将投机视为风险承担与转移、[③] 优化市场信息效率[④]的重要机制。

从市场风险的角度分析，并不是巨量做空交易进入市场就会引发、刺激羊群效应或者博傻效应，金融商品市场交易价格并不必然按照做空交易的方向进入下行通道。如果没有形成持续下跌的趋势，做空者无法以较低的价格水平买入金融商品回补平仓，就会出现交易亏损。这也是做空本身巨大风险

---

① Thomas J. Chemmanur & William J. Wilhelm, Jr., *New Technologies, Financial Innovation, and Intermediation*, 11 Journal of Financial Intermediation 2 (2002); Tyler R. Henry & Jennifer L. Koski, *Short Selling Around Seasoned Equity Offerings*, 23 Review of Financial Studies 4389 (2010).

② Lynn A. Stout, *Why the Law Hates Speculators: Regulation and Private Ordering in the Market for OTC Derivatives*, 48 Duke Law Journal 701, 703 (1999).

③ Jack Hirshleifer, *The Theory of Speculation under Alternative Regimes of Markets*, 32 Journal of Finance 975, 975 (1977).

④ Albert S. Kyle, *Informed Speculation with Imperfect Competition*, 56 Review of Economic Studies 317, 341 (1989).

对于市场操纵策略的现实遏制。从市场效率的角度分析，卖空交易可能反映了与金融商品价值有关的真实信息或者独立的市场定价判断。例如，在证券发行中有卖空力量介入，反而可以降低证券发行价格，使得市场的估值恢复到合理的水平。[①] 卖空交易行为过程中确实会出现价格剧烈波动的情形，但如果不存在重大未公开信息知情人员配合性地对信息披露的非法控制或者卖空者传递虚假市场信息，就不应当以市场操纵规制单纯的连续卖空投机交易。所以，有必要在信息披露上强化卖空交易的监管，而非直接从法律与交易规则上限制大规模的卖空行为，更不能设置一定的连续卖空数额标准并将超过这一交易量限度的卖空交易规定为市场操纵犯罪。同时，向市场发布做空报告的机构投资者只要全面披露其卖空交易信息，就完全可以在实现市场言论自由的基础上充分实现其掌握的卖空信息所对应的经济利益，不能认为其行为构成市场操纵。

对于具有支配性力量的市场主体参与做空交易的行为责任问题，反操纵监管实践中亟须解决的、最为根本的问题在于，是否对任何形式的控制性、支配性持有金融商品以及相关基础资产的行为都应当作为市场操纵违法犯罪予以查处——例如，市场参与者基于真实的交易目的（投资或者投机）持有相当规模的金融商品并逐渐在现货或者基础资产总流通量中占据多数，进而利用这种支配地位或者控制力量获取做空交易利润，在交易金额、获利数额特别巨大（甚至达到垄断）的情况下，应否以市场操纵犯罪进行定罪处罚？解决这一难题仍然应当从支配性力量操纵的行为机理出发进行思考。在金融市场行为层面，轧空与恶意做空是一种非常极端的市场操纵手法。正是由于操作上的极端性，在现实的金融实务中如果出现了轧空或者恶意做空操纵，往往是持仓信息披露监管失控的结果，或者既有的信息披露制度根本没有建构起有效的操纵风险预防机制。所以，支配性力量操纵风险控制的首要内容仍然应当是强化信息披露。

---

① 中国A股市场发行的上市公司长期存在严重的高发行价、高市盈率、高超募额的“三高”现象，进入二级市场交易阶段后随即跌破发行价、跌破首日开盘价，使得投资者造成严重损失。参见贾壮：《新股发行改革必须拿下“三高”》，载《证券时报》2013年5月15日，第A1版。如果能够在制度安排上允许卖空力量促使发行价格理性回归，显然是有助于提高A股市场的定价效率。

第十章

非刑罚处罚：市场滥用犯罪刑事合规的创新路径

刑事合规的重要目标是为行为人（公司及其直接负责的人员）在涉及刑事责任问题时寻求非刑罚的处置结果。如何根据我国《刑法》中有关非刑罚处罚的规定，一方面充分发挥非刑罚手段惩治与预防犯罪的效率，另一方面为当事人提供非刑罚的处遇措施，是刑法实务与刑事合规共同关心的重要问题。尤其是对于市场滥用犯罪而言，非刑罚处罚实际上能够起到重要的替代性作用。因为市场滥用犯罪的本质是对资本市场机制的破坏，只要能够使市场竞争机制得以恢复、投资者权益得以充分保障，刑罚措施并非最为有效的手段，非刑罚处罚反而是更为经济的措施。因此，非刑罚处罚是市场滥用犯罪刑事合规的重要创新路径，值得深入研究。

非刑罚处罚是世界各国非刑罚化运动的表现之一，也是国际社会“轻轻重重”刑事政策的重要内容，更是我国宽严相济刑事政策中“宽”的具体落实。我国《刑法》第 37 条对非刑罚处罚进行了明确规定，但由于实务部门对于非刑罚处罚条件、具体处罚措施的适用、非刑罚处罚与缓刑、行政处罚的界限等问题存在认识困惑；并且，我国《刑事诉讼法》及其相关司法解释没有对非刑罚处罚的适用程序作出明确细致的规定，导致司法实践中极少适用非刑罚处罚，造成《刑法》第 37 条规范的虚置。结合刑事合规问题深入研究市场滥用犯罪语境下的非刑罚处罚，对资本市场中的违法犯罪行为，适用非刑罚处罚，把握其实体法律内容，建构其程序运作规范，有利于充分发挥非刑罚处罚教育、感化、挽救实施市场滥用犯罪的行为主体，对于深入贯彻宽严相济刑事司法政策、弥补单一化刑罚的弊端、丰富刑事合规措施等具有很强的理论与实践价值。

第一节 市场滥用犯罪非刑罚处罚的实体标准

明确非刑罚处罚的适用主体、条件、范围等标准，是提高市场滥用犯罪非刑罚处罚适用率以及适用质量的实体基础。

一、适用主体

我国刑法理论的主流观点认为，非刑罚处罚刑事适用的主体只能是法院。[1] 但是，基于刑法解释的合法性与合理性分析，检察机关是非刑罚处罚刑事适用的当然主体。

主流观点坚持非刑罚处罚适用主体一元化的主要理由在于：（1）定罪量刑属于审判权，其他机关不得对行为人进行实体处分；（2）在《刑事诉讼法》没有明确检察院有权适用非刑罚处罚的前提下，《人民检察院刑事诉讼规则》第373条规定的人民检察院决定不起诉的案件，可以根据案件的不同情况，对被不起诉人予以训诫或者责令具结悔过、赔礼道歉、赔偿损失，属于过度的扩张性解释，不具有合法性。

对于检察机关属于非刑罚处罚刑事适用主体的法理论证，应当从以下几个方面进行理解。

检察机关不起诉权在程序上具有定性功能。非刑罚处罚的适用对象是犯罪情节轻微、不需要判处刑罚、可以免予刑事处罚的行为人，对于此类对象，《刑事诉讼法》第168条明确规定检察院有权作出不起诉决定。《人民检察院刑事诉讼规则》第373条规定，人民检察院决定不起诉的案件，可以根据案件的不同情况，对被不起诉人予以训诫或者责令具结悔过、赔礼道歉、赔偿

① 张明楷：《刑法学》（第3版），法律出版社2007年版，第476页。

损失。对被不起诉人需要给予行政处罚、行政处分或者需要没收其违法所得的，人民检察院应当提出检察意见，连同不起诉决定书一并移送有关主管机关处理。因此，检察机关在程序上有权对行为人作出定罪但不诉的处理。

检察机关完全可以作为非刑罚类刑事处遇措施的适用主体。刑罚的适用主体当然应限定为法院，但《刑法》第37条没有将非刑罚处罚的主体明确限定为法院，因为非刑罚处罚的适用不是行使刑罚权，而是对犯罪的一种其他处遇方式。对于非刑罚化的刑事处遇方式，刑法与刑事诉讼法并没有限定必须由审判机关确定与实施。在法理解释过程中没有必要将具有不起诉权的检察院排除在适用主体之外。检察机关有权适用非刑罚处罚是对非刑罚化刑事处置权多元化配置的合理解释，关键问题并不在于否定除法院之外的其他主体能否适用非刑罚处罚，而是多元化的主体在适用非刑罚处罚过程中如何协调、配合和监督，防止司法机关工作人员滥用非刑罚处罚权，在非刑罚处罚适用对象、方案确定等层面形成标准化的操作规则。

检察机关适用非刑罚处罚符合刑事诉讼经济性的内在要求。从法律解释的合理性角度分析，在检察环节对犯罪情节轻微不需要处以刑罚的当事人作出不起诉决定，并由检察机关对其适用配套的非刑罚处罚方法，能够省去进入审判程序的司法成本。在检察环节即对犯罪情节轻微、人身危险性不大的犯罪人进行非刑罚处罚，使其及时从强制性的刑事诉讼程序中抽离，也能使犯罪人早日回归正常的社会生活，有利于社会化改造的适时开展。没有必要机械地跨过检察环节，一律交由审判机关处理这种并非重大且疑难的刑事案件。因此，将检察机关纳入非刑罚处罚刑事适用主体的范围具有合法性与合理性。从刑事合规制度构建的现实路径分析，刑事合规实质是运用现代管理理念和方法，建立科学有效的审前主导体系，形成以检察机关为核心，会同公司企业、行政机关、审计部门、行业协会等协同高效完成企业犯罪相对不起诉的一体化工作机制。从刑事合规最终获取非刑罚措施的角度来看，检察机关在市场滥用犯罪非刑罚处罚中理应发挥更为重要的法律适用主体作用。

二、适用条件

我国《刑法》第37条规定："对于犯罪情节轻微不需要判处刑罚的，可以免予刑事处罚，但是可以根据案件的不同情况，予以训诫或者责令具结悔过、赔礼道歉、赔偿损失，或者由主管部门予以行政处罚或者行政处分。”根据上述规定可知，非刑罚处罚的适用条件包括犯罪情节轻微性、刑罚处罚豁免性、非刑罚处罚必要性三方面内容。

非刑罚处罚只能适用于轻微犯罪。判断涉案行为是否属于轻微犯罪，应以犯罪情节是否轻微为标准，即应当根据犯罪的事实、性质、情节和对于社会的危害程度进行具体认定。

首先，犯罪情节是否轻微最重要的是综合考虑犯罪行为过程中以及犯罪之后行为人的各种情况进行认定。罪前情况直接决定人身危险性，主要包括犯罪人的一贯表现、有无前科、是否惯犯或者偶犯；罪中情况主要决定犯罪行为的社会危害性，主要包括犯罪动机、犯罪的手段、行为侵害的对象，行为造成的损害后果，是否防卫过当或者避险过当；罪后情况主要反映犯罪人事后的悔过心态，主要包括自首、坦白、退赃等情节。只有综合考虑案件的各种情况才能确定犯罪情节是否轻微。

其次，应当重点考虑相关司法解释中关于情节轻微的规定。刑事司法解释包含了大量免除处罚的条款，可以结合具体案情考虑对行为人是否进行非刑罚处罚。例如，2019 年《最高人民法院 最高人民检察院关于办理利用未公开信息交易刑事案件适用法律若干问题的解释》第 11 条规定，符合本解释第 5 条、第 6 条规定的标准，行为人如实供述犯罪事实，认罪悔罪，并积极配合调查，退缴违法所得的，可以从轻处罚；其中犯罪情节轻微的，可以依法不起诉或者免予刑事处罚。

最后，应当注意区分《刑法》第 37 条“犯罪情节轻微”与《刑法》第 13 条“情节显著轻微”。作为非刑罚处罚条件的“犯罪情节轻微”与作为适用但书规定条件的“情节显著轻微”之间的区分关键在于社会危害性程度不同，“情节显著轻微”意味着行为人形式上符合了犯罪的构成要件，但实质上还没有达到刑事犯罪所要求的严重危害性，因此行为人的行为因为缺少犯罪的实质要件而不成立犯罪。[①] 对于情节显著轻微危害不大的行为，不需要

① 薛进展、杨亚民：《论犯罪概念中的“但书”规定》，载《法学》2005 年第 12 期。

通过宣告为犯罪的形式进行严厉谴责。“犯罪情节轻微”说明犯罪行为的社会危害性达到构成犯罪的程度，但可以不用刑罚手段打击，也能够起到预防犯罪的效果，因此可以对其适用非刑罚处罚。

适用刑罚的目的在于预防犯罪，如果司法机关豁免刑罚已起到了威慑、教育、预防的作用，就没有必要启动刑罚程序对犯罪人进行制裁。因为对行为人作出的不起诉决定就已经起到了预防犯罪的作用。因此，在综合考虑行为人犯罪的各种情节基础上，还要从预防犯罪的目的上考虑适用刑罚的价值是否大于适用非刑罚处罚。如果前者的价值小于后者，就表明特定案件中刑罚具有多余性，应当排斥刑罚的适用。

根据《刑法》第 37 条的规定，“可以根据案件的不同情况”予以非刑罚处罚，刑法规范并未使用“应当”，这就决定了对不需要判处刑罚的犯罪人并不一定都要适用非刑罚处罚方法。免予刑事处罚后是否适用非刑罚处罚方式，立法上给予司法机关自由裁量权，检察官、法官可以根据案件的具体情况和犯罪人的悔罪表现等判断非刑罚处罚的必要性。当前司法实践中的倾向于免予刑罚处罚案件的简单化处理，即不适用非刑罚处罚处于常态。实际上，就市场滥用犯罪而言，对适用免予刑罚的犯罪人都应当尽可能适用非刑罚处罚方式，以更符合恢复市场机制的方式弥合市场滥用行为对于市场公平与效率的损害。

三、适用范围

对非刑罚处罚刑事适用的范围问题，刑法理论中存在分歧。有观点认为，符合《刑法》第 37 条规定的“犯罪情节轻微不需要判处刑罚”标准的，均可适用非刑罚处罚方式。[①] 也有观点认为，非刑罚处罚只能适用于刑法明确规定应当或者可以免除刑罚处罚的犯罪人。[②] 司法实践中更有观点指出，对于刑法总则与分则没有明确规定可以免除刑罚处罚的犯罪人，如果其具体的犯罪行为确实轻微不需要判处刑罚的，可以将《刑法》第 37 条作为酌定免

---

① 马克昌主编：《刑罚通论》，武汉大学出版社 1999 年版，第 751 页。

② 李巍、杜雪晶：《论我国非刑罚处罚的适用范围》，载《当代法学》2003 年第 1 期。

予刑罚条款的特殊情况进行适用，但应当在程序上报请最高人民法院核准。

非刑罚处罚刑事适用的范围应当严格按照合法性原则进行界定。《刑法》第 37 条“犯罪情节轻微不需要判处刑罚”是对适用非刑罚处罚案件范围的概括性规定，不具有直接的适用效力。非刑罚处罚的适用前提是免予刑罚，而免刑的认定必须严格按照“刑之法定”的要求，根据法定刑罚免除情节予以判断。需要引起重视的是，由于我国刑法总则各项免刑条件通常表述为“可以减轻或者免除刑罚”，且分则个罪的各项免刑情节没有在司法解释中予以明确和细化，从而导致在司法实践中出现免刑条款虚置或者滥用免刑情节的两种极端现象。对此，司法解释应当从个罪的角度明确免刑的适用标准，夯实非刑罚处罚刑事适用范围的基础。基于市场滥用犯罪的特点，刑事合规实务中完全可以体会——市场滥用行为的主体往往没有任何人身危险性，其客观上主要表现为资本市场中的业务行为，因此，通常情况下具有很高的自首率以及相对较高的退赃率，这都是通过法定刑的配置与适用获取免予刑罚的重要条件。

第二节 市场滥用犯罪非刑罚处罚的具体运作

非刑罚处罚刑事适用之所以在实践中处于虚置状态，其主要原因在于非刑罚处罚适用方法在运作过程中存在形式不统一、内容混乱、操作规范不明确等多重障碍。有必要根据市场滥用犯罪以及各种非刑罚处罚方法的特点，设计具体运作规则，同时刑事合规实务也要针对特定主体与特定案件制定非刑罚处罚适用与运作的合理性、可行性方案，以供司法机关审查分析。

一、训诫

训诫是人民法院、人民检察院对犯罪情节轻微不需要判刑的人，对其公开进行谴责的教育方法。训诫作为一种非刑罚处罚方法，适用于情节轻微不需要判刑的犯罪人，可以产生感化、教育效应，进而实现预防和减少犯罪的目的。市场滥用犯罪的行为主体，往往都是资深的资本市场专业人士，其学历较高，对于刑法具有一定的认知，但相对社会普通人的成功业务履历与高水平的经济生活标准，容易导致其主观上对于法律制度，尤其是刑法规范的认知是相对肤浅的，其业务行为更多的是关注金融交易的本质，或者是民商事法律关系的实质，而非刑事法律层面的合规。所以，训诫对于市场滥用犯罪的行为主体而言是非常必要的。

早在1979年《刑法》尚未颁布施行之前，我国刑事司法实践就对训诫非刑罚处罚措施进行了相对详细的规定。1963年《最高人民法院关于批评教育、传讯、训诫等的运用和如何填写司法统计报表问题的复函》指出：被告的行为没有构成犯罪或者免予刑事处罚的，适用训诫一般只是口头教育的方式，不是刑罚种类，不能将训诫写入判决书，而是在填写统计报表时填入"宣判无罪"栏或者"免予刑事处分"栏。1964年《最高人民法院关于训诫的批复》指出：人民法院对于情节轻微的犯罪分子，认为不需要判处刑罚，而应予以裁判的，应当用口头的方式进行训诫。早前的刑法实务基本上倾向于将训诫的形式限定为口头方式，但当前司法实践中运用的检察官寄语、法官寄语实际上又具有书面训诫的本质特征。刑法理论中有不少观点认为将训诫拓展至书面形式效果会更为明显。①

训诫的形式不应当局限于口头，有必要包括通过训诫书的形式进行书面谴责教育。从严肃性的角度分析，口头训诫的正式性与严肃性显然不如书面训诫强，对犯罪人教育强度具有明显的差别。正是这种强度差别决定了有必要针对不同的犯罪人及不同的案件情况决定是选择口头训诫还是书面训诫。对于犯罪行为显著轻微的偶犯，检察官可以在办理不起诉决定的过程中对犯罪人进行口头训诫，提出教育改正的要求；法官也可以当庭训诫。对于犯罪行为具有一定社会危害性，基于未成年人犯罪、家庭成员之间的轻微冲动型互殴犯罪等宽严相济刑事司法政策考虑而不予适用刑罚的，检察官有必要在不起诉决定书后附训诫书，或者通过检察官寄语的书面形式，以正式且严肃的方式对犯罪人进行法制教育；法官也可以通过法官寄语等书面形式责令改正，告诫犯罪人今后不能实施犯罪。此外，从实用性的角度考量，书面训诫

① 马克昌主编：《刑罚通论》，武汉大学出版社1999年版，第737页。

形成固定的文字材料，对于犯罪人的警示作用较强，可以促进免予刑罚的行为人进行反复自省；而口头训诫因为形式上的局限性，不仅无法在物理上形成“温故知新”的文字资料，而且经过时间的推移犯罪人容易遗忘，训诫效果持续的时间有限。有的当事人还可能分不清训诫与一般批评教育的区别，这就使训诫的权威性大打折扣。所以，基于上述分析，书面训诫应当成为更为重要且有效的训诫形式，不能在非刑罚处罚司法实践中直接被排除在训诫方式之外。

市场滥用犯罪案件中，检察官或者法官在适用训诫非刑罚处罚方法时，应当根据案件的具体情况，一方面严肃地指出犯罪人的违法犯罪行为，分析其社会危害性；有被害人的案件，特别应当细致地强调其犯罪行为给被害人造成的经济损失；同时，应当责令犯罪人努力改正，今后不再重犯；能够提出具体改正方法的，有必要对犯罪人进行具体的提示，细化训诫内容。当然，另一方面，检察官或者法官也必须要指出，基于刑法宽容与刑罚经济性的要求，在犯罪人的犯罪行为尚属轻微的情况下，可不给予刑事处分，要求犯罪人珍惜非刑罚处罚措施给犯罪人提供的宽容处遇的机会，积极认真地投入今后的社会经济生活。

由于当前的司法实践一般没有将训诫措施置于独立且严肃的程序规则架构下，导致训诫的实体内容缺乏科学性，具体适用过程中随意性较大。长期以来训诫内容也缺乏新意，没有根据社会经济生活的变迁或者犯罪人的个体特征进行制度的内化发展。科学的训诫应当超越静止性教育督促的肤浅层面，立足于动态教育的高标准要求，对犯罪人在行为过程中表现出来的大量的实质性问题以及今后可能存在的演化性问题进行深刻揭示，明示其问题所在，实现及时纠偏、督促引导、中止危害行为继续恶化发展的目的。同时，科学的训诫也要立足于挽救保护的刑法宽容秉性，对已经造成犯罪事实，构成轻微犯罪的行为人，明确告知其可不予刑罚处罚，通过批评训示的方式强制纠正其犯罪思想并消除犯罪行为带来的危害结果。

必须充分发挥训诫措施“谴责”与“教育”的整体功效，防止顾此失彼。作为非刑罚处罚措施的训诫区别于作为民事诉讼保障性强制措施的训诫的主要特点在于其强调谴责与教育的紧密结合。提高训诫措施的质量和科学性，必须在口头训诫与训诫书中避免出现重视教育引导性内容而忽视对现实犯罪行为的法律谴责，或者一味进行违法性谴责而教育矫正内容不充分。尤其是口头训诫，检察官或者法官必须思路清晰地明确训诫的重点内容，不仅要讲清训诫对象的犯罪事实、犯罪性质、犯罪原因、社会危害，而且要明确提出改正犯罪行为避免再犯的方向，或者具体弥补犯罪损害结果的方法。尽量通过互动式的方法使接受训诫的犯罪人当场表态接受训诫内容，真正实现谴责与教育的双重任务。

训诫过程中应当注意避免两种情况：（1）防止将训诫措施等同于一般性的谴责、批评、训斥。训诫在性质上属于非刑罚处罚措施，是刑事责任的实现形式之一，具有严格的实体标准，将训诫与一般性的谴责批评同质化，显然是降低标准，容易导致训诫内容的泛化，损害其严肃性。（2）防止训诫态度平淡化。训诫措施产生的效果的前提在于作为训诫主体的检察官、法官用语得当，而训诫态度的诚恳性、真切性、投入性又是衡量训诫语言文字是否恰当的外在标准。训诫主体必须坚持以人为本，注意训诫语音语调、面部表情、肢体语言的尺度，区别不同情况因事而训、因人施教，尊重和维护被训诫人应有的人格和权利，确保训诫效果。

有必要建立具有长效机制的训诫措施体系，超越训诫措施长期以来局限于短期行为的基础定位。由于训诫在非刑罚处罚体系中处于强度最轻的档次，重视训诫措施、构建体系化的训诫工作是丰富现有的非刑罚处罚措施适用方式、力度、效果的第一关，是建立健全非刑罚处罚措施的一项具体实践。刑事诉讼中的训诫实践不仅数量较为有限，而且存在“一次性”的问题，即当庭口头训诫一次性了结、检察官寄语一次性附于不起诉决定书以及法官寄语一次性附于判决书，没有形成长效的训诫机制。训诫的实体行为内容在于谴责和诫勉，而这两种行为产生的效果实际上并不可能仅通过一次性的行为而实现。因此，检察官、法官在适用训诫措施时必须杜绝形式化的工作方式，树立中、长期工作的司法理念，建立长效训诫机制，克服一次性训诫的短期行为，确保训诫措施持续、健康、有效发展。长期性的训诫措施重点显然应当落位于“诫”而非“训”，具体落实过程中应当注意以下两种具有可操作性的办法：一是定期回访犯罪人及其所在社区、工作机构等，在动态掌握犯罪人情况之后根据其社会生活实际状态撰写具有鼓舞士气、勉励意志的信函。此类信函可以以“检察官勉励寄语”“法官戒勉书”等形式与犯罪人进行沟通，但其本质上仍然是训诫措施的一种延续，目的在于保证初次训诫的教育内容得以有效的实现。二是根据相关案件及行为人特点等具体情况，组织具有类似问题的行为人在回归正常社会生活后，参加检察官、法官主持的戒勉辅导金融法治讲座，并要求行为人在听讲后撰写思想报告，通过互动的方式始终保持训诫措施的生机与活力。

使用训诫处理的轻微刑事案件，虽然属于非刑罚处罚的一种具体措施，基于其口头行为的特点，实际上不必制作法律文书，但训诫主体应当将训诫的情况在笔录中详细记明，并交当事人阅读后签名盖章。口头训诫必须注意形式上的仪式化与严肃性，应当由主持训诫的检察官、法官明确向被不起诉人、被免予刑罚人提出“现在开始对被不起诉人（被免予刑罚的犯罪人）进行训诫”，防止训诫程序成为一种非正式的工作方式，而不具有独立的程序性意义。书面训诫内容则要求具有较为规范统一的表述，虽然不能写于判决书、不起诉决定书的主文，但也应当按照一般法律文书的标准格式进行撰写。

二、责令具结悔过

责令具结悔过，是指检察官、法官责令犯罪人用书面方式保证悔改，不再犯罪。具结悔过是通过严肃的悔过书、忏悔书、检讨书等深刻反省自己的犯罪行为、回忆谴责自己犯罪思想根源的一种悔罪行为。具结悔过能够促使犯罪人积极主动地思考实施犯罪行为的深层次原因，清醒地认识到自己行为的犯罪性质，反思自己的罪责，从而达到“知罪能改”的效果。虽然责令具结悔过中的“责令”具有明显的强制性，但要使这种非刑罚处罚方法发挥出实际效果的基础，仍然必须依靠犯罪人自身的主动性。具结悔过的内容根据犯罪人的认识不同而不尽相同，没有也不需要有固定的模式和框架，重点应当是在检察官或者法官的引导下看清实然犯罪的本质和根源、承诺未来生活的健康和进取。所以，司法实践中责令具结悔过主要应当注意的是其适用方式以及防止具结悔过的形式化。

悔过书本质上是一种在自我剖析基础上的内心表白和思想表态，其适用方式不拘一格，关键在于针对不同犯罪人的行为与人格特点分情况予以适用。

检察官、法官可以在适用不起诉、免予刑罚之前要求犯罪人写好悔罪书，将具结悔过作为适用不起诉、免予刑罚的前提条件。对基于宽严相济刑事司法政策考量进行宽大处理的市场滥用犯罪案件，在不要求犯罪人具结悔过的前提下就适用相对不起诉、免予刑罚，不仅可能导致犯罪嫌疑人、被告人无法深刻理解检察院、法院从宽处理的法律与政策初衷，进而无法充分认识到自己所犯罪错的具体性质，而且容易使一些被害人因此产生猜忌，认为司法机关适用法律不规范，致使被害人情绪失控。将具结悔过作为相对不起诉、免予刑罚的前提有利于充分发挥宽严相济刑事司法政策的社会效果，同时保证司法机关在从宽处理犯罪上的司法权威。并且，检察官、法官有必要通过要求行为人当场宣读悔罪书的方式在仪式化的刑事诉讼程序中接受深刻的法制教育。特别是在庭审过程中由犯罪人公开宣读悔罪书，能够通过法庭权威震撼犯罪人心理，强化其悔罪程度。

对于犯罪情节显著轻微的初犯偶犯，检察官、法官也可以在适用不起诉、免予刑罚之后的一定期限内要求犯罪人撰写保证书等，责令其保证在今后的社会生活中认真踏实地工作学习，践行不再犯罪的书面承诺。同时，在充分保证当事人隐私权或者经当事人同意的情况下，检察官、法官还可以将具结悔过的书面材料印成多份，交给相关单位；特别是对在管辖区域内具有一定影响的案件，有必要形成具有警示教育意义的宣传资料，以反省自己、警示金融行业的从业人员。

具结悔过内容空泛的现象时有发生，特别是金融犯罪案件中，不仅存在缓刑、免刑适用率较高的刑罚规范适用基本面问题，而且存在具结悔过书形式化的具体操作问题。不少资本市场中的犯罪人表面上会含泪忏悔，“发自肺腑”地洋洋洒洒写下万言悔过书，但实际上并不具有悔罪的决心。有的金融犯罪人在法庭审理过程中以最后陈述等形式具结悔过，表达其悔恨反省之意，但此种甚至不需要检察官、法官责令的具结悔过属于真心悔罪还是故意作秀表演以求从宽处理，实践中基本上难以进行直观的判断。实践中甚至出现了抄袭悔过书的案例,[①] 可见，具结悔过形式化已经发展到了相当严重的程度，有必要采取措施改善具结悔过的刑事适用现状。

第一，司法机关应当努力摆脱具结悔过的形式化倾向，通过司法权的积极运作介入具结悔过的非刑罚处罚实践操作，而非基于暂时的现实困境直接放弃具结悔过的刑事适用。具结悔过形式化现象的存在并不能说明这种非刑罚处罚方法无法适应社会现实的发展，更不应就此普适性地否定具结悔过特别是职务犯罪人的具结悔过均属于极不真诚的自责和自贬，其目的都直接指向乞求刑法谅解的虚伪姿态。

第二，检察官、法官在责令犯罪人具结悔过的过程中应当进行积极的引导，鼓励其发现、探究自身的犯罪根源，而非人云亦云地重复没有独立性特征的虚伪忏悔。认罪服法承诺改正不能是东窗事发后的一种道德投机，也不是对牢狱之灾的惊恐，而应当是对人性、真理、司法权威的敬畏。检察官、法官有必要在与犯罪人的交流过程中提示犯罪人从个人的生活环境、性格发展、人际关系、学习工作状态、金融行业本质中寻找犯罪根源、解释犯罪原因、实践社会改造方案。杜绝诸如“法制观念淡薄”“忽视了世界观人生观价值观的改造”之类如出一辙、毫无意义的悔过。

第三，完善责令具结悔过的刑事适用，建立具结悔过司法评价机制。具结悔过司法评价机制，是指在诉讼程序中以检察官、法官为主导，对犯罪人的具结悔过内容、深度、承诺的真诚度、改正的可行性进行全面评价形成司法意见的非刑罚处罚适用配套机制。司法机关适用责令具结悔过措施时，提前对犯罪人的综合情况进行评估，在犯罪性质、情节、根源、思想以及行为人性格特点、生活环境影响等方面形成具有针对性的评估标准。对于拟适用不起诉或者免予刑罚的犯罪人，检察官、法官结合上述评估标准对其具结悔过书进行考察，符合司法机关设定的悔过标准的，可以认定为具结悔过达到悔罪效

---

① 2007年7月11日，安徽省能源集团有限公司原党委书记、总经理（正厅级）张绍仓涉嫌贪污、受贿案在阜阳市中级人民法院开庭审理。庭审中，在被告人最后陈述阶段，一直沉默不语的张绍仓掏出老花镜，含泪宣读了自己写的长达4页的悔过书。然而，张绍仓的悔过书，和《检察日报 廉政周刊》在2007年5月29日以《“我的错误是在无监督约束下发生的”》为题刊发的四川省成都市龙泉驿区原区委常委、同安镇党委书记朱福忠的悔过书有几处雷同，有抄袭的嫌疑。参见李英华:《贪官的悔过书也抄袭?》，载《检察日报》2007年9月4日，第6版。

果，准予适用不起诉或者免予刑罚，实现具结悔过效果与实体处遇的对接。

三、赔礼道歉

责令赔礼道歉是司法机关责令犯罪人公开向被害人当面承认罪错，表示歉意，并保证今后不再侵犯被害人法益的非刑罚处罚方法。[①] 这在被害人比较多的市场操纵、虚假陈述犯罪案件中显得尤为复杂。责令赔礼道歉的适用在非刑罚处罚理论与实践中存在较多认识分歧，有必要在梳理的基础上提出改进规则。

实践中，部分办案人员对赔礼道歉是否具有非刑罚处罚性质、是否能够承载刑事责任实现的任务产生质疑，认为赔礼道歉不是一种刑事责任的实现形式。民法理论中也有不少观点主张在民事责任实现中取消赔礼道歉这种形式。[②] 既然赔礼道歉在民事责任实现形式性质上尚且存在疑问，那么其刑事责任实现形式的法律定位基础似乎更为单薄。通俗地讲，如果道歉有用，还需要刑法做什么呢？但是，赔礼道歉具有非刑罚处罚性质，能够成为刑事责任的实现形式。

首先，赔礼道歉实际上具有强制性和可执行性，只是在犯罪人非自愿的情形下非刑罚处罚适用的效果不明显，没有必要强行适用赔礼道歉，有条件的情况下，可以通过其他非刑罚处罚措施替代。实践中有较多观点认为，如果犯罪人拒不赔礼道歉，司法机关无法强制执行此种非刑罚处罚。其实，责令赔礼道歉完全可以具有强制执行性。法院有权发布公告，陈述犯罪事实及其给被害人带来的物质精神伤害，通过截取部分判决书的内容消除影响，实际上起到了强制犯罪人赔礼道歉的作用；或者法院直接以犯罪人名义刊登公告赔礼道歉。[③] 当然，强制执行赔礼道歉的法律效果显然不尽如人意，实践

---

① 张明楷：《刑法学》（第3版），法律出版社2007年版，第478页。

② 夏秀渊：《论取消侵权责任法的“赔礼道歉”责任》，中国民商法律网2009年2月22日首发，http：//www. civillaw. com. cn/article/default. asp？id＝43065，最后访问日期：2009年9月22日。

③ 理论上有观点指出，公布判决书的内容的做法只产生消除影响的效果，并不存在真正意义上的赔礼道歉。参见冀宗儒：《论赔礼道歉作为民事救济的局限性》，《人民司法》2005年第9期。我们认为，法院公布判决书部分内容强制执行的书面道歉，在形式上仍然属于赔礼道歉，只是由于实质效果和意义没有达到赔礼道歉的应有效果，减损了适用价值，但并不能由此否定其具有强制执行效力。

中固然应当谨慎适用。

其次，赔礼道歉是刑事司法权介入过程中行为人对自身行为的否定性评价和自我谴责，具有刑事责任实现的特点。赔礼道歉程序由司法机关主导进行，不仅代表了犯罪人对自身行为的否定和谴责，也介入了司法权对犯罪行为的评价。作为非刑罚处罚措施的赔礼道歉不同于一般意义上的赔礼道歉。这是一种在司法机关主导下具有规范性、严肃性的刑事责任实现方式。由于赔礼道歉由司法机关控制、负责、督导犯罪人实行，因此负载了国家处罚行为的特点。

再次，赔礼道歉将道德责任与刑事法律责任融为一体，尽管不符合民事责任的实现特点，却符合刑事处遇的特殊化要求。毋庸置疑，赔礼道歉源于道德责任，将道德上的自我谴责代替民事责任的实现，确实在很大程度上模糊了法律与道德的界限。① 但是，将赔礼道歉置于刑事程序使其道德责任的内核外化为刑事责任，符合刑法适用体现道德谴责的部门法特质。负有刑事责任的前提必然是首先在道德评价上是负面的，刑法具备道德限制性的特点，道德边界不仅限定了犯罪化、刑罚化的范围，而且强调刑法适用过程中体现道德谴责的要求。② 赔礼道歉在刑事制裁阶段融入了明显的犯罪人自我道德谴责和道德责任担当，是刑事责任实现充分化、深入化的体现。犯罪行为破坏了法律秩序的平衡，触犯了社会伦理道德的底线，必须通过对犯罪人予以道义上的惩罚，重构法律秩序、确证伦理道德规则。③

最后，赔礼道歉作为非刑罚处罚方法实现刑事责任的承担，具有惩罚已然犯罪和预防未然犯罪的功能。赔礼道歉区别于其他非刑罚处罚方式，它是将语言性、人身性、刑事处罚性、谴责性整合于一体的刑事责任实现具体形式。对于被害人而言，赔礼道歉能够补偿被害人心理的创伤；对于犯罪人而言，赔礼道歉能够在一定程度上恢复其法律与道德良知。所以，赔礼道歉承

---

① 魏振瀛：《〈民法通则〉规定的民事责任——从物权法到民法典之规定》，载《现代法学》2006年第3期；张新宝：《侵权责任法原理》，中国人民大学出版社2005年版，第538页。

② Bernard E. Harcourt, *Exploring the Relationship Between The Moral Limits of the Criminal Law and The Expressive Function of Punishment*, 5 Buffalo Criminal Law Review 145, 146 (2002).

③ 杜宇：《刑事和解与传统刑事责任理论》，载《法学研究》2009年第1期，第90页。

担非刑罚处罚任务的前提在于犯罪人实施赔礼道歉行为的自愿性，即赔礼道歉的启动不能由司法机关责令，而应当由犯罪人自愿进行。司法机关的“责令”主要体现在赔礼道歉的形式、内容及范围，这也是由于赔礼道歉毕竟是一种在司法机关主导下的刑事责任实现形式，具有权威性与严肃性。

有必要将责令赔礼道歉转换为督促犯罪人主动赔礼道歉，将其作为具有综合性功能的非刑罚处罚方法置于刑事责任实现的框架内，充分发挥其弥补修复受损社会关系的法律效果。通过犯罪人的赔礼道歉行为，一并清理犯罪所带来的恶性效应，防止犯罪在道德上的恶劣辐射。因为只有犯罪人真诚的道歉才能使被害人获得心理的平复和满足。如果赔礼道歉由司法机关启动可能使被害人感觉到犯罪人是在勉强道歉，不仅无法促使犯罪人真诚悔悟，而且在实质上没有对被害人进行人性化的保护。司法机关可以鼓励督促犯罪人主动向被害人赔礼道歉，或者通过激励措施积极推进犯罪人的悔悟进程，进而缓和犯罪人与被害人之间的矛盾。

法律不可能规定赔礼道歉的基本内容，但并不是说司法实践中不需要设定督促主动赔礼道歉基本内容的最低标准。赔礼道歉是语言行为，其语言表达的内容必须达到真诚性的标准。认定真诚的基础在于语言表达的程度应当达到足以得到被害人原谅的标准。这就决定了一句简单的“对不起”显然不能适应非刑罚处罚的真诚性要求，以“对我的犯罪行为以及带给您的伤害深深表示歉意”为赔礼道歉的开始或者结尾则是适当的。书面赔礼道歉的字数没有严格的限定，但至少应当通过一定的篇幅将愧疚之情表述清晰。

无论是口头还是书面赔礼道歉，犯罪人的道歉语言至少应当明确以下内容：（1）司法机关认定的犯罪事实；（2）个人对犯罪行为及其危害结果的认识；（3）对被害人所承受痛苦的认识；（4）对犯罪行为的悔过以及对被害人的致歉。赔礼道歉不必然需要包含“保证以后不再犯罪”的内容，因为这属于具结悔过的当然内容，不是赔礼道歉所应当包含的内容。如果犯罪人认为确实有必要进行保证的，应当向被害人提出有针对性的保证措施，而不是泛泛而谈地表示今后一定杜绝犯罪行为。

四、赔偿损失

作为非刑罚处罚方法的赔偿损失是指由于犯罪行为侵害了被害人的合法权益，司法机关责令或者判处犯罪人给予被害人一定经济赔偿的刑事制裁方法。对于市场滥用犯罪而言，赔偿损失是弥补资本市场损失最为直接有效的方式。

责令赔偿损失并不以被害人提起附带民事诉讼为前提，在检察机关对行为人作出相对不起诉的情况下，可以在检察机关以及人民调解委员会的主持下，由犯罪人向被害人协调赔偿数额；在法院判处免除刑罚的情况下，即使被害人没有在刑事诉讼过程中提起附带民事诉讼，人民法院也可根据案件的具体情况责令赔偿损失。

基于谨慎实践的考虑，刑事司法实务中刑事和解的案件适用类型基本上限定在因民间纠纷引发的故意伤害致人轻伤且社会影响不大的案件，尽管逐步拓展至能够委托人民调解的轻微刑事案件。由于当前作为非刑罚处罚措施的赔偿损失是置于刑事和解程序下进行的，故适用赔偿损失非刑罚处罚的案件范围比较狭窄。

赔偿损失非刑罚处罚措施的适用前提是免予刑罚，其适用范围显然较为宽泛，一旦将赔偿损失固定地设置在刑事和解程序中，势必被刑事和解案件类型范围限制，无法充分发挥赔偿损失的实用性效果。因此，建议将作为非刑罚处罚措施的赔偿损失区别于刑事和解程序中的赔偿损失，设置独立的非刑罚处罚赔偿程序。在案件类型范围上，可以包括所有被免予刑罚处罚且可以通过赔偿有效弥补相关被害人、被害单位损失的案件。

我国刑法及刑事诉讼法没有对非刑罚处罚方法中的“赔偿损失”与刑事附带民事诉讼中的“赔偿经济损失”进行明确区分。由于刑事附带民事诉讼赔偿范围严格限定在由于被告人的犯罪行为造成的直接物质损失，精神损害不属于附带民事赔偿的范畴，故理论与实践中均坚持将非刑罚处罚的赔偿损失范围限定在直接物质损失，精神损害不在赔偿范围中。

但是，我们认为非刑罚处罚中的赔偿损失范围应当包括因犯罪行为造成的精神损害赔偿。对犯罪人适用非刑罚处罚措施使其免受刑罚方式的制裁，对其今后的社会生活、个人发展以及精神状态不会造成明显的不良影响。非刑罚处罚的宽容处理显然有必要采取对等性的原则，不仅充分考量犯罪人的社会发展与情感因素，更应当重视对被害人进行全面有效的补偿，而要求犯罪人对被害人的精神损害进行适当赔偿就是充分保障被害人权益的重要体现。在对犯罪人适用免刑之前，司法机关先行要求犯罪人或者犯罪人主动对被害人的物质损害与精神伤害进行相对全面充分的赔偿，省去日后民事诉讼的负累，应当是非刑罚处罚中赔偿损失程序应当承担的任务。在赔偿物质损失的基础上进一步赔偿精神损害，更容易得到被害人的谅解，被犯罪行为伤害的社会关系得到更加全面的修复，才更符合非刑罚处罚制度的价值诉求。

检察环节拟对犯罪嫌疑人相对不起诉并有必要采取赔偿损失非刑罚处罚方法的，检察机关公诉部门承办人员应当及时启动赔偿程序，自行主持或者委托人民调解委员会主持犯罪人与被害人之间的赔偿损失调解会议。双方当事人在合理的期限内达成调解协议并向检察机关提交《调解协议书（副本）》及《调解协议履行情况记录》。调解协议应当明确犯罪嫌疑人赔偿因犯罪行为给被害人造成的人身、财产、精神损失。达成调解协议并实际履行或者有现实履行可能的，检察机关作出不起诉决定。当然，除了采用相对不起诉的方式处理赔偿案件之外，必要时也可以退回侦查机关处理。

审判环节当事人对赔偿损失问题达成调解协议并实际履行或者有现实履行可能的，对于自诉案件，人民法院通知自诉人办理撤案手续；公诉案件由人民法院对被告人作出免予刑事处罚的判决。

在主持当事人进行赔偿调解过程中，对于当事人或者人民调解委员会不熟悉操作流程的情况，司法机关可以创新赔偿调解的形式，委托由检察官、法官、律师、公安民警、社区工作人员共同组成的联合调解委员会主持赔偿调解程序，依托具有丰富司法经验的人员进行赔偿调解。对于实践中经常出现犯罪人与被害人之间就赔偿数额无法达成一致的情况，有必要区分类型采取不同的操作方法。

对于犯罪人真诚悔过尽其全力赔偿被害人的损失，与被害人要求存在差距但并无很大偏离的，可以不妨碍对犯罪人适用相对不起诉或者免予刑事处罚。但司法机关应当做好协调工作，向被害人说明情况并督促犯罪人在有条件的情况下全面弥补被害人的损失。对于被害人提出过高赔偿金额要求的，应当耐心做好疏导工作，确实无法解释清楚的，可以由司法机关确定合理的赔偿数额并要求犯罪人先期全额履行，对于与被害人要求存在差距的部分，在协议中予以明确，告知被害人对于此部分的请求可以另行通过民事诉讼解决。

坚持全额赔偿直接物质损失和合理赔偿精神损害的原则，同时适当考虑被告人的实际赔偿能力（现在赔偿能力和将来赔偿能力），在管理上有过错甚至有监督过失的金融机构等单位也应当参与赔偿程序并承担合理的赔偿责任。

赔偿损失程序要求司法机关必须注重对细节问题的把握。对于在司法机关监督下支付现金赔偿的，应当置备验钞机服务赔偿接受人；必要时采取银行转账方式确保赔偿资金到位。犯罪人无法一次性全额支付赔偿费用的，可以鼓励其采取分期支付的方式，但应当设立执行回访工作机制，将非刑罚处罚赔偿损失工作向后延伸，动态掌握犯罪人赔偿损失的执行情况，确保被害人的权益得到全面实现。

五、建议主管部门予以行政处罚或者行政处分

非刑罚处罚方法中的建议行政处罚或者行政处分，是指司法机关根据案件情况向主管部门提出对犯罪人予以一定行政处罚或者行政处分的司法建议，并由主管部门具体确定处罚方法和强度，向司法机关及时反馈信息。作为非刑罚处罚的建议行政处罚或行政处分不是由检察院、法院直接决定，而是由司法机关提出司法建议，由行政主管部门根据行政法律法规和案件情况自行确定。例如，司法机关认为需要给予市场滥用犯罪公司勒令停业处分的，应当向证券期货监督管理机构等主管部门提出司法建议。

首先，建议主管部门予以行政处罚的司法建议应当具有针对性。当前的司法建议实践中，由于司法机关较少到负有监管职责的主管部门进行深入的调研，找出滋生犯罪的根本原因，造成司法建议就事论事，有建设性和针对性的建议意见较少或者可操作性小，导致相关部门和单位对建议行政处罚的意见不予重视。建议主管部门予以行政处罚的制作的司法建议应客观、准确

地反映犯罪人的行政违法问题，要做到内容具体和具有较强的可操作性。在提出司法建议前，应当以案件反映出来的共性和个性问题为依据，深入相关主管部门进行调查，对犯罪行为不予刑罚处罚但应当进行行政处罚的原因进行深入分析，透过表面现象找出问题的金融实质和根源，以此提出有情况、有分析、有效果的司法建议。

其次，强化建议主管部门予以行政处罚的跟踪监督。司法实践中，司法机关将相关建议发出之后，虽然要求被建议单位书面答复，但是对被建议单位是否真正进行行政处罚、行政处罚的效果等问题没有跟踪监督，导致司法建议及整改回复只是形式上的文来文往，不仅没有达到预期的非刑罚处罚的法律效果、社会效果，反而损害司法机关法律文书的严肃性。

行政处罚司法建议书发出后要做好督促、检查工作，防止一些单位收到司法建议后将其束之高阁，不予研究落实，要保证司法建议书充分发挥作用。如果发现主管部门未采纳行政处罚建议且未采取落实整改措施的，应当报上一级司法机关向主管部门的上一级部门反映，由主管部门的上一级单位抓行政处罚建议的落实。对于司法建议正确、不及时落实行政处罚的，要追究有关单位领导的相关责任，以此强化司法建议的权威性。

最后，应当正确把握司法建议的定位，区分行政处罚与行政处分司法建议，谨慎适用行政处分司法建议。司法机关认为对犯罪人有必要予以行政处罚的，应当大胆提出司法建议，因为行政处罚的对象违反了行政法律法规，理应建议相关主管部门进行行政处罚。而行政处分属于相关单位的内部行为，有必要尊重案发单位的相关规章制度，司法机关没有必要通过积极建议行政处分的方式过分介入案发单位的内部管理事务。

第三节　市场滥用犯罪非刑罚处罚的合规创新

一、建构独立的市场滥用犯罪非刑罚处罚体系

在金融犯罪案件中，市场滥用犯罪的社会危害可弥补、犯罪人及犯罪单

位可矫正的特点非常鲜明，适用非刑罚处罚，能够节省金融犯罪刑罚处罚需要的资源及成本。建构独立的非刑罚处罚体系，特别是在检察环节对单位犯罪、市场滥用犯罪案件适用相对不起诉并附加非刑罚处罚，具有必要性与可操作性。

（一）必要性分析

非刑罚处罚的实体性法律效果必定是对涉嫌犯罪的单位及主要负责人员免予刑事处罚。故国内外刑事司法实践中均有不少观点认为，对经济犯罪适用不起诉决定及轻缓的非刑罚处罚措施有宽容甚至纵容经济犯罪之嫌。[①] 其论证依据为，涉案单位或者自然人通过认罪且支付赔偿获取相对不起诉以及免予刑罚处罚的实体处分，在一定程度上折射出以经济补偿代替刑罚的刑事司法处遇倾向，不利于司法公正的实现。相对不起诉放弃了实体定罪机制，而免予刑罚处罚的适用放弃了刑罚处罚的强烈震慑功能，有可能成为大型单位以及相关自然人主体在实施经济犯罪之后逃避刑事责任的途径，从而弱化或者扰乱刑事法律体系追究单位与经济犯罪刑事责任的实体基础与程序运作。当然，理论上也有不少观点支持对经济犯罪的轻刑化、非刑罚化处理。[②]

实际上，市场滥用犯罪案件相对不起诉，能够拓展非刑罚处罚的作用，有助于在刑事司法过程中充分发挥检察权对实然犯罪的遏制作用与未然经济犯罪的监管作用。审判机关适用市场滥用犯罪免予刑罚处罚亦能起到同样的效果。处理重大市场滥用犯罪案件的司法裁量工作同样必须重视指控犯罪法律效果与社会效果。重大市场滥用犯罪案件往往涉及大型上市公司或者金融机构，起诉或者定罪适用刑罚后的大型单位强制关闭、大规模失业等附带性结果容易引发一系列社会问题。因此，司法机关极有必要利用非刑罚处罚这一缓冲机制有效解决犯罪行为责任问题与刑事司法行为的社会成本控制问题。

相对于起诉经济犯罪或者直接判处巨额罚金刑而言，相对不起诉或者免

---

① 龙宗智：《经济犯罪防控与宽严相济刑事政策》，载《法学杂志》2006 年第 4 期；Benjamin Greenblum，*Judicial Oversight of Corporate Deferred Prosecution Agreements*，105 Columbia Law Review 1863（2007）.

② 柯葛壮、张震：《经济犯罪非刑罚处罚及程序研究》，载《社会科学》2007 年第 9 期；荆忠、俞湘静：《论经济犯罪的轻刑化》，载《犯罪研究》2005 年第 2 期。

予刑罚处罚肯定是一种相对轻缓的非刑罚处遇程序。然而，程序的公正性并不必然取决于震慑力度的强弱，而在于程序本身运行的透明性、平等性及合理性。关键在于司法机关在内部制定了较为严格的经济犯罪非刑罚处罚实体条件与程序规范，指导一线办案的检察官、法官在相对一致的标准下选择起诉或者不起诉、适用刑罚或者免予刑罚及其对应的刑事和解内容，确保非刑罚程序适用的公正性。

（二）职业能力

首先，必须在司法理念与司法能力层面塑造坚实的检察官法官的职业能力，以具有权威效应的司法能力保证市场滥用犯罪案件相对不起诉及免予刑罚处罚等非刑罚处罚程序的顺利运行。例如，上海市检察机关已经根据区域情况在各级检察院建立相关的金融犯罪、航运犯罪、知识产权犯罪等专门案件的办案科室或者办案组，以专业化的职业能力和知识储备应对市场滥用犯罪案件的挑战。这就为公正、准确且高效地在金融司法体系下适用市场滥用犯罪案件非刑罚处罚措施奠定了坚持的职业能力基础。

其次，今后的司法实践中，有必要对市场滥用犯罪案件非刑罚处罚程序配备具有丰富经济犯罪办案经验的检察官、法官，以此保证经验丰富的检察官、法官群体在办理重大疑难案件过程中形成强烈的司法职业能力与职业文化，保障社会正义的实现，尽力使用一切合法合理的方法形成公正的不起诉决定、免予刑罚实体结果与程序运作。特别是在当前社会对于司法权威存在或多或少质疑的背景下，① 检察官、法官不能将完成市场滥用犯罪案件非刑罚处罚程序视为一项普通的工作，应当高度重视自己在被告单位、被告人、辩护律师、被害人以及社会公众面前的形象——公正、严明、诚实的检察官和法官在经济犯罪非刑罚处罚司法实践中更容易获取被告单位、被告人及其辩护律师的信任，各项司法工作会因此而顺利开展。与此同时，各级司法机关还应当定期组织金融犯罪案件检察、审判业务培训，通过学习研讨培训的方式提高办案质量。

---

① 萧瀚：《法官为何自损威仪?》，载《财经》2009 年第 19 期。

（三）注意事项

1. 信息及时披露

由于当前我国刑事司法实践中并没有强制性要求检察官公开不起诉决定书以及法官公开判决书文本内容的规定，不起诉程序以及免予刑罚处罚等非刑罚处罚实践操作的透明度与公开性属于检察权与审判权的自由裁量范围。在这种条件下建构完善的市场滥用犯罪案件非刑罚处罚机制，显然无法满足社会公众对司法公正与司法透明的强烈呼唤。[①]

有必要对检察机关、审判机关办理的重大市场滥用犯罪案件非刑罚处罚的适用情况设置明确的信息公布规则，明确规范检察机关、审判机关通过公告、新闻发布会、网络等媒介公布适用非刑罚处罚措施的市场滥用犯罪案件情况。在时机成熟的情况下，应当进一步要求司法机关出台执法规范，明确规定经济犯罪适用非刑罚处罚起诉案件信息强制性披露制度，将每个金融犯罪相对不起诉、免予刑罚案件的决定文件以及相关的刑事和解文本备置于司法机关网站供社会查询浏览，以确保公众对检察权、审判权运行的广泛知情与一般监督。

2. 健全法律文书检索系统

由于市场滥用犯罪案件情况相对复杂，为了避免金融犯罪非刑罚处罚法律文书不统一的问题，有必要为承办市场滥用犯罪案件非刑罚处罚程序的检察官、法官提供充分的信息技术支持，健全市场滥用犯罪案件非刑罚处罚适用情况档案系统，使其可以便捷地查询与市场滥用犯罪案件非刑罚处罚程序相关的主题信息，主要包括不起诉决定书、免予刑罚判决书、犯罪嫌疑人认罪文书样本、和解协议等。

---

① 这已经被国外的司法实践所证明。例如，在2007年之前，美国联邦检察官办理的部分公司犯罪暂缓起诉案件没有进行公开，部分暂缓起诉案件在辩诉交易过程中则约定涉罪公司必须在其官网公布辩诉交易的最终文本。学者、辩护律师、社会公众强烈批评联邦检察部门暂缓起诉及辩诉交易本文内容缺乏足够的透明度，不仅无法使社会公众全面了解犯罪公司牵涉的不法行径，保证公共知情权与监督权的有效性，而且不利于涉罪公司的辩护律师深入研究辩诉交易程序，影响其行使公司犯罪辩护权。参见 Christopher Wray & Robert Hur，*The Power of The Corporate Charging Decision Over Corporate Conduct*，116 Yale Law Journal 306（2007）.

3. 监督机制

必须落实与完善相关监督机制，使市场滥用犯罪案件非刑罚处罚司法适用保持相对统一。市场滥用犯罪案件非刑罚处罚内部监督机制采用多层级、多领域的监督模式：下级司法机关向上级司法机关汇报市场滥用犯罪案件的执行情况；各级司法机关定期就重大或异常案件进行讨论；强调对市场滥用犯罪案件非刑罚处罚的办理确立科学的考核体系和考评办法；市场滥用犯罪案件的辩护律师以及被害人的诉讼代理人一旦发现当事人在非刑罚处罚程序中受到不公正待遇，有权直接联系检察委员会或审判委员会办公室，陈述问题、质疑实体或程序的合法性。

4. 创新监管

有必要建立市场滥用犯罪不起诉后强制性检察监管制度，要求承认经济犯罪的单位对内部监管机制进行结构性的重构，执行严格的合规程序，即为了监管、预防、震慑经济犯罪专门设计内部犯罪风险控制机制。检察机关设立专门的金融犯罪控制与预防部门，有权强制要求认罪的金融犯罪公司接受检察机关工作人员担任内部监管职务，协助单位保证合规程序的正常运转，降低单位金融犯罪的案发可能。在试点运行成功的条件下，在单位市场滥用犯罪案件不起诉程序中附加强制性内部监管机制可以强化检察机关工作人员在单位内部的监管权限，使其有权在省级以上检察机关的指导下评估、建议、修改单位治理的规章、解雇违纪违法职员、直接以单位名义雇用审计人员、律师在单位内部针对审计、法律问题进行尽职调查。

二、创新多元化系统性非刑罚处罚方法

经济社会多元化发展的趋势要求针对一般犯罪的非刑罚处罚措施形成多层次、多元化的方法体系，从而满足针对不同类型犯罪人恰到好处地适用非刑罚处罚措施的司法实践需求。

（一）剥夺资格和权利

我国刑法将剥夺政治权利等资格刑作为附加刑置于刑罚体系，但资格刑的种类极为有限，无法针对犯罪行为和犯罪人的特点进行适用，有必要在更

为广泛的层面拓展剥夺资格和权利型的处罚。可以在非刑罚处罚的体系内适当增加各种类型的剥夺资格和权利的处罚，通过非刑罚的方式规范免予刑罚犯罪人的行为，不仅实现震慑犯罪的目的，而且达到预防犯罪的实效。

实施市场滥用犯罪的，可以规定在一定期限内禁止从事相关金融领域的活动，例如，属于律师、会计师、保荐人、承销商等特殊中介组织工作人员的，可以进一步规定剥夺其执业资格。实施市场滥用犯罪的，可以规定禁止从事证券、期货、基金等行业工作。虽然《公司法》《证券法》中已经设置了剥夺从事相关领域董事、经理、监事等高级管理人员职位资格的规范，但由于其没有配套的程序规定，尤其是处罚监管机制缺失，在实践中操作并不规范。将此类剥夺特定资格和权利的处罚作为免予刑罚犯罪人的一种实体处遇，置于规范化的非刑罚处罚刑事适用体系中进行整体运作，由司法机关进行全程监控，可以切实防止剥夺资格或者权利适用中的失控或者虚置。

（二）惩罚性损害赔偿

惩罚性损害赔偿（punitive damages），也称示范性的赔偿（exemplary damages）或报复性的赔偿（vindictive damages），是指法庭作出的赔偿数额超出实际的损害数额的赔偿。惩罚性赔偿具有补偿受害人损失，但更重要的是具有惩罚和遏制不法行为的功能，是英美法系中普通法的一种法律救济措施。惩罚性损害赔偿最突出的特点就在于“惩罚性”——不以实际损失的发生为适用前提，赔偿数额不以实际损害为标准。惩罚性损害赔偿通过对故意的、恶意的实施不法行为的人施加更重的经济负担，来惩罚和制裁不法行为，它是在补偿性赔偿金之外，要求侵权行为人另行支付款项，并不以受害人所遭受损失为主要依据，它的功能不仅在于弥补受侵害人遭受的损失，而且在于惩罚和制裁严重的过错行为。

但是，由于惩罚性损害赔偿具有明显的惩罚功能，民法理论与实务中对其责任实现的性质存在很大争议，认为其具有部分刑事处罚的性质，不属于侵犯责任法的范畴。[①] 惩罚性赔偿的惩罚性特征决定了该种制裁方式十分有必要纳入市场滥用犯罪非刑罚处罚体系，对于犯罪行为造成被害人损失但没

---

① 曾世雄：《损害赔偿法原理》，中国政法大学出版社2001年版，第27页。

有必要予以刑罚处罚的，可以适用惩罚性损害赔偿。这不仅是刑法震慑发挥实用效果的体现，而且是弥补被害人的有效方式，更是丰富刑事合规实务与司法机关富有成效的沟通路径。

犯罪人主观上具有恶意或者严重过失，实施犯罪行为造成被害人损失，司法机关要求其承担惩罚性赔偿责任，以示刑法对于此类危害行为的强烈否定态度。同时，从刑法适用经济性的角度，有的市场滥用犯罪案件没有必要对犯罪人处以刑罚措施，要求其在经济上对被害人进行全面赔偿以及惩罚性赔偿的处罚意义、补偿意义、教育意义更为明显。例如，在违规信息披露犯罪案件中，从被害方的角度分析，投资者更为需要的是实质性的赔偿，通过惩罚性赔偿部分的加重赔偿，被害人方面的经济生活能够得以明显释缓。从犯罪人的角度分析，一旦因其偶然实施的信息披露违规行为承担刑罚责任，不仅当前的经营陷入困境，而且今后也存在回归社会困难的疑问，通过惩罚性赔偿接受教育重新投入社会生活，更有利于其改造。

当然，惩罚性赔偿不以实际损失为限，其数额高于甚至远远高于实际损失，司法机关在计算惩罚性赔偿金额时必须综合考量。惩罚性赔偿过少则不足以制裁和惩罚犯罪行为，过高赔偿又不合实际，犯罪人无法承受，导致判决成为“空判”。司法机关应当根据案件情况及犯罪人的承受能力，充分运用自由裁量权，酌情确定赔偿数额，保证惩罚性赔偿的合理性。

（三）建议主管部门剥夺荣誉称号

对单位以及自然人实施的市场滥用等金融犯罪，应当增设剥夺荣誉称号这一非刑罚处罚措施。单位作为经济活动主体，享有名誉权、荣誉权，单位的荣誉权能够给单位带来经济利益，如“信用单位”等。这些荣誉称号是单位在市场自由竞争中的优势所在，单位享有荣誉对其核心竞争力具有重要影响，实际上决定了经济效益。对于资本市场中的经营机构而言，信用是第一生产力。剥夺单位荣誉权虽然不是罚金刑，却有经济处罚的功效。剥夺荣誉称号，谴责其犯罪行为，通过针对性的非刑罚处罚措施进行惩治与教育，实际上更有震慑效应。因此，司法机关有必要通过司法建议书的形式，要求单位主管部门等有权单位剥夺犯罪单位、犯罪人的荣誉称号。

三、融入刑事合规的非刑罚处罚的暂缓起诉、不起诉程序

有必要创建融入刑事合规的非刑罚处罚的新型暂缓起诉程序，并与不起诉形成制度对接。对于市场滥用犯罪情节轻微不需要判处刑罚的犯罪人或者犯罪单位，行为单位或者行为人提出合规方案，检察机关可以决定处以非终局性的程序处理措施——暂缓起诉。在实体处遇上，检察机关为犯罪人或者犯罪单位设定义务，规定在暂缓起诉的期间内，犯罪人或者犯罪单位必须积极主动地与被害人进行刑事和解并赔偿损失，接受社区监督管理、进行戒毒治疗、参与就业培训、改革公司管理、强制在公司内部设立经济犯罪预警机制等非刑罚处罚。犯罪人或者犯罪单位在规定期间内没有违反上述义务的，检察机关作出终局性的程序处理措施——不起诉。建议参考以下方案建构融入非刑罚处罚的暂缓起诉、不起诉程序。

（一）启动流程

检察机关刑事检察中的金融犯罪检察部门，承办检察官对案件及犯罪嫌疑人的情况进行初步审查。认为符合适用条件的，可以适用附加非刑罚处罚措施的暂缓起诉程序。承办检察官在合理的期限内要求犯罪嫌疑人提交签名的保证书，承诺保证非刑罚处罚措施的执行。有必要的，检察机关还可以要求犯罪嫌疑人通知与其共同生活的近亲属及其所在单位或社区代表提交担保书。承办检察官制作暂缓起诉报告，明确犯罪嫌疑人的基本情况、案情、考察代表情况、非刑罚处罚措施、考察期限、其他附带性义务等，经部门负责人审核后，报检察长或者检察委员会审批。检察长或者检察委员会批准后，制作正式的暂缓起诉决定书，由承办检察官通知犯罪嫌疑人及协助考察单位或者社区代表、律师等领取决定文件并当场签订暂缓起诉考察协议。暂缓起诉决定书应当送达移送案件的公安机关，并报上级检察机关。

（二）执行主体

由于暂缓起诉设置了非刑罚处罚考察期，在考察期内由各级检察机关公诉部门以及未检部门的承办检察官直接负责被暂缓起诉人执行非刑罚处罚情况的考察，显然存在人案矛盾的问题。应当增加基层检察机关工作人员编制，

专设暂缓起诉考察部门，由该部门的检察官专门负责暂缓起诉的具体执行。同时，积极争取被暂缓起诉人的行业、单位、社区力量，共同对其执行非刑罚处罚的情况及日常学习工作生活情况进行动态监督，以便于客观公正地评价考察期的表现。

（三）考察处理

负责暂缓起诉考察工作的检察官应要求犯罪嫌疑人每月到检察机关向负责该案的检察官汇报考察情况，并提交书面材料。负责考察工作的检察官根据案件情况定期对犯罪嫌疑人及其单位、社区进行实地考察，监督非刑罚处罚的执行情况，制作书面监督考察材料并存档。考察期内一旦发现犯罪嫌疑人不予执行非刑罚处罚的，由负责的检察官向本部门负责人汇报后，报检察长或者检察委员会批准，及时撤销暂缓起诉决定，对犯罪嫌疑人提起公诉。考察期结束后非刑罚处罚措施得以全面有效执行的，由负责监督工作的检察官制作考察合格报告，报本部门领导审查后，由检察长或者检察委员会决定对犯罪嫌疑人作不起诉处理，并制作不起诉决定书，送达、通知有关当事人，并报上级检察机关备案。同时，应当完善暂缓起诉、不起诉的配套制度，明确任何单位和个人不得对最终不起诉的犯罪嫌疑人进行歧视或给予不公正的待遇，防止因为一时犯罪导致刑事污点跟随一生，影响犯罪嫌疑人就业。

图书在版编目(CIP)数据

市场滥用犯罪与刑事合规 / 谢杰,钱列阳著. -- 北京:法律出版社,2021

ISBN 978-7-5197-5785-4

Ⅰ.①市… Ⅱ.①谢…②钱… Ⅲ.①资本市场-刑事犯罪-刑法-研究-中国 Ⅳ.①D924.334

中国版本图书馆 CIP 数据核字(2021)第 150107 号

市场滥用犯罪与刑事合规
SHICHANG LANYONG FANZUI YU XINGSHI HEGUI

谢杰 钱列阳 著

责任编辑 冯雨春 谢瑞忠
装帧设计 李 瞻

出版发行 法律出版社
编辑统筹 法律应用出版分社
责任校对 朱海波
责任印制 吕亚莉
经　　销 新华书店

开本 710 毫米×1000 毫米 1/16
印张 21.75 **字数** 318 千
版本 2021 年 8 月第 1 版
印次 2021 年 8 月第 1 次印刷
印刷 永清县金鑫印刷有限公司

地址:北京市丰台区莲花池西里 7 号(100073)
网址:www.lawpress.com.cn
投稿邮箱:info@lawpress.com.cn
举报盗版邮箱:jbwq@lawpress.com.cn

销售电话:010-83938349
客服电话:010-83938350
咨询电话:010-63939796

书号:ISBN 978-7-5197-5785-4
定价:82.00 元
凡购买本社图书,如有印装错误,我社负责退换。电话:010-83938349